데이터 분석, AI, IT 발전에 대한 적응 방안

데이터 분석, AI, IT 발전에 대한 적응 방안

발행일   2023년 8월 28일

지은이   이천표
펴낸이   손형국
펴낸곳   (주)북랩
편집인   선일영   편집   윤용민, 배진용, 김다빈, 김부경
디자인   이현수, 김민하, 김영주, 안유경, 신혜림   제작   박기성, 구성우, 변성주, 배상진
마케팅   김회란, 박진관
출판등록   2004. 12. 1(제2012-000051호)
주소   서울특별시 금천구 가산디지털 1로 168, 우림라이온스밸리 B동 B113~114호, C동 B101호
홈페이지   www.book.co.kr
전화번호   (02)2026-5777   팩스   (02)3159-9637

ISBN   979-11-93304-40-2 93320 (종이책)   979-11-93304-41-9 95320 (전자책)

(주)북랩 성공출판의 파트너
북랩 홈페이지와 패밀리 사이트에서 다양한 출판 솔루션을 만나 보세요!
홈페이지 book.co.kr   •   **블로그** blog.naver.com/essaybook   •   **출판문의** book@book.co.kr

작가 연락처 문의 ▸ ask.book.co.kr
작가 연락처는 개인정보이므로 북랩에서 알려드릴 수 없습니다.

데이터 분석, AI, IT 발전에 대한 적응 방안

우리는 어떤 정보 통신 강국인가?

이천표 지음

**빅데이터, AI, 클라우드 등 IT 신기술은
우리 경제와 산업에 기회인가, 발전 지체 요인인가.**

서울대 교수가 AI 시대 국가, 기업, 개인의 생존과 성장 전략을 제시한다.

머리말

　'데이터 분석, A, IT 발전에 대한 적응 방안'이라는 주제 및 '우리는 어떤 정보 통신 강국인가?'라는 부제를 가진 이 책의 목적은 우리 경제 사회가 최신 정보 통신 기술을 받아들여 어떻게 발전해 나가야 하겠는가를 조망하고 우리가 결여하고 있는 것들의 마련을 위한 약간의 대안을 제시해 보려는 데 있다. 우리 사회가 당면하고 있는 과제로서 우리 밖에서의 기후 변화나 미중 갈등 등 상황 변화에 적용해 가야 하고 우리 안에서의 노령화 및 저출산 등 여러 문제점들을 극복하여 사회 통합을 이루어 나아가야 한다는 데 절감하면서 그것을 시현할 구체적 방도로서 과학 기술을 발전시키고, 그것을 생활 깊숙이 체화시킬 수 있게 하는 제도 개편의 방안을 강구해야 함을 안다. 나아가 여러 나라가 그러하듯이 우리도 우리가 할 수 있는 길로서 이른바 제4차 산업 혁명 또는 Digital Transformation을 완수해 나아가야 한다는 데 공감하면서, 여기에서는 그것의 핵심이라고 보면서 필요시되는 것들 중 과학 기술의 일부인 정보 통신 기술에 초점을 맞추고 우리가 이런 기술들을 구체적으로 어떻게 활용해야 하겠는지, 그런 기술 변화를 수용할 제도를 어떻게 개편하거나 새로이 받아들여야 하겠는지를 생각해 보려고 한다. 기술 수용의 방법에 관해서는 어떤 천재의 직관보다는 여러 전문가들의 논의에서 나타난 바, 데이터에 기반하는 의사 결정을 중시하고, 이를 향해 AI가 많이 쓰이게 되었고 AI를 지향하는 노력이 최근에는 챗 GPT 및 그것의 변종들에 쏠리고 있음을 관찰한다. 그러나 이렇게 강력한 도구조차도 나름의 한계를 지니고 있어 그것에 대한 과도한 경사와 과도한 열망(hype)에 너무 좌우되어서는 안 되겠음도 잊지 말아야 하겠다.

다른 여러 종류의 기술이 그러하듯이 정보 통신 기술도 매일 발전하고 있고, 그러면서 우리의 생활에 여러 가지 영향을 미치고 있다. 이러한 기술과 생활 사이의 작용, 반작용의 양상을 살펴보는 데 있어, 여기에서는 그것을 3가지 종류로 나누어 살펴본다. 그 하나는 우리가 이미 가지고 있으나 올바로 사용하고 있지 못하는 종류의 기술로서, 외국에서는 상당한 정도 이미 활용되고 있고 우리도 그러하나, 우리는 그런 것을 더 효과적으로 활용할 수 있는 길을 더 탐색해야 하는 종류들(빅 데이터, AI, 플랫폼, 클라우드)이다. 그 둘은 외국에서는 앞으로 최소한 5-10년은 지나야 성숙되어 생활에 체화될 기술이라고 보나, 우리는 이러한 사정을 무시하고 당장 쓸 수 있고 사업화할 수 있을 듯 오인하면서 그것에 대해 과도한 열정을 보이고 있는 종류인(블록체인, 메타버스 등) 기술이다. 우리 사회에서는 이들 2가지 기술에 대한 경사가 심한데, 이러한 경사 현상을 적시해 보고자 한다. 특히 우리는 블록체인 기술에 매료된 나머지 이 기술을 적용했다고 할 수 있는 전제 조건인 작업 증명(POW)이나 지분 증명(POS) 등을 구체적으로 썼음을 확인하지 않은 상태에서 무비판적으로 이 기술을 사용했다는 주장을 받아들이는 경향을 보이고 있다. 그 이면에서 실제에서는 아직 이 기술의 적용은 많지 않고 그것을 썼다는 주장은 많으나, 그러한 주장 중 상당수가 DID나 챗봇 등 그 기술의 대용을 활용한 것을 가지고 그리 주장하고 있다는 것임을 간과하고 있다. 또 미국에서는 이 기술을 실제로 사용하는 예가 10여 년 전 비트코인의 예 이후 별로 나타나고 있지 않아 이것이 앞으로 5-10년 이후에나 쓸 수 있을 것이라고 이해하고 있다거나, EU에서처럼 마찬가지의 효과를 가지는 '표준화를 통한 탈중앙화'를 입법하는 것을 통해 실제 적용이 어려운 블록체인 기술을 쓰는 것을 대체하려고 하고 있다는 사실을 우리 사회는 외면하고, 이 기술을 직접 활용할 수 있는 것으로 여긴다. 불록체인 기술보다 더 최근 기술인 메타버스에 대해서도 본문에서 밝히듯이 NFT, VR, 디지털 쌍둥이 등과 관련해 희망적 이해 내지 오해가 적지 않다. 이것을 주된 사업 부문으로 삼으려던 메타가 이 사업을 접었고, 디즈니가 관련 부서를 없앴다는 미국에서의 최근 동정은 우리나라 내에서는 별로 주목받고 있지 않다. 그 세 번째 기술은 우리도 외국에서와 비슷한 정도로 그 기술을 선용하고 있고, 그로써 우리 사회를 구체적으로 정보화 사회의 성격을 가지게 하는 데 필수적인 도움이 되고 있으며, 또 그리 되리라고 여겨지는 종류의 기술이나, 적어도 표면적으로는 우리 사회에서 공식적으로 중시되고 있지 않거나 별 역할을 하지 못하는 종류(클라우드, Microservices-Container 등 인프라 관련)의 기술이다. 최근 관심의 중심이 되고 있는 챗 GPT 등을 제대로 활용하려고 한다 하더라도 이러한 인프라 기술이 절대 불가결하리라 함을 새삼 상기하면서, 이런 기술의 가능성에 대해서는 한쪽에서는 열광하고 다른 쪽에서는 홀대하고 있는 우리 사회에서의 이들 기술에 대한 이상하고 모순된 처신을 주목하면서 이들 기술을 피상적이나마 다루어 보려고 하였다. 이상에서 클라우드가 첫 번째와 세 번째 종류에 모두 포함된 것은 아래에서 보듯이 우리도 그것에 대해 상당한 정도 투자를 해 왔고, 또 이미 그 결과를 활용하고 있으나, 아래에서 설명하는 이유에 따라 실상은 그것을 상당한 정도 사용하고 있으면서도 실제로 활용하고 있다는 사정을 겉으로 떳떳이 표명하지 못하고 있는 못난 사정을 밝히려다 보니 그렇게 된 것이다.

아래에서는 이러한 정보 통신 기술에 초점을 맞추되 그것을 체화하여 실제로 쓸 수 있게 하는 제도의 변화를 그것과 함께 고려하려 한다. 나아가 정보 통신 사회를 살아 가는 우리의 생활의 여러 단면 중에서는 경제 생활을 주로 주목한다. 기술의 활용 및 제도의 정비와 관련해서는 정치, 사회, 문화 등 생활의 여러 단면 중 경제 생활이 가장 중요하고 가까우리라 보기 때문이다. 기술과 경제 생활 사이에서의 관계를 큰 그림을 통해 연상하면서 그려 보려고 하고, 사용하려는 틀로서는 비용 절감이나 수입 증대나 비용 효과 분석 등을 비롯한 각종 경제학에서의 논리를 활용한다. 정보 통신 기술의 실상과 그것의 사회에 대한 영향력을 알아보는 데 있어서는 그러한 점에 관한 자료를 가장 많이 얻을 수 있는 곳이면서 가장 선진된 정보 통신 사회라고 여겨지는 미국에서의 실상 파악에 중심점을 두었고, 미국의 그런 실상과 우리 사회의 실상을 비교해 보는 방법을 썼다. 관련 자료에 대한 원천으로서 미국에 대한 자료와 실상은 Economist 및 Bloomberg/BusinessWeek 및 McKinsey 보고서에서의 여러 아티클과 서베이 보고서에 의거해 기본 골격을 마련한 다음, TechTarget이라는 회사가 수집했거나 초치해 놓은 미국 정보 통신 산업계의 고수들이 쓴 여러 아티클 및 Brad Smith의 저술 Tools and Weapons(우리말 번역 이예람, 기술의 시대)를 이용해 그런 골격 사이의 내용을 채웠다. 단, 2022년 하반기에 들어서면서 테크 타겟(TechTarget)에서의 아티클의 수가 크게 줄어들게 되어 그것의 공백을 국내 신문이 취급하는 미국 사정의 보도로 메웠다. 반면 우리 사회의 실상을 파악하는 데 있어서는 각종 신문에서의 최신 보도 및 각종 세미나나 발표회에서 개진된 내용에 의존하였고, 또 정보통신연구원(KISDI)이 2022년 및 2023년 발행한 연구 성과물을 농축한 '디지털 혁신 정책 방향 토론회'에서의 내용과 한국경제신문 출간 'AI 스타트업 100'을 기본 참고 자료로 활용하였다. 결국 많은 미국의 관련 자료와 한정된 우리 관련 자료를 비교해 가면서 우리의 부족한 부분을 추론해 보려고 하였다. 이들 자료는 새로운 기술, 새로운 재료, 새로운 공급 체인으로 정비된 새로운 재화와 서비스를 다루는 것이라 할 수 있는 것들이나, 그중에는 단편적이고 다른 것들과의 연결성을 결여하고 있는 것들도 있다. 그래서 이러한 것들을 종합적으로 관찰하고 해석해 그런 것에서 빠져 있는 것을 보충하여 큰 그림과 스토리를 만들어 내는 데에는 경제학에서의 논리를 활용하였다. 역사적 사실에 의거하여 정리해야 하는 사실 중에서 서로 모순되거나 있어야 할 부분인데 없는(missing) 것들이 있는데, 이러한 때에는 알 수 있는 최소한의 전후좌우의 사실을 근거로 한 다음 그런 사실들을 경제 이론으로 연결시켜 사료가 없는 부분을 채움으로써 전체를 완성해 보고자 한 경제사 분야에서의 방법을 원용하였다. 이로써 기술과 제도에 대한 전체 그림을 그리는 데 결여되어 있는 부분에 대한 내용을 보충한 다음, 거기에서 얻을 수 있는 이해의 바탕 위에서 우리 사회의 더 이상의 발전을 위해 우리가 취해야 할 길을 짐작해 보는 한편, 미국과 우리 사이에서의 차이를 보고 우리 사회의 여러 곳 중 특히 분발이 있어야 할 곳을 찾아 필요한 조치를 제시해 보고자 하였다.

이러한 내용의 선정은 이 분야에서의 필자의 경험을 반영한 것이다. 1970년대 말 서울대학교 무역학과에 부임한 이래 1980년대 초 몇 젊은 교수들과의 금융 정보 시스템 연구회의 운영, 1990년대 후반 정보통신정책연구원에서의 원장으로서의 경험, 그 후 미국 버클레이대학교 Information School에서의 객원 교수로서 그곳 교수들과의 교류, 그 이후 서울대학교 경제학부에서 경제 이론뿐만 아니라 우리 실상을 다루는 산업경제학도 가르치자는 반성과 변화에 동참해 20여 년 간 토론식 수업으로 진행했던 정보통신경제학 클래스 등이 그것의 자양분이 되었다.

우리 주변에서 새로운 기술에 대한 설명은 매우 많다. 그러나 그런 것들 대부분은 단편적이고 다른 설명들과의 연결성을 결여하고 있다. 과학기술정보통신부 및 그 산하 기관들이 주최하는 많은 기술 설명회에서 흔히 볼 수 있는바 외국에서의 신기술을 설명하고 그것을 우리에게 판매하려는데 주목적을 가진 외국 IT 회사의 한국 지사들의 설명에서 특히 이런 점이 두드러진다. 그런데 이들은 소개하는 제품에 내장되어 있는 기술을 제한된 시간 내에 설명하려는 데 급급하다 보니 왜 그러한 제품을 사용해야 하는지에 대한 득실 분석이나 그 경제적 타당성에 대한 설명은 물론, 사용을 따르는 비용-효과를 미처 감안하지 못하는 경우가 너무 많다. 나아가 우리나라의 여러 개발자들이 개발한 제품을 소개하고 설명하는 자리에서도 아쉬움은 대동소이하다. 이런 설명의 대부분은 따로따로고 서로 간에 연결성을 결여하고 있으며, 그것들 전모와 다른 부분들과의 관련을 이해하기 어렵다. 외국의 선진 기술 제품을 판매하려는 외국 회사의 한국 지사나 우리 개발사들은 모두 충분한 설명 시간을 가지지 못하여 사정이 이러하다고 변명하고는 있지만, 성공적인 소통을 할 수 있으려면 결국은 이런 미흡함은 보강되어야 할 것이다. 우리로서는 한편으로는 이들의 단편적 소개라도 적극적으로 받아들여 소화하려고 애써야 하겠으나, 동시에 그 실상에서는 그런 소개가 너무 기술적인 설명에 치우치고 큰 그림과 스토리를 제시하는 데 효과적이지 못하다는 데서 기인하는 한계점을 가진다는 점을 간과해서는 안 되겠고, 그런 약점을 뛰어넘을 수 있어야 하겠다. 여기에서는 이런 약점을 극복하는 방법의 하나로서 경제학에서의 논리와 틀을 도입해 관련 설명을 종합적으로 이해해 보려고 했고, 기술과 경제 논리가 어떻게 결합되어 큰 그림과 스토리가 만들어지는지를 밝혀 보려고 했다.

미국 등 외국에서 일어나는 일을 놓치지 않고 최대한 반영해 보려고 하였으나, 그럼에도 불구하고 미국에서 일어났거나 일어나고 있는 혁신적 노력을 모두 다루었다고 하지는 못하겠다. 여기에서는 그런 약점을 보충하고 극복하는 방법으로서 경제학적인 논리와 틀을 가지고 그러한 설명을 종합적으로 이해해 보려고 했고, 기술과 경제 논리가 어떻게 결합되어 큰 그림과 스토리가 만들어지는지를 밝혀 보려고 했다. 그런데 그 결과는 흡족스럽지 못했고, 이러한 욕심을 가지고 작업을 하다 보니 책의 분량은 아주 많아졌다. 이에 그것 중 주요 이슈라고 여겨지는 것들을 선별해 여기에서의 종이책에서 우선 다루고, 그런 것에 대한 더 자세한 내용을 차후 정리해 내놓을 e-book에서 다루어 필요한 사람들의 궁금증에 대응해 보고자 하였다.

이로써 각종 기술에 대해 기본적 이해를 하고 감을 얻으려는 사람, 어떤 한정된 분야에 대한 기술에 대해서는 자세히 알고 있으나 그것과 같이 쓰이는 주변 기술에 대해서는 그러하지 못한 사람, 그러한 기술을 경제적 성과를 가져오는 방법으로 쓰는 방도를 강구하려는 사람 등등을 대상으로 하여, 이들 각각이 자신에게 필요한 부분을 보충하거나 보완하려면 어떤 방향의 연구 등에 관심을 기울여야 할 것인지에 대해 차후 제시될 e-book에서 필요한 최소한의 힌트를 줄 수 있게 되기를 원하였다. 그리하여 한정된 지면을 가지는 여기 종이책에서는 그것에 대한 주요 이슈 10개를 선정해 중요한 점을 볼 수 있게 해 보려고 하였다. 그러면서 e-book의 목차를 이 책의 제일 말미에서 소개해 종이책에서 다룬 주요 이슈가 그곳에서 어떻게 전개되는지를 짐작할 수 있게 하려고 의도했다.

우리 사회에서 최근 나오는 책 중에는 IT 관련 기술이나 앱을 소개하는 종류는 많다. 그러나 그러한 것들은 대부분 특정된 작은 부분에 대한 것일 뿐 전체의 큰 그림을 볼 수 있게 하는 데에는 큰 도움이 되지 못하고 있다. 우리는 우리 밖에서 전개되고 있는 각종 변화를 알고 그것을 받아들이면서 그것에 적응해야 할 것이나, 작고 세세한 것은 물론 그 이상이 되는 큰 구도도 알면서 그리해야 할 것이다. 우물 안 개구리로 자족할 것이 아니라 우물 밖의 정보 통신 최선진 사회의 실상을 충분히 인지하여 구호 이상 실질적으로도 강국으로 될 수 있어야 할 것이다. 우리 사회에서는 최근 10여 년 동안 새로운 이용의 예가 없는 블록체인 기술에 대해 15년 전의 외국에서의 주장을 여전히 답습하고 있다. 가상 화폐의 거래를 주종으로 하는 탈중앙화 지향 deFi에서의 2022년 거래 규모가 McKinsey(**Global Banking Practice, "Web3 beyond the hype" September 2022**)에 의거할 때 200억 불 이하 정도라고 하는데, 이것은 1년 거래 규모일 듯하고, 같은 해 걸프 지역 4개국(Kuwait, Qatar, UAE, Saudi Arabia)의 경상 수지가 6,600억 불과 비교해 보거나, 같은 해 말 우리나라가 사우디아라비아나 UAE 각각과 맺은 투자 약속(MOU)의 규모인 500억 불과 비교해 보아서도 보통 예상하던 것에 비해 의외로 작다는 것을 알 수 있다. 물론 이런 수치는 뒤에서 다루는 "가상 자산 이용자 보호 등에 관한 법안"과 관련된 논의에서 볼 수 있듯이, flow 또는 stock의 어느 것을 지칭하느냐를 명시하고 있지 않다. 더구나 그 원천을 밝히고 있지 않아 불분명한 점이 없지 않다. 그러나 법정 화폐를 축소하는 전통적 금융에서의 통화 긴축에 임하게 되면 암호 화폐나 가상 자산 부문이 큰 가격 하락 또는 이른바 '겨울'을 맞게 된다는 점을 상기하더라도, 가상 자산의 거래 규모는 생각보다 작다는 사정을 알 수 있다. 이런 점은 그것과 상응하는 전통 금융에서의 수치와의 비교를 생략하고, 단지 가상 화폐 등의 절대 규모를 보고 놀라면서 가상 자산에 관한 여러 논의가 이른바 hype(과도한 열망)라고 할 수밖에 없다는 점을 감지하게 하는 것이라 하겠다. 마찬가지로 지난 2년간 논의는 많았으나 별 실상은 없는 메타버스 관련 웹 3.0에 대한 논의를 소화하는데, 최근 메타나 디즈니에서의(사업 축소와 감원의) 실상도 간과해서는 안 될 것이다. 우리 사회가 일부 하드웨어 제품의 생산, 일부 서비스에 쏠린 편중된 소비라는 제약된 상황으로부터 벗어나, 기꺼이 여러 서비스를 소비하는 것 이상으로 자체적으로 이들 대부분을 생산하고 조달하는 상태로 이행해 나가 자족 자강하는 나라로 되어야 할 것이다.

뒤에서 나오는 바와 같이 우리나라에서 ICO는 불법으로 여겨져 국내에서는 할 수 없었고 스위스나 싱가포르에 가서 그것을 하고는 했다. 반면 그것의 대안인 IEO가 불법인지는 공식적으로 선언되지 않았기 때문에 그러했는지, IEO의 틀 아래 5개의 가상 화폐 거래소를 통해 은밀히 가상 화폐가 발행되었고, 그런 것이 거래되어 왔다. 그러나 5개의 거래소로 충분하지 못했는지 이들 거래소 간에서는 긍정적인 과점적 경쟁은 볼 수 없었고 공개된 경쟁이 없는 상태에서 관련 직원이 불법 행위를 하는 불미스러운 사태가 나타나기도 했다. 그러면서 이러한 양상을 정리해야 할 필요가 인지되어 오다가 2023년 6월 30일에 들어서서 비로소 가상자산이용자보호법으로 사실상 자본시장법을 개정하고 'STO 가이드라인'을 만들겠다고 하는 것 등을 필두로 하여 제도적 정비를 꾀하려고 하게 되었다. 그런데 후자의 내용은 아직 확정된 것이 아니고, 앞으로 중지를 모아 더 정비해야 할 것이라 함에는 모두가 동의하였다. 그래서 이런 법과 가이드라인을 보는 데 있어, 그것을 제정하려는 것을 긍정적으로 보는 시각에서는 오랫동안 정립되어 온 증권 시장의 제반 규칙과 유사한 것들을 가상 자산 시장에도 도입해 이 시장에서도 내부자 거래가 불법시되는, 보다 경쟁적인 시장으로 만들고자 하는 노력이라고 보았고, 그 반대로 부정적인 시각에서는 이것을 증권업계가 가상 자산 분야를 관장하고자 업무 영역을 늘리려고 하는 밥그릇 싸움의 시도라고 보기도 했다. 이렇게 상반되는 시각이 모두 존재하고 있어 이 가이드라인 등이 지향하는 제도적 정비가 가까운 시일 내에 제대로 이루어질 수 있게 될 것인지를 간단히 낙관할 수도 없다. 사계의 전문가들 사이에서는 이렇게 불분명하고 미진한 것을 도리 없이 참고 지내다가 2024년 총선 이후에 가서야 비로소 정리될 수 있을 것이라고 하는 이야기가 많다.

애초에 집필은 분량을 의식하지 않은 채 시도되었다. 그러다 보니 분량이 많아져 이것의 전체는 앞에서 적시했듯이 종이책 300페이지를 기준으로 하여 15권 내외의 분량이 될 것으로 추산되었다. 이에 그런 내용 중 주요 이슈라고 여겨지는 것을 선별해 여기에서 종이책으로 내놓게 되었다.

그러면서 그런 전체를 차후 e-book으로 내놓기를 예정하고 있다. 그런 e-book의 목차를 여기 종이책의 말미에 부가하여, 각종 기술에 대해 기본적 이해를 하고 감을 얻으려는 사람, 어떤 한정된 분야의 기술에 대해 상당히 많이 알고 있으나 그 주변의 기술에 대해 더 많이 알려는 사람, 각종 기술을 써서 경제적 성과를 가져오기를 당장 도모하는 사람 등등이 그곳에서 인용된 아티클을 더 탐구하여 각각 자신에게 필요한 부분을 보충하거나 필요한 최소한의 힌트를 얻을 수 있게 되기를 희망하였다.

이 시점에서 e-Book의 많은 내용 중 어떤 고려를 하였기에 여기

종이책에서 10개의 이슈를 선정했느냐에 대한 설명이 필요할 듯하다. 먼저 오늘날의 주요 문제는 데이터에 근거한 알고리즘 내지 AI에 의해 결정해야 하는 것이기에 데이터의 종류와 수집 및 AI에 대한 논의를 해야 하는 것은 당연하다. 전자와 관련해서 1. 데이터: 인식 및 활용에서 우리 사회에서는 명시적으로 인지되어 있지 않은 데이터의 다기한 사용 방법에 대해 다루어 보았고, 3. AI와 AIOps에서(GDPR을 포함하면서) 데이터의 올바른 사용의 문제를 다루었고 그것의 자연스러운 연장선상에서 2. 게임에서는 게임을 통해서 밖에서는 달리 얻을 수 없는 데이터를 구하는 문제를 다루었으며, 더하여 최근 큰 관심을 모으는 챗 GPT와 대형 언어 모델 LLM을 다루게 되었다. 우리 경제에서 최근 들어와 반도체의 중요성이 더할 수 없이 커졌기 때문에 4. 반도체에서는 반도체와 관련된 미묘하고 복잡한 문제를 다루지 않을 수 없었으며, 역대 정부가 모두 규제 개혁을 하겠다고 하였으나 실효성 있는 성과를 내지 못했음을 상기하여 10. 규제 개혁에서는 그런 논의에서 결여되어 있는 내용을 다뤄 보려고 하였기에 규제 개혁도 주요 이슈의 하나로 선정되었다. 나아가 앞에서 이미 시사했듯이 외국에서는 아직 hype에 머물고 있으나 우리나라에서는 과도하게 관심을 끌면서 논의되고 있는 주제인 블록체인 및 메타버스 관련 논의를 외국에서의 논의를 참고하면서 우리나라의 주류 논의에서와 어떻게 다르고 같은지를 검토하고자 하여, 이들 두 가지 이슈를 8. 블록체인과 9. 메타버스에서 다루었다. 또 그것들을 포함한 다른 IT 이슈를 다루는 데 있어서 외국에서는 반드시 거론되나 우리나라에서는 그러하다고 하기 어려운 것들을 5. (소프트웨어를 쓰는) 네트워크의 최근 발전, 6. 클라우드의 떳떳한 사용, 7. 새로운 인프라에서 다루어 보았다. 그런 과정에서 많은 IT 이슈들을 생각할 때 반드시 고려되는 Microservices-Container의 문제를 피상적으로나마 훑어보았고, 또 우리도 사실상 상당한 정도 이미 사용하고 있으며 그중 외국으로부터의 클라우드도 많이 쓰고 있음에도 불구하고 그러한 것을 외부에 알리지 않으려고 한다는 점을, '떳떳하지 못하게 사용하는 클라우드의 이용 실상' 등을 통해 전해 보려고 하여, 이들 3가지를 주요 이슈에 포함시켰다. 나아가 최근 불거진 SVB은행을 비롯한 미국 중소 은행들의 문제가 가지고 있는 심층적이고 미묘한 측면을 8-3 블록체인, 가상 화폐 및 deFi에서 신종 금융 deFi와 전통적 금융 CeFi를 비교하면서 밝혀 보고자 하였다.

2021년 통계에서는 국내로의 외국인 직접 투자가 35조 원으로서 42% 급증하였으며, 사상 최대를 기록하였다고 했다. 그러나 그 내용을 보면 서비스업, 정보 통신, 유통, 사업 지원 임대의 순위로 직접 투자가 이루어졌다는 것이고, 정보 통신 내부에서는 배달, 앱, 메타버스, 핀 테크 정도라고 한다. 그런데 이러한 것을 볼 때 외국인 직접 투자는 우리 인력이나 우리의 네트워크의 활용에 초점을 두고 있음을 알 수 있고, 그것을 매개로 하여 우리가 자체적으로 신규 서비스를 새로이 마련하게 되었는지는 불분명하다. 우리가 정보 통신 소비 강국임을 엿보게 하기는 하나 정보 통신 생산 강국임을 보여 주는 측면은 볼 수 없다.

여기에서의 작업을 하는 도중에 기술적인 사항에 대한 이해가 부족함을 적지 않게 실감하였다. 경제학도의 입장에서 이러한 이해의 미흡함에 대해 통감하였고 그러한 한계를 한정적으로나마 보완하는 방법으로서 e-book에서 기술적인 사항을 설명하는 부분에 대해서는 그런 것들을 설명하는 부분 하단에 참고한 여러 아티클을 부기하여 논문에서 주석을 다는 것에 가름하였다. 그로써 해당 부분을 더 이상 탐색하고자 하는 독자는 검색 서비스를 통하여 관련 아티클에 접근할 수 있도록 하였다. 이하 논의 전개 과정에서의 초점은 경제 논리를 가지고 여러 기술적 사항에 대한 큰 그림을 볼 수 있도록 돕고자 한 것이다. 앞에서 밝힌 대로 이런 때 미국에 대한 자료의 주된 원천은 TechTarget, McKinsey, Economist, Bloomberg/Businessweek 등이었다. 특히 IT 기업 등 현장에서 일하면서 기술의 새로운 영역을 다루는 전문가들의 다양한 의견을 쓴 TechTarget 및 McKinsey에서의 관찰이 크게 참고가 되었다. 개별 아티클의 저술자들의 이름을 일일이 명기하지는 않았다. 이러한 저술자들의 수가 원체 많고 그들 간의 견해가 반드시 합일하는 것으로 되지도 않았기에 아티클 저술자의 이름을 명시하는 것을 생략하였다. 그럼에도 불구하고 이런 것을 원하는 독자는 앞에서 시사한 대로 검색 엔진을 통해 그런 것을 쉽게 찾을 수 있을 것이라고 보았다. 우리의 실상을 아는 데에는 여러 일간지에서의 기사 및 각종 세미나에서의 여러 발표문에 의존하였음을 다시 강조하고자 한다. 여러 가지 다기한 논의를 정리하는 데 필자가 인지하고 있는 경제학적 논리가 핵심이 되었음도 재언하고자 한다.

목차

1장

데이터: 인식 및 활용

 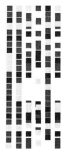 

제4차 혁명 시대를 살아가는 오늘날 종래 방식으로 여러 가지 경험을 오래 해 온 사람들의 식견에 근거해 판단하기보다는 데이터에 의존하는 것이 되어야 제대로 된 의사 결정을 할 수 있으리라고 한다. 이를 돕기 위해 각종 데이터를 쉽게 잘 정리해 두어야 할 것이고 그것을 널리 활용할 수 있는 제도도 정립해 두어, 누구나 그러한 사회가 공유하는 데이터를 이용해 가며 data-driven decision을 할 수 있게 되어야 할 것이다. 이에 올바른 데이터를 수집-정제-정리하여(마치 도서관에서 그 많은 책을 도서 분류 방식에 의해 분류해 두어 매 책마다 도서 분류표가 붙어 있고 그것에 의해 누구든 필요한 책을 체계적으로 찾아볼 수 있게 되어 있듯이 데이터에 꼬리표를 붙인 후 이용하기 쉽게 metadata로 정리하여), 그러한 데이터를 널리 활용할 수 있게 하는 시스템을 정비해 두어야 할 것이다.

데이터를 수집하는 문제는 데이터 창고, 데이터 호수, 데이터 댐 등의 문제의식을 가져왔고, 데이터를 정리하고 정제하는 문제는 사실에 기반하는 진짜 데이터를 수집된 데이터 풀(pool)에 넣어 정리하여(단,

설사 사실처럼 보인다 하더라도 그러하지 않은 가짜 데이터를 배제해야 하는 결코 쉽지 않은 과정을 거쳐), 사회 공유의 자산을 마련하는 것으로 되어야 한다. 나아가 그렇게 정제된 데이터가 있다면 그것을 여러 용도로 유용하게 사용할 수 있게 될 것이다. 이러한 단계에 이르기 위해서는 여러 유의 사항을 지켜 그렇게 정비되는 데이터가 진정 유용하게 쓰일 수 있게 되어야 할 것이다.

이러한 방향을 향한 큰 변화는 여러 부문에서 관찰되고 있다. 클라우드 서비스를 제공하는 클라우드가 data lake의 관리에도 참여하고 있다. 그 예로서 AWS는 데이터를 구조화하여 더 잘 관리할 수 있도록 하는 툴인 Lake Formation과 더불어 일관성, 자동 생성, 독립된 생성, 지구성을 가지는 데이터를 가질 수 있게 하는 새로운 형태의 테이블 Governed Tables을 제공함으로써, 실시간으로 업데이트된 데이터를 공급하는 파이프라인을 마련하였다. AWS와 Microsoft Azure은 공장의 작업장이나 기타 데이터 생산 센터로부터의 데이터를 모두 무선 방식인 전자에서의 private 5G나 후자에서의 MEC(private multi-access edge compute)를 이용해 비용 효율적으로 수집하고 처리할 수 있게 함으로써 이러한 변화를 보강하였다.

이러한 소프트웨어 차원의 변화와 병행해서 하드웨어 차원에서는 범용으로 여러 용도에 쓸 수 있는 실리콘(Merchant Silicon)이 니타나 기존의 NIC(Network Interface Card)나 FAC(Functional Accerlerator Card) 및 이른바 accelerated chip의 하나인 DPU(Data Processing Unit) 등과 함께 쓸 수 있게 함으로써, 컴퓨팅 코스트를 줄이고 주파

수 사용을 절약할 수 있게 하였으며, 용도도 확장할 수 있게 하였다고 한다. 이런 때 운영 시스템과 독립적인 스위치 박스를 가지게 된 것은 시설 투자 및 운용 비용을 줄일 수 있게 하였고, 무선 방식에서의 선택지가 많아진 것과 상응하게 유선 방식에서도 종래 벤더에 매였던 케이블을 그런 종속에서 벗어날 수 있게 하면서 범용 케이블로 대신할 수 있게 하였다. 이러한 선택지의 확대는 네트워크를 보다 효율적이고 이용자의 실정에 맞게 설계할 수 있도록 하였다.

SearchDataManagement.com, 'AWS Lake Formation advances cloud data lake control' 30 Nov, 2021

SearchNetworking.com, 'AWS to take on Microsoft Azure in private 5G' 01 Dec, 2021

SearchNetworking.com, '4 trends spurring the evolution of network hardware' 18 Nov, 2021

1.
디지털 뉴딜과
데이터 댐

디지털 뉴딜이란, 경제 전반을 디지털로 전환해 디지털 혁신을 도모해 보자는 정책 방향이고 행동이다. 이를 위해서는 올바로 데이터를 쓸 수 있어야 한다는 것 및 그렇게 쓸 많은 데이터가 필요하다. 디지털화되어 가고 있는 산업 전반에서의 데이터를 집적하고 분석하여 새로운 비즈니스 기회를 창출해 보려고 하게 된다. 이를 위해서는 데이터의 소유권 문제 등을 명확히 해야 하고 이를 위한 관련 법안이나 표준을 정립해야 할 것이다. **중앙일보 2020년 11월 7일 자 기사 "AI 학습용 데이터 사업에 대한 3가지 오해"**에서는 디지털 뉴딜의 대표 사업이 '데이터 댐'이고, 그중 간판격인 것이 '인공 지능 학습용 데이터 구축' 사업이라고 하고 있다. 동시에 그것에 대한 비판 세 가지로서 질 낮은 일자리만 양산할 것이라는 점, 공급자 위주의 데이터 구축 사업이라는 점, 지속적인 품질 관리가 안 될 것이란 점을 들고 있다. 이러한 비판을 보강하는 문제로서는 데이터 가공업무에 필요한 데이터 라벨러(labeler), 품질 관리사, 분석가 등의 인력 충원 문제를 들었다. 그것에 대한 대답으로서는 디지털 뉴딜 추진 주체는 초-중-고급의 여러 종류 인력 중 처음에는 단순 가공하는 인력으로 출발했다가 점차 전문 인력으로 변화되게끔 성장해 나가게 될 것이라는 점, 과제 선정 과정에서 기업-학계-기관의 수요를 이미 반영해 범용성 주제를 선정했다는 점, 생애 주기에 맞추어 지속해서 데이터를 수정 보완하여 시장에 바로 적용 가능한 정교한 데이터를 만들 것이며, 이를 위해 분야별 품질자문위원회를 구성했다는 점 등을 각각 위의 비판에 대한 설명 자료로서 제시했다. 이를 구체화하기 위한 디지털 연대는 산업 현장에서 이러한 과제를 해결하기 위한 민간 기업과 담당 기관의 협의체로서, 성공 가능성과 경제적 효과가 큰 과제를 선별해 사업화를 지원하는 컨트롤 타워의 역할을 맡게 되어 있다고 했다.

그런데 데이터라는 것은 그것을 이용하려는 목적이 먼저 결정되고 나서 수집하는 것이 순리다. 아무리 일자리를 마련해야 하고 돈을 푸는 일이 시급하다고는 하나 사업 목적을 의식하지 않은 채 맹목적으로 데이터를 모으는 것은 자연스럽지 않다. 댐(dam)이란 것은 물을 가두어 놓는 것 이상으로 그런 물을 어떻게 적시에 적당한 정도로 방출해 활용할 수 있게 되어야 생명력을 지니게 되는 것이기 때문이다. 이를 위해서는 데이터를 마련하는 것 이상으로 그것을 최선으로 활용할 수 있게 하는 알고리즘의 마련에 더 큰 역점을 두어야 할 것이다. 나아가 아래에서 보듯이 외국에서는 microservices-container 중심의 새로운 성격의 인프라를 이용해 전체 IT 시스템 운영의 효율을 높여 가고 있으며, 거기에서 그러한 인프라의 사용에 따라 새로이 가지게 된, 보다 세분된 log 자료를 분석해 데이터 활용의 수준을 높여 가고 있음을 상기하여야 할 것이다. 그럴진 데 여기에서처럼 데이터의 사용 목적을 의식하고 않고 있으면서 무조건 데이터를 모으고 라벨링하려고 하는 것의 무모함을 (아무리 그것의 더 큰 목적이 노인 일자리 만들기에 있다 하더라도) 비판하지 않을 수 없다.

나아가 우리 사회가 알고리즘의 제작에 소홀하고, (2022년 말 나타난 챗 GPT에 의해 달라질 가능성은 있으나) 또 알고리즘이란 것이 계속적으로 개선해 나가야 하는 것이란 점을 충분히 인지하고 있지 못하고 있다는 점을 상기한다면, 그저 데이터를 마련한다는 것에 너무 자족해서는 안 될 것이란 점도 실감할 수 있을 것이다. 이런 때 가장 많은 노력을 투입해야 할 과업이 데이터 라벨러의 일일 터인데, 이것은 외국에서는 SageMaker Ground Truth와 같은 자동화된 소프트웨어 내지 RPA를 쓰는 대표적인 일이라는 점을 상기해 볼 필요가 있다. 또 Microsoft의 Open AI가 역시 라벨링하는 데 쓰이고 있다는 점도 기억할 필요가 있다.

SearchAWS.com, 'Unlock machine learning with these Amazon Sage-Maker examples' 31 Jul, 2019

SearchEnterpriseAI.com, 'Microsoft gives enterprise preview of Azure Open AI service' 02 Nov, 2021

즉, 이러한 성격의 과업을 위해(아무리 일자리를 우선 늘리는 것이 필요하다고는 하지만) 많은 데이터를 정제해 널리 쓰일 수 있게 하는 것의 잠재적 가능성을 보고 무작정 데이터 모으기 사업에 자족해서는 안 될 것이고, 특히 어떤 과업인지는 불문하고 동원하는 사람들의 머릿수만을 많게 하려는 것을 그것의 기본으로 삼는다면 그런 사업 추구는 정보 통신 강국을 자찬하는 나라에게는 어울리지 않는 일이라 하지 않을 수 없겠다. 양적으로 많은 데이터를 장만하는 것보다 더 중요한 것이 그러한 데이터를 효과적으로 활용하는 일이 될 것이며, 이 것은 Hadoop과 같은 곳에서 구할 수 있는 오픈 소스 알고리즘들을 여러 방식으로 섞고 짜 맞추기 하면서(mix and match) 시행착오의 학습 과정을 겪어 나가는 절차를 거치지 않고는 이루어 낼 수 없다는 점을 명심해야 할 것이다. 어떤 최선의 AI가 있다고 생각하고 그것을 찾는 것이 과제라고 생각하기보다는 새로운 데이터를 가지게 되더라도 그것과 더불어 기존에 데이터를 다루는 방법을 개선할 수 있는 방법을 생각해 내야 할 것이고, 그렇게 종합한 데이터를 바탕으로 하여 다시 실험함으로써 더 이상 적합한 AI를 찾아낸다는 시행착오의 과정이 디지털 뉴딜 사업의 본태임을 알아야 할 것이다. 아무리 디지털 뉴딜이라는 그 의미가 반드시 분명하다고 할 수 없는 용어를 써 가며 저임금의 많은 일자리를 마련하는 것에 초점을 두고 있다고 하더라도, 그 이면에서 정식의 AI를 시현하는 정당한 길을 회피하는 잘못을 소홀히 해서는 안 될 것이다. 어떤 일을 하려고 하는데 그것의 수행을 어렵게 하는 원인이 있다면 그런 원인의 제거가 최우선으로 되어야 할 것이지 그런 원인을 외면하고 편법으로 부실된 결과를 얻은 다음, 이상한 논리를 동원해 꼼수 격인 일을 정당화하려고 하는 것은 전혀 옳지 않다고 해야 할 것이다. 노인들이 일주일에 40시간을 초과하는 주유하는 일을 아르바이트로 하고, 월 125만 원을 받는다고 하자. 그런데 노동 강도가 반드시 높다고 할 수 없는 이러한 일은 당시의 최저 임금 수준으로 보아서는 최저 임금을 주지 못하는 것으로 되어 불법으로 판정되었고, 그 결과 노인들은 월 125만 원의 목돈을 받을 기회를 잃게 되었다고 하자. 그러면 이런 아르바이트를 잃은 노인들은 그 대신 도리 없이 일주일에 3시간 월 25만 원을 받는 취로 사업을 하게 된다. 그러면서 이런 노인들은 취업자 통계에서는 취업자로 잡혀 고용 상태의 모양새를 개선하는 요인이 된다. 그 이면에서 최저 임금이나 월 52시간 근무라는 규제 사항에 묶여 125만 원을 벌수 있는 일자리는 불법으로 되어 노인은 불행해지고, 취업자 머릿수만을 강조하는 애꾸눈 공직자만 흡족해하는 이상한 양상이 나타나게 되는 것이다.

나아가 댐에 채울 데이터의 대종이 공공 데이터일 것이기에 그것은 당연히 오픈되어야 하는 것인데, 이점에 대해 개방한다는 원칙은 천명했으나 민간 기업이 이런 데이터를 이용하려 할 때 걸쳐야 하는 절차를 까다롭게 하여 사실상 개방의 실효를 떨어뜨리는 일이 있어서는 안 될 것이다. 예컨대 공공 데이터 중 아주 중요한 보건 의료 데이터에 관해 개방을 연구 목적에만 제한한다고 하고 더구나 이용을 위해 거쳐야 하는 절차를 아주 까다롭게 하여 사실상 개방의 실효성을 저감시키는 일을 하는 것은 지양되어야 할 것이다. 그러나 **중앙일보 2021년 7월 30일 자 비즈 칼럼 김민호의 '데이터 뉴딜 첫걸음은 공공 의료 데이터의 활용'**에서는 이런 데이터에 접근하기 위해서는 보건복지부 산하 공공 기관인 생명윤리위원회로부터 그것 사용에 대한 타당성 심사를 받아야 하고, 보험사는 심평원 등에다 그것의 활용을 신청하는 절차를 거쳐야 하며, 신청 후 활용을 허여받은 다음에는 심평원을 직접 방문하여 폐쇄망을 통해 비식별화된 의료 데이터를 분석한 후 그 결과만을 가져갈 수 있도록 하는, 매우 까다로운 절차를 강제하고 있다함을 알려주고 있다. 환자 개인의 병력 정보 등 개인 정보 누출을 걱정해 이렇게 하는 것으로 해석되나, 그 결과, 사실상 공공 데이터의 개방이 제약되게 되는 단면은 외면되고 있다.

디지털 뉴딜 이후 낙관적인 시각을 가지는 사람들은 빅데이터라는 말에 조금도 못 미치지 않을 정도로 많은 데이터가 이제는 이미 마련되어 있다고 말하고 있다. 그러니 이제는 이러한 데이터를 어서 활용해 성과를 내는 일만이 남아 있다고 한다. 그런데 2021년 8월 10일 국회 입법조사처 주최 토론회 '인공 지능 시대의 데이터 자산 보호와 활용에 관한 세미나'에서는 데이터 3법 등 이미 제정되어 있는 실정법을 가지고 개념적이고 규범적인 논의를 하는 데 거의 모든 시간을 썼으며, 앞으로 데이터 댐에서의 막대한 데이터를 포함해 계속 늘어나게 될 데이터를 어떻게 활용하여 data-driven decision을 할 것인지에 대한 부분 내지 데이터 활용 부문에 대해서는 하등 관심을 보이지 않았다. 대부분의 토론자와 차별화된 논의를 한 유일한 참가자인 한 기업계의 인사는 지난번 제정된 데이터 3법, 특히 그중 개인 정보 가명화에 대해 기업들은 별 기대를 가지고 있지 않다고 하는 속내를 드러내기까지 했다. 그것으로써 정보를 비교적 자유롭게 쓸 수 있게 될 것에 대해 별 기대를 가지고 있지 않다는 점을 시사했다. 모든 것을 다 법으로 다루겠다는 으름장과 데이터 사용에서의 잘못을 실질을 주목하지 않고 기업의 매출액을 기준으로 하여 과징금을 매기겠다고 하는 규정에 따라, 기업들이 외부의 데이터를 이용하려고 하는데 극도로 소극적으로 되리라는 점을 감지하게 하였다. 비슷한 맥락에서 동 토론회에서는 2021년 7월 14일 공개된 관계부처 합동 보고서 '한국판 뉴딜 2.0'에 의거하여 AI 학습용 데이터로서 지난 1년여 간에

191종 5.3억 건을 구축했고 그중 170종을 개방했다고 밝히었다. 그러나 그렇게 댐에 모은 데이터가 그때까지 어떻게 활용되었으며 앞으로 어떻게 활용활 것이고 또 그런 것의 앞으로의 더 이상의 사용계획은 어떠한지에 대해서는 하등 언급이 없었다.

우리 사회는 얼마 전에 mydata 사업을 별도로 적시하였고 21개 기업을 마이데이터 사업자로 선정했다고 했다. 이런 기업은 여러 개인과의 교섭을 통해 많은 쓸 만한 데이터를 수집해야 할 것이고 데이터 댐에 있는 기존에 수집되어 라벨링까지 된 데이터도 그것과 함께 십분 활용해야 마땅할 것이다. 또 기존에 모은 데이터를 활용하는 데 있어서는 이 사업이 선도적인 예도 보여 줄 수 있어야 할 것이다. 그러나 이 사업이 진행되는 과정을 보면 이를 기대하기는 어려워 보인다.

2.
SNS 데이터, 기타 데이터의 풀링:
융합적 통합

데이터를 수집하고 정제한 다음에는 분류해야 하는데, 동종 기업이 보유하고 있는 동질적인 데이터의 풀링 이상으로 SNS 데이터나 기타 데이터 등도 활용할 수 있게 됨으로써 데이터의 확충을 가일층 진전시킬 수 있겠다. 이런 단면에서 Google, Facebook, Walmart, Amazon 등은 업무 수행 중에 얻은 비슷한 종류의 데이터를 모아 쓰는 차원에서 외연 확장을 꾀하고 있다. 그런데 이제 스스로의 업무에서 얻은 데이터에 더하여 직접 관련된 기업 이외에는 종래에는 별로 사용해 오지 않았던 SNS 데이터나 재화나 서비스의 거래 데이터 등을 가지게 된 다른 수집자들의 데이터들도 현재까지 이용되어 온 폐쇄적 방법 이상으로 활용하려는 새로운 차원에서의 외연 확장이 보여지고 있다. 이렇게 하면 자사 내부 및 외부의 자료를 이용할 수 있게되는 것이다. 나아가 그런 것의 이용 과정에서 새로운 시각을 가지고 시현되는 고도화된 자료 처리 기법도 강구할 수 있게도 된다. 그로써 그러하지 않았을 경우에 비해 더 많고 다양한 데이터를 가지고 분석 작업을 수행할 수 있게 된다. 이런 점을 보아 데이터 풀링은 한 차원 높게끔 확장되어 가고 있다. 그로써 사회 후생을 증대시킬 수 있게도 된다. 이러한 확장은 융합적 풀링이라고 불러도 좋을 듯하다.

이러한 변신 중 SNS 데이터를 이런 풀링에서 끌어들였다는 것이 특히나 의미를 가진다는 점을 강조해야 하겠다. 계속적으로 변화하는 경제 사회상을 쉽고 빨리 파악하는 데에는 SNS 데이터가 아주 유용하기 때문이다. 잘 알려져 있지 않은 사실을 인지하는 데 SNS가 최선의 real time signal detector라고 이야기할 수 있기 때문이다. 물론 그것의 내용은 여러 가지다. 따라서 그곳에서의 다양한 데이터는 데이터를 어디에다 어떻게 이용하겠다는 목적에 따라 선별되어 쓰이게 되어야 할 것이다.

기존에 존재하는 인프라의 하나인 SNS 또는 사회 미디어(social media)의 데이터를 이용하게 되면 불특정 다수와 소통을 할 수 있어, 그들과 협력 내지 공동 작업을 기획하고 수행할 수 있는 계기를 가지게 될 수도 있다. 브랜드 이미지를 알리고 광고성 정보를 내보낼 수도 있으며 소비자에 대한 새로운 서비스 제공을 보다 쉽게 시도할 수도 있다. 그러나 그것을 잘못 이용하였다가 직원의 실수 등으로 기업의 주요 아이디어를 무심코 누출할 수도 있고 경쟁자에게 자신의 전략을 노출할 수도 있다. 전략까지는 아니더라도 기업 내부의 세세한 사정을 보여 주어 외부로부터의 침입을 수월하게 할 위험도 있다. 이런 사회 미디어를 이용하게 되면 아무래도 기업의 내부와 외부 사이의 거리나 간격이 줄어들게 되어, 상황에 따라 조금 다를 수는 있으나, 나름의 이득과 손실을 가지게 된다. 사회 미디어를 이용하는 것이 개인에게는 대체로 괜찮으나, 기업에게는 득실이 있어 기업의 직원이 기업의 입장을 의식하지 못하고 개인적으로 활동을 하는 경우에 바람직스럽지 않은 사태가 발생할 수도 있다.

　바람직스럽지 않은 사태 중 가장 큰 것이 사회공학적 공격이라고 불리우기도 하는 이른바 피싱(phishing)을 당하는 것이다. 해커는 사회 미디어 사이트를 이용해 메시지를 보내는데, 그러한 메시지를 받은 사람이 그것을 클릭하면 링크, 이미지, 기타 첨부물이 붙어 있는 스팸 파일이 나쁜 곳으로부터 전달되게 되는 것을 피하기 어려워, 자신이 의식하지 못하는 사이에 자신의 디바이스가 감염되게 되고 해커의 조작에 좌우될 수 있게 되는 것이다. 이러한 피싱은 Facebook이나 WhatsApp 등 유력 메시징 플랫폼을 매개로 이용해 자행된다. 사회 미디어에서의 폐해는 퀴즈, 게임, 기타 원격으로부터의 코드를 이용하는 경우에 외부의 정보 유입을 완전하게 여과하지 못한다는 취약점을 악용하여 이른바 트로이 목마라고 지칭되는 악성 코드를 유입시키기도 하고, 그러한 악성 코드를 통해 뒷문을 통해 드나들거나 랜섬웨어를 심어 카메라, 마이크로 폰, 키 스트로크의 기록 등을 통해 패스워드나 브라우징 이력 등을 빼내 악용하는 경우에 두드러지게 된다.

　해커는 이러한 방법으로 침입을 한 다음 침입한 기업이나 조직의 정보를 악용하는 사기 행위를 하고는 한다. 사정에 따라서는 지켜야 할 여러 규제 사항을 지키지 못하게 방해하여 성가(goodwill)를 무너뜨리고 벌금을 물게 유도하기도 한다. 이런 와중에는 특허나 저작권을 침해하게 되는 잘못을 범하게 될 수도 있는데, 이럴 경우 해당 기업의 위상이 떨어지게 되어 다른 차원에서의 손실을 입게 될 수도 있다. 해킹에 기인하는 이러한 피해를 피하는 방법은 해커가 사회 미디어를 통해 숨어 들어오는 것을 방지하는 것이다. 이를 위해 패스워드를 철저히 관리하는 것을 비롯해 여러 보안 프로그램을 장치해 운영하는 것이 필요하다. 더불어 사회 미디어를 모니터링하는 소프트웨어를 동원하여 대응할 수도 있는데, 이런 것 중에는 Kiy Oh, Feefo, eKomi, Trustspot 등이 있다.

SearchSecurity.com, 'How to combat the top 5 enterprise social media risks' 06 Feb, 2020

SearchContentManagement.com, 'What is the role of social media in e-commerce? 17 May, 2019

SearchSoftwareQuality, 'Social media in business: Security versus function' 29 Dec, 2011

SNS 데이터에는 여러 종류가 있다. 그중에는 SNS 데이터를 가입자 사이에서는 공유할 수 있도록 하나 비가입자에게는 이용하지 못하도록 하는 것도 있는데, 이런 때의 SNS는 한정된 의미에서는 사실상 데이터 브로커의 역할을 하고 있는 것이라고 할 수 있다. 영국 사람들에게 Twitter는 정치 관련 성향을 보는데 유용하게 쓸 수 있는 것이고, Instagram은 지역 특유의 정보를 얻는 때 유용한 것이라고 인지한다고 한다. 나아가 이런 예에서의 SNS의 이용은 종래 한정적이었다고 밖에 할 수 없었던 SNS의 data broker로서의 기능을 더 넓게 확장하는 것을 가능하게 하고 있다.

이에 즈음하여 SNS 데이터는 그 본래 그곳에서 언급하는 내용을 외부에 알리자는 의도를 가진 것들이기도 하다는 점을 상기해야 하겠다. 즉, 본래적으로 외부에 공표하려는 의도를 가지고 마련되었다 할 수 있는 이러한 SNS 데이터를 SNS 관리자가 밖의 여러 외부자도 사용할 수 있도록 하는 것은 자연스러운 일일 것이다. 이런 사용을 활성화시키기 위해서는 SNS의 운영자나 데이터의 소유자가, 이들 데이터를 가공 분석할 수 있는 능력을 가지고 있는 제3자로 하여금 그런 데이터를 정리하고 종합하여 각종 외부자들의 다기한 데이터 수요에 대응할 수 있게 할 수도 있겠다. 그리하여 결과적으로는 SNS 데이터를 현재 이상으로 의미 있는 목적에 널리 이용될 수 있도록 할 수 있겠다. 예컨대 SNS 자료를 가진 Facebook이나 Twitter가 자신들이 가진 검색 자료나 채팅 자료를 자체 내에서만 활용하는 현재의 관행에서 벗어나, 더 이상 외부로부터의 데이터의 분석 요구에 응하는 서비스를 하고 스스로 이용하는 이상으로 독자적 분석 SW를 가지고 있는 기업들에게 그런 데이터를 제공하기도 하게 해야 한다. 그러한 즉, 그런 기업들 중 일부로 하여금 여러 사람들의 수요에 맞추어 이들 데이터를 더 이상 분석하고 가공하여 외부에 제공할 수 있도록 할 수도 있겠다. data bank나 data broker라고 지칭될 수 있는 이들 데이터 전문 기업들로 하여금 정밀 의료나 신용 정보의 이용 또는 맞춤 광고를 하려는 개인 또는 회사 등 고객의 수요에 부응해 이들 SNS 자료를 분석해 이들 고객 각각의 요구에 대응하는 분석 결과를 제공하도록 할 수 있겠다. 과연 Facebook은 이미 그 자신이 특허받은 독자의 기술을 가지고 신용 분석업에 진출했다고 했다.

이들 전문 데이터 분석가들은 대부분 비정형 데이터일 이런 데이터를 섞어 새로운 서비스(이른바 mash up service)를 생산해 제공하면서 사실상 데이터 브로커로서 활약하고 있다. 물론 이때 SNS는 데이터 제공 플랫폼으로 되면서 이러한 서비스를 제공하고 대가를 받는다. (예컨대 Salesforce나 Chatter는 mash up 서비스를 해 주고 대가를 받는다.) 이러한 새로운 상황으로 되면서 여러 기업은 자신이 가지고 있던 데이터와 이러한 방식으로 확보한 2차적 SNS 데이터를 통합해 크게 확장된 데이터를 가지게 되고, 그런 것 모두를 써 데이터 분석을 할 수 있게 된다.

이에 SNS 데이터를 좀 더 본격적으로 검토해 볼 필요가 생긴다. SNS 데이터란 Facebook, Twitter, LinkedIn 등 사회 미디어(social media)로부터의 데이터로서 사회 공간에서 사람들이 의견 교환을 하는 과정에서 생겨나는 데이터고, 대체로 실시간 데이터다. 나아가 사실상 사회 미디어의 노릇을 하는 Blog, Discussion Board, Usenet, Youtube 등 기타 여러 유사한 것들에서 이루어지는 의견 교환 및 소통도 그 성격상 사실상 사회 데이터라고 할 수 있다. 이런 것들은 이메일, 뉴스레터, 인터넷에서의 포스트 등 과거로부터 있어 왔던 방도 이상으로 되면서 여럿이 모여 새로운 방식으로 의사소통을 할 수 있게 하는 것이다. 동시에 전통적 정보 제공의 방도인 신문, 잡지, 책, 웹에서의 자료 제시 등 보다 더 간편하고 실시간에 소통을 할 수 있게 한다는 의미에서 비교 우위를 가지는 것이다. 이것에서는 전문가의 의견도 많이 접할 수 있고 빠른 소통이 가능하여 이들 정보를 접근과 수집하는 것이 비교적 쉽다는 장점을 볼 수 있다.

이들 SNS 데이터는 통상의 관련 미디어로부터 직접 구할 수 있을 뿐만 아니라 스트리밍(streaming) 방식으로서 제공되고 있는 것에서도 구할 수 있다. 이들은 보통 비정형(unstructured)의 형태를 가지며, 양도 많다. 데이터의 진위 여부가 문제 시 되기도 하나 상당히 동태적(dynamic)인 성격을 가지는 것이다. 그곳에서의 텍스트 자료를 분석하기 위해서는 대체로 자연어처리(natural language processing) 알고리즘이 필요하다. 통상 R, Python, TensorFlow, Watson AI 등을 이용하여 실시간 분석을 한다.

직접 사회 미디어라고 지칭되지는 않으나 그 이전에 등장했던 Google, Yahoo 등도 나름대로 검색 서비스를 제공하면서 많은 데이터를 축적해 지니고 있다. 또 소매점, 통신 기업, 아마존 등 e-commerce 기업들도 본래의 비즈니스를 하면서 상당히 많은 데이터를 수집하여 축적해 놓고 있다. 이러한 모든 데이터들은 앞으로 종합되어 다기한 필요에 대응해 쓰이게 될 것이다. 이런 차원에서 SNS 데이터는 데이터의 지평을 넓혔고 그것이 유용하게 쓰일 수 있는 출발점이 되었으며, 그 이상의 가능성을 제시하였다. 단 이러한 가능성을 누구나 실제로 활용할 수 있는 것은 아니다. 그것을 위해서는 복잡한 시행 과정이 개재되어야 하고 상당한 이용 코스트를 부담해야 하며, 무엇보다도 그것을 실용화할 수 있게 하는 식견 또는 전문 지식(domain knowledge)이 필요하다.

SNS를 이용하게 되면 우선 영향력이 적지 않은 구전 효과(word-of-mouth effect)를 가지게 된다는 것이 먼저 언급되어야 하겠다. Twitter feed나 Facebook pages를 통해서 이런 효과를 가지게 된다. SNS 자료는 보통 그런 것에 참여해 의견 개진을 하는 과정에서 만들어지는 것이기 때문이다. 보다 적극적으로는 온라인 포럼을 조직하여 다른 여러 전문가의 참여를 촉발하면서 많은 사람들로 하여금 참여하고 독자적 의견을 개진하게 하여 사람들의 공감 또는 이견을 유도하고 있다. 그렇게 함으로써 과거에는 얻을 수 없었던 새롭고 다양한 의견을 접하는 기회를 가질 수 있게 한다. 최상의 직관적 관찰을 하는 사람에게는 상금을 내걸기도 하여 시대상에 앞선 의견을 구하기도 하고, 여러 다른 사람들의 기대를 짐작하게도 한다. Hashtag을 활용해 주요 이슈에 대한 의견을 보다 활발히 내도록 유도하기도 한다. 최근 LinkedIn을 통해서 경쟁자들의 제품, 계획, 연구 방향, 마케팅 등에 대한 최근의 행태를 파악하고 있는 일도 주목거리가 되고 있다. 이로써 기존의 조직에서는 얻을 수 없었던 새롭고 다양한 의견을 알게도 되고 있다.

SNS 자료는 뉘앙스를 알려고 하거나 감성적 평가를 알아보려고 하는 때 많이 이용된다. 경향치를 알려고 하거나 숨어 있는 패턴을 찾아내려고 하는 때, 그리고 수면 밑 잠재적인 영업상 문제를 탐색하는 데에서도 많이 활용된다. 예컨대 평판에 크게 의존하는 식당이나 호텔 등 업종에서는 다른 업종에서 보다 이런 것의 이용이 많다. 분석 수단으로서는 Google Analytics, Facebook Insight, Twitter, Instagram 등이 유명하며, Salesforce Marketing Cloud, Sysmos, Crimson Hexagon, Madallia 등이 그 뒤를 따르고 있다. 이러한 분석은 위기를 예고하거나 유용한 예견을 하거나 위기를 피할 방법을 찾아

내는 데 도움을 주며, 특히 자동적이고 서로 조화된 방식으로 대응 방안을 강구하게 하고 있어 평가받고 있다. 여러 종류의 사회 미디어에 걸쳐 관심을 가질 법한 어떤 내용에 대해 쉽게 접근할 수 있게 하는 서비스를 해 주는 것으로는 Gnip나 DataSift도 주목된다.

SearchAppArchitecture.com, 'Integrating social media platform into the business application mix' 20 Sep, 2013

우선 그것은 그 수집과 처리를 자동화하기 쉽게 하여 다른 종류의 데이터에서보다 데이터에 포함되어 있는 데이터에서의 의미를 보다 직관적으로 지득하고(data insight), 더 나아가 천착할 수 있게 하는 데 유리하다. 따라서 health care와 같은 personalized service를 추진하고 수행하는 데 있어 이것이 절대적으로 도움이 되고 유력한 징검다리가 되고 있다.

SNS 데이터를 효과적으로 활용하기 위해서는 전문적 식견을 가지고 있는 전문가를 파악해 그들과의 관계를 특히 온라인 상에서 유지하려고 해야 한다. 이들에게 narrowcast 하거나 특정 news letter를 보내기도 해야 한다. 이들에게서 얻은 정보가 시장 조사 기관에 의뢰해 얻은 정보보다 더 유용하고 시의에 맞는(timely) 경우가 많을 수 있기 때문에 데이터 아웃소싱의 주 원천을 이들에게서 찾기도 하고, 그런 것에 의거해 추세를 알아보는 trend mapping을 추구하기도 한다. 이런 목적을 위해 이용자는 개인적인 정보 현황판(information dashboard)을 만들어 운영하기도 한다.

SNS 데이터를 이용한 분석을 하고 난 다음에는 필요한 대응책을 세워야 한다. visualization이나 dashboard를 쓰고 그곳에서 주어지는 수단을 이용해 상황을 인지한 다음, 나쁜 양상에 대해서는 그 영향을 완화시킬 수 있는 방안으로 대응해야 하고 좋은 양상에 대해서는 그런 성향을 더 강화시키게끔 하는 대응도 해야 한다. 공감하는 가치를 확실히 느끼도록 고객 서비스 목적의 포럼을 운영할 수도 있다. 나아가 이런 것들 모두를 신제품 개발 등에서 반영할 수 있어야 한다. 팬 페이지를 운영하거나 서비스 강화에 대한 의견을 듣거나, 보다 적극적인 대응 프로그램을 운영하기도 하는 등의 방법을 통해서 대응하기도 해야 한다.

최근 들어와 대두한 쟁점의 하나는 전자 상거래 전문의 빅테크 또는 SNS에 종사하는 빅테크들이 범죄 또는 폭력을 유발할 위험성을 지니거나 증오를 조장하는 광고의 내용에 대해 통제하려고 하고 있고, 또 보다 일반적으로는 SNS에서의 콘텐트를 통제하려고 하고 있다는 것이다. 예컨대 미국 대선 직후 AWS는 트럼프 대통령의 극보수 미디어 플랫폼 Parler의 이용을 배제하였고, Google은 폭력이나 증오를 불러올 콘텐트를 배제하였으며, Twitter는 Trump의 계정을 폐쇄하였고, Salesforce는 공화당 전국위원회의 서비스 사용을 배척하였다. 아주 한정적인 내용에 대한 것이기는 하지만 이러한 사기업들이 개인이 제시한 콘텐트를 통제하는 양상을 보여 주게 되었고, 이렇게 하는 것을 사회가 방치하는 것이 정당한지에 대한 논의를 불러일으키기도 했다. 이러한 것들이 전개되는 곳은 소비자들이 각종 경험을 보여 주는 장소이고 다양한 실험이 이루어지고 있는 곳이라고 할 수 있기에 이들의 통제는 사인이 사인을 통제하는 양상을 띠기도 한다. 사인의 행위를 통제하는 것은 정부가 국민대표들의 합의를 거쳐할 수 있는 것이라고 여겨져 왔기에 이러한 양상은 파격이라고 할 수있다. 그러나 이들의 통제가 널리 수긍받을 수 있는 것을 대상으로하는 것이고 또 아주 한정적이며 마땅히 정부가 하면 좋겠으나 정부가 나서지 않고 있으니 이들이 나섰다는 의미에서 사실상 용인되고있다고 해석된다.

The Economist October 16th 2021, Internet regulation: Who should police the web?

SearchCustomerExperience.com, 'Capital riots spark e-commerce terms of service enforcement' 14 Jan, 2021

다른 쟁점은 Apple이 그것의 Store에서 광고를 하는 Facebook에게 그렇게 하려면 이용자들의 동의를 받도록 하는, 이른바 new privacy rule 또는 ends-tracking rule을 도입하였고, 다른 이동 전화플랫폼을 가지고 있는 구글이 Android Store에서도 같은 요구를 하게 되었다는 것이다. 그로써 페이스북을 비롯한 사회 미디어들이 광고 수입에서 큰 손상을 입게 되었다. 이에 사회 미디어들은 몇 가지로 대응하고 있으나, 효과는 별로 신통하지 않다고 한다. 그 하나는광고와 더불어 프레미엄 서비스를 제공하고 이것을 구독료를 내고보도록 하는 것이다. 그러나 이렇게 하려는 때 아주 매력적인 프리미엄 서비스(예컨대 SNS 사용 중의 애로 사항에 대한 컨설팅이나 추가적 보안서비스 등)를 제시하지 못해 아직 그 성과는 크지 않다고 한다. 그 둘은 휴대 전화를 대신할 (메타버스에서 쓸 수 있는) Oculus와 같은 디바이스를 소개해 휴대 전화에 대한 의존을 우회하고 피해 보려고 하는 것이다. 그러나 이것도 디바이스의 개발이나 그것을 써서 즐길 수 있는 콘텐트가 미흡해 아직은 별 성과를 내고 있지 못하다고 한다.

The Economist February 25th, 2023, "Social Media: Pay as you post"

대시보드의 이용은 조직의 인력 중 데이터를 사용하는 데 소원한 사람들에게도 데이터를 이용해 무언가 나은 결정을 하고 개선을 해야 하겠다는 의욕을 불러일으킬 수 있는 계기가 될 수 있다. 그로써 현장의 인력으로 하여금 BI(Business Intelligence)를 활용할 수 있게 분위기를 바꾸어 조직에서의 IT기법 활용을 활성화시킬 수 있다. 현장에서 제공되는 데이터를 가지고 상황의 조그만 변화를 감지하고 적의를 대응하도록 하는, 이른바 self-service BI deployment를 본격화시키는 계기가 될 수 있다. 물론 이렇게 되는 것이 쉬운 일은 아니다. 질적으로 확실한 데이터를 조직의 데이터 사용 기준 및 안전 관련 법규를 준수하면서 맞게 쓸 수 있어야 하며, 다른 부서, 특히 IT 부서와의 협력을 지속할 수 있어야 한다. 이를 일상화시키기 위해서는 데이터 사용에 대한 훈련이 있어야 할 것이고 그로써 얻게 되는 생산성 향상이 투입되는 코스트를 능가하게 되도록 주의해야 할 것이다.

SearchBusinessAnalytics.com, '8 self-service BI best practices for larger organizations' 06 Jul, 2020

최근 이러한 데이터 분석의 변화에 영향을 받아 검색 자료를 가진 구글이나 네이버와 같은 포털은 물론, 매매 자료를 가지고 있는 대형 소매점이나 백화점 등 여타의 데이터 보유자들도 SNS 데이터 소유자와 마찬가지의 방식으로 데이터를 공유하려고 하는 변신을 시도하고 있다. Walmart는 Unstructured Data Analytics라는 기업을 사들인 다음 이를 이용해 SNS, Blog, Media Check-in 등에서의 데이터를 자신이 본래 가지고 있던 소매 데이터와 결합시켰다. 그렇게 함으로써 각종 판매 지역에 특화된 제품을 차별적으로 공급할 수 있게끔 변신했다. 또 GE는 Grid IQ Insight라는 도구를 이용하여 사진을 비롯한 SNS 데이터를 분석함으로써 지역별로 불평과 불만을 차별화하여 파악하였고, 그런 것에 적의 대처하는 mash up 서비스를 이용하고 있다고 한다.

같이 쓰지 않던 데이터를 통합하여 같이 씀으로써 새로운 직관을 얻을 수 있게 된 예는 IoT 데이터를 이용하는 과정에서 더욱 현저하게 나타나고 있다. 1) 스마트 시계(smart watch) 등 건강과 관련된 개인적인 IoT 데이터를 배출하는 디바이스(health IoT device)로부터의 혈압이나 혈당이나 맥박이나 체온이나 심전도 상태 등의 데이터를 2) 몸무게, 운동하는 정도, 호흡이 정상적인지 여부, 제시간에 약을 복용하는지 등 집에서 얻을 수 있는 데이터와 함께 3) 당시 소재하는 지역의 지역적 특이성이나 환자의 특성을 나타내는 나이 등과 합쳐 4) 최근 의사 진료에 의한 건강 상태에 대한 평가 및 5) 기타 인구학적 데이터(demographic data) 등 데이터와 병원에서의 현장 진료로부터 얻은 데이터를 함께 쓸 수 있게 함으로써, 환자의 행동을 보다 효과적으로 모니터링하고 종래의 진료 자료와 결합해 사용하여 진단을 보다 자주 실박하게 할 수 있게 되었다고 한다. 나아가 이러한 자료를 특정 의료인과는 공유하도록 하여 그 활용 범위를 넓힐 수도 있겠다. 이렇게 함으로써 환자가 주의해야 할 사항을 그것이 병환으로 구체화되어 나타나기 이전에 미리 인지할 수 있게 하여, 진료 후 처방이라는 대응적 처방(reactive therapy) 대신 예방적 처방(preventive therapy)을 할 수 있게 하고, 그것에 근거하는 적절한 경고와 필요 처치를 함으로써 환자의 건강을 지키는 데 기여할 수 있다고 한다. 부수적으로 건강 보험료를 합리적으로 책정하는 데에도 유용하게 쓸 수도 있겠다. 물론 이를 위해서는 이상의 여러 종류의 데이터를 어떻게 조합하느냐 하는 어려운 문제가 선결되어야 한다. 그런데 이러한 것의 선례는 이미 IBM의 Watson에 의한 암 진단의 예에서 보여졌다고 할 수 있어 심각한 장애는 되지 않을 것이라 여겨진다. 단 이런 때 환자의 프라이버시를 침해하지 않도록 주의를 게을리해서는 안 될 것이다. 이와 관련되어서는 환자의 민감 정보를 암호화하는 문제와 병원이나 의료 보험 공단 등에서 환자에 대한 건강 정보를 틀림없이 보호할 수 있어야 한다는 점이 유념되어야 하겠다. 해커들이 공기관의 자료에 접근하고자 그 기관의 직원의 디바이스를 피싱한 다음 숨어 있다가 직원의 디바이스 이용을 계기로 하여 해킹을 한다는 점도 간과해서는 안 되겠다. 이와 관련해 최근 바이러스 감염에 대한 대책으로 거리 두기를 실시하였듯이 직원들의 디바이스와 회사의 네트워크 사이의 연결을 통제하고 종국적으로 보안 시스템을 정비해 zero-trust 정책을 지향하도록 해야 하겠다.

IoT Agenda.com, 'Where healthcare IoT is headed in 2020' 09 Mar, 2020

ComputerWeekly.com.com, 'Coronavirus: How to go back to the

이 시점에서 강조해야 할 사항은 IoT 센서가 하나 이상 다수일 것이기 때문에 그것들로부터 보내지는 시그널도 하나 이상일 수밖에 없다는 것이다. 건강 정보와 관련되어 위에서 예시된 시그널 이외에도 빛, 소리, 기계 부품 속의 각진 모양(angular rate), 속도 및 가속도, 온도, 진동수의 변화 등이 많이 이용되고 있는 시그널이다. 이에 이러한 신호를 실제 생활에서 유용한 결정을 하는 데 쓸 수 있도록 하는 알고리즘과 연결시키기 위해서는 그러한 알고리즘이 여러 센서로부터 보내지는 여러 신호를 모두 잡아 적절히 종합하여 사용할 수 있게 하는 것으로 되어야 할 것이고, 이때의 이러한 센서를 종합적 센서(synthetic sensor)라고 지칭하기도 한다. 각종 IoT 센서로부터의 시그널을 잡아 의사 결정, 특히 비정상 여부를 판단하고 대응하는 방안을 강구하는 데에는 이러한 의미를 가지는 종합적 센서의 활용이 절대적이다.

센서를 활용하는 일은 개인의 가정생활에서도 많지만 산업에서 각종 기계 설비를 유지 관리하는 데에서 더 큰 유용성을 발휘하고 있다. 이러한 관리를 통해 이른바 predictive maintenance를 할 수 있어 수리 비용은 물론 운용 비용을 절감하고 수리를 위한 기계 작동의 중단 시간(downtime)을 줄일 수 있기 때문이다. 이런 때 관련된 기계가 고가면 고가일수록 이러한 방식에 따르는 비용 절감의 효과는 더 크게 될 것이다. 일 예로 Amazon Monitron과 Amazon Lookout for Equipment는 산업 기계나 설비의 작동을 모니터하다가 이상을 발견하게 되면 이를 gateway를 통해 즉각 Cloud에 전달하고, 이어 관련자의 스마트폰에 전달해 시설을 점검하고 이상인지 여부를 확인하게 한 다음 이상 징후가 발견되는 때 이를 고치도록 한다는 것이다.

IoT Agenda.com, 'Synthetic sensors simplify IoT development' 02 Apr, 2018

SearchEnterprise.com, 'AWS digs into its new machine learning industrial product' 18 Dec, 2020

2000년 즈음해 여러 분야에서 가일층 디지털화를 추구하게 되었다. 금융, 제조, 도소매, 유통 등에서뿐만 아니라 의료 분야에서도 그런 것이 보여지게 되었다. 그러는 가운데 의료 분야는 그러한 디지털화 추세에서 뒤떨어지게 되었다고 한다. 의료나 금융이 모두 규제를 받는 분야라 상대적으로 뒤떨어지게 된 것이라고 하나, 금융보다 의료 부문에서 그 정도가 심한 것을 보면 의료계 내부에서 과거로부터의 전통을 지키면서 변화에 저항한 것이 그 원인이 아닌가 하고 여겨진다. 그런데 이러한 사정이 코로나19 이후 달라지지 않았느냐 하는 관찰이 있다. 전염병이 위협하는 상황에서 시현하기 어려운 대면 진료를 어떤 상황이든 불문하고 계속 고집하기가 어려워져 건강 의료 분야에서도 비대면 진료와 처방을 하지 않을 수 없게 되었고, 그러한 변화의 일환으로 health IoT device로부터의 데이터도 이용하려고 하게 된 것이라 추정된다. 이런 과정에서 개인 정보와 기타 민감 정보가 암호화 및 익명화를 통해 보호될 수 있다면 의료 분야에서도, 비록 그것이 금융 분야처럼 규제 산업이지만, 다른 보조 수단의 도입이 배제된 채 면허받은 사람들에 의해 전적이고 독점적으로 시행되었던 종래의 관행은 더 이상 고수되지 못하게 될 수도 있겠다. 익명화 및 암호화를 통한 개인 정보 및 민감 정보의 보호 조건하에서 이들 데이터를 디지털화하여 널리 쓸 수 있게 하는 것이 의료 산업의 효율화를 위해 도움이 되는 일일 것이고, 소비자 후생도 제고하는 길이 될 것이기 때문이다. 이러한 의료 현장의 변화는 다른 분야에서처럼 데이터를 잘 쓰는 것을 중차대하게 만들고, 그러한 일에 일등 가는 능력을 지니고 있는 Apple, Google, Alibaba 등이 참여하게 됨에 따라 더욱 공고하게 되어 가고 있다고 한다.

The Economist December 5th 2020, "Health care and technology: The dawn of digital medicine"

여러 가지 데이터를 융합적으로 풀링 하는 것은 여러 가지 방법을 통해 시도될 수 있다. 그 한 가지 예로서 서로 반드시 연관되어 있다고 여겨지지 않던 데이터를 엮어 정보의 내용이 상대적으로 많은 데이터에 주로 의거하면서 정보량이 상대적으로 적은 데이터에 숨겨져 있는 의미를 추출해 보려는 것을 들 수 있다. 우선 A와 B라는 두 가지 상이한 데이터가 있다고 하자. 예컨대 A는 어떤 지역에서의 소비 행태에 대한 데이터고 B는 그 지역에서의 투표 행태에 대한 데이터라고 하자. 데이터의 양과 다양성으로 보아서는 전자가 상대적으로 풍부하다고 할 수 있겠는데, 관심 사항은 후자로부터 의미 있는 메시지를 좀 더 많이 뽑아 내려는 데 있다고 하자. 이를 위해, 1단계에서는 A를 가지고 소비자의 구매 패턴, 성격 등을 기준으로 하여 소비자를 소집단으로 구분하고, 2단계에서 B를 가지고 (선거에서 정당에 구애받고 있지 않으면서 어떤 후보자에게 투표할지를 미처 결정하지 못해) 이른바 스윙 투표를 할 소지가 많을 것으로 추정되는 투표 예정자들을 구분하여, 그들의 안보나 환경이나 법제도 등 이슈에 대한 생각을 인터뷰하거나 조사를 한 다음 그런 조사 결과를 기준으로 삼아 이들을 역시 소집단으로 나눈다. 다음 3단계에서는 소비 행위로 구분된 A로부터의 부동층 소집단과 정치 행태로 구분된 B로부터의 소집단 사이의 관련을 단순히 비교하거나 통계적으로 추적한다. 그렇게 하여 이 지역 소비자들의 소비자로서의 여러 행태와 투표 예정자로서의 정치 성향 사이에서의 연관성을 찾아본다. 이런 때 소비 행태 분석을 위한 데이터가 정치 성향에 대한 데이터보다 양적으로 많고 내용적으로도 풍부할 것이기 때문에 3단계에서 추출한 (소비 행태 데이터에 기반을 두고 거기에다 통계적 과정을 가미해 얻게 된 정치 성향에 대해 추측해 본) 정보는 인터뷰를 통해 알아낸 정치 성향에 대한 직접적 정보보다 새롭고 풍부한 내용을 가지게 될 여지가 크다. 더 나아가서는 이렇게 알게 된 간접적 결과로부터 얻은 정치 성향에 대한 정보와 인터뷰를 통해 얻은 정치 성향에 대한 직접적 정보의 관계를 다시금 통계적으로 관련지어 보려고 할 수도 있겠다. 그러면 단순히 인터뷰를 통해 알아낸 주민들의 정치 성향에 대해 직접적 정보에서는 알 수 없었던 좀 더 많은 사정을 알아낼 수도 있을 것이다. 즉, 이러한 사정을 추출한 분석에 의거해 스윙 투표를 할 소지가 큰 지역의 투표 예정자들의 스윙 보트 가능성을 그러한 통계적 작업을 하기 이전보다 조금 더 많이 차별화해 알아낼 수 있을 것이고, 그것에 의거해 홍보물 배포나 유세 시의 동선 결정이나 유세차의 배정 등의 방법으로 보다 실효성 있는 선거 운동을 할 수도 있게 될 것이다. 이런 때 투표 예정자는 소집단으로 파악되었을 뿐 target voter로 특정되지는 않았기 때문에 개인 정보 침해의 문제는 발생하지 않는다.

이렇게 하는 것이 이른바 연계 공격을 이용하는 것은 아니냐고 의심해 볼 수가 있다. 그런데 선거 운동의 대상으로 여겨져 그들의 성향을 알려고 하는 것은 당연히 있을 수 있는 것이기에 그런 활동을 개인 정보의 침해와 연계시키는 것은 반드시 타당하다고 하기 어렵다. 또 선거 운동의 대상으로 되는 것이 개인이 아니라 그런 개인이 합쳐져 이루어진 소집단이라는 것을 분명히 인지한다면 그렇게 하는 것은 연계 공격이 시사하는 바 개인을 식별하는 차원에까지는 이르지 않았다는 것을 알 수 있다. 개인의 프라이버시를 침해했다고 할 수는 없다.

데이터를 풀링 하여 이른바 이름 없는 데이터 묶음(anonymous packs of data)을 만들어(aggregation) 사용한다고 할 때, 떨쳐 버릴 수 없는 근본적 의구심은 공개되어서는 안 되는 sensitive data가 풀링 과정 및 그 이후에 가서 제삼자에게 공개될 위험성은 없느냐 하는 것이다. 이러한 위험성을 원천적으로 배제하는 기술적 방비책은 없는 듯 보인다. 그러니 풀링 작업을 수행하는 data broker를 신뢰할 수 있도록 하는 제도를 확실히 확립함으로써 이런 의구심을 피해 갈 수는 있겠다. 그로써 기술의 미흡함을 제도로 보완할 수 있겠다. 나아가 데이터 브로커가 신뢰를 배반하는 행위를 할 경우 징벌적 배상을 받도록 해야 한다는 점을 다시 강조해야 하겠다. 더불어 풀링을 위해 데이터 브로커에게 데이터를 보내는 경우에도 마스킹하거나 암호화한 후 풀링 하는 과정에서 복원 과정이 없이 제공된 그대로 사용하게 하는 pooling 및 data analytics의 수행 방법이 권유되고 있음도 참고하면 좋겠다. MS의 'Secure Data Exchange'가 이런 용도에서 쓰이는 앱이라고 한다.

관점에 따라서는 웬만한 데이터를 모두 민감 데이터라고 할 수도 있겠다. 그리고 이런 관점에서는 이런 식으로 데이터를 사용하는 것에 대해 일말의 불안감을 가질 수도 있겠다. 그러나 실제로는 공공 데이터가 아주 많고 민감 데이터는 적다. 더구나 과거 정부가 2016년 6월 30일에 '비식별화 조치 가이드라인'의 논의를 했었다는 것은 우리 사회가 데이터의 비식별화 및 그것의 융통성 있는 사용을 필요로 하고 있고, 관련 의사도 가지고 있었다는 것을 뜻한다고 보아야 한다. 그것은 각종 데이터를 풀링해 이용하는 것까지를 허용하는 방향으로 이동해 가려고 했던 것으로 볼 수 있으며, 총체적으로 데이터 풀링을 지지하는 것으로 보아야 한다고 할 수도 있다.

데이터의 프라이버시의 유지와 데이터의 효과적 사용을 통한 사회 후생의 증진이라는 두 가지 고려 사이에 존재하는 trade off 관계는 양자택일을 통해 쉽게 해소될 수 있는 간단한 문제가 아니다. 이 어려운 문제는 중간의 어디에서 조화점을 찾는 방안을 통해 해소될 수밖에 없을 것이며, 이 문제를 해결하는 도중에도 더욱 복잡한 쟁점을 야기하게 될 수도 있을 것이다. 예컨대 자율 주행 차(self-driving car)의 데이터 관리인과 자동차 이용자 사이에서 나타날 전자의 효율 추구와 후자의 사생활 보호 사이에서의 조화의 문제는 아직 그 해결책을 모르는 문제다. 상당한 시간 동안 아주 근본적인 철학적 논쟁을 불러일으키게 될 것이다. 그러나 자율 주행 차가 일반화되기 이전에 그 해결책을 찾지 않으면 안 되는 중차대한 문제인 것만은 분명하다.

데이터가 많아짐에 따라 데이터의 저장 문제가 대두하게 된다. 입력 및 출력을 가속시키고 CPU가 유휴 상태에 있는 많은 컴퓨터를 활용할 수 있도록 하여 이들 보통 컴퓨터들의 사실상의 결합으로 마치 슈퍼 컴퓨터처럼 사용할 수 있게 할 수도 있다고 한다. 그것과 마찬가지로 저장의 문제에 있어서도 가상화(virtualization) 방식으로의 혁신이 요망되고 또 시도되고 있다. 더불어 데이터의 관리라는 문제도 동시에 해결해야 할 필요가 있다. 이를 위해 데이터를 분류한 다음 인지적 관리(cognitive management)의 방식을 따르며 데이터의 분류와 처리 및 저장을 자동화하려고 하기도 한다. 이를 위해 데이터의 중첩적 저장을 원칙으로 하고, 각자 부분적 데이터를 사용하고 보관하는 각개 부처로 하여금 공통적 예비 저장고(back-up storage)에 이들 각각이 관리하는 데이터를 위양해 저장하도록 하는 방식을 제도화할 수도 있겠다.

3.
남의 데이터의 납치를 통한
데이터의 외연 확장

앞에서는 데이터 브로커가 훌륭히 작동하고 있다는 전제하에 SNS 데이터를 풀링 해서 사용하는 차원에 대해 알아보았다. 그런데 오늘날의 현실에서 보면 그러한 것을 가능하게 하는 전제조건이 반드시 충족되고 있는 것은 아니라는 것을 알 수 있다. SNS 데이터를 많이 가지고 있는 기업 등은 이것을 기꺼이 남과 함께 쓰려고 하지 않는 경우도 적지 않다. 여기에서 남이 수집해 놓은 SNS 데이터를 납치(hijacking)하여 이용하려는 시도가 생기게 된다.

종래 SNS 데이터는 그것을 스스로 수집하여 정리한 주체만이 관리하고 사용할 수 있는 것이라고 생각되어 왔다. 다른 주체는 기껏해야 관련 SNS에 이용자로서 참여하여 이용자가 쓸 수 있는 한정된 정보만을 알 수 있었던 정도였다. 그러다가 웹 브라우징을 하게 되면서 데이터를 복사해 내는 AI bot의 일종인 bot 군단이 생겨났고, 이들이 SNS 데이터를 긁어 가게(scraping, crawling)까지 하게 되자 사정은 전혀 달라지게 되었다. 과거에는 참여자인 사람이 일일이 브라우징을 하여 아주 제한된 단종의 데이터만을 획득할 수 있었기 때문에 SNS

의 관리자는 그의 데이터가 탈취되고 약탈당할 가능성을 크게 염려할 필요가 없었다. 그러나 이제 봇 군단이 나타나 데이터를 대거 긁어 가게 되자 SNS 관리자들은 데이터를 지키려는 데 있어 안심할 수 없게 되었다. 이들은 기술 박람회에서 신기술을 선전하고자 하여 그것을 전시해 놓았는데 많은 사람이 카메라를 들고 들어와 전시한 내용 모두를 복사해 가는 것과 비슷하게 도취당할 수 있다는 것에 대한 피해 의식과 공포를 느끼게 되었다. 여기에서 이들은 반격을 하지 않을 수 없게 되었다.

e-book의 본문에서는 이러한 사정을 LinkedIn과 HiQ라는 회사 사이의 소송을 통하는 SNS 데이터 납치 사건을 통해 보고 있다. 나아가 쟁송 과정을 통해서 데이터의 개인 소유권이 이견 없이 인정되게 되었고, 그러면서도 그것의 인정이 데이터의 너른 사용에 장애가 되어서는 안 되겠다는 것도 확인되었다는 것도 알려졌다. SNS 데이터를 긁어내 사용하는 것이 최종심에서 1심 판결이 바뀌기 이전까지는 불법이 아니라는 점이 적어도 미국에서는 공인되게 되었다고 할 수 있다. 그에 따라 이렇게 그 사용에 대해 제약이 없어진 데이터를 최선으로 사용할 수 있게 되어야 한다는 것의 당위성이 인정받게 되었다. EU의 GDPR도 이러한 방향으로의 변화에 긍정적인 요인이 되고 있다. 앞으로는 경쟁 체제 속에서 데이터의 최선의 사용을 실현할 수 있어야 할 것이며, 이러한 장기적이고 궁극적인 가치의 실현을 위해서 단기적으로는 SNS 데이터 등의 전모를 파악하고 미흡한 것을 보충하며 그런 과정에서 당장 가용한 데이터를 최대한 사용해 보는 실험에 매진해야 하게 되었다. 이러한 상황 인식은 data analytics의

능력을 구체적으로 제고시킬 수 있어야 한다는 여기에서의 기본 명제와 합치하는 것이다. 데이터와 관련해서는 데이터 풀링에 보다 적극적으로 임해야 할 것이며, 지금까지 데이터의 수집과 관리자들의 관행에 주눅 들어 소극적이었던 SNS 데이터 및 유사 검색 서비스 기업 등이 축적해 온 데이터를 구해 다른 데이터와 풀링을 해서 보다 적극적으로 활용하려고 하는 데 힘을 들여야 하게 되었다.

뒤에 나오는 GPT-3 이래 인터넷에서의 모든 데이터를 기반으로 LLM(Large Language Model)을 많이 쓰게 됨에 따라 인터넷에서의 웹을 훑어 정리하고 그런 데이터 세트를 대중이 자유로이 쓸 수 있게 하는 비영리 기관 Common Crawl이 나타나게 되었다 한다. 이것은 데이터를 수집하는 수고를 크게 덜 수 있게 하였고, 달리 데이터를 수집하는 노력을 줄이고 그곳의 데이터를 쓰려고 유도하려고 하게 사정을 바꾸었다. **(The Economist April 22nd 2023 The new AI(1): The generation game)** 그로써 그동안 해 온 우리나라 데이터 댐 사업은 무용지물에 가깝게 되었다. 한편 LLM을 쓰려면 전기 등 많은 코스트가 들 것이기에 우리를 이런 데이터 아카이브를 효율적으로 쓰는 방법을 새로이 강구하지 않으면 안 되게 만들었다.

4.
데이터의 변환 및 통일의 길과
알고리즘의 고도화

구슬이 서 말이라고 하더라도 꿰어야 보배라고 했다. 많은 데이터 가 준비되어 있다고 하더라도 그런 것을 제대로 처리해 유용한 의사 결정을 할 수 있게까지 되어야 한다. 데이터에는 정형 데이터 대 비정 형 데이터 등 다기한 종류의 데이터가 있는데, 그런 것들을 잘 활용 할 수 있어야 한다. 나아가 최선 활용의 正道의 하나는 모든 데이터 를 한 가지 종류의 데이터로 변환하고 재구조화(restructuring)한 다음 그러한 것을 잘 쓸 수 있는 사람들에게 유료 또는 무료로 개방하는 것일 터이다. 이를 위해서도 개인 정보 관련 정보의 비식별화, 민감한 데이터의 암호화 등이 필요할 것이다.

물론 민감 데이터를 억지로 개방하게 해 널리 사용하게 하려는 것 이 무리한 일이라고 생각될 수도 있고, 또 비식별화가 가지는 한계를 감안할 때 무차별적으로 비식별화를 강행하는 것도 유념해야 할 사 항이 될 것이다. 나아가 모든 데이터를 재구조화하는 데에는 상당한 돈이 든다는 것도 감안하여야 한다. 아무리 근자에 계산력이 증대되 고 컴퓨팅 비용이 낮아지게 되었으며 암호화를 위한 비용이 떨어졌다고는 하나, 아직도 재구조화나 암호화에는 상당한 비용이 든다.

이에 데이터의 재구조화가 꼭 필요한 경우에는 다른 길이 없겠으나, 경우에 따라서는 그 대안으로서 알고리즘의 고도화의 방법을 쓰는 방안을 고려하게 된다. 나아가 상황에 따라 양자를 선택적으로 쓰는 방법도 고려할 수 있겠다.

모든 다양한 데이터를 하나의 방식으로 통일, 정형화하고 재구조화하려고 하는 방법 대신 정형화된 데이터와 비정형화된 데이터를 있는 그대로 두고 함께 다룰 수 있게끔 하는 융통성 및 수용성을 지니는 고도화된 알고리즘을 마련한 다음, 그것을 이용하여 정형 및 비정형인 데이터를 직접 대상으로 하면서 차별적으로 데이터 분석을 하는 방법이 그런 것이 되겠다. 이렇게 할 수 있다면 환자 진단 시 매우 중요한 의사의 진찰 후 메모 등 unstructured data를 어렵게 structured data로 변환시킬 필요 없이 그대로 두고, 그것을 잘 구조화되어 있는 structured data와 함께 이미 준비되어 있는 고도의 알고리즘에 투입해 섞어 쓸 수 있겠다. 즉, unstructured data를 그대로 둔 상태에서 그것을 처리할 수 있게 하는 알고리즘의 부분을 강구한 다음 그것을 structured data를 처리하는 알고리즘의 다른 부분과 함께 사용하도록 하는 '알고리즘의 고도화 내지 복합화'를 통해 unstructured data와 structured data를 함께 쓰도록 할 수도 있겠다. (미국 의료 분야의 경우 unstructured data가 80%나 된다고 하는 점을 상기하면 이러한 알고리즘의 고도화 방법의 긴요성과 실용성을 이해할 수 있을 것이다.)

이쯤에서 여러 데이터를 수집하고 그것을 최상으로 분석하려고 하는 근본 이유가 그렇게 하지 않고서는 얻을 수 없는, 그러면서 써먹을 수 있는 직관(actionable insight)을 얻으려는 것이라는 점을 다시 한번 확인해야 하겠다. 이를 위해서 올바른 문제의식의 정립, 그것의 모델로의 전환, 그러한 모델에 투입할 데이터의 제대로 된 관리(data governance)가 필요하다. 그러한 직관을 얻어 조직 내부의 각종 절차를 효율화하고 고객과의 관계를 개선하도록 해야 하겠다. IoT 상황에 적응할 수 있도록 더 많고 다양한 데이터를 모으면서 신호와 잡음을 보다 쉽고 확실하게 차별화할 수 있는 방도를 정립해야 하겠고, 궁극적으로는 새로운 비즈니스로 발전시킬 발판을 마련할 수 있어야 하겠다.

종래의 데이터는 주로 structured data이거나 relational data이었다. 그런데 이제부터는 이러한 것들 보다 점점 많아지는 text나 speech 등 unstructured data를 적극 활용해야 할 필요가 절실하게 되었다. 이러한 필요를 채우기 위해서는 텍스트나 연설을 분절하고 (parse) 질문을 구분하며(categorize questions) 데이터 속의 정서도 분석함으로써(analyze sentiment) 다양한 데이터 사이의 관계를 찾아낼 수 있어야 한다. 이를 위해 그 결과를 카테고리로 구분하거나 그 결과를 분석하는 이른바 semantic technology를 활용해야 한다. Google Knowledge Graph, MS Office Graph, IBM Watson, Amazon Echo, Siri 등이 이런 기술을 제공하고 있다 한다. 단 이러한 과업은 아직도 결코 쉽지 않은 작업이다. 많은 데이터를 위에서 열거된 기술이 시사하듯이 AI를 통해 처리해 새로운 의미를 발견할 수 있어야 하겠으나 적어도 2017년 말까지 보면 미국에서도 괄목할 만한 관련 작업의 성과는 없는 듯하다고 진단된다. 결코 쉽지 않은 작업이다. 그런 가운데 자연어 처리, 사회 네트워크, 고객 및 건강 자료 분석 등의 이용 예에서는 상당한 시도가 이루어지고 있고 다소 간의 성과도 있었다고 한다. 그러다가 2022년 말 챗 GPT가 나타나게 됨으로써 이런 사정이 크게 달라지게 되었다.

보통의 텍스트 데이터는 단어, 문장, 문단, 논술문, 책 등으로부터 주어지는 것으로서 구하기가 쉽다. 그러나 이런 것들은 과거에 대한 것이고 작성자의 의견이어서 단순하고 편향적이기 쉽다. 반면 다른 종류의 텍스트 자료인 분석가의 보고서, SNS에서의 평가, blog에서의 의견 등은 더 구하기 쉬울 뿐만 아니라 현재의 사정을 다루는 것들이 많다. 그러면서 structured data에서 보다는 그런 것으로부터 배경 상황이나 정서를 파악하는 데 유리하다. 낙관적인지 비관적인지, 서로 신뢰하고 있는지 그러하지 않은지 또는 회의적인지 등을 짐작할 수 있게 한다. 단 그 속에 숨어 있는 아이러니나 해학 등을 올바로 파악하는 것은 쉽지 않아 음의론적인 어려움(sematic difficulties)을 가지기 쉽다.

비디오 데이터는 감시하는 데 쓰거나 제품을 분류해서 배열하거나 소매 고객의 인구학적 특성과 행태를 식별하는 데 쓰는 정도로 아직은 그 용도가 한정적이기는 하나, 점차 그 응용 영역을 늘려 나가고 있다. 이것은 상대적으로 정확하게 실시간 관찰과 데이터 처리를 가능하게 하고 있고, 비교적 많은 데이터를 모을 수 있는 대상이기도 하다. 그것으로부터 의미 있는 직관을 끄집어 내는 것도 가능하나 프라이버시나 지적 재산권을 침해할 소지가 크다는 것은 주의해야 한다.

2019년에 들어와서는 unstructured data를 AI를 써서 보다 쉽게 활용하도록 하는 AIaas(AI as a service)가 나타났다. 이것을 쓰면 비정형 데이터를 데이터 과학자가 아니더라도 기계 학습에서 이용하고 의사 결정에서 쓸 수 있어 기꺼이 동원되게 된 것이다. 기계 학습(ML)을 자동적으로 할 수 있도록 하는 이른바 autoML이 가능하게 되었다는 것인데, 이런 발전에서는 DataRobot의 기계 학습 알고리즘이 중추적 역할을 하였다. 그리고 Dataobot 기계 학습 모델은 Micro-Strategy를 필두로 하여 뒤에서 더 설명되는 Tableau, Quik, Micro-soft 등의 플랫폼에도 내장되어 있어 활용되고 있다고 한다.

SearchDataManagement.com, 'Managing unstructured data is crucial to enterprises' AI goals 11 Nov, 2019

SearchEnterpriseAI.com, 'DataRobot machine learning boosts Micro-Strategy AI' 17 Oct, 2019

이와 더불어 2020년 Igneous Systems라고 하는 신생 기업이 비정형 데이터를 활용할 수 있는 새로운 길을 열었다 한다. 데이터를 발견하고 인덱스를 붙이는 기능을 하는 DataDiscover, 데이터를 백업(backup)하고 아카이빙(archieving) 하는 DataProtect, 자동적으로 데이터를 이동할 수 있게 하는 DataFlow라는 3개 제품을 출시하여 비정형 데이터를 널리 쓸 수 있게 만들었고, 그로써 그 이전보다 훨씬 용이하게 비정형 데이터를 다른 종류의 데이터와 섞어 쓸 수 있게 만들었다는 것이다. 비정형 데이터를 이용하는 데 일종의 혁신을 이루어 낸 것이라 하겠다.

이중 DataDiscover는 GDPR 등 새로운 법체제에 대응하는 데 있어서도 유용하게 쓸 수 있는 것이고, DataFlow는 Amazon, Google, MS 등의 공공 클라우드와의 데이터 이동을 이들과의 인터페이스를 하지 않고도 용이하게 할 수 있게 하여, IoT 및 AI 파이프라인 등 NAS(Network Attached Storage)로부터의 데이터를 자신의 데이터와 벤더가 지각하지 않는 가운데 활용(compute in a vendor-agnostic way)할 수 있게 하였다 한다. 비록 이용할 때 비용은 더 들겠지만 이로써 큰 데이터의 풀을 가질 수 있게 하여 데이터 활용의 영역을 크게 넓혔다 한다. (아직 클라우드 간의 이동은 안 된다고 한다.) 이들은 데이터를 새로운 시각으로 분류하고 그 후 이동시키며 데이터의 시각적 효과를 높일 수 있게 하였다. Spulunk도 비슷한 과업을 할 수 있는 제품을 마련했다고 하며, 이들은 종래 주로 정형 데이터를 처리하는 것을 주 업무로 가졌던 Cohesity, Rublik 등과 차별화된다고 한다.

이에 따라 비정형 데이터를 많이 쓰는 미디어 및 오락 분야, 생명 의료와 건강 분야, 기타 데이터를 집약적으로 쓰는 분야의 많은 데이터 활용에서 새로운 시도가 생길 것으로 여겨진다.

SearchDataBackup.com, 'Igneous Systems enhances DataDiscover with global reach' 30 Apr 2020

ComputerWeekly.com.com, 'Igneous enhances unstructured data management product' 23 Oct, 2018 cognitive computing, natural language processing 등 기술은 음성을 분석한다. cognitive computing은 인간의 뇌가 하는 일을 AI와 같은 컴퓨터 알고리즘으로 하여금 할 수 있도록 하자는 것으로서 비정형 데이터의 예를 다루려는 것이다. 언어를 대상으로 하여 그것에 숨어 있는 아이디어를 추출하고 그것에 상응하는 관련 분야(도메인)에서의 개념을 몇 개로 한정해 정리한 다음 그 각각에 상응하는 것과의 대응 방안을 찾아보고, (이미 정리되어 있는 관련 자료를 모두 포괄하는 모음인) ontology에 의거해 적합한 대응책을 도출하여 천거한다. cognitive computing의 방법으로 AI를 반복적인 작업에서 사용하게 되면 그것은 cognitive robotics process automation의 실질을 가지게 된다. 과연 맞춤화된 마케팅이 이러한 과정을 통해 가능하게 된다고 한다. 이런 때 대기업은 본래 많은 데이터를 가지고 있다고 여겨지고 있으니 이러한 과정을 거쳐 중소기업보다 상대적으로 쉽게 개인에 맞춤화된 대응책을 구할 수 있을 것이다. 반면 중소기업은 대기업처럼 많은 데이터를 가지고 있지 못할 터이기 때문에 대기업처럼 하지는 못하나 어떤 고객과 종래 가져오던 관계에 대해서는 미진한 부분에 관련되는 데이터를 집중적으로 구해 역시 맞춤 서비스를 시도하게 될 것이다. 단 이러한 때 중소기업의 경우에서 프라이버시의 침해가 생길 소지가 상대적으로 크리라 하겠다.

cognitive computing이나 autoML은 많이 문의되는 질문(FAQ)에 대한 대답을 하는 데 동원되어 고객으로 하여금 셀프 서비스의 기분을 가지게 하면서 개인화된 서비스의 기분도 느끼게 하겠기에, 콜 센터나 소매점에서 높은 성가를 구가하고 있다. 종래에는 이러한 업무에 가장 많이 이용되었던 수단이 이메일이었다. 그런데 이상과 같은 성격의 알고리즘이 챗봇으로 나타나게 됨에 따라 이메일의 이용이 3분의 1 정도 줄어들었다고 한다. 종국적으로는 이것으로 crowd sourcing도 포용할 수 있게 되리라 본다. 현재는 포도주 감별에서 좋은 성과를 올리고 있다 한다. 아주 널리 쓰이는 것이 autoML이지만 그것은 나름대로의 한계를 가지고 있다. 그것이 이미 고정되어 있는 단계를 준수하면서 기계 학습을 수행해야 하도록 되어 있기 때문에 문제에 따라서는 이것을 적용하는 것이 부적합한 경우가 될 수도 있다. 예컨대 인공 지능망(neural network)을 쓰는 기계 학습이 근자에 가장 널리 쓰이는 방법인데, 이것으로 다루는 문제들은 어떤 고정된 단계를 따라 해결책을 찾으려고 하였다가는 해결책을 찾지 못하게 될 소지가 크다고 한다. 또 이것은 뒤에 설명되는 black box를 피하지 못하는 문제에 대해서도 적용하기가 부적합하다. 이러한 문제란 설사 어떤 해답을 얻었다 하더라도 그러한 해답이 왜 정당한지를 설명하지 못하는 문제인데, 쉽고 분명한 대답을 해 낼 수 있는 autoML을 적용할 수 있는 문제와는 기본적으로 성격이 다른 문제라고 해야 하겠기 때문이다.

SearcEnterpriseAI.com, 'How automated machine learning tools pave the way to AI' 27 Sep, 2019

cognitive computing과 마찬가지로 computer vision도 이미지를 분석한다. semantic search engine으로 보강된 context recognition은 그것으로써 쓰여진 텍스트를 다룬다. 그것의 용도로는 지문의 확인, 얼굴 인식, X-레이 결과의 스캔, 온라인 쇼핑 및 현금 없는 구매 시현, 음식 및 식료품 검사, 모조품 식별, 로봇 이용 상황의 인식, 자율 자동차의 여러 가지 움직임의 인식 등 여러 가지가 적시된다. 중국의 공안 당국은 많은 대중이 모여 있는 데에서 수상한 사람을 식별하는 데 이 기술을 사용한다고 하는데, 그 정확도가 99.7%에 이른다고 한다. 이에 대응하여 식별을 두려워하는 사람들은 마스크, 안경, 목도리 등을 이용해 얼굴이 모두 인식될 수 없게 하려고 하는 대응을 하고 있다고 한다. 아무튼 이것을 이미 개발되어 있는 용도에 맞게 쓸 수 있다면 큰 성과를 낼 수 있는 것으로 알려져 있다. 더구나 그것을 AI와 결합해 쓰게 된다면 뒤에 소개되는 바 chatbot의 활용도를 크게 높일 수 있을 것이다.

이상의 기술들을 쓰게 되면서 unstructured data의 이용이 더 활발해질 것이기에 서로 성격이 다른 데이터를 섞고 통합해 쓸 수 있게 될 소지는 더 커지고 넓어지게 되었다고 할 수 있다. 이러한 기술들을 쉽게 쓸 수 있게 된다면 HCI(Human Computer Interface)가 크게 개선될 수 있을 것이고, 더불어 현장에서 작업을 수행할 때 개인 정보를 입력해 의사 결정을 하는 robo-doctor나 robo-adviser의 활용도 훨씬 수월해지게 될 것이다. 나아가 이러한 상황에서는 여러 API를 보유하고 활발하게 구사하는 일이 보다 중요해지게 될 것이다.

뒤에서 보겠지만 AI는 여러 방향으로 발전되어 가고 있다. 우선 그것을 보다 쉽게 활용할 수 있게끔 하는 바탕이 되는 하드웨어가 새로이 나타나거나 발달되고 있다. TPU, NPU 등 논리 반도체(logic chip)가 그런 것이다. 더불어 그것을 위한 언어 Python, R, Scala 등이 널리 쓰이게 되었고 TensorFlow, Pytorch, Keras, Scikit-learn 등의 library도 나타났다. 이런 것들로 인해 개발은 물론 관리도 쉬워졌다. 오픈소스 플랫폼도 나타나고 있고 drag-and-drop 방식으로 플랫폼 간에 연동(interface)을 할 수 있는 길도 열리고 있다. 제3자의 데이터를 가져다 쓸 수 있는 길도 넓어져 가고 있다. 기존의 모델을 찾아 배치하는 것은 물론, 모델을 개발하는 데까지 citizen data scientist의 역할이 확장되었고. 이들도 AutoML을 구사하게 되었다. 단 이들은 아직은 정식 데이터 과학자를 대신할 수는 없다고 여겨지고 있다. Google의 AutoML은 심층 학습에는 편리하나 DataRobot이나 H2O 는 컴퓨터 비전을 다루고 있지는 못한다고 한다. 나아가 이들 도구는 citizen data scientist를 등장하도록 한 이외에 기존의 data scientist 들의 업무 능률을 크게 제고시키는 데도 기여했다고 한다. 그러나 데이터 과학자가 필요 없다고 여기게 될 정도로 그들이 업무를 완전히 대체하지는 못했다고 한다. AutoML을 이용하는 것보다 AI as a Service를 이용하면 더 편리한데, 예컨대 Amazon Lex를 이용하면 챗봇의 기능을 구사할 수 있고 Google의 검색 기능을 자신의 웹사이트에 장착해 사용할 수 있는 서비스를 받아 이용할 수도 있다.

SearchEnterpriseAI.com, 'AI as a service democratizes benefits of new tech tools' 05 Mar, 2019

AI API를 이용해 다른 앱에다 AI를 부가해 내장된 AI(embedded AI)를 만들어서 앱의 이용을 훨씬 편리하게 만들 수 있다. 나아가 AI 가 데이터의 사용을 선별해 이용할 수 있게 함으로써 API만을 이용할 때보다 안전성을 제고할 수 있다. 이것은 AI나 AutoML 등을 훨씬 간편하고 부담 없이 이용할 수 있게 만들었다. Microsoft Dynamics 및 Office 365, Salesforce Einstein 등이 이를 대표한다. 그에 따라 아주 많은 기계 학습 모델을 가지고 시험을 하면서 기계 학습의 맹점인 설명력(explainability) 결여의 문제를 풀어 보고, 추가적인 직관(insight)을 얻어 보려고도 하게 되었다.

SearchEnterpriseAI.com, 'Data science platforms boost automation, collaboration'27 Mar, 2019

SearchEnterpriseAI.com, 'Automated machine learning streamlines model building' 08 Mar, 2019

SearchAppArchitecture.com, 'Real estate firm turns to AI for API security' 20 Aug, 2021

이러한 변화에 보조를 맞추는 HCI 차원에서의 변화가 사람이 컴퓨터에다 데이터를 입력하고 그것으로부터 출력받는 것으로서의, input-output 과정에서도 나타나고 있다. 사람들 사이에서의 의사 소통 수단 중 가장 편하고 보편적인 수단이 말을 하는 것이기에 voice interface를 하게 되면 과거에 손 및 기계를 써서 컴퓨터에 입출력하던 때보다 크게 편리해지게 된다.

Zero-Trust는 어느 쪽을 믿고 어느 쪽을 믿지 못하겠다는 것을 차별화하기 어려운 상황에서 모두를 믿지 않으면서 네트워크를 보호하려는 전략이다. 종래처럼 조직의 내부자는 믿을 만하고 외부자는 그러하지 않다고 하던 생각에서 벗어나, 누구도 일단 의심해 보려는 태도다. IoT 상황이 되고 edge가 여럿 등장해 독자적 역할을 하게 된 상황에서 종래와 달리 어느 사람, 어느 디바이스, 어느 지역이라도 무조건 믿지는 못하겠다는 의식에서 기원한 것이다. 네트워크에서 쓰이는 하드웨어나 앱이 어떠한 것이든 불문하고 하등 이들에게 특권을 인정하지 않는 것이다. 종래 성의 안과 밖을 구분하여 안에서의 사람이나 디바이스는 믿을 수 있다고 보고 밖으로부터의 진입에 대해서만 방화벽, VPN 등 침입 방비의 대책을 동원해 대비하려고 했던 것과 달리, 모두를 신뢰할 수 없다고 보고 누구라도 네트워크에 진입해 그것을 이용하려고 한다면 진입의 허가 및 정당하게 사용할 수 있는 권한을 가지고 있는지를 매번 점검받으라는 것이다. 이를 실현하기 위해서 모든 디바이스에 대해 확실한 식별 방법을 마련해 두고, 하등 특권과 예외를 허용하지 말며, 점검을 선제적으로 하고, 정기적으로 이상의 방법을 업데이트하라는 것이다. 이렇게 하면 일률적으로 안전성을 확보할 수 있게 되고, 안전성의 상황에 대한 가시성도 지닐 수 있게 된다고 한다.

IoT Agenda.com, '4 zero-trust IoT steps to scale security' 23 Jul, 2021

SearchSecurity.com, 'Zero-trust use cases highlight both its benefits and misconceptions' 24 Aug, 2020

5.
데이터가 얼마나 크고 다양해야 빅데이터인가?

 빅데이터 문제를 논의하는 데에서는 4V(Volume, Velocity, Variety, Varacity)를 상기시키면서 많은 수의 데이터를 근거로 하여 전문가의 직관이나 고찰의 경험보다는 빅데이터에 의거하는 의사 결정(data-driven decision)이 효과적으로 된다는 인식을 중시하고 있다. 그러나 종종 데이터 크기의 어떤 최소한은 되어야 하는지에 대해서는 명시적인 의식이 결여되어 있는 경우가 적지 않다.

 2023년 2월에 들어 한껏 높아진 챗 GPT에 대한 관심은 이러한 묵시적 무관심을 새삼 되돌아보게 하는 계기가 되고 있다. 챗 GPT의 시발이 된 GPT-3가 1750억 개의 파라메터를 가지고 있다고 하고 이러한 수단을 가지고 과업을 완수하려면 적어도 1750억 개를 상당히 넘는 데이터를 가져야 하기에 천문학적인 컴퓨팅 비용, 고성능 AI 반도체와 클라우드 컴퓨팅 인프라가 필수적일 것이라는 점을 적시한 메타는, 이러한 숨어 있는 비용을 줄일 수 있게 하는 방법으로서 파라메터가 상대적으로 적은 70억 개, 130억 개, 330억 개, 650억 개로 되는 언어 생성 모델 LLaMA를 제시했다고 한다. **(중앙일보 2023년 2월 27**

일 "메타도 참전, 격해지는 초거대 AI 경쟁") 특히 기존의 키워드 검색보다 챗 GPT 등 AI 검색 방식이 10배 이상의 비용이 들 것이라는 존 헤네시 알파벳 회장의 우려를 상기할 때 이러한 생성 AI를 유료로 써야 할 경우 이상과 같은 파라메터 축소의 필요와 그것을 향한 노력의 타당성을 인지할 수 있겠다. 그런데 휴대폰으로도 구동할 수 있는 정도로 용량을 줄여 보겠다는 모델에서도 파라메터의 개수가 10억 개 수준이며, 이러한 파라메터를 도출할 수 있으려면 데이터의 수가 그런 것보다 상당히 많아야 한다는 것을 상기했을 때 이런 생성 AI 모델을 사용하려는 때 빅데이터로서 아주 많은 데이터가 필수적일 것임을 추론할 수 있다. 흔히 무심결에 가벼이 빅데이터를 운운하나 그것에 기반해 AI를 활용하려고 한다면 아주 많은 데이터와 클라우드 등 컴퓨팅 인프라가 필요하고, 많은 경우 이러한 전제 조건은 충족되기 쉽지 않을 것이라는 점을 간과해서는 안 될 것이다. AI의 실제적 사용은 가벼이 말할 수 있는 사안이 아니다.

언론 분야에서는 한때 data journalism이 추구되었다. 그 이전에 한두 개의 확실한 증거에 의거해 보도를 하던 관행으로부터 벗어나 보도의 근거가 되는 데이터를 적어도 수십 개로 늘리는 등 기반이 되는 데이터의 수를 확장하여 보다 데이터에 근거하는 보도를 하려고 하는 노력이었다. 그런데 속으로는 이러한 실상을 띠면서 겉으로는 그것에서도 빅 데이터를 운운했다. 그러나 수십 개의 데이터로는 빅 데이터가 될 수 없겠기에 데이터 저널리즘에 대한 문제의식에도 불구하고 용어 사용에서의 한계도 확실히 알아야 했다.

이상에서 다기한 데이터를 합쳐 가며 이용해 가는 측면을 보았는데, 그렇게 데이터를 사용하더라도 몇 가지는 지켜져야 한다. 우선 데이터의 사용으로 사회 안전을 해할 수 없도록 해야 하고 개인의 프라이버시를 침해해서도 안 된다. 이러한 제약 아래에서 데이터를 십분 활용하여 데이터에 의거하는 합당한 결정을 내릴 수 있어야 한다.

6.
개인 정보 보호

　프라이버시의 보호는 개인이 생활하는 사회 시스템의 안전성(safe-ty) 확보를 희생하는 상태에서 도모해서는 안 되겠으며, 이들 둘의 조화를 모색하는 가운데에서 추구되어야 할 것이다. 그런데 안전성 확보를 추구하는 수사 기관은 개인들의 정보화 사회에서의 여러 족적을 추적하여 사회 안전을 우선적으로 방호하려고 하는 성향을 가진다. 그러나 그렇더라도 수사 기관이 의도하는 바에 따라 사회 안전을 위한다고 하면서 자의적으로 개인 정보를 추적하게 할 수는 없겠기에, 그것과 프라이버시와의 조화를 모색하도록 하는 방안으로서 사법 기관으로부터 영장을 받는 경우에 한해 개인에 대한 정보를 볼 수 있게 하고 있다. 그러나 오늘날의 실상을 보면 아래에 나오는 미국에서의 Prism(Planning tool for resource integration, synchronization and management)의 예에서 볼 수 있듯이, 수사 기관은 심해에 있는 데이터 케이블을 해킹하여 손쉽게 그들이 수상하게 여기는 사람의 모바일 기기, 전화, 이 메일, 온라인 대화, 사진, 영상 등을 감시하고 있고 필요 정보를 자의적으로 수집하는 경우가 적지 않다. 반면 우리나라에서는 마찬가지로 수사 기관의 도를 넘는 수사가 자행되는 이외에,

e-book의 본문에서 보듯이 개인 정보 비식별화 가이드라인의 채택에 대해 기장 관계가 있다고 여겨지는 시민 단체들의 반대로, 가이드라인의 채택이 무산된 다음에는 CCTV나 자동차 블랙박스 등을 통한 많은 개인 정보의 침해가 자행되고 있다. 그 이면에서 프라이버시의 보호가 관심권 밖으로 밀려나게 되었다. 너무도 엉뚱하게도 프라이버시를 지키겠다는 강한 의지를 가진 시민 단체의 과잉된 처신에 의해 비식별화 가이드라인이 무산된 이후에는 프라이버시 보호의 문제가 주요 사회 문제로부터 밀려났고 사실상 증발되어 버렸다.

이는 시정되어야 하고, 그로써 너무나 쉽게 개인 정보를 침해하는 일은 없어지게 되어야 할 것이다. 그런데 우리가 살아가는 도중에 의외로 많은 개인 정보의 침해가 일어나고 있다. 이에 이를 방지하도록 하는 제도를 어서 정립하도록 하여야 할 것이다. 우리 사회에서는 개인 정보를 침해하는 일이 없도록 하고 그것을 최대한 활용할 수 있는 길을 탐색하는 과정에서 한때 개인 정보 비식별화 가이드라인을 마련해 보려고 했었다. k(이때 k는 불특정된 복수의 값) 단계를 거치며 개인 정보라는 것을 식별해 보려고 하더라도 그것의 대상이 되는 개인을 식별하기 어렵도록 만들어 결과적으로 개인을 식별할 수 없도록 하려고 했고, 그로써 개인 정보가 침해되는 일이 생기지 않도록 하려던 것이었다. 애초에 이러한 의도에 따라 논의의 초점은 '몇 단계를 거쳐 비식별화를 해야 개인을 식별하지 못하게 하느냐'에 모아졌고, k 단계에서의 k가 몇으로 되어야 개인 정보를 식별해 보려고 하더라도 개인 정보의 침해가 생길 수 없게 할 수 있겠느냐 하는 것이 실체적인 논의의 초점으로 되었다. 그러다가 이러한 의도를 가지는 비식별화 가이드라인의 추구에도 불구하고 침해를 어떻게 인지하느냐 하는 실체적 문제에 대한 관심이, 침해가 있었을 때 침해자를 어떻게 처벌해야 하느냐 하는 형사 기술적이고 행정 형법적인 문제로 이행해 가게 되었고, 처벌을 하는 데 벌과금 이상으로 신체형을 과할 수 있느냐 하는 것과 관련되는 더 지엽적인 문제로 이행해 가게 되었다. 그 이후 본래 추구하려던 논의는 더 이상 지속되지 못하게 되었고, 그 결과 이러한 가이드라인을 통해 개인 정보의 보호와 사회 안녕의 보호를 조화시키는 방법을 찾아보려던 노력은 중단되게 되었다. 요약하건대 이 단계에 이르러 이러한 가이드라인을 제도화하려던 노력은 엉뚱하게도 시민 단체 및 일부 법조인들의 반대에 당면하게 되어 종국적으로 증발되었다. 어이없게도 이때 이들의 반대의 핵심 이유는 다시 강조하건대 그러한 가이드라인의 본체가 개인 정보를 과다하게 침해하는 것에 대한 실체적 사항에 관한 판단에 관련된 것이 아니었고, 침해가 있었기에 처벌을 해야 하는 때 신체형을 가할 수 있느냐 여부에 대한 형사 기술적인 문제에 대한 이견 때문이었다. 그리고 이런 이견을 극복하지 못해 우리 사회에서 가이드라인을 정립해 개인 정보를 더 활용해 보려는 노력은 무산되게 되었다.

개인 정보를 침해하는 일은 원칙적으로 없어져야 한다. 그런데 의외로 우리가 살아가는 도중에는 많은 개인 정보의 침해가 일어나고 있다. 이에 이를 방지하도록 하는 제도를 정립하도록 하여야 한다. 위에서 시사한 대로 우리 사회에서는 개인 정보를 침해하는 일이 없이 그것을 최대한 활용할 수 있는 길을 탐색하는 과정에서 개인 정보라는 것을 얻으려면 k 단계를 거치게 하여 개인을 식별하기 어렵도록 만들어 결과적으로 개인 정보도 침해되는 일이 생기지 않도록 하려고 했다. 이러한 애초의 의도에 따를 때 논의의 초점은 몇 단계를 거쳐 비식별화를 해야 개인을 식별하지 못하게 하고 어떤 개인 정보의 식별 노력이 있더라도 개인 정보의 침해가 생기지 않게 하느냐 하는 것을 결정하는 실체적인 것이어야 했다. 그러다가 비식별화 가이드라인에도 불구하고 침해를 당했을 때의 가상적 상황을 생각하게 되었고, 그런 때 침해자를 어떻게 처벌해야 하느냐 하는 형사 기술적인 문제로 논의가 이행되어 가게 되어 위에서 보았듯이 논의는 이상하게 종결되었다.

그런 가운데 개인 정보 보호의 도그마는 팽배한 상태에서 역설적으로 개인 정보 침해의 예가 여기저기에서 보여지게 되었다. 개인 정보를 사실상 보호하고 있지 못하는 사태가 방치되고 있다. 개인 정보를 필두로 하는 데이터의 활용에 대한 규제는 많아, 많은 스타트업들이 20년째 시범 사업만 하고 있다는 하소연이 아산나눔재단 주최 '2020년 스타트업 코리아' 정책 제안 발표회에서 공표되었다. **("20년째 시범 사업" "정보 규제 100개" …한국만 왜 이래요? 중앙일보 2020.11.06)** 거기에서는 전 세계 GDP 상위 15개 국가 중 원격 진료를 법으로 금지하는 나라는 한국이 유일하다고 했고, 의료 데이터 전산망을 구축했고 의료의 질적 수준도 높지만 비대면 진료의 부문에서는 20년간 시범 사업만 반복하고 있다고 했다. 법원의 판결문이 일반에 공개되지 않아 판례 분석이나 법률 문서를 자동화 기법을 써서 작성할 수가 없어서, 리걸테크가 어렵다는 점을 들어 데이터의 활용을 막는 그림자 규제가 적시되기도 했다. 법원이 개인 정보 유출을 걱정하는 것이 판결문 공개를 막은 이유라고 하였는데, 이는 개인 정보를 가리는 인공 지능 기술을 써서 해결할 수 있는 문제일 터인데도 그렇다고 했다. 개인 정보를 보호하려다가 사후적으로는 개인 정보의 많은 침해를 방치하는 어처구니없는 상황을 가지게 되었다는 것이다.

프라이버시의 보호는 개인이 생활하는 사회 시스템의 안전성(safety)의 확보를 희생하는 상태에서 도모해서는 안 되겠으며 이들 둘의 조화를 모색하는 가운데에서 추구되어야 할 것이다. 그런데 후자를 추구하는 수사 기관은 개인들의 정보화 사회에서의 여러 족적을 추적하여 사회 안전을 방호하려고 할 것이기에 수사 기관은 의도하는 바에 따라 사회 안전을 위한다고 하면서 개인 정보 보호를 추적하여 침해에 이를 수 있다. 그러니 수사 기관에게 아무런 제한 없이 자의적으로 개인 정보를 추적하게 할 수는 없다. 프라이버시와의 조화를 모색하는 방안으로서 사법 기관으로부터 영장을 받을 경우에 한해 개인에 대한 정보를 볼 수 있게 해야 한다고 하고 있다. 그러나 오늘날의 실상을 보면 앞에서 보았듯이 미국의 Prism(Planning tool for resource integration, synchronization and management)이 예시하듯이 수사 기관은 손쉽게 수상하게 여기는 사람의 모바일 기기, 전화, 이메일, 온라인 대화, 사진, 영상 등을 감시하고 필요 정보를 자의적으로 수집하는 경우가 적지 않고, 이는 힘센 국가일수록 더 심하다. 수사 기관이 그렇게 하는 것은 프라이버시의 보호를 위한 국내법에 기속받지 않는다고 생각하는 경향 때문이라고도 한다. 이러한 방식으로 사회 안전을 지키려는 목적을 지향하는 수사 기관의 개인 정보 침해를 피하려면 모든 데이터를 암호화하면 되겠으나, 이렇게 하는 데에는 돈이 많이 든다. 아무튼 이러한 고민은 개인 정보는 상시 위협받을 수 있으며 사회 안전성과의 조화를 모색하는 가운데 섬세하게 보호되어야 하는 대상이라는 것을 새삼 알려 주는 것이라 하겠다. 그런데 우리나라에서는 e-book 본문에서 보듯이 개인 정보 보호에 열성적이었던 시민 단체들이 비식별화 가이드라인의 채택을 무산시켜 이상한 양상이 초래된 다음에는, CCTV나 자동차 블랙박스 등을 통한 많은 개인 정보의 침해가 무수히 자행되고 있음에도 불구하고 프라이버시의 보호는 관심권 밖으로 밀려나게 되었다. 너무도 엉뚱하게 프라이버시의 문제가 주요 사회 문제로 되지 못하고 증발되어 버렸다.

7.
GDPR

범세계적으로 개인 정보를 확실히 보호하고자 하는 의도를 가지고 만든 대표적인 대책으로서 입법된 것이 2018년 5월 이후 시행되고 있는 EU의 GDPR(General Data Protection Regulation)이다. 여기에서는 개인 정보를 쓰면서 영업을 하는 기업으로 하여금 그것의 보호에 대해 책임을 지도록 했다. 민감 정보를 정해진 시간, 정해진 목적으로만 사용하고 안전하게 보관하며, 항시 정확성을 유지하게끔 업데이트하게 했을 뿐만 아니라 데이터의 소유자가 원할 경우 그것을 파기하여 '잊혀질 권리'를 보장하게도 했다. 단, 이런 법 규제가 시행되게 될 경우 관련 기업들이 그것에 어느 정도 부응할 수 있을 것인지는 두고 보아야 할 문제가 될 것이라는 예견도 있었다. 모든 기업이 그것에 즉각 부응하기는 매우 어려울 것으로 보았다.

ComputerWeekly.com.com, 'GDPR's impact on storage of personally identifiable data' 10 OCT, 2017

EU GDPR의 이러한 방법은 대륙법적 시각을 보여 주는 것이다. 그곳에서 익명 정보는 더 이상 식별할 수 있는 개인 정보가 아니라고 보아 침해의 문제를 야기할 소지가 없는 것으로 보았다. 나아가 가명 정보는 그것이 개인 정보라고 인정될 수 있는지 여부를 사후적으로 판단할 수밖에 없다는 입장을 가지고 있었다. 다시 말하면, GDPR에서도 개인 정보가 무엇인지에 대한 실체를 사전적으로 분명히 정의하지 않았거나 그러지 못한 상태에서 침해라는 예가 생겼을 때, 그것을 사후적으로 판단하는 방식으로 개인 정보 보호에 대한 법제를 마련하려고 했다는 것이다. 이에 따라 입법 시행 후 적어도 10년 동안은 개인 정보 침해 여부에 대한 많은 쟁송이 있을 것을 예상했고, 그러한 쟁송을 거치면서 여러 판례가 만들어져 개인 정보 보호의 기준이 정리될 수 있을 것이라고 보았다. 그에 따라 GDPR에서는 정보 보호의 기준을 결정하는 데 있어 법규의 해석이 상당한 역할을 할 여지가 있다고 할 수 있다. 개인을 식별하게 할 수 있는 정보에 접근해 활용하는 것을 막으려고 하되 그러한 접근 및 활용이 개인에 대해 위협이 되거나, 제3자의 악의적 사용을 가능하게 하거나, 부주의한 공개로 사고를 초래할 여지를 배제하자고 하자는 것이었다. 그러니 개인 정보의 보호를 위한 실체적 내용을 입법 과정에서 실체적으로 탐색하려고 하지는 않았다.

GDPR은 그 이전 Safe Harbour 2000 및 2016년 EU-US Privacy Shield Agreement로부터 출발했다고 할 수 있다. 국제적 교역이 많고 타국에 자사의 직원을 보내 근무하게 해야 할 필요가 커짐에 따라 미국, 특히 미국의 구글이나 Facebook 등 거대 기술 기업들은 여러 개인들에 관한 정보를 국경을 넘어 보내고 받아 볼 필요가 절실해졌다. 이에 2000년 미국 상무성과 EU는 국경을 넘는 데이터의 이전을 허용하기로 하되 자국민의 사생활은 보호하도록 하는 목적을 가지는 Data Protection Directive(DPD)를 마련하게 되었다. 이 DPD가 목적하는 바는 공정하고 합법적으로 데이터를 처리하며, 합법적으로 취득한 데이터를 취득 목적에 위반하는 식으로 사용하지 않고, 사용은 적절하고 사용 용도에 적합하도록 하되 과도하지 않게 하며, 실제적이고 정확해야 하며, 필요 이상 보유하지 않아야 하고, 데이터의 주체의 자유 및 권리에 반해서는 안 되고, 승인되지 않은 사용이나 불법적 처리나 사고로 손상되거나 파괴되지 않도록 하는 등 7가지의 원칙을 지키게끔 하려는 것이었다. 나아가 국경을 넘는 데이터의 이전에 대해서는 그 대상 지역이나 국가가 데이터 주체의 자유와 권리를 보장해야 한다고 하였다. 개인 정보를 외국에 이전할 수 있게 한다고 하더라도 그것을 안전한 곳에 한정해 이전할 수 있게 해야 하겠다는 요망을 반영하여, DPD는 Safe Harbour라는 별칭으로 불리기도 하였다. 이것에다 각개 기업이 취하는 프라이버시 정책을 표명하는 self-certification process도 첨부하여 데이터의 안전한 이용을 가일층 도모하려고 하였다. 그리고 이러한 조치를 통해 미국 기업은 합법적으로 EU 시민의 데이터에 접근할 수 있게 되었다.

그러다가 2013년 미국 NSA(National Security Agency)가 Prism을 운영하면서 무차별적으로 개인 정보를 감시한다는 것이 알려지게 되었고, 그런 가운데 미국의 감시 대상에 유럽의 개인들도 예외는 아니라는 것이 알려지게 되었다. 그래서 2015년 EU의 최상급법원은 종래의 Safe Harbour의 합당성(validity)을 의심하게 되었고, 이어 그것의 적용중단(suspension)을 선언하였다. 그로써 Safe Harbour에 의거하던 EU

와 미국 사이에서의 데이터의 이전에 관한 관계가 아주 불편해졌다.

 그러자 개별 기업들 사이에서는 사적으로 계약을 체결하여 이러한 불편을 해소해 보려고 하는 움직임이 나타나게 되었다. 이른바 model contract language이나 binding corporate rules 등을 이용하여 개별 기업의 차원에서 데이터의 이전을 시현하는 방도를 강구해 보려고 하게 된 것이었다. 단, 이런 과정에서 모든 기업은 1,000개 이상이나 되는 많은 수의 기업을 상대로 하여 각기 반드시 동일하지도 않는 계약을 일일이 체결해야 했는데, 이렇게 하는 것은 매우 번거롭고 힘든 일이었다. 때문에 그전의 Safe Harbour에서 그랬던 것처럼 모두에게 통용되는 공통의 규칙을 가지게 되기를 원하게 되었다. 한편 개별 기업의 차원 이상으로 EU로서도 많고 다기한 계약 중에는 불완전하거나 의심되는 부분을 가지는 것들이 있더라도 그런 것들을 일일이 감시하고 부정행위를 수사하는 것이 어렵다는 것을 알게 되자 개인 정보 보호를 위한 좀 더 간편한 방법을 원하게 되었다. 일단 수집한 데이터를 일정 시간이 지나거나 일정 조건이 충족된 뒤에도 폐기해야 한다는 점이 분명히 규정되어 있지 않았으며, 폐기하는 방도도 명시되어 있지 않았다는 점, NSA 등 미국 정부 기관이 수집하는 데이터에 대해서는 별도로 명시된 규정이 없었다는 점, 개인 정보 보호의 수호신 역할을 하는 옴브즈맨의 역할이 분명하게 규정되어 있지 않았다는 점 등도 그런 계약과 관련된 EU의 불만 요인이었다.

 이러한 여러 가지 사정과 불만 사항에 대한 대응으로서 2016년에 미국과 EU는 Safe Harbour의 대안격인 Private Shield Agreement

를 맺게 되었다. 여기에서는 보호 대상을 막연히 개인 정보라고 하지 않고, 그것의 일부라고 해야 하는 프라이버시에 초점을 맞추었다. 그러다가 Facebook의 Analytica 사건이 터졌다. 많은 사람의 인적 정보가 노출되고 있음을 알게 되었다. 그렇지 않아도 기존의 Shield Agreement만으로는 시민의 프라이버시가 제대로 보호되고 있지 않았다고 생각해 왔던 EU는 즉각 Shield Agreement에 대해서도 회의를 가지게 되었고, 그 이상의 자국민 보호 장치를 원하게 되었다. 그후 여러 가지 사유가 EU로 하여금 더 증폭된 회의감을 가지게 하였다. 여기에서의 여러 가지 사유란 미국 기업이 광고나 마케팅 목적으로 개인 정보를 취하려 할 때 ISP(Internet Service Provider)가 명시적으로 동의를 받아야 한다고 합의했던 바를 미국 의회가 슬그머니 폐기했다는 것, 트럼프 행정부에 들어와 프라이버시의 준수를 감시해야 할 미국행정부의 기구 및 위원회 담당자들의 충원이 늦어져 인적 공백이 심해지게 됨으로써 사실상 감시가 제대로 이루어질 수 없었다는 것, 데이터를 다루는 기업에 책임을 부여하고 올바른 실행을 독려하는 옴브츠맨이 미국에서는 충분히 독립적인 위상을 가지고 있지 못하다고 보았다는 것, 오바마 행정부 시절 합의를 통해 성립시켰던 인터넷 프라이버시 규칙 등을 트럼프 행정부에 들어서자 미국이 일방적으로 철폐했다는 것 등을 포함했다. 이런 여러 가지를 보고 EU는 Privacy Shield가 개인 정보 보호의 장치라고 하기보다는 물타기 수단에 불과하다는 생각을 하게 되었고, 그에 따라 EU는 독자적으로 GDPR을 입법화하게 된 것이다. 단, Shield Agreement가 폐기된다면 미국과 EU는 모두 상대방 시민에 대한 정보를 정식으로 얻을 길이 없을 것으로 해석되어 그것을 위한 새로운 협상을 시작해야 할 것이라고 하였으며, 형식적으로 보면 GDPR의 등장으로 Shield Agreement가 공식적으로 폐기된 것이라고는 할 수 없다는 시각도 있었다. 그러나 9월 1일까지 대안이 마련되지 않으면 그것이 실효된다고 하였기에 이제는 실효되었다고 보아야 옳다. 아무튼 이러한 과정을 거쳐 만들어진 GDPR은 현재 이 지구상에서 가장 종합적인 개인 정보 보호법으로 인정받게 되었다.

이상의 우여곡절을 겪은 GDPR이지만 그것은 다소간의 불분명성과 문제점을 가지고 있어 그것의 해석 및 향후 적용에서 (그것 입법 후 최소한 10년은) 많은 쟁송을 불러일으키게 될 것이라고 예견되고 있다. 또 Safe Harbour(DPD, Data Protection Directive)나 Privacy Shield와 달리 GDPR은 EU가 미국과의 합의함이 없이 일방적으로 입법화한 다음 그 적용을 강요하려는 태세를 보이고 있다는 점에서도 양 지역 사이에서 많은 분란과 쟁송을 불러오게 될 소지를 가지고 있는 것이라 하겠다. 그럼에도 불구하고 그것은 궁극적으로 개인 정보의 이용에 대해 대가를 내야 하고, 그 대가의 가장 큰 부분은 개인에게 귀속되어야 한다는 대원칙을 무리 없이 정립하였다. 적어도 이 원칙에 대해서는 아직 어떤 비판도 없다. 그러면서 이용에 관해 중개역을 하거나 매개 기능을 수행하는 중간자가 개인 정보 활용에 따르는 부가 가치를 대부분 차지하게 해서는 안 된다는 이해가 널리 퍼지고 인정받게 하였다.

EU의 GDPR은 지금까지 나타난 프라이버시 보호법 중에서 가장 최신의 것이고, 포괄적인 것이다. 미국 캘리포니아에서 2020년 발효

되는 법도 그것과 거의 같은 내용을 가지고 있어 그것에 대한 예외라고 할 수 없다. 미국의 다른 주에서는 개인 정보 보호를 위한 법의 중심 내용에 대해서도 별 이론이 없이 비슷한 입법을 하고자 하는 가운데, 그런 법을 캘리포니아에서의 그것처럼 주법으로 할 것이냐 아니면 연방법으로 할 것이냐가 쟁점이 되고 있다고 한다. 공화당은 연방법으로 만들되 그 내용을 캘리포니아 법에서의 프라이버시 보호 정도보다는 다소 완화된 내용으로 하고, 그간의 사용 관행이라고도 할 수 있는 data broker나 data market의 제도를 수용하도록 해야 한다고 여긴다고 한다. 반면 민주당은 캘리포니아 법의 내용이 완화됨이 없이 고수되어야 한다고 주장한다고 한다. 아무튼 2019년에도 이런 법을 제정하지 못하면 그것은 45년간 4번의 입법 시도를 했으나 실패한 미국 특허법 개정의 전례를 따르게 된다는 비판도 있다. 2022년까지도 이와 관련된 연방법이 입법되었다는 소식은 없다.

The Economist March 2nd, 2019, 'Tech and privacy: The Cambridge Analytica bill'

EU의 GDPR의 내용이 확실히 정리되기까지 10여 년의 법적 쟁송 과정이 불가피할 것이라는 예견이 시사하듯이, 프라이버시로서 보호해야 할 것과 그러하지 않아도 되는 것을 두부 자르듯 분명하게 가르기는 어려울 것이다. 이러한 내용은 여러 종류의 구체적인 예를 가지고 시간을 두고 정리되어 나갈 수밖에 없을 것이다. 법적 쟁송을 거쳐 GDPR의 내용이 드디어 확정될 것이라는 시각에서 보면, 그것은 개인 정보를 보호하려는 데 치우쳐 있고 데이터를 사회 전체를 위해 최대한으로 활용해 보려고 하는 의식에서는 약하다고 할 수 있다. 이런 점은 또한 이것이 차후 오용될 수 있다는 우려를 내포하고 있다.

　근본적으로 Safe Harbour를 계승하려는 성격을 가진 EU의 GDPR 에서나 미국의 California Consumer Privacy Act에서는 개인 정보를 personally identifiable information(PII)이라고 지칭하면서 그것이 18개의 요소 또는 속성(attribute)을 가지고 있다고 본다. 나아가 이들 18개의 요소 모두가 개인 정보라고 여겨져 보호되어야 하는 대상은 아니라고 본다. 사전적으로 기준을 마련해 개인 정보의 침해인지를 파악하는 것은 어렵다고 보고, 앞뒤 상황에 따라 18개 요소를 감안해 개인 정보가 침해되었는지 여부를 사후적으로 판단해야 한다고 본다.

　위에서 EU의 GDPR의 영향을 받으면서 그것과 궤를 같이하는 것이 미국 전체는 아니나 그것의 하나의 주인 캘리포니아주에서 2020년부터 시행되도록 되어 있는 California Privacy Protection Act이라고 했다. 이것을 시작으로 하여 그것에서의 개인 정보 보호에 관한 법제를 다른 주들도 따르려고 하고 있다고 했다. 그런데 이런 노력에서는 기존에 미국에서 쓰여 왔던 PII를 좀 더 정확하게 만들어 실제로 활용할 수 있도록 하려고 하는 의도가 보인다. 이는 현재 미국에서 이해되고 있는 PII의 개념만을 가지고는 개인 정보 문제에 대처하는 데 만족스럽지 못하다고 여기는 미국의 사정을 반영한다. 그러면서 그것은 동시에 개인 정보와 차별화되는 프라이버시를 새삼 부각시킨다. 더불어 전자 상거래를 시행하고 있는 사이트를 운영하고 있는 아마존 등 대기업이 그러한 사이트를 통해 자신의 제품을 판매하고

있는 상인들로 하여금 그들이 수집하여 이용하고 있는 정보를 제출
하게 하면서 상인들의 광고 활동에 이용하지 못하도록 하려고도 하
고 있다는 점이 우려되고 있다. 그러나 크게 보면 이들 모두는 개인
정보를 보다 정확히 정의하고 그 사용에 대해 책임 관계를 확실히 하
려는 시도라고 볼 수도 있다. 단, 이러한 시도는 동시에 대두하게 된
아마존 등 IT 대기업의 독점적 행위를 걱정해 그들을 분할해 보려고
하는 다른 방향의 입법 노력에 의해 관심의 중심에서 밀려나게 됨으
로써, 그 초기의 위상을 잃게 되었다고 평가되기도 한다.

Bloomberg/Businessweek June 10, 2019, 'The Privacy Hawk who took
on Big Tech'

EC(European Commission)은 아마존처럼 제삼자에게 시장을 제공
하는 동시에 자기 자신도 이들 제삼자에 대한 경쟁자로서 전자 상거
래에 참여하면서 이들 제삼자에 의한 매출 품목, 가격, 매입자의 지역
및 매입 시간대 등에 대한 정보를 취득해왔다. 그러다가 아마존이 이
들 정보를 지득하여 반경쟁적 행위를 하는 데 쓰지는 않았는지를 조
사하기에 이르렀다. 전자 상거래의 중요성이 점점 커지게 될 것이기에
반경쟁적 행위를 배제할 수 있어야 하겠다는 이러한 문제의식은 역시
점점 중요하게 될 것이고, 이런 문제는 EC 차원 이상 범세계적으로
정리되어야 할 것이라 여겼다.

Computer Weekly.com.com, 'European Commission launches antitrust
investigation into Amazon' 17 Jan, 2019

이러한 EU나 미국의 시각은 사전적으로 개인 정보가 무엇인지를

명백히 정의하고, 그것으로부터의 기준을 법적으로 활용한다는 것이 매우 어렵다는 것 및 구체적인 경우나 예를 가지고 침해가 있었는지의 여부 및 침해의 정도를 판단해야 한다고 하는, 개인 정보 보호 문제 주변의 사정에 대해 말해 주는 것이라 하겠다. 사정이 이러하다면 실제 상황에 바탕을 두었다고 하기 어려운 추상적 원칙론에 의해 개인 정보의 보호 내지 침해 여부를 판단할 수 있다고 생각하는 것이나, 이러한 생각에 의거하거나 그러한 생각으로부터 출발하여 실제 침해 문제가 생기기도 이전에 침해 가능성을 상상하고 그러한 상상에 근거해 개인 정보 침해 문제를 다루어 보려고 하는 노력(예컨대 개인 정보 비식별화 가이드라인의 제정에 대해 반대하는 시민 단체의 입장)은 부적합하거나 과도하다고 할 수밖에 없다.

정확히 이야기한다면 개인 정보 내지 프라이버시의 의미는 나라마다 다르고, 더구나 미국에서는 주마다 다르다. 사정이 이러하기 때문에 개인 정보 문제로 시비가 일어나 법원에 가서 판결을 구하는 경우에도 어떤 판결이 나오게 될 것인지에 대해 일률적으로 이야기하기가 어렵다. 이렇게 불확실성이 큰 사안에 대해 어떤 곳에서 개인 정보 침해를 형사범으로 단정하고 그것을 사전적으로 판별할 수 있으리라고 보는 것은 심히 불안한 태도요 입장이라고 할 수밖에 없다. 특히 신체형을 의식하고 죄형법정주의의 원칙을 지키고자 하여 개인 정보 침해의 범죄 구성 요건을 구체적 침해 행위 이전에 규정한다는 것은 아주 어려운 과제가 될 것이다. 이러한 사정의 인식은 개인 정보 침해라는 사안을 이견의 여지가 없는 법 규정으로 사전적으로 규정할 수 있으리라 보기 어렵다는 인식을 반영한다. 그보다는 구체적인 사안에 대해, 침해 여부를 다투는 나라 내지 지역에서의 실제적 사정도 감안해야 하며, 침해라는 사안을 구체적 사건을 가지고 사후적으로 판별할 수밖에 없으리라는 것을 알려 준다. 그것은 적어도 침해 행위에 대한 신체형 부과 여부에 대한 것, 또는 일어나지도 않은 상황에 관한 추상적 논의에 의해 좌우되는 것과는 전혀 다른 성격의 문제라 하겠다.

GDPR은 개인 정보의 사용을 직접 동의받은 자만이 그것을 동의받은 조건의 제한 내에서 사용할 수 있도록 하고 있기 때문에, 설사 동의받은 데이터라도 그것을 제삼자에게 이동시키는 것은 거부하고 있다. GDPR에서는 이른바 portability가 허용되어 있지 않다. 그런데 여기에서의 제삼자에는 후술되는 cloud가 포함되어 있기 때문에 개인 정보를 클라우드에 이동시키고 다른 누가 그러한 클라우드에서의 데이터를 접하게 되면 그 데이터를 클라우드에 전한 사람이 클라우드와 공동으로 책임을 지도록 되어 있다. 그리하여 이러한 의외의 공동 책임을 피하기 위해서는 GDPR을 준수하고 있는지를 감사받아 compliance에 대해 계속 점검받아야 한다고 한다. 마찬가지의 논리에 따라 개인 정보를 무의식중에 외국에 이송하는 것에 대해서도 극히 주의해야 한다. 데이터에 대한 data sovereignty를 규칙적으로 체크해야 한다고 한다. 이러한 일을 제대로 하기 위해서는 데이터베이스에 어떠한 데이터가 있는지를 자세히 알아야 하고, 이를 위해서는 그러한 데이터가 어떻게 수집되어 어떻게 쓰이고 있으며 현재 어떤 상태에 있는지를 문서화된 형태로 확실히 해 두어야 한다는 data lineage(데이터의 혈통 관리)가 필요하게도 된다.

ComputerWeekly.com.com, 'A cloud compliance checklist for the GDPR age' 25 Jun, 2019

SearchDataManagement.com, 'Data governance crucial to comply with EU's GDPR legislation' 29 Jan, 2017

EU 안팎에서 GDPR에 부응하려 할 때 모든 기업들이 가장 까다롭다고 여기는 것이 비정형 데이터의 형태를 가지고 있는 개인 정보를 자신들의 데이터베이스에 가지고 있는지 여부를 판별하는 문제다. 보통 이런 것은 알기 어렵고 그런 데이터들의 소재지도 알기가 어렵다. 그리하여 법에 부응하려고 하더라도 그 실행이 어렵고, 더구나 과거에는 사용의 동의를 받아 적법하게 사용했는데 이제 사정이 바뀌어 같은 정보를 다른 용도에 사용하려 할 때 새로운 사용에 대한 동의를 받아야 하는데, 이것 역시 쉽지 않아 재수가 없으면(unlucky 하면) 매출액의 4%에 해당하는 거액의 벌금을 물어야 할 위험에 처하게 될 수도 있다. 또 영국에서 벌금을 물게 된 British Airways이나 Marriott Hotel의 경우 신용 카드 번호의 누출로 징벌적 벌금으로 연결되게 되었다는 것 역시 여러 논란을 불러일으켰다.

GDPR은 비정형 데이터가 무엇인지를 명백히 기술하고 있지는 않은 규제 수단이라고 평가받기도 한다. 따라서 GDPR을 준수하기를 원하더라도 그것 자체에 부응하기(compliance)가 어렵고, 그것의 규정이 어떠한 것일지를 예측하여야 한다는 심한 비판적 평가도 받고 있다.

ComputerWeekly.com.com, 'GDPR compliance: Whose job s it and is it really possible?' 27 Sep, 2019

ComputerWeekly.com.com, 'BA/Marriott GDPR fines: What they were for and how to avoid them' 16 Jul, 2019

비슷한 정도로 아주 까다롭게 인지되고 있는 것이 프라이버시 관련 데이터의 노출이 있을 시 72시간 내에 규제 당국에 보고하도록 요구하고 있는 규정이다. 특히 대규모이고 분산된 조직 구조를 가지는 기업에게는 이런 요구의 취지에 공감한다고 하더라도 그것에 기계적으로 부응한다는 것이 매우 어렵다. 이런 요구에 부응하기 위해서 전담팀을 만들고 관련 인력을 재교육시키며, 대응 절차를 명확히 해 기업 내에서 널리 알린다 하더라도 72시간이라는 촉박한 시간 제한을 지키지 못하게 될 수도 있다고 걱정하고 있다. 때문에 AI를 동원해 대응을 자동화하게 되어야 할 것이라고 하나 이에 성공한 선례는 아직 알려진 바 없다. 이러한 상황에서 종래의 전통적 정보 보호 방식인 데이터의 암호화, 익명화 및 가명화, 신분 및 접근 관리(identity and access management), 복수의 패스워드 사용 및 인증(multiple authentication) 등의 적용이 시도되고 있다.

72시간은 매우 촉박한 시간이라고 할 수 있다. 그러나 설사 opt-in 방식으로 PII의 사용을 허가받았다 하더라도 의외의 돌변 상황이 생기게 되었을 때 PII의 보호를 요구하는 GDPR의 규율을 어기게 될 수는 없는 것이기에 여기에 효과적으로 대응하는 방법을 강구하지 않으면 안 되게 되었는데, 여기에서 data modeling이 동원될 수 있다. 이것을 통해 원본 데이터를 masking을 한 다음 카탈로그별로 정리해 두고 차후 필요시 추가의 데이터와 더불어 활용하게 할 수 있겠기 때문이다. 이를 위해서는 데이터 수집 후 72시간이라는 비교적 짧은 시간 내에 차후의 이용을 예상하고 데이터 모델을 결정한 다음 그것에다 마스킹한 데이터를 카테고리별로 보관하는 일을 모두 마쳐야 하겠으며, 이를 한 번 하는 것만으로는 부족하고 차후에도 유용하게 쓸 수 있는 데이터 모델을 구축하는 경험을 갖추게 되어야 할 것이다. 이것에서는 PII는 아니나 기업에는 중요한 지적 재산권이나 영업 비밀 등 민간 데이터(sensitive data)도 포괄되어 있을 것이기에 기동성 있는 data governance 체제를 정비해야 하는 것으로 종합화될 수 있을 것이다.

영업을 하는 기업은 통상적으로 개인 정보는 물론 다른 민감한 데이터 등 많은 데이터를 가지고 있다. 그런데 이러한 데이터의 유지 관리가 과연 GDPR에 저촉되고 있는지를 안다는 것은 매우 어려운 일이다. 이를 위해서는 아주 방대한 데이터의 점검 작업이 필요할 것이다. 그런데 사람이 직접 몸으로 해야 하는 이런 일들을 대신해 줄 수 있는 툴이 다행스럽게도 제시되어 있다. Veritas Technologies LLC가 제시한 tool인 Integrated Claasification Engine을 보강해 만든 Veritas Data Insight 6.0이 그것인데, 전자의 Engine에서 GDPR이나 HIPAA 등 데이터 사용을 규율하는 60개의 정책 등에서 문제되는 100여 종의 민감한 데이터(운전면허 번호, 사회 보장 번호, 건강 보험법, 여권 번호, 은행 계좌 번호 등)를 식별해 낸 다음, 그것을 insight analytics인 후자에 넣어 메타데이터를 분석함으로써 데이터 이용자의 프로필 및 신분에 대한 직관을 얻고, 이어 데이터의 패턴을 알아내도록 한다는 것이다. 동사는 홈페이지에서 이런 점을 설명하고 있다. 또 이것은

classification engine은 Microsoft Exchange의 Enterprise Vault 11,2에서도 통합되어 쓰이고 있다 한다.

SearchDataBackup.com, 'Veritas Data Insight adds GDPR compliance tool with AI' 03 Aug, 2017

관심을 끄는 다른 점은, EU가 GDPR의 시각에서 신뢰할 수 있고, 경쟁적인 디지털 환경을 가진 나라라고 인정한 나라에 한정해 EU와 이렇게 인정된 나라들 사이에서 개인 정보를 자유로이 이동시키는 것에 대해서 일일이 점검하지 않겠다고 하였다는 점이다. 특히 일본이 이러한 나라라고 인정받았다고 하며, 우리나라도 마찬가지의 취급을 받을 수 있도록 되고자 금반 데이터 3법 개정안을 마련하는 과정에서 특별히 관심을 쏟았다는 이야기다. 뒤에서 보듯이 이러한 숨은 이야기는 음모론으로 이야기되기도 하는데, 2020년 6월 발표된 McKinsey&Company, GDPR compliance challenges since May 2018에서는 우리나라가 이미 오스트레일리아, 브라질, 미국 캘리포니아주, 일본과 더불어 이미 그러한 취급을 받고 있는 나라라고 하고 있다. 우리가 헛수고를 했다고 들리기도 한다.

GDPR에서는 익명화된 정보는 개인 정보가 아니라고 취급되고 있고, 가명화된 정보도 그런 가명 정보로 개인 정보가 침해받는 일이 발생하지 않도록 그것의 운영에 대해 책임을 지는 기관이 존재한다는 것을 전제로 하여, 일단은 개인 정보의 범위에서 제외하고 있다. 이러한 점을 연장해 생각해 보면 그렇게 마스킹하거나 암호화한 것은 익명화 내지 가명화한 것에 해당한다고 할 수 있고 그로써 그런 것들이 개인 정보의 범위에서 제외될 수 있게 하여 개인 정보의 침해에서도 제외될 수 있게 한 것이라 할 수 있다.

그런데 오늘날의 실상을 보면 이상에서 인식된 필요와 달리 개인 정보의 개인 귀속은 분명하지 못한 듯하고, 그런 가운데 Google이나 Facebook 등 정보를 수집한 서비스 사업자가 가장 큰 이익을 취하고 있다고 할 수 있다. 물론 이들은 데이터를 각종 목적에 쓰일 수 있게끔 정리해 놓았고 그러한 데이터를 데이터 과학자들이 이용할 수 있게 함으로써 경제 사회 활동 중 잘 알려져 있는 영역에서는 물론 새로운 혁신을 위해서 이용하려는 데에 있어서도 그러한 데이터가 널리 쓰일 수 있도록 하려는 데 기여하였다고 할 수 있다. 그럼에도 불구하고 이들 매개자가 개인 정보의 이용에 따르는 부가가치의 대부분을 차지하고 있다면 그것은 부당하다고 여겨지게 되기 쉽다. 나아가 이러한 양상을 시정하기 위해서 개인 정보의 수집과 이용 행위를 공공 서비스 유사하게 변용시킴으로써 이들 서비스 사업자에게 쏠리던 이익이 개인에게 더 많이 배분되도록 해야 한다고 하고, 이 원칙이 널리 공감되고 있다. 그리고 GDPR은 이를 법제화해 못 박았다고 할 수 있다.

Economist, 'Big tech, Big trouble' september 23rd, 2017

그러나 GDPR조차도 어떠한 방법을 통해 이러한 목적을 이룰 수 있는지에 대해서 확실한 방안을 제시하고 있다고 할 수는 없다. 이른바 Google 등의 빅테크에 대해 벌금 부과와 소송이 진행되고 있고, 그러한 쟁송을 통해 판례로서 개인 정보를 기업 등이 이용하려 할 때

내야 하는 벌금 내지 대가가 결정될 것으로 전망된다. 이것은 앞으로 최소한 수년 동안 이러한 문제가 해답이 없는 상태로 남아 있어야 할 것임을 추정하게 한다.

이러한 근본적 배경 상황 속에서 그나마 GDPR에서 명시하여 (그리고 그것을 사실상 모방하는 다른 법에서도 따르는 내용으로서) 앞으로 주목해야 할 것으로 보이는 것이 가명화의 길이다. 가명화된 정보의 남용을 예방하는 관리 책임자가 존재하는 한 GDPR에서는 가명화된 개인 정보는 개인 정보이기에 받아야 하는 규제의 대상으로부터 제외되어 있어, 그것으로 하여금 그것이 개인 정보라고 여겨질 때 받아야 할 모든 제약으로부터 벗어날 수 있게 하였기 때문이다. 단 이렇게 가명화된 정보가 앞으로 어떠한 역할을 하게 될 것인지에 대한 자세한 논의는 아직 없다. 이것 역시 많은 가명화의 실험과 그런 것을 수반하는 법적 쟁송 과정을 거쳐 앞으로 수년 내에 그 윤곽을 보이게 될 것이다.

궁극적으로 이러한 제반 쟁송은 데이터 시장으로 귀결되게 될 것이다. GDPR 등 법을 기준점으로 하는 쟁점의 정리는 소송의 대상이었던 문제에 한정되는 것이고 구체적인 소수의 쟁점 사항에 대한 것이기 때문에, 그것을 여타 다른 문제에 대한 차후의 기준점이 되게 하는 데에는 한계가 있다. 소수의 데이터 이용 예를 가지고 이루어지는 소송 과정을 통해 데이터 시장에서 개인 정보의 가격이 모두 결정되기도 어려울 것이다. 이러한 것의 가격은 수요도 많이 있고 공급도 많이 있는 시장에서 경쟁 가격으로 결정되어야 할 것이기 때문이다.

결국 GDPR 그 자체 및 그것이 새삼 부각시킨 가명 정보의 문제가 데이터 시장을 더 구체화시키는 계기가 될 것이다.

 GDPR이라는 법제 차원에서의 변화 이외에 실제로 데이터를 수집하고 사용하는 방법에서의 변화도 개인 정보에 대해 생각하는 방식을 바꾸어 놓았다. 종래 데이터를 인지하고 수집해 그것을 컴퓨터가 인식할 수 있도록 하는 방식은 자판을 두드리거나 터치 패드를 가볍게 접촉하는 등 손을 쓰는 방식이었다. 그러다가 최근에는 목소리(voice)로 입력하는 이른바 voice interface가 나타나 쓰이게 되었다. 데이터의 입력 방식이 바뀌게 되었다. Amazon의 echo나 Apple Siri가 그 대표적인 예라 할 수 있겠다. 글을 모르거나, 컴퓨터 등 디바이스를 사용하는 데에 서툴다거나, 손을 쓰면서 어떤 일을 하고 있는데 그것을 중단하지 못하는 상황에 처해 있기 때문에 일을 계속하면서 동시에 손을 써서 데이터를 입력하는 것이 어려운 사람들에게는, 이러한 voice interface의 방식이 쉽게 데이터를 입력할 수 있는 길을 열어 주게 될 것이다. 이런 시각에서 보아 voice interface가 이루어지면서 이른바 AR의 일종이라 할 수 있는 'assisted reality'가 형성되었다고 한다. voice interface는 수집되는 데이터의 양이 그 이전보다 늘어나게 하는 변화를 가져왔으며, 그로써 보다 많은 데이터를 가져야 더 강력해지고 효과적인 작업을 할 수 있는 후술되는 바 deep learning을 뒷받침하는 작용 역시 하게 되었다 한다.

 이러한 과정에서는 데이터 및 그 이용 절차(데이터를 어떤 방식으로든 구조화해 보관하고 누구에게 사용할 수 있도록 해야 하는지 등)를 규정하고 그 책임자 내지 책임 조직을 명백히 하는, 이른바 data governance 가 확실히 되어야 하고, 또 그렇게 될 것이다. 그로써 data quality, data life cycle, reference data, data movement, data lineage 등 이 인지되거나 규정될 수 있을 것이며, 그로써 감사 및 data quality 보장 및 보안성 확보 등에 대한 각종 규제에도 부응할 수 있게 될 것이다. 그 관련 사항으로는 사람, 절차, 기술 등에 대한 내용을 포괄하게 될 것이다. data governance SW 벤더로는 Leading vendors, Adaptive, Alation, Colibra, Data3Sixty, Daiku, IBM, Informatica, Information Builders, SAP, SAS, Trillium 등이 예거되고 있다.

지구상의 모든 사람은 유럽과 함께 살아가는 한 GDPR이 요구하는 사항을 준수하여야 한다. 만약 그것을 지키지 않을 경우에는 EU 법원으로부터 큰 벌과를 받게 되고 EU와 각종 교역에서 배제되거나 큰 불편을 겪어야 한다. 그런데 이것과 관련되어 우리 사회에서는 여러 미흡하고 미숙한 처신이 보여지고 있고, 말만 있을 뿐 실천 방면으로는 그것을 따르지 못하고 있다.

8.
mydata

나아가 각종 데이터를 효과적으로 사용할 수 있게 되어야 한다. 이를 위해 우리 사회가 준비해 놓은 대답이 mydata이다. 이것은 모든 개인이 그에게 속하는 데이터의 주인이며, 그의 데이터를 남이 사용하도록 허용하는 때에는 적절한 보상을 요구할 수 있도록 한다. GDPR이 제시한 바 이른바 data monetization이 허용되어 일정한 보상을 받고 사용을 허가할 수 있도록 하고 있다. 물론 아직 대부분의 나라에서는 이것이 말 그대로 실현되고 있지는 않다. 우리나라에서는 금융 부문에서 실험적으로 이를 시험하기로 하여 우선 은행을 비롯한 전통적 금융 기관과 핀테크 기업들 사이에서 수집한 데이터를 공유하게 하려는 실험을 시작하였다. 그러나 전자는 이미 수집했던 데이터를 많이 가지고 있는 데 비해 후자는 그러하지 못하여, 이들 2종 기관들 사이에서는 자발적으로 데이터를 공유하면서 mydata 사업의 취지에 맞게 행동하려고 하지는 않는다고 한다.

우리나라에서는 이를 위해 개인정보보호위원회라는 것이 장관급 기구로 만들어져 있어 이를 구체적으로 실천할 수 있도록 돕고 있다.

그러나 이 기구는 개인 정보의 활달한 이용을 장려하기보다는 개인 정보(및 공공 정보)의 침해를 막으려는 데 우선 역점을 두고 있는 듯하다. 어떤 서비스를 이용하는 때 그런 서비스 제공자가 동의를 하지 않으면 서비스를 이용할 수 없게 하여 사실상 동의를 강요하는 맞춤형 광고의 실상을 검토하겠다고 하고 있고, 기존의 법령 1,671개 중에 개인 정보의 침해가 있는 것을 점검하겠다고 하여, 개인 정보의 오남용의 발견과 대응책 강구에 역점을 두고 있을 뿐, 보다 활발하게 마이데이터를 활용하게 하려는 데에는 적극적이라고 보이지 않기 때문이다.

동아일보 2023년 1월 18일, "마이데이터 활성화로 국민들이 정보 주체로서 권리를 체감하게 될 것"

데이터 사용에 대한 무심하고 불분명한 태도는 클라우드를 사용하는 데에서 극명하게 나타난다. 뒤에서 보듯이 국내에서 출발한 클라우드인 케이티, SK, 네이버, 카카오 등이 사실상 활발하지 못한 상황에서, 많은 우리 기업들은 남에게 알리기를 꺼리면서 미국의 빅테크인 미국 클라우드가 제공하는 클라우드를 이용해 미국 한국 지사들이 제공하는 상품을 사용하고 있으며, 그들에게 데이터 사용 권한을 사실상 위임 방치하고 있다. 또 그 이용에서도 그들이 수집해 이용하는 데이터가 어떠한 것인지를 잘 알고, 그것들을 어떻게 공유해 다른 데이터와 더불어 보다 건설적으로 사용하려고 해야 할지를 강구하는 데 있어서는 별 적극성을 보이고 있지 않은 듯하다. 영국도 미국과 같은 빅테크 거대 기업을 가지고 있지 못하다는 점에서 우리와 다를 바 없다. 그러나 미국 빅테크들이 클라우드를 제공하는 부문에서 서로 경쟁하고 있다는 점을 이용하여 영국은 클라우드 서비스 수요자의 입장에서 그러한 경쟁 상황을 어떻게 활용해야 할지를 고심하고 있다고 보이는데, 우리나라에서는 그런 시도가 별로 보여지고 있지 않다. mydata 사업에서 은행과 한국판 빅테크라고 할 수 있는 네이버, 카카오 등의 제휴가 논의되고 있으나 구체적으로 어떠한 데이터를 통합하여 과거에는 불가능했던 새로운 맞춤형 서비스를 만들어 내려고 하는지에 대해서는 분명한 언명이 없다. 그것을 위해 데이터로서 어떤 것들을 포괄해야 할 것이고, 그런 것을 합당하게 사용하기 위해 빅테크와 금융 기관이 어떻게 협상해야 할 것인지에 대해서도 의식이 희미할 뿐이다. 그런 가운데 통신 데이터는 여타 데이터와 유리되어 홀로 존재하고 있으며, 미국의 FCC(Federal Communication Commission)가 일찍이 2017년에 통신사들에게 통신 데이터를 다른 용도에 적극 활용할 수 있도록 길을 열어 주었다는 점은 별로 주목받지 못하고 있다. 결과적으로 우리는 통신 데이터의 과소 이용을 방치하고 있다. 사정이 이러하다 보니 통신 데이터의 일종이라고 할 수 있으면서 우리나라에서 가장 많은 데이터 양을 차지하리라 보이는 WiFi 이용에 대한 데이터에 대해서도 그것을 어떻게 수집해 활용할 것인지에 대해서도 관심이 없고, 그런 무관심이 당연시되고 있다.

물론 WiFi 기반 통신 데이터를 어떻게 유용하게 쓸 수 있겠느냐가 문제가 되어야 할 것이다. 그런데 직접 관찰할 수 없는 폐쇄된 공간에서 일어나는 일을 식별하는 데 이것을 활용할 수 있다는 점이 최근 알려지게 되었다. 그런 공간에서 전개되고 있는 상황이나 그 속의 사람의 형상을 (심장 뛰는 소리 포함) 3D 이미지로 파악할 수 있다는 것이며, 이것을 첩보 기관이 활용하고 있다고 한다. 더 나아가 우리나라에서는 사회 복지사들이 일일이 방문하지 못하고 겨우 전화를 통해 안부를 확인하는 취약 노인 계층의 실태를 파악하는 데에도 이를 활용할 수 있을 것이라 한다.

The Economist January 28th, 2023, "Surveillance technology: I spy, with my little WiFi"

9.
이른바 big blur 현상

　이런 측면에서 가장 주목해야 할 현상이 이른바 big blur라고 지칭
되는 최근의 움직임이다. 이것은 종래 인지되었던 각종 업종의 경계
가 사라지고 있고, 여러 업종들의 융화도 일어난다는 점을 주목하는
것으로서, digital transformation의 일환이라 하겠다. 핀테크가 금
융을 변화시켰다는 것이 시발점이 되었고 그 이후 핀테크 업무에 빅
테크가 개입해 테크핀으로 됨을 계기로 하여, 종래의 금융 분야에서
새로운 기술과 데이터를 집약적이고 심층적으로 활용하려고 하게 된
것이 부분적으로 실제화된 것이다. 우선 종래 있었던 경계가 흐릿해
지고 극단적으로는 사라지게도 되었다. 제품 간, 산업 간, 업종 간 경
계가 불분명해지거나 사라지게 되었으며, 그런 것이 온-오프라인 간
경계를 불분명하게 하는 것에서 더 나아가 대기업과 중소기업의 역
할에서의 경계도 다소간 바뀌게 되었다. AI나 빅데이터 등을 활용하
는 기술 발전, 보다 다양해진 소비자의 욕구를 반영하는 수요 측면에
서의 변화, ESG 등 새로운 가치의 반영 등의 영향을 받아 변화된 상
황에 적응하려고 하게 되었기 때문이다.

우버 택시가 나타나거나 에어비앤비가 나타나 기존의 택시업이나 여관업을 위협하게 된 것이나, 소매점이 대응하지 못했던 물건의 판매라는 그것의 주된 업무를 넘어서 편의점이 입출금을 다루다 유사 금융 업무도 하게 되었다는 것이, 이러한 big blur 현상을 보여 주는 예라고 한다. 금융과 관련해서는 기존의 금융이 메우지 못했던 사각지대를 채우려는 핀테크 업무를 전자 상거래 업체가 포괄하려고 하게 된 것을 통해 특히 주목받게 되었다. 특히 세계 최대 전자 상거래 업체인 아마존이 상거래의 대상 항목을 늘리다가 대상 항목의 증대 이상이라고 할 수밖에 없는 유기농 식품점을 운영하거나, 온라인 도서 판매를 넘어서 오프라인 도서 판매를 하는 Amazon Go를 운영하게 되면서 업무영역을 늘렸다는 것이 눈에 띄는 변화다.

이런 변화의 기본 동인은 빅데이터를 보다 효과적으로 활용하려는 데 있다고 하겠는데, 이를 구체화하기 위해 데이터 사용에 대한 종래의 제한을 넘어설 수 있게 하는 mydata 움직임과 업무 확장에 대해 장애가 되는 제도를 종래의 금산 분리 원칙의 완화를 통해 피해 보려고 하는 것이다. 이것을 금융 전업주의 등이 강요하는 제약으로 이해하고 이를 피해 보려고 하고 있다. 그러다 보니 잡다한 업무 분야에 진출하게 되었다. 예컨대 이런 움직임의 선두 주자 격인 싱가포르의 DBS은행은 금융의 부수 업무라고 할 수 있는 신용 카드 업무, 여행자 보험, 환율 등 금융 정보의 안내뿐만 아니라 항공권이나 호텔 예약과 같은 사소한 서비스도 하게 되었다는 것이다. 이런 여러 업무를 하려다 보니 AI 등의 이용이 긴요하게 되었고, 이를 위해 관련 사업체와 업무 제휴 정도가 아니라 자기 자본의 1% 등 작은 규모를 투자

하면서 직접 자회사를 차려 운영하는 일도 생기게 되었다.

금융권에서 빅 블러는 당장은 일종의 타협책으로서 필요시 되는 업무를 자회사를 차려 취급하게 하거나 부수 업무의 카테고리로서 취급하려고 하는 형태로 나타나고 있다. 이러한 자회사를 통한 업무나 부수 업무를 어느 정도 범위로 관장해야 적정한 지배로 될 것인지를 고심해야 하게 되었고, 이와 관련된 업종으로는 부동산 및 유통 및 배달 등을 포괄하고 있다. 그러나 궁극적으로는 universal banking의 기치 아래에서 이들 모두를 제약 없이 다룰 수 있게 되기를 지향하고 있다.

2장

게임

여기에서는 데이터를 생성하는 방법으로 인식한 게임에 관하여, 특히 그것을 통한 데이터의 생산 방법과 그렇게 생산된 데이터의 활용 방안에 대해 살펴본다. 게임이 데이터를 수집할 수 있게 하는 다른 방법과 다른 독특한 방법을 써서 다른 방법으로는 얻을 수 없는 데이터를 얻을 수 있게 하는 기능을 가진다는 단면을 살펴보고, 그다음 그렇게 독특한 성격의 데이터를 어떤 용도에서 활용하고 있는지를 살펴본다.

1.
게임의 역할

　게임을 플레이하면서 데이터를 생산할 수 있다. 게임을 플레이하는 방법과 게임에 몇 명이 어떤 방식으로 참여해 플레이하느냐에 따라 생산되는 데이터가 달라진다. 이는 앞에서 본 어떤 다른 데이터의 제작과 수집의 방법들과도 구별되는 다른 방법이다. 나아가 데이터가 그렇게 만들어진다는 속성을 보아 게임의 플레이 방식을 차별화하여 사태의 전개에 대한 시나리오를 작성할 수 있다는 점을 살펴보고, 게임에서 쓰는 디바이스가 게임 콘솔, PC, 스마트폰 어느 것이냐에 따라 게임의 내용이 달라진다는 점을 살펴본다. 이른바 war game에서 추리할 수 있듯이 게임을 통해 생성되는 데이터는 달리 구할 수 없는 것이기 쉽다. 이어 종래에는 이러한 디바이스 각각에 대해 플레이할 수 있는 게임이 서로 다르게 발달되어 왔으나, 이제는 이들 모두에서 플레이할 수 있게끔 게임의 내용이 통합되어 가는 양상을 가지게 달라지고 있다는 점도 살펴본다.

　더 나아가 종래 이런 방식으로 생산된 데이터가 다른 데이터들과 마찬가지로 데이터에 의거하는 의사 결정에서 쓰이고 있음을 전자 상거래(e-commerce) 및 social commerce에서 사용되고 있다는 양상을 통해 관찰한다.

2.
게임을 통한
데이터의 생산

　종래 게임에서는 그것의 콘텐트가 먼저 작성되었다. 그러한 때에는 콘텐트에 의해 몇 명의 주인공들이 어떤 방식으로 게임 콘텐트를 전개하느냐 하는 것이 정해져 있었다. 이러한 콘텐트는 제작자(creator)가 만들고 많은 플레이어가 그런 콘텐트에 좌우되며 플레이를 했다. 그러나 오케스트라에서의 연주자와 달리 게임 플레이어들은 그런 콘텐트를 통하여 언어, 시간대(time zone) 등에 의해 구애받지 않은 채 서로 연결될 수 있었으며, 플레이를 하면서 공통적인 경험과 즐거움을 누릴 수 있었다. 게임은 미디어 중 성장 속도가 가장 빠른 미디어라고 인정되었던 것이다. 이런 종래의 게임은 애초 Microsoft의 Xbox나 Sony의 Playstation이나 그 이후 Nintendo의 게임 콘솔을 전제로 하여 만들어진 게임을 플레이하는 것이었다. 이러한 게임 콘솔을 전제로 하여 콘텐트가 제작되었고 그런 콘텐트에 의해 몇 명이 어떤 내용을 가지고 게임을 전개시켜 나가느냐가 플레이어가 게임을 플레이하기 이전에 이미 결정되어 있었다. 그런데 이런 때에는 상당한 돈을 투자하여 게임 콘솔을 장만해야 게임을 플레이할 수 있었기 때문에 플레이어에 대한 제한이 있었다. 지금도 이러한 콘솔 게임을 플레이하는 플레이어의 수는 전 세계적으로 2만 명 정도라고 한다. 그러다가 게임 콘솔을 쓰지 않고 PC를 써서 게임을 플레이할 수 있게 하는 PC 게임이 Window Store, Steam, Epic, Fortnite, FIFA(Epic Gams +Electronic Arts) 등을 통해 등장하게 되었고, 이어 iOS나 Android와 같은 모바일 운영 체계 위에서 스마트폰을 이용해 게임을 하는 방안도 개발되었다. 이른바 온라인 게임을 플레이할 수 있게 되었다. 단, 이렇게 디바이스에 매이지 않고 게임을 하기 위해서는 반드시 API를 이용해야 했고, 이렇게 디바이스를 넘나들며 플레이할 수 있기 위해서는 distributed network of servers인 cloud를 활용할 수 있어야 했다. 이러한 게임 플랫폼은 하나의 platform일 수도 있으나, 대체로는 그것을 넘는 multi-platform의 성격을 가지게 될 소지를 가졌다. 또 이때까지는 게임 플랫폼을 넘나들게끔 하며 주문 방식으로 게임을 소화할 수 있게 하는 제도인 game pass가 퍼져 있지 않았다. 아직 이러한 multi-platform은 확실히 정립되어 있다고 하기 어렵다. 텐센트, 소니 등에 이어 전 세계 4위라는 게임 회사 Microsoft가 7위의 게임 회사 Blizzard(워크래프트, 디아블로, 콩 오브 듀티 등의 지적 재산권을 보유하고 있음)를 합병하게 된다면 이러한 방향으로의 통합화가 빨라지게 될 것이라 예상되고 있다. 그러나 이러한 인수 합병이 쉽게 이루어질 수 있을지는 낙관하기 어렵다. Nvidia에 의한 반도체 설계 회사 Arm의 인수의 예에서 보듯이 빅테크의 기업 결합은 반독점 당국들에 의해 제동 걸릴 소지가 크기 때문이다.

중앙일보 2023년 1월 26일, "MS, 블리자드 인수 가시밭길---'빅테크 빅딜' 시대 저무나"

더욱 고무적인 것은 에픽이 게임 창작 도구인 포트나이트 언리얼 에디터(Fortnite Unreal Editer: UEFN)를 공개해 이를 통해 메타버스에서의 C2E(Create To Earn)나 P2E(Play To Earn)의 방법으로 NFT를 생산하는 게임 생산자들과 수익을 분배하는 길을 열었다는 것이다. 게임의 용도는 alternative data를 마련하는 것 이상 다른 부분으로도 확대되고 있음을 볼 수 있다.

현재 게임 플레이어는 30억 명에 이른다고 하며 그중 콘솔 게임을 하는 사람은 2억 명 정도라고 한다. 나아가 최근에는 게임 이용자가 만든 user-generated game도 나타났다. AI가 게임을 플레이하는 일도 생겨났고 온라인 게임에서는 AI가 인간 챔피언을 눌렀다고도 한다.

이렇게 복수의 플랫폼을 거치는 game platform을 원활하게 유지할 수 있기 위해서 게임 생태계(game ecosystem)가 만들어져 있어야 했으며, 거기에서는 각종 게임이 도서관에서의 책처럼 수집 정리되어 있어서 필요한 때 꺼내 이용할 수 있게 되어 있어야 했다. 이러한 게임을 지속적으로 생산하고 또 소비하는 시스템을 유지하기 위해서는 플레이어는 적정한 이용료를 내고 플레이하게 되어 있으며 제작자에게 적합한 보상으로 그러한 이용료가 주어질 수 있는 시장이 형성되어 있어야 한다.

McKinsey&Company, "Game on: An interview with Microsoft's head of gaming ecosystem" January 6, 2022

이른바 war game이 대표하는 바 다이내믹 게임은 게임에 등장하는 캐릭터들이 서로 싸우거나 경쟁하면서 게임을 전개시켜 나가는 방식이고, 이런 캐릭터들의 경쟁은 크게는 게임 콘텐트에서 결정되어 있는 어떤 시나리오를 따라 전개되었다. 이런 시나리오에서는 플레이하는 여건이 계속 바뀌었으며 여러 플레이어들이 그러한 여건 속에서 연속적으로 플레이를 했다.

이런 플레이에서는 2인 이상 복수의 플레이어가 플레이할 수 있었으며, 이들에게 예상 밖의 상황이 전개되는 경우에 플레이어들은 독자적으로 대응하기도 했다. 그런데 복수의 플레이어가 플레이하는 상황에서 이들 플레이어가 각각 어떻게 대응할지를 미리 알 수 없기 때문에 주어진 시나리오에 기속되지 않는 한 다양한 경우에 대한 다기한 사태의 전개가 있을 수 있고, 이렇게 다기하게 전개되는 양상에 따라 시나리오에서 주어지지 않았던 새로운 상황이 전개되게 된다. 그리고 이러한 다양한 사태 전개에 의해 달리 얻을 수 없었던 데이터가 만들어져 수집될 수 있게 된다. 이에 따라 게임이 alternative data를 얻을 수 있는 마당이 되며, 이러한 점을 보아 게임이 달리 얻을 수 없는 데이터를 얻을 수 있게 하는 방도가 된다. 이러한 측면은 war game에서 아주 유용하게 쓰이고 있으며, 다른 방법을 통해 구할 수 없는 특이한 데이터를 취득할 수 있도록 하는 길이 된다.

3.
콘텐트 전달 방법으로
선호되는 게임

    이러한 게임은 오늘날에 들어서서는 콘텐트의 전달 방법으로서 가장 널리 쓰이는 방법이다. 이는 종래 연예 오락 산업(entertainment industry)에서 전달하고자 하는 콘텐트를 영화관에서의 영화 필름, TV, 비디오 카세트(및 비디오 기기), 비디오 케이블 등을 통해 비디오 필름의 방영 및 인터넷 등을 통한 스트리밍 방식의 매체를 거치면서 변화되어 왔다. 그러나 이제 콘텐트 전달은 게임이라는 매체에 거의 지배당하게 되었다. 나아가 이런 게임이라는 방식이 그 이전의 다른 매체에서 보다 등장인물, 그들의 활약상, 활약하는 도중에 사용하는 무기 등 도구나 멋지게 치장하는 장신구 등에서 크게 가변적이고 동태적이기 때문에 종래 매체에서의 어떤 콘텐트보다 다양한 것들을 수용하고 있으며 또 활용할 수 있다 하겠다. 때문에 특히 MZ 세대를 중심으로 하여 가장 많은 사람들이 게임을 선호하게 되었다. 이러한 변화는 그동안에 있었던 콘텐트 전달을 위한 기술의 발전을 반영하는 것이기도 한데, 그 이전의 방법보다 더 많은 수입을 얻을 수 있게 하는 경제적 효과를 가지는 방법을 채택하게 된 것의 결과이기도 하다.

The Economist January 23rd, 2023, "Disney's second century: Technology is turning the business of culture upside down"

그러다가 최근 들어서는 Youtube나 generative AI 등의 방법으로 전문가 아닌 아마추어들도 (설사 내용적으로 조악하고 충분히 세련되지 못하다는 약점을 가지나) 이른바 user generated content를 생산해 방출할 수 있게 됨으로써 콘텐트는 내용적으로 풍성해지고 분량이 아주 많아졌으며, 조만간 종래 방식의 콘텐트 전달 기구 내지 시장의 재편을 요구하게 될 것이라고 한다. Youtube는 content generation의 손쉬운 방도로서 애용되어 왔다. 그것은 요리 기타의 교습 방법의 전파, 요가 강습, 과거의 이야기나 뉴스 전하기, 오락의 수단 등으로 쓰이면서 small screen video로서 톡톡한 역할을 해 왔는데, 26억 명의 이용자가 있고 광고 수입과 구독료 수입도 많아 그것의 모기업 Alpha의 전체 수입의 10분의 1 정도를 감당해 왔다고 한다. 그러다가 TikTok의 도전을 받게 되자 Youtube Short를 내놓는 변신을 했고, 챗 GPT의 영향 및 반독점 당국의 경계 눈초리에 영향을 받게 되었다고 한다.

The economist February 25th, 2023, 'Free the creature'

틱톡, 스냅 챗, 인스타그램, 유튜브 쇼트처럼 (최대 60초의) 아주 짧은 콘텐트를 제시하는 것은 그것들에 쉽게 집중할 수 있도록 하고 있고, 그로써 공감대를 형성하기가 쉽다. 그것은 이렇게 SNS에서 새로운 지평을 열면서 페이스북 등 기존의 SNS 이용 방법으로부터 관심을 돌릴 수 있었다. 덕분에 광고를 많이 끌어모으기도 하였다.

틱톡은 short video 중 유독 어리거나 젊은 이용자가 많고, 이용 시간이 1일 동안 82분 정도로 제일 이용이 많다는 SNS의 일종이다. 그런데 미국에서는 이것이 이용자들의 데이터를 중국 정부에 사실상 보내고 있지 않느냐 하는 의심을 하고 있고, 정작 이것이 중국에서는 사용 시간의 제한을 받으면서 사실상 검열을 받는 sanitized version 만을 이용할 수 있다고 하나 미국에서는 그러하지 않아 미국 당국에게 매우 불편한 대상이 되어 있다. 많은 미국의 젊은이들이 이것을 사용하고 있어 법적으로 사용을 제한하려는 것이 특히 선거를 앞두고 쉽지 않다고 여겨지고 있으며, 동 SNS를 매입해 관리를 통해 그것을 이용하는 행위를 제한해 보려는 것도 동사의 반대로 가능하지 않아 미국에게는 하나의 골칫거리가 되었다.

The Economist April 1ˢᵗ, 2023 "TikTok: China in your hand"

이러한 변화는 콘텐트를 전달하는 데 쓰이는 망 내지 네트워크의 변화를 또한 요구하게 되었다. 하드웨어 측면에서 여러 물리망이 다양하게 나타나 쓰이게 되었고, 그러한 네트워크를 프라이버시 보호, 사회의 안녕과 질서의 유지 보존 등의 가치를 존중하면서 경제적이고 효율적으로 운영 관리할 수 있도록 하는 소프트웨어 측면에서의 변천도 따라오게 하였다. 이하 '7. 네트워크: 과거와 미래'에서 이러한 점을 살펴본다.

4.
생성 AI와 게임

　뒤에 나오는 생성 AI는 게임 분야에도 영향을 미쳤다. 게임 분야에서 종래 쓰여 오던 GPU를 써서 비디오 편집을 할 수 있도록 하는 것이 게임 콘텐트를 여러 면에서 바꿀 수 있게 하는 가능성을 열었기 때문이다. 또 그것이 텍스트로서 여러 종류의 글을 작성하고 이미지를 형성하며, 오디오나 비디오 자료를 쉽게 만들 수 있게 하는 단면이 게임을 만드는 데서 활용될 수 있었기 때문이다. 생성 AI에 기인하는 여러 툴이 마련되고 널리 쓰일 수 있게 됨으로써 종래 Youtube video나 Spotify music에서 아마추어가 user-generated content을 작성하던 것과 유사하게, 게임 분야에서는 아마추어 격인 각종 스타트업이 user-generated game을 제작할 수 있게 되었다.

　이런 작업은 여러 요소들이 각종 게임 제작 툴을 제공함으로써 가능해졌다. Ghostwriter는 게임 텍스트를 마련하는 길을 보여 주었고, Roblox는 텍스트로부터 이미지를 생성하는 방법을 선도하였다. Unity는 게임 개발 엔진을 거래할 수 있는 시장을 개설하였고, Google이나 Electric Arts는 게임을 테스트하는 데 쓰는 AI의 사용

특허를 분명히 하는데 기여하였다. 많은 아마추어 제작자들이 이러한 툴을 써 보려고 하게 됨에 따라 사용자에서 기원하는 게임이 등장할 수 있게 된 것이다. 단, 그것의 부작용으로서 표절이 많아졌고, 이에 정당한 제작사나 제작자의 길드(writers' guild) 등은 법적 대응을 하고 있다고 한다. 생성 AI에 기인하는 여러 툴이 마련되고 널리 쓰일 수 있게 됨으로써 종래 Youtube video나 Spotify music에서 아마추어가 user-generated content을 작성하던 것과 유사하게, 게임 분야에서는 아마추어 격인 각종 스타트업이 user-generated game을 제작할 수 있게 되었다.

The Economist April 8th "AI and entertainment: Game changer"

이런 비디오 게임이 여전히 관심의 중심을 차지하고 있는 이유는 아직 AR 콘텐트나 VR 콘텐트가 미흡해 기대에 못미치고 있고 그런 콘텐트를 효과적으로 감상할 수 있게 하는 메타 제작 Quest 2 google은 불만족스럽고, 또 2024년 나타날 것이라고 하는 애플 제작 Vision Pro가 상당한 기능을 가지고 나타나더라도 그 예상 가격이 3500불이나 돼서 너무 비싸기 때문이다.

애플은 Vision Pro의 2024년 목표 생산량을 100만대에서 40만대로 줄였다고 하는데, 그것에서 쓸 디스플레이의 수율에 문제가 생겼기 때문이라고 한다. 일단 만들어진 게임은 낱개로 개별적으로 판매되기도 하고 게임 묶음(game library)이라고 지칭되는 것의 일부가 되어 팔리기도 한다. 후자인 패키지의 경우 그것에는 낱개로 구입할 때는 구입하지 않았을 게임도 함께 사고 그런 게임도 플레이하게 된다.

보통 이런 묶음의 가격은 낱개로 사는 게임 2-3개의 가격을 여러 기간에 걸쳐 구독료(subscription fee)로서 내고 더불어 게임을 하는 도중 적당한 시점에 광고를 보게 하기도 한다. 또 게임을 효과적으로 하기위해 필요시되는 게임 아이템을 구매하게 해야 한다.

5.
Social Commerce

종래 전자 상거래(e-commerce)는 데이터를 수집할 수 있게 하면서 데이터에 기반한 의사 결정을 하는 것을 선도한 대표적인 예였다. e-commerce 업체는 온라인 거래를 선도한 비즈니스로서 많은 상품에 대한 데이터를 온라인으로 올려놓고 사람들로 하여금 그런 것을 사게 하면서 사람들의 구매 행위와 관련되어 '구매한 상품, 구매하려다 중단한 상품, 별도로 흥미를 보인 상품, 구매 시 지불 방법' 등 여러 가지에 대한 데이터를 수집할 수 있었다. 그다음 사람들의 행위에 대한 이상과 같은 데이터에 근거해 그들에게 추천할 만한 상품을 골라 추천하는 추천 엔진도 구사했다. 즉, 전자 상거래 업체는 데이터를 수집하기도 하고, 그것을 직접 사용하기도 하였다.

그런데 사람들의 행태에 대한 데이터를 구매 행위에서 얻을 수 있는 것만은 아니었다. 매매 거래를 하는 과정 등 다른 곳에서도 비슷한 성격의 유익한 데이터를 얻을 수 있다. 그중 대표적인 데이터의 원천이 다양한 사회생활의 실상을 보여 주는, 앞에 나왔던 바 SNS이다. 이것에서는 생활의 여러 가지 단면을 보여 주는 데이터가 있다. 그리고 이런 데이터에 의존하고 도움을 받아 상거래를 하려고 하는 것이 social commerce이다. 과거의 직접적 상거래의 실적에 의존하는 것은 아니었으나, 구매자의 여러 행태를 알 수 있게 하는 SNS의 데이터를 이용함으로써 온라인 상거래를 매개하는 데 도움을 받으려는 것이다. 그런데 social commerce에서는 SNS에서의 사회생활 관련 여러 데이터 중 특히 상거래와 관련된 자료를 쓰려고 할 터이기 때문에 SNS에서의 여러 데이터 중 상거래와 관련된 것을 구분해 사용하게 될 것이다.

여기에서 여러 데이터 중 어떤 데이터를 선별해 상거래를 하도록 유인할 것이냐에 따라 각종 social commerce는 차별화되게 된다. 즉 이 중 하나가 되는 네이버는 라이브 방송을 하면서 지득한 자료를 AI로 여과해 상거래의 매개 자료 대상으로 삼고 있다고 하고, 중고 물품의 거래 중개를 주 업무로 하는 미국의 포시마크라는 회사는 잠재 고객들에게 그들이 원하는 물품을 카메라로 찍어 보내게 하면서 그러한 것을 판매하기를 원하는 사람들과 연결시켜 거래를 성사시킨다고 한다. 그러다가 네이버가 이런 포시마크를 인수하게 되어 종래 후자가 하던 일을 보다 신속하고 정확하게 할 수 있게 될 것을 기대하게 되었다고 한다. 인수 합병으로 새로운 방식으로 social commerce를 할 수 있는 방도를 마련하게 되었다.

조선일보 2023년 1월 16일, "네이버 기술로 혁신, 2024년 흑자 만들겠다."

이상의 방법은 이미 존재하고 있는 상품에 대한 온라인 거래의 중개에 대한 것이었다. 그런데 최근 나타난 챗 GPT를 활용한다면 카메라로 정확하게 찍을 수 있는 실존하는 상품이 아니라도 구매자가 창작 각색한 이미지를 보내고 social commerce 플랫폼이 그런 이미지에 맞는 상품을 찾거나 결합시켜 거래를 매개할 수 있게 할 것이라 한다. 종래에는 중개를 원하는 물품을 특정할 수 없어 거래가 어려웠는데, 이런 방법의 사용으로 이미 존재한다고 할 수 없는 상상의 제품의 매개가 가능하게 되고 그것에 상응해 챗 GPT의 이용이 늘어날 수 있을 것이라 예상한다.

금융 부문에서는 오래전부터 데이터를 활용해 왔다. online banking이 이를 대표한다. 이것은 종래 금융권에서 사용해 오던 데이터를 online 상태에서 사용하려고 했다는 의미를 갖는 것이었다. 단, 그곳에서 사용해 온 데이터는 한정적이었고 그 이상의 많은 데이터를 금융권 외부에서 활용하고 있었음에도 불구하고 이러한 변화를 수용하려고 하지는 않았다. 그러다가 이른바 핀테크(fintech)라는 것이 나타나 새로운 종류의 데이터를 발굴하고 수집하여 금융 서비스와 유사한 것을 제공하게 되었는데, 그런 것들을 사용해 가면서 전통적 금융 기관과 평행하게 금융 서비스를 제공하려고 하게 되었다. 이른바 종래 은행을 사용하지 못하던 unbanked people을 대상으로 하여 은행 서비스 유사한 서비스를 제공하였고, 종래 폐쇄된 네트워크인 VAN(value-added network)을 사용하던 카드 회사와는 다른 개방 네트워크인 인터넷을 사용해 가며 지급 결제 서비스를 수행하게 되었다. 은행 송금과 유사한 서비스를 하는 P2P 금융도 나타났다. 그리고 이런 의미에서 핀테크는 social commerce 유사하게 데이터에 근거한 의사 결정의 영역을 새로이 연 것이라 할 수 있겠다.

게임을 효과적으로 판매하기 위해서도 social commerce가 제 역할을 할 수 있어야 할 것이다. 이를 위해서는 국내 시장 이상으로 해외 시장도 감안해야 하고, data-based marketing이 아주 중요하리라 여겨진다. 그런데 외국의 전자 상거래 업체는 우리나라에 와서도 갑질을 하고 우리의 업체는 불이익을 경험하고 있는 경우가 많다는 것이다. 즉, 구글 플레이스토어 등 외국 전자 상거래 업체가 게임 개발자의 해외 진출을 돕고 상단 노출을 약속하는 등 배타적 조건부 거래를 꾀하면서 통신사 3사와 네이버가 합작한 우리나라 소셜 커머스 업체 원스토어에 대해 불공정 행위를 하고 있다가, 최근에 과징금을 내고 시정 명령을 받게 되었다는 것이다. **(중앙일보 2023년 4월 12일 "공정위, 원스토어 입점 방해한 구글에 과징금 421억 원")** 이에 대해 구글은 모든 것의 판매는 판매자의 의사에 따르는 것이라고 설명했으나, 이는 구태여 말할 필요도 없는 당연한 것이고, 그러한 자명한 사실의 설명으로 불공정 행위를 정당화할 수는 없을 것이다. SNS 데이터를 새로운 방식으로 활용하는 것과 그것을 불공정하게 사용하는 갑질은 구별되어야 할 것이다.

3장

AI 및 AIOps

  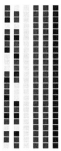

1.
AI 및 AI 스타트업

AI는 명확하게 정의되어 있다고 하기 어렵다. 여러 가지 의미를 가지고 쓰이고 있는 것이 현실이다. 보통 machine learning 또는 deep learning(또는 advanced smart learning)을 통해 의사 결정을 하고 판단을 하는 기능을 종합하고 제도화한 것을 총괄적으로 보아 AI(Artificial Intelligence)라고 지칭한다. 종래의 BI가 인간이 주도하여 차트, 그래프, 상황판 등의 보조 수단을 써 가며 현황을 즉각적으로 파악하는 것이었다고 한다면, AI는 그것보다 많은 데이터를 활용하는 방법으로 단순한 통계학적 기법 이상인 기계 학습의 방법 등을 활용하여 기계로 하여금 사람처럼 경험으로부터 학습하게 하고, 그런 학습을 당면하고 있는 문제에 적용해 문제 해결에 활용할 수 있도록 하는 것이다. 이점을 거꾸로 말해 보면 AI의 근저에는 machine learning이나 deep learning이 존재하고 있다는 것이다. 이런 점을 볼 때 AI를 추상적으로 인식하고 정의하려고 하는 대신 현재 실제 상황에서 성공적인 예라고 여겨지는 AI가 어떤 것이냐를 보고 그것의 본태를 파악하자고 하기도 한다. 과거 BI를 가지고는 할 수 없었으나, 현재 AI를 가지고는 할 수 있게 된 것들에는 안면 인식(facial recognition), 다종 언어 간 소통(multilingual conversational systems), 자율 자동차(autono-mous vehicles), 미래에 대한 시나리오를 세운 다음 시뮬레이션을 하여 최선의 대응 방법을 찾는 것 등이 있고, 보다 나아진 예측 모델 (advanced predictive analytics) 등을 응용해 판단을 하는 것을 들 수 있다. 차후 이러한 AI가 사람과 근사한 능력을 가지는 AGI(Artificial General Intelligence) 및 사람을 능가하는 능력을 가지는 ASI(Artificial Super Intelligence)로 발전할 수 있게 되기를 기대하고 있다.

SearchBusinessAnalytics.com, 'Data science vs. machine learning vs. AI: How they work together' 29 Aug, 2021

좁게 보아 기계 학습이나 심층 학습을 통해 판단 내지 결정을 하는 것을 인공 지능(Artificial Intelligence; AI)이라고 지칭하기도 한다. 보는 입장에 따라서는 기계 학습에 의거하는 AI가 사람 보다 더 효율적이라는 평가를 하기도 한다. 이것은 예술 작업이라고 생각되던 부분에서도 족적을 남기고 있다. visual recognition 및 categorization 을 하던 기능이 더 진화하게 되어 사진으로 사람의 얼굴을 보고 나서 슬픔 등 정감(emotion)도 알아낼 수도 있게 되었다는 것을 보아 이러한 평가를 하게 되는 것이다.

Agenda.com 04 Aug, 2017 'Deep learning technologies evolving beyond human capacities'

기본적으로 사람이 충분한 전문 지식(domain knowledge)을 가지고 있고 그것에서 유래하는 정확한 알고리즘을 가지고 있으면서, 적합하고 완벽한 데이터를 동원해 그런 알고리즘에 적용할 수 있다면 최선의 판단을 내릴 수 있으리라고 한다. 그러나 이러한 조건은 쉽게 충족되기 어렵다. 충분한 지식을 가지고 있는 사람은 드물고 올바른 알고리즘은 마련하기는 쉽지 않다. 특히 적합하고 완벽한 데이터를 구비하기도 힘들다.

　가끔 우리는 우리 사회를 빅데이터나 인공 지능과 같은 포트폴리오를 다 갖춘 나라라고 인식하면서 현실과 희망 사항을 냉정히 차별하지 못하고 자화자찬하기도 한다. 누구나 AI를 이야기하나 그것의 내용을 확실히 한 다음 활용하는 경우는 많지 않다. AI가 100가지의 의미를 가지고 혼용되고 있고, 개별 쓰임에서 그것의 의미가 무엇인지는 명확히 되지 않은 경우가 너무 많다. 이러한 미망에서 깨어나기 위해서는 인공 지능이라는 것이 지속적으로 새로운 데이터를 수집하고 정제해 가면서 AI 알고리즘을 개선해 나가는 과정 속에서 실제화되고 있다는 실상을 충분히 이해해야 할 것이다. 또한, 그것을 실제로 적용하는 AI를 마련하는 과정이라는 것이 시험하고 개선하는 시행착오의 과정이라는 점도 확실히 알아야 할 것이다. AI를 이용해 어떤 판단을 했다고 하는 경우에도 어떠한 데이터를 어떠한 방식으로 썼으며, 그런 과정을 보다 충실하게 만들고자 하여 어떠한 종류의 데이터들을 활용했더라면 결론이 어떻게 달라지게 되었을지를 추론하고 설명할 수도 있어야 할 것이다. 단지 AI를 이용했다는 점을 언급하는 것에 그치는 것은 아주 무책임한 미완의 주장에 불과하다는 점을 명백히 인지해야 할 것이다. 미흡한 주장을 하는 이러한 못마땅한 태세는 챗 GPT가 등장한 이후 AI의 이용이 크게 쉬워지면서 더욱 심해진 듯하다.

많은 경우 그저 말로 외국에서의 AI 이용의 성공 예를 인용하는 데 분주하다. 이에 AI에 대해서 우리는 과다하다고 할 수 있을 정도로 많은 이야기를 하고 있다고 할 수 있겠으나, 막상 우리가 그런 것과 관련된 AI 서비스나 제품을 훌륭히 생산해 낼 수 있는 능력을 갖추고 있는지는 확실하지 않다. 그러한 능력을 갖추기 위한 선결 조건이 되는 빅데이터도 충분히 지니고 있지 못한 듯하다. 애초에 쓰기 시작한 데이터에다 어떤 데이터를 추가하여 AI 속의 알고리즘을 개선하고 개량하는 데 있어서도 하등 역동적인 움직임이 없다. 그러한 것을 구체적으로 어떻게 마련하고 우리 생활에 체화시킬 수 있겠는지를 강구하는 데 있어서도 철저하지 못하다.

미국의 Open AI가 GPT-3나 Dall-E와 같은 미디어 콘텐트 분야에서의 AI를 독립된 제품(commodity)처럼 활용할 수 있게 선도한 것을 계기로 하여, 영국의 데이터 분석 미디어인 트러스는 '2022년 글로벌 AI 지수 보고서'를 발간하였다. 그런데 거기에서 한국은 비교 대상인 81개국 중 5위를 점했다고 한다. 이에 상응하게 우리나라에서는 한국경제신문이 KT 경제경영연구소 및 KAIST 박성혁 교수팀과 더불어 우리 사회에서의 AI 스타트업 평가 모델을 개발하였고, 이어 그것을 써서 평가도 했으며, 그 결과를 책 '넥스트 유니콘 AI 스타트업 100'으로 발간하였다. 이 책에서는 글로벌 기업으로 진출할 수 있는 기업을 발굴하여 AI 생태계를 조성할 수 있게 되는 것을 목적으로 하고, 300개 후보 기업을 대상으로 하여 시장, 재무, 구성원, 제품(기술) 등 정량적 평가지표와 언론 동향, 시장 평판, 창업 배경, 지속 가능성 등 정성적 평가 지표를 이용해 우리나라에서의 AI 스타트업 100을 선정하였다고 한다.

이 책을 따를 때 우리나라에서 AI 스타트업이 최초로 생겼다고 본 2012년을 출발점으로 하여 2021년까지 10년 동안, 우리나라에서 AI 스타트업이라고 인정된 기업들이 생겨났다고 하며 그들이 제시되고 있다. AI가 음성 인식, 자연어 처리, 컴퓨터 비전 등에서 나왔다고 하면서 유니콘으로서는 샌드버드나 뤼이드 같은 기업도 나타났다고 하고 있다. 영역별 AI 스타트업으로는 영상 의료 분야에서는 코어라인 소프트(2012년), 루닛(2013년), 뷰노(2014년), 딥바이오(2015년) 등이 있고, 교육 분야에서는 뤼이드(2014년)와 메스 프레소(2015년), 금융 분야에서는 로보 어드바이서와 자산 운영을 하는 디셈버 엔드 컴퍼니(2013년) 등이 있다는 것을 알려 주고 있다. 2018년 이후에는 설사 서로 다르지 않은 같은 영역에서이지만, 기술을 중심으로 하여 다른 서비스를 하는 여러 기업이 나타나게 되었다는 것도 밝히고 있다. 글로벌 시장 조사 기관 CB 인사이트가 전 세계 6,000개 스타트업을 대상으로 하여 산업 공통 기술을 다루는 유망 기업을 선정한 것을 보면 헬스케어 분야에서 8개, 교통 분야에서 7개, 물류 분야에서 4개, retail 분야에서 4개, 금융과 보험 분야에서 3개, MLOps에서 6개, AI 전용 반도체 설계 분야에서 5개, 사이버 보안 분야에서 5개, 교육 분야에서 1개 등이 등장했다고 하는데, 이에 대비되어 한국에서는 헬스케어 분야에서 5개, 교통 분야에서 9개, 미디어 콘텐트 분야에서 9개, 교육 분야에서 8개, 식료품 기타 라이프 분야에서 4개, 세일스 마케팅 분야에서 3개의 스타트업이 대두하게 되었다고 했다. 세계 대비 우리와 차이가 있는 것은 우리 사회에서의 교육, 미디어, 의식주에 대한 높은 관심을 반영하는 것이라고 진단했다.

2.
불안하고 불완전한 AI 활동:
AIOps를 통한 챗봇 역할의 확충

 이상에서 본 것을 우리나라에서의 AI 활동에 대해 정리한 것이라고 여기고 2021년에 본격 집행되었다고 할 수 있는 데이터 꼬리표 붙이기(data labeling) 사업인 '데이터 댐' 국가 사업을 기반으로 삼고, 또 그것이 그 성격상 데이터 엔지니어링의 도전이라고 성격 지을 수 있는 과업이라는 인식의 시각을 가지고 이상에서 본 우리나라에서의 AI 스타트업에 대한 정리를 비판적으로 보자면, 그것은 AI를 적용하기 위해 필요한 필요조건을 어떻게 구체적으로 충족했는지를 명시하지 않고 있어, 과연 우리 AI 스타트업들이 AI를 활용하기 위해 필요한 여러 요건을 충족하고 있으며, 그로써 진정으로 AI를 활용했는지의 실상을 세세히 보여 주었는지는 확신하기 어렵다. 단지 AI를 썼다는 주장을 한 것에 그친 것은 아닌지를 부인하기 어렵다. 데이터 라벨링은 e-book 본문에서 밝히는 것처럼 미국에서는 1차적으로 소프트웨어로 그것의 많은 부분을 처리하고, 2차적으로 전문가 집단이 정리하고 마무리하는 작업이다. 그것은 2021년 우리나라에서 그랬던 것처럼 그저 노인들의 취로 사업으로 넘겨도 되는 사소한 과업이 아니다. 나아가 위에서의 AI 스타트업 평가는 AI를 적용하기 위해 필요한 조건을 어떻게 구체적으로 충족했는지를 명시하고 있지 않아 그런 데이터로는 AI용 알고리즘을 어떻게 만들 수 있었는지에 대한 일말의 불안 요소를 피하기 어렵다. AI 작업이 전제로 하는 빅데이터를 가지려면 데이터의 규모는 최소한 5,000개 이상이 되어야 하고 정상적으로는 5,000만 개 정도는 되어야 한다고 하며, 변화하는 상황에 대응하게끔 데이터를 자주 업데이트하려고 한다면 매시간이나 매일, 아니면 늦어도 매월 교체함으로써 volume과 velocity 면에서의 요건을 충족시킬 수 있어야 한다고 하는데, 이러한 점에 대해 AI 스타트업에서 어떻게 하였는지에 대한 기술이 없기 때문이다. 여기서는 data bias나 data privacy를 어떻게 다루었는지는 물론, AI를 적용해 얻은 결과를 회사의 업무를 위해 직원들이 어떻게 활용했는지에 대한 last-mile problem에 대한 언급도 없다. transfer learning을 어떻게 이용했는지에 대한 설명이 없는데도 불구하고 그것을 썼으리라 짐작하는 문맥에서 AI를 사용했다는 이야기는 잦다.

AI를 실제로 활용했는지는 무엇인가 근거를 통해 밝혀져야 한다. 특히 규제 산업이라고 한다면 AI를 이용하기 위해 클라우드의 활용이 자유롭지 못하고 자체적 데이터 센터를 마련해 써야 하기 쉬운데, 이에는 많은 자본 투자가 절대적으로 필요하다. 또 규제 산업이 아니더라도 AI를 준비하기 위해 상당한 자본 투자가 있었을 것이기에 자본 투자에 대한 수치를 통해 AI의 사용에 대한 노력이 말 이상의 실제라는 것을 보여 줄 수 있어야 할 것이다. 나아가 규제 산업에 속하지는 않아 클라우드를 널리 사용하는 경우에 있어서도 작업 과정에서 적합한 domain knowledge를 갖추고 있으며, 실제로 AI를 적용한 예가 타당한 이용 예라는 것을 보여 주는 적용 예가 있어야 한다. AI 스타트업을 비롯한 여러 기업들의 AI 이용에 대한 주장은 그런 이용의 실상을 보여 주는 주변의 여러 자료로써 보강되어야 한다.

이렇게 까다로운 것이 AI의 이용의 실제인데 그것에 대한 몰이해는 사람들이 무언가 직접 하기 귀찮고 부담스러운 것이 있으면 그런 것을 AI에 맡기려고 하는 무심한 태도 속에서 극에 달하게 된다. 사람이 몸을 써서 하는 일인 빨래 개기, 청소 등은 로봇에게 맡겨야 할 일이고 인간의 두뇌를 쓰는 일만을 인공 지능에 맡겨야 할 것이라는 점을 분명히 이해하지 못하고 있는지, 로봇에게 시켜야 할 일까지 AI에 의탁할 수 있다고 오인하기도 한다. 로봇과 AI를 차별화하지 못한 채 모든 것을 AI로 대표하기도 하는 혼동은 이러한 IT 기술의 도입으로 저소득층의 소득이 저하하게 될 것을 우려하는 데 있어, AI 때문에 그리될 것이라고 여기는 착시 현상을 불러오기도 한다.

우리 사회 일반에서의 AI에 대한 이해 부족은 2020년 한 여당 국회 의원이 벌린 해프닝에서 적나라하게 드러났다. AI라는 것이 여러 데이터를 모아 정제한 다음 그것에 기반해 최적의 알고리즘을 구축해 나가는 시행착오의 과정을 반드시 거치면서 얻어지는 것이라는 사정을 제대로 인식하고 있지 못하고 있는 듯 보이는 이 국회 의원은, 포털 '다음'의 뉴스 배열에 대해 불만을 표명하고 그렇게 불만족스러운 배열을 가져오게 된 것의 원인으로서 뉴스 서비스를 제공하는 포털의 정치적 편견 및 인위적 개입을 의심했던 듯하다. 동 뉴스 포털이 AI 뉴스 추천 서비스 '루빅스'를 2015년부터 운영해 왔다고 했는데도 불구하고 이 국회의원은 AI가 철저히 객관화될 수 있으면서 사람에 의한 조작이 용이하다고 믿고 있는 듯 보이며, 뉴스 배열도 사람으로 부터 완전히 독립되어 어떤 경우에서든 완벽하게 객관적으로 할 수 있다고 믿는 듯하고, AI의 실상이 그러하지 못하다는 사정을 이해하지 못한 듯 여겨진다. 따라서 AI도 결국은 사람이 설계하는 것이라는 사실을 가지고 단편적이고 피상적으로 판단하여 동 포털이 뉴스 배열 AI를 설계하는 과정에서 그것을 운영하는 사람들이 자의를 개재시켰는지를 추궁해 보고자 하였던 듯하다. 어차피 어떠한 AI라도 사람의 손을 거쳐야 한다는 점이나 그런 것의 알고리즘을 제작하는 과정에서도 사람의 영향을 받으면서 선정된 데이터를 쓴다는 점을 간과했는지, 알고리즘을 만들고 고도화하는 과정에서의 기계적 작업과 사람의 자의적 개입을 차별화하지 못하였고, 관련 알고리즘의 중립성을 검증하겠다는 과욕 및 몰이해를 드러냈다. 포털로서는 이익의 극대화를 위해서 데이터에 근거하여 이용자 별로 뉴스 배열에 차이를 두려고 할 것이고, 그 때문에 그런 배열은 수시로 바뀌게 되리라는 당연한 사실을 이해하지 못한 채 정치적 편견에 의해 배열이 이루어지게 된 것이 아닌지를 의심하였던 듯하다. AI에 의한 판단이라는 것이 결국은 모두 시행착오의 산물이며, 어떤 정치적 선입견을 숨기고 자의적으로 그것을 만들어 낸다는 것이 매우 어려울 것이라는 사정을 이해하지 못하였고, AI를 편협하게 해석하였기에 일어난 해프닝이었다고 여겨진다. 우리 사회의 지도층에 속하는 사람들조차도 AI에 대해 제대로 이해하고 있지 못하고 있다는 것을 보여 주는 하나의 예가 되었다

AI를 위한 알고리즘은 그것을 이용하려는 사람이 자체적으로 그것의 전문가인 data sciencist에게 의뢰하거나 현장의 전문가에게 low-code/no-code 방식으로 개발하게 할 수도 있을 것이고, 오픈 소스에서 구해서 쓸 수도 있을 것이다. 나아가 이들 각각은 그 나름의 한계를 가지고 있을 것이다. 그러나 어느 경우에도 그저 AI를 활용하도록 하겠다는 말만 하는 것으로써 AI 알고리즘을 구체적으로 획득하는 이러한 추가적 노력을 대신할 수는 없을 것이다.

미국에서는 대부분의 기업들이 AI를 이용하는 데 있어 그것을 위한 초기 투자에서 자본적 지출이 크다는 것을 인식하고 있고, 또 그것을 작업하기 위해 써야 하는 데이터가 여러 가지 바이아스를 가지고 있어 예상 밖의 부작용을 가져올 수 있다는 점을 익히 알고 있다. 그래서 많은 기업들은 직접 AI를 위한 설비 등 인프라 구비를 위한 자본적 투자를 하기보다는 사회 전체를 위해 대신 이미 투자해 놓았다고 할 수 있는 여러 클라우드에서의 설비 등을 이용하는 간접적 이용에 주력하고 있다. 그러나 우리는 어떠한 클라우드가 얼마나 자본 투자를 했는지에 대해 실태를 파악하고 있지도 못하고 있고, 기업들이 그것을 얼마나 어떤 방식으로 이용하고 있는지에 대해서도 잘 모른다. 이런 기본 상황에서 실상은 우리나라에서 쓸 수 있는 클라우드의 주요 소스의 하나인 외국 발원의 클라우드의 사용에 대한 규제 내지 피해 가능성을 심각하게 의식하다 보니 기업들은 음지에서 클라우드를 이용하는 꼴이 되고, 그로써 그것의 이용에서 저조하다는 것을 감지할 수 있게 된다.

AI 등의 기법을 써 기계로 하여금 인간을 보완하게 하더라도 그것에는 그것으로 절대 할 수 없는 근본적 한계가 있다. 우선 기계는 다면적 의미를 가지고 미묘하게 이야기하는 인간의 언어 습관을 적어도 아직은 따라 하지 못하고 있다. 예컨대 사람이 질문을 한다고 할 때 그것에서 자주 하는 질문(frequently asked questions) 중에는 질문의 요지가 분명하고 이론의 여지가 없는 것도 있으나, 그것의 실질 내용으로 보아서 형식적인 단순한 질문 이상이고 말로 한 것 이상으로 심각한 사안을 그 안에서 다루는 경우도 있다. 그런데 전자에 대해서 기계(예컨대 챗봇)는 쉽고 정확하게 대답할 수 있겠으나 후자에 대해서는 그러하지 못할 가능성이 크다. 거기에는 질문에는 들어 있지 않은 내용인 바 그 이전에 있었던 대화나 질문자의 개인적인 상황이나 이력 기타 배경에 대한 이해가 있어야 비로소 제대로 대답할 수 있는 것들도 숨겨져 있기 때문이다. 나아가 데이터를 살펴보는 앞에서 보았듯이 언어 중에는 문맥에 따라 의미가 달라지는 용례가 많다. 이러한 모든 용례를 모두 차별화하여 labeling을 하고 그 모든 것을 기계에게 훈련시킨다는 것은 논리적으로 보아 불가능하다고 할 수는 없겠으나, 그것은 최소한 앞으로 10년 이상은 소요되리라고 보이는 아주 어려운 과제가 될 것이다.

빅데이터 시대에는 4V로 요약되는 복잡다기한 데이터를 모두 포용하면서 그것들을 통합해 다루어야 한다. 그리고 이러한 필요를 충족시켜 보려고 하는 때 AI가 절대적으로 긴요하게 쓰이게 된다. 우선 AI는 비정형 데이터를 다루는 데 유용하다. 자연어 처리나 이미지 인식 등의 방법으로 많은 비정형 데이터를 빠르게 인지할 수 있게 만들어 여러 복잡 다기한 콘텐트를 식별할 수 있게 하고 있고, 그렇게 인식된 콘텐트를 관리할 수 있게 만들었기 때문이다. 데이터를 다루는 과정에서 혁명적이라고 할 수 있는 정도의 편리성을 부여함으로써 콘텐트를 관리하는 수준을 크게 제고시켰고, 그로써 이른바 데이터의 통합(data integration)을 가능하게 만들었다. 목적을 의식하고 정리하는 데이터베이스(purpose-built database)를 가질 수 있게도 하였다. 데이터와 과업을 잘게 나누어 독립된 단위로 되게 만듦으로써 여러 용도에서 필요에 따라 가져다 쓸 수 있게 하는 microservices도 포용하게 하였다. 이러한 일련의 과정을 거쳤고 더 나아가서는 현대 조직이 지향하는 바, 이른바 디지털 전환(digital transformation)을 가능하게 하고 있다.

이러한 과정에서 말로 소통하는 챗봇도 나타났다. 챗봇은 초기에는 회의의 소집 통보, 이메일 관리 등 비교적 간단한 일을 하는 conversational system 정도였으나 그 후 자연어 처리 기술과 결합되어 글이나 말로 하는 대화를 통해 사람과 상당한 정도로 의사를 주고받는 일을 할 수 있게 되었다. 이제는 내부 관리를 위한 KYC(Know Your Customer) 등 필요를 충족시키어 AML(Anti-Money Laundering) 등 외부의 규제와 요구 사항을 채우고, 안전성에 대한 제반 고려에도 대응할 수 있는 능력도 갖추게끔 되었다. 궁극적으로 자율 자동차가 상징하는 자동화 시스템(autonomous systems)을 제작해 구사할 수 있게 될 것을 희망하게까지 만드는 유력한 인자가 되었다. 단, 이것으로 하여금 암호화를 하고 그 후 복호화를 할 수 있게 할 수 있을는지는 아직 미지의 영역으로 남아 있다.

이렇게 챗봇을 이용하는 과정에서는 그런 과정을 지도하는 guiding principle을 정립해 적용하도록 하려고 했고, 데이터의 입력, 처리, 훈련, 검증 등의 일을 하는 중에는 AutoML을 이용하기도 했다. 이것이 데이터를 정제하는 데 도움이 된다는 점도 주목되었다. 과거에 데이터 정제란, 사람이 몸으로 부딪치면서 해야 하는 일이었고 별로 하기 유쾌한 일도 아니었다. 이에 이를 기계로 하여금 할 수 있게 하는 것은 환영받는 일이었고, 큰 도움이 되었다. 많은 데이터를 정제해야 할 경우 이 과업을 자동화하여 기계로 하여금 할 수 있게 하는 것은 획기적으로 도움이 되었다. 또 그것에 각종 API를 접목시켜 그런 API를 즉각 활용할 수 있게 하는 이른바 API AI도 추구하게 하였으며, 갖가지 기법을 기존의 BI나 기계 학습으로 이전(transfer)시켜 만들어지게 되는 (salesforce나 Google Analytics에서 볼 수 있는 바) Transfer ML도 시도할 수 있게 하였다.

SearchCIO.com, 'Conversational AI: Start by enlisting the big vendors' 27 Mar, 2018

SearchEnterpriseAI.com, 'Human-AI collaboration produces top results' 03 Oct, 2019

SearchEnterpriseAI.com, 'AI in content management revolutionizes unstructured data' 07 Oct, 2019

다기한 형태를 가지는 이러한 일련의 노력을 SaaS(Software as a Service)를 구축해 보려는 것이라고 종합해 요약할 수 있겠다. 그런데 이런 노력들은 일단 훈련받은 내용에 대해서 대응한다는 성격을 지니고 있는 것이다. 챗봇 등으로 이러한 제한을 벗어나려고 한다면 훈

런받지 않은 내용에 대해서도 대응할 수 있는 능력을 갖게끔 그것을 변환시킬 수 있어야 할 것이다. 이러한 목적을 이루어 낼 수 있도록 하기 위해서는 AI를 이용해 게임을 하며 그것을 통해 그곳에서 대응하는 방법을 익히게 함으로써, 이미 마련된 데이터를 가지고 훈련받은 상황이 아닌 상황이 전개되더라도 그것에 대응할 수 있게 하는 능력을 기를 수 있도록 해야 할 것이다. 게임을 하면 그 과정에서 여러 가지 새로운 상황이 전개되더라도 그런 새 상황에 대응하는 행동을 할 수 있도록 유도할 수 있고, 훈련시킬 수 있기 때문이다. 그런데 이렇게 게임의 방법을 도입한다고 하더라고 그것으로써 AI가 사람처럼 대응하는 처신을 하게 되기를 기대한다는 것이 어렵다는 근본적 한계점을 극복하기는 쉽지 않을 것이다. 우선 사람이 하는 모든 대화를 AI는 아직 모두 이해하지는 못한다. 사람들 사이의 대화에서는 말의 뉘앙스가 다르기 때문에 말의 형식적이고 기계적인 내용과 실제로 의도하는 내용이 다른 경우나, 몸짓이나 기타 움직임으로 말로 하는 것을 보충하는 경우나 사투리 및 은어 등을 쓰는 경우 등이 있는데, 이런 데에서 AI는 사람 사이의 대화를 제대로 소화하지 못한다. 이 점은 앞에서 본 바 있다. 달리 설명하면 사람들은 (말의 충격을 약화시키거나 효과를 약하게 만들거나 그 반대 효과를 노리고) 애매하거나 서로 모순된 것처럼 보이는 표현을 하기도 하는데, AI는 이를 이해하지 못하는 경우가 많다. 예컨대 사람이 은어를 사용하는 때 가격 인상을 가격 현실화라고 하고 불경기를 경기 순환 과정 중에 있다고 돌려 말하는 경우가 있는데, AI는 이렇게 돌려 말하는 도중에 사용하는 은어 표현인 가격 현실화 또는 경기 순환이라고 하는 표현을 많은 경우에 주어진 그대로 인식하고, 숨어 있는 문맥을 간취하지 못한다는 것이다. 또 흰 것을 -1, 검은 것을 +1이라고 하고 그 중간의 회색을 0이라고 할 때 은어를 사용하지 않고 정확하게 표현하고자 하면 -1과 +1 사이의 어떠한 특정 숫자를 말해 확실한 의도를 밝힐 수 있겠으나, 의도를 숨기거나 불분명하게 하고자 하여 은어를 쓰는 때에는 의도적으로 -1과 +1 사이에 있기는 하나 그중 어느 것이라고 특정되지 않는 다른 수치를 의도적으로 사용할 수도 있는데, AI는 이런 변칙을 이해하지 못한다는 것이다. 따라서 사람들은 은어 사용 속에 숨어 있는 진정한 의미를 알기 위해서 전후 좌우의 문맥을 보아 짐작을 하나, 현재의 AI는 이러한 능력을 지니고 있지 못하여 숨어 있는 내용을 제대로 파악하지 못하고, 문맥을 이해하는 데 실패한다는 것이다. 현재 이러한 약점을 극복하기 위해서는 도메인 영역별로 AI가 쓰이는 경우를 나누어 차별화함으로써 그러한 AI의 약점이 한정될 수 있도록 하여 이러한 약점을 극복해 보려고 하기도 하고, 구체적 상황에 따라 가질 수 있는 선입관을 관련 상황별로 미리 주입시키어 상황별 차별화를 시도함으로써, 상황에 따라 달라지는 제한이 있는 경우에 상응하도록 하여 사람과 AI 사이의 격차를 최소화해 보려고 하기도 한다. 그러나 이러한 여러 편의적 기법의 도입으로도 극복할 수 없는 은어 등을 쓰는 때 나타나는 사람과 AI 사이의 근본적 차이는 적어도 아직은 달리 극복할 수 없다고 여겨지고 있다. 사람은 대화를 하는 등 생활을 하는 중에 일단 정해져 주어진 규칙을 기계적으로 100% 고수하는 것이 아니고, 즉흥적으로 일단 지키기로 한 규칙에서 벗어나 규칙 밖의 행동을 하기도 하고, 때에 따라서는 자의적으로 주어진 규칙을 어기며 소통하면서 당시 주어진 사태를 모면해 보려고 하기도 한다. 그러나 AI를 이렇게 사람처럼 작동하게끔 훈련시키기는 어렵다. 예단할 수 없는 규칙 변경을 하면서 기계로 하여금 사람처럼 전개되는 상황에 기동적으로 대응하라고 요구하는 것은 적어도 현재까지는 본래적으로 불가능한 일이기 때문이다.

종래에는 없던 여러 원천(wireless sensor, VR application, mobile phone, SNS 등)으로부터 데이터가 다기하게 web data, network data, geographical data, image, video, text, audio 등의 형태로 나타나 많이 존재하게 되었고, 그러한 데이터의 저장 능력도 증대되었으며, 특히 컴퓨팅 파워가 커져 이들을 처리하는 일이 쉬워졌다. 이에 따라 종래 내부에 가지고 있던 데이터 및 외부로부터의 데이터를 함께 쓰면서 데이터를 제대로 분석할 수 있는 능력을 갖추는 것이 시급히 요구되게 되었다. 이러한 능력을 키우는 4단계로서 다음이 예시된다.

1) 직관(insight)의 정립
2) 분석으로부터 얻을 수 있는 가치의 인지
3) 분석 규모의 확정
더불어 데이터의 가치, 사용 가능성, 관련 지식 등을 보아 우선순위를 결정
4) 분석을 체화시키는 조직의 정비

HW와 SW의 소유 여부를 문제 삼지 않고 최고의 효율을 달성하는 시스템을 구축하고자 하는 방향의 노력은 기업의 기술 개발 노력 Dev 및 일상적 운영 Ops을 넘어서 DevOps으로 합쳐지게 되었고, 그것에서 더 나아가 안전성에 대한 여러 고려를 체화하는 DevSecOps로 진화하게 되었다. 그러다가 점점 발달되어 가고 있는 AI를 포괄하게까지 되어, 이러한 일련의 과정에 AI를 담는 AIOps로 더욱 발전하게 되었다. 이것은 데이터의 가시성을 제고하였고, 그것의 내용을 더 잘 이해할 수 있도록 도왔으며, 프라이버시와 거버넌스 관련 요구 사항을 준수할 수 있도록 촉구하기도 하였다. 더불어 네트워크의 안전성을 높일 수 있도록 네트워크를 몇 개로 분할한 다음 그 각각의 요소에 대해 방화벽을 설치하고, 침투당했을 때를 예상해 어떻게 대응해야 할지에 대한 시뮬레이션(simulation)을 할 수 있게 하였다. 이렇게 네트워크의 개선 변화를 가져와 안전에 대한 허점이나 사각지대를 더 발견해 대처해 보려고 하게 되었고, 그로써 알려지게 된 취약점에 대한 방비의 시급성에 대해 우선순위를 결정해 대응해 보려고도 하게 되었다. 이러한 사항을 모든 부서에 알려 모두가 경각심을 가지고 사이버 공격에 대응할 수 있는 태세를 갖추는데 협력하도록 유도하기도 하였다.

SearchSecurity.com, 'Using AIOps for cybersecurity and better threat response' 06 Apr, 2020

SearchSecurity.com, 'AI pen testing promises, delivers both speed and accuracy' 07 Apr, 2020

한마디로 말해 AIOps는 AI를 Ops에 접합시키어 후자가 접합이 있기 이전에 하던 것 이상의 과업을 신속하고 정확하게 할 수 있게 하려는 것이다. 이것은 신종 인프라의 요소인 microservices, container, Kubernetes 등이 도입되어 새로운 인프라를 가지게 되고 사안이 복잡해진 상황에서 종래처럼 모든 것을 사람이 하게 하려고 하기보다는, AI를 도입한 다음 그것으로 하여금 그것의 장점을 발휘하게 하면서 사람을 도와 사안을 보다 효과적으로 다루고, 그것으로써 AI가 사람보다 더 잘하는 데에다 이용하도록 함으로써 AI가 사람과 협업하게 되는 보다 나은 시스템을 만들어 보자는 것이다. AI를 활용하려고 하다 보니 아무래도 그것이 작동하도록 규정하는 규칙이 결정되어야 할 것이고, 기계를 써서 규칙을 따라 일을 하게 하려다 보니 사람처럼 오류를 범하지 않으면서 사람보다 더 신속하게 과업을 처리할 수 있다는 그것의 장점도 활용하려고 하게 되었다. 그 결과 그것으로 과업을 관리하는 데 도움을 받기도 하고, 안전성 확보에 대한 대비도 하면서 비용 절감 등 경영 관리 차원에서 도움을 받기도 하게 되었다. 또 이상 징후에 대한 경고를 발동하게 하고, 자동적으로 이상한 증상에 대한 교정 행위(automatic remediation)도 하도록 하게 했다. 자동화는 물론 아무 때나 할 수 있는 것이 아니고 그것을 위한 사전 준비가 선행되어야 한다. 표준화를 지향한다는 큰 구도 아래에서 하드웨어 및 OS 등 소프트웨어와 그것들 사이의 interface를 맞추는 구도(configuration)를 설계하여, 과업 수행을 쉽게 하고 외부의 침입을 억제할 수 있도록 해야 한다. 그러면서 사정이 달라졌을 때에는 그것을 수정할 수도 있도록 하는 융통성을 가지고 있어야 한다. 이것은 오류 시정을 위해 패칭하는 것 이상으로 전체적 시각을 가지고, 쓰이고 있는 앱 및 서비스 활용을 최적화하려고 기도하는 것이다. 그것으로써 비정상에 따르는 소란을 줄이고, 경계 사항에 대해 집중적으로 대응할 수 있게 하며, (아직은 사람에 의한 발견이 더 많다고는 하지만) 이상 징후에 대한 근본 원인(root cause)도 자동적으로 찾아내 대비하도록 해야 한다.

SearchNetworking.com, 'Use network standadization to facilitate auto-mation' 29 Oct, 2021

이러한 과업을 수행할 수 있도록 하기 위해서 작업 과정이나 절차를 자동화하고, (정리된 규칙에 따라 데이터의 입력 및 저장을 하고 이를 위해 파이프라인도 활용하면서) 데이터 관리를 간소화하되 효율적으로 만들며, 다방면으로부터의 모니터링을 하여 여러 시스템이 서로 연결성을 유지하게 하면서 가시적으로 인지되도록 해야 한다. hybrid 상황도 수용하면서 과업의 증대에 적응할 수 있도록 해야 하고, 챗봇 등도 활용하여 여러 곳에서 인지 서비스(cognitive service)가 제공될 수 있게 해야 한다. 이러한 과업 수행을 돕는 대표적 벤더로는 Dynatrace, Datadog 등이 있으며, 유명 툴로는 ScreenPage나 Ops Ramp 등을 들 수 있다. 벤더들은 클라우드 운영자와 협력해 영역을 확대해 나가기도 하는데, 그 대표적 예가 Moogsoft AIOps와 AWS Systems Manager Ops 사이의 협력이라고 한다. 또 오픈소스 앱을 제공해 주는 Couchbase, Apache CouchDB, Elastic Stack 등도 있다.

SearchITOperations.com, 'AIOps tools expand as users warm slowly to autoremediation' 02 Jul, 2020

SearchITOperations.com, 'Ramp up carefully during AIOps imple-mentation' 16 Dec, 2019

SearchITOperations.com, 'AWS OpsCenter and Moogsoft AIOps inte-grate for IT productivity' 17 Jul, 2019

AIOps는 AI를 활용한다는 점에서 일반적 자동화와 다르다. 후자가 자동화 작업의 내용을 결정하는 (그래서 일단 결정되고 나면 내부적으로 가변성을 지닐 여지는 없는) configuration management tool인 Ansible이나 Puppet 등이 규정하는 바 소프트웨어 및 파이프라인에 전적으로 지배를 받는 것이라고 한다면, 전자는 알고리즘이 결정되고 난 이후에도 외부의 변화하는 상황과 대응하여 생기는 데이터의 가변성을 반영하면서 적응하도록 하는 방법으로서, 상황 변화에 따라 시뮬레이션의 내용이 바뀌고 적응 내용이 달라지기도 하게 하는 것이다. 그로써 AIOps는 작업의 진행 과정과 성과를 모니터링하고, 데이터를 분석하며, 과업의 핵심 과제를 바꾸고, 주요 이벤트의 진전을 반영하게 된다.

SearchITOperations.com, 'AIOps early adopters tackle data quality issues' 12 Jun, 2019

SearchITOperations.com, 'AIOps tools beef up insights, but long-term scope unclear' 13 Jun, 2019

SearchITOperations.com, 'Whats the difference between AI and IT automation?' 27 Apr, 2021

최근에 들어서서는 data science platform으로 되어 자동화를 꾀하고 더불어 협업까지 할 수 있게 하는 패키지로 자동화가 변질되어 가고 있다. 이를 전문으로 하는 벤더로서 IBM Watson Studio, Cloudera Data Science Workbench, Domino Data Lab, Oracle DataScience 등이 있고, 오픈 소스 라이브러리인 TensorFlow, Pytorch, Karas, Scikit-learn 등도 그것을 위해 활용할 수 있게도 되었다. Google, DataRobot, H2O.ai, SAS 등도 비슷한 성격의 서비스

를 하고 있다.

SearchEnterpriseAI.com, 'Data science platforms boost automation, collaboration' 27 Mar, 2019

AIOps는 데이터를 근거로 해서 어떤 결정을 하고 있다는 점에서 그 이전의 자동화와 다르다고 했다. 문제는 그것이 근거로 삼는 데이터가 어떤 것이냐 하는 것이다. 이러한 데이터는 미래의 행동을 예측하는 데 도움이 될 수 있는 것이어야 하겠는데, 이러한 성격을 갖춘 데이터는 일반적으로 보아 확보하기 어려울 것이다. 따라서 AIOps의 유효성은 제한적 상황에 대한 한정적인 것일 터이고 일반적으로 될 수는 없을 것이라고 한다. 차차 유용한 케이스가 알려지게 될 것이다. AIOps의 유용성은 그것을 이용하는 때 음성으로 소통(voice interface)할 수 있으면 좋겠다는 필요성을 내포한다. 현재 NLP 등의 수준으로 보아 이는 조만간 가능하게 될 것인데, 누구나 이용할 수 있게끔 일반화하는 것은 다른 문제라 할 것이다.

위에서 AI와 관련해 본 바, 개별 기업과 관련된 구도(architecture) 내지 인프라(infrastructure)에 대한 논의는 다분히 기술적 단면에 치중된 것이었다. microservices 및 container를 마련한 다음 그러한 것들을 Kubernetes를 써서 통제하는 일은 아주 기술적인 성격을 가지는 것이다. 그러나 효율적이고 기업에 적합한 기술을 선택해 활용한다는 것은 기업 활동의 일부라고 할 수 있으며, 그러한 기술 구도를 선택한다는 것은 기업 경영을 위해 동원하는 기술 이외의 다른 모든 요소들과 화합하는 것이어야 한다. 기술 이외에 데이터를 어떻게 모아 관리하며, 분석 작업을 어떻게 진행시키고, 이런 것들을 기술 선택과 어떻게 조화시킬지 등을 고려하여야 한다. 나아가 이러한 모든 것의 선택은 기업을 총괄적으로 평가하는 생산성 향상이나 수익의 창출과 같은 지표에 의해 종합적인 시각에서 평가되고 관리되어야 한다. 달리 이야기한다면, 새로운 구도 내지 인프라의 선택은 기술적 고려에 의해서만 전단되어서는 안 되고, 기업의 디지털 전환이라는 큰 구도 속에서 그것의 일환으로서 판단되어야 함을 알아야 한다. 비즈니스가 지향하는 목적에 부합하는 구도(outcome-oriented architecture)가 되어야 하니, 기술 이상으로 인력을 어떻게 훈련 및 관리하며, 데이터를 어떻게 수집해 최선으로 이용할 수 있는 체계를 마련하고, 비즈니스가 지향하는 목표에 도달하기 위해 계획하고 있는 과업과 그 수행 절차를 어떻게 결정해야 하는지도 포괄해야 할 것이다. 이런 역무를 수행하는 데 어떠한 도구를 구사해야 할 것인지도 강구해 두어야 할 것이다. AI를 어디에서 사용할 것이며, 어느 부문을 자동화하고 코로나19 이후 빡빡해진 예산 조건 속에서 예산 배정을 어떻게 바꾸어 어떠한 정도의 성과를 이루어야 하는지를 염두에 두어야 할 것이다. 이러한 점이 기술적 구도 이상인 기업 구도(Enterprise Architecture; EA)의 타이틀 아래에서 논의되고 있다. 기술적 구도를 결정하는 데 IT 부문이 주도적 역할을 했다면, 목표나 결과를 중시하는 EA 구도에서는, IT 부문은 다른 부문과 협조하면서 전체 구도 중의 한 부분이 되어 기술 구도를 선정하고, 그것을 가져오는 투자를 시현하도록 하는 데 EA를 돕는 역할을 해야 한다. 이 점을 달리 말한다면 협력 체제 속에서 결정하는 기업의 과업에 관한 포트폴리오는 기술 중심이던 때의 포트폴리오와 다르게 되어야 한다는 것이다. 이때 모든 부문은 기업 공통적인 여러 규제 사항의 준수, 안전성 확보를 위한 전략 등의 결정에 함께 참여하여야 한다. 나아가 기업 밖의 변화된 여건에 적응하여 클라우드의 이용에 적극적이어야 할 것이며, 클라우드 사이의 데이터 이동에 대한 법적 제한(나라 사이에서의 데이터 이동은 중국을 비롯한 많은 나라에서 제한되고 있다) 등을 피하면서 여러 곳에서의 제한 속에서 투자를 할 수 있어야 할 것이다.

SearchCloudCompuing.com, 'How to reduce technical debt using enterprise architecture' 01 Jan, 2017

SearchCIO.com, 'Enterprise architecture heats up to meet changing needs' 27 Jul, 2020

SearchCIO.com, 'Experts predict hot enterprise architecture trends for 2021' 21 Jan, 2021

3.
GPT-3

    최근 NLG(Natural Language Generation)에 대한 발전으로서 나타나게 된 것이 OpenAI로부터의 소프트웨어인 Generative Pre-trained Transformer 3(GPT-3)이다. 이것은 심층 학습을 이용하는 autoregressive 모델로서, 텍스트 사이의 관계를 형성하는 것을 돕는 일종의 transformer이다. 이것은 단어와 단어 사이에서의 확률적 관계를 예측하는 방법으로서, 미리 가르치지 않았는데도 불구하고 학습을 한 것처럼 작동할 수 있으며, 음성이나 텍스트를 대상으로 하여 sentiment analysis, topic mining, text simulation 등의 과업을 수행한다고 한다. 새로운 관계를 생성하는 데 확률적 추론에 기반을 두고 있기 때문에 사실이 아닌 내용을 포함하는 잘못된 추론을 할 수도 있다. 그에 따라 가짜 정보와 가짜 뉴스를 만들어 내기도 하고, 심하게는 환각 현상(hallucinarion)을 가져올 수도 있다고 한다. 기존의 책, Wikipedia 및 Common Crawl, 기타 인터넷에서 찾을 수 있는 수십억 개의 방대한 언어 데이터를 기반으로 하여 사람이 취하는 확률이 높은 단어를 써서 문장을 만든다고 한다.

최초의 1차 버전인 GPT보다 10배 많은 파라메터를 다룰 수 있게끔 개선된 것이 15억 개의 파라메터를 다루는 GPT-2였고, GPT-2에서의 파라메터의 100배를 능가하는 1,750억 개의 파라메터를 활용해 statistical word matching의 방법으로 텍스트 창작물을 만든 것이 GPT-3라고 한다. 이것은 가위 이때까지 개발된 뉴럴 네트워크 중 제일 큰 것이라고 한다. 그리고 여기에서 파라메터란, 각개 단어들을 연결하여 문장을 만들 때 각개 단어에 대해 부여하는 가중치 같은 것으로서 이것의 차이가 문장의 차이를 가져온다고 한다. 그리고 파라메터의 수가 이렇게 많다는 것은 훈련 과정에서의 데이터 선별 등에서 별 제약을 받지 않고 많은 데이터를 가지고 시험할 수 있게 하여, 훈련을 위한 특정 분야에 있어서 사전 지식이나 훈련 방법에 대한 지식을 요구하고 있지 않으며, 용법의 대상을 가리지 않으면서 이 방법을 쓸 수 있게 하고 있다고 한다. 이는 어떤 분야에 대해 이 알고리즘을 적용하는 데 있어 사실상 그 분야에 대한 사전 지식을 가지고 데이터 처리를 하는 데 개입하는 것과 유사한 효과를 가지게 함으로써, 그 분야에서의 용법을 이용해 용어의 사용법이나 사회 규범을 효과적으로 익힐 수 있게 하며, 그로써 대상으로 되는 단어의 종류를 다변화하고 유머 등도 포괄할 수 있게 하면서 의도하는 과업을 해낼 수 있게 하는 효과를 가지게 된다.

GPT-3는 Microsoft에 의해 유료로 제공되는 소프트웨어로서, Google이 open source software로서 제공하는 BERT와 대비되는 것이다. 후자도 NLP 모델이라는 점에서 GPT-3와 같으나, GPT-3에 비해 상대적으로 작은 인프라를 필요로 하고 그것에 대응해 더 작은 규모의 과업만을 처리할 수 있다고 한다. 예컨대 BERT로 과업을 하는 때 워크스테이션 한 대면 된다고 한다. 나아가 그 용법도 voice assistance, 소비자 반응 분석, 일반 검색보다 고양된 검색(enhanced search) 등에 한정된다고 한다. 다시 말하면 글을 쓰고, 법률 문서를 평가하며, 지원서를 작성하고, 소비자의 평가를 보고 비즈니스 정책을 강구하는 등에서 이것은 GPT-3가 하는 일의 정도에는 못 미친다고 한다.

또 그것에서는 인공 지능에 의한 글쓰기 소프트웨어라는 특징이 부각되고 있다. 이것이 쓰인 용도로는 자연어로 된 질문을 SQL(Structural Query Language; 표 형식으로 된 관계형 데이터베이스의 정보를 저장하고 처리하는 프로그래밍 언어)로 된 질문으로 바꾸는 것, 자연어로 된 문장을 요약하거나 챗봇을 작동시키어 영업에서 쓸 수 있는 응용 예를 만드는 것, RPA를 그 이전보다 더 많이 활용할 수 있게 한 것, 복잡한 문서를 요약하거나 그것으로부터 얻을 수 있는 대책 또는 경고 사항을 알 수 있게 한 것 등등이 예시된다. 더 나아가 이러한 것의 응용으로는 단편 소설, 탐정 소설, 시 등을 제작하는 것도 있다. 스포츠나 주식과 관련된 사실을 전달하는 평이한 글뿐만 아니라 논설문이나 에세이 등 복잡한 문장도 생성해 낼 수 있다고 한다. 이것은 일상생활에서의 대화를 소화해 활용하는 수준 훨씬 이상을 다루기도 하는데, 예컨대 신의 존재나 각국의 미래에 대한 전망 등 고차원적인 화제를 다룰 수도 있게 진화했다는 주장도 있다. 이 당시 전문가들은 이것이 그다음의 버전인 GPT-4로 발전하게 되면 약 100조 개의 속성을 장착할 수 있을 것으로 예상했는데, 이것은 인간의 뇌 속 시냅스의 개수 100조와 비슷해, GPT-4의 단계에 이르게 되면 AI는 인간에게 보다 가까이 접근할 수 있게 될 것으로 예상하기도 했다.

SearchEnterpriseAI.com, 'Exploring GPT-3 architecture' 15 Jul, 2021

이러한 놀라운 성과를 가진 GPT-3는 2021년 10월에는 파라메터 5,000억 개를 다룰 수 있게 개선되었다고 했다. 보기에 따라서는 여전히 한계를 지니고 있는 것이라 해야 하겠으나, 그 이전에는 이러한 대용량 데이터를 다룰 수 있는 알고리즘이 확실하지 않았고 그런 것에다 투입할 데이터의 확보라는 더 시급한 문제도 있어 시현이 쉽지 않았던 일이었다. 실상 종래의 기계 학습은 반복적이고 routine한 일을 사람처럼 지루해하지 않고, 오류 없이 하는 일 내지 기계가 사람보다 더 잘할 수 있는 일을 하게 하는 데에 집중되어 있었다. 그러나 GPT-3는 이러한 기계 학습의 한계를 벗어날 수 있는 가능성을 보여 주었다.

사람이 쓰는 언어는 매우 복잡하고 미묘한 것이라 아직 GPT-3는 대화 속의 다양한 뉘앙스를 완전히 파악하지 못한다고도 하고, 그로써 내용을 완전히 이해하지 못하여 서로 모순되는 결말을 도출해 내기도 한다고도 하며, 그러한 결말에 도달하기 위해 많은 컴퓨팅을 해야 하는데 그러고서도 넌센스라고 할 수밖에 없는 결과를 도출해 내기도 한다. 이른바 코스트가 많이 든다고 하고, 소위 deep fake를 생산해 내기도 함으로써 기계학습의 한계를 벗어나지 못해 그것을 기계적으로 쓰는 것을 조심스럽게 만들었다고도 한다.

SearchEnterpriseAI.com, 'AI trends in 2020 marked by expectation shift and GPT-3' 31 Dec, 2020

ComputerWeekly.com.com, 'GPT3 could revolutionize how business can use AI' 06 Oct, 2020
2020년 12월 7일 중앙일보, '인간 정신 활동의 비밀, AI가 봉인 풀 수 있을까?'
2021년 12월 27일 중앙일보, '인공 지능 학습 데이터 전쟁'

그러다가 2021년 Foundation Model(기본모델)이라는 것이 나타나 이런 시각에 큰 전환이 이루어지게 되었다. 회고해 보면, 단순한 기계 학습 이후 뉴럴 네트워크를 지향하게 되었고, 병렬 계산을 할 수 있게 하는 GPU 프로세서도 나타나게 되어 처음에는 텍스트를 이미지로 전환시키는 GPT 모델이 시도되었고, 그 이후 더 커진 계산 능력을 가지게 되면서 보다 많아지게 된 데이터를 방대한 컴퓨팅 능력을 이용해 다룰 수 있게 되어, 'guess-compare-improve-guess'를 반복하는 과정을 거치면서 이른바 good computing을 통해 초당 10의 19승에 이르는 방대한 양의 계산을 할 수 있게 되었다고 한다. 그러다가 5,000억 개-- 1조 개에 이르는 파라메터도 다룰 수 있게 됨으로써 GPT-3 등으로 되어 문학 작품의 집필, 디자인, 작곡, 컴퓨터 프로그래밍 등 예술적 이미지를 다루는 일을 경우에 따라서는 사람보다도 더 잘할 수 있게까지 되었다고 한다. 그런 것 중 간단한 것으로는 사람들 사이의 소통에서 음성을 인식하거나 사진이나 동영상의 화질을 개선하는 등도 있었다고 한다. 이것으로 인간만이 할 수 있는 창의적인 일을 기계도 할 수 있게 하는 계기가 마련되었다고 하기도 했고, ultra-intelligent model을 제시하게도 되었다고 해석되기도 했다.

The Economist June 11th, 2022, 'Briefing: Artificial intelligence' (The world that Bert built)

The Economist June 11th, 2022, 'Artificial intelligence's new frontier'

이상은 인공 신경망을 이용한 것으로서 종래의 이용 방법보다 100배 큰 규모의 컴퓨팅을 하여 이러한 성과를 거둘 수 있게 했다는 것에 대한 것이었다. 그러면서, 우선은 컴퓨팅 파워의 증대와 상응하여 많은 비용이 들여야 할 것이기 때문에 큰 재원을 가지는 주체만이 이를 사용할 수 있을 것이라고 했다. 나아가서는 큰 컴퓨팅 능력을 가진 곳에서 그것을 필요로 하는 큰 과제를 수행하게 한 다음 그 결과를 필요로 하는 곳에 보내는 edge computing으로도 발달해 가고 있었다고 했다. 이러한 과제 중 상대적으로 작은 과제는 스마트폰과 관련시켜 수행하였기에 스마트폰을 사실상 AI 폰으로 변환시키기도 하였다고 한다. 단, 이들도 근본적으로 보면 통계학적 방법에 의거해 얻은 성과이다 보니 흑인, 유태인, 여자, 동성애자 등 현재 조심해서 사용해야 하는 단어를 무차별적으로 사용하기도 해서 과거 Tay를 연상시키는 이상한 결과를 가져오기도 했고, 다른 민감한 문제에 대한 편견을 걸러 내고 사려 깊게 사용하지 못하는 경우가 없지 않았다고 한다.

The Economist, August 8th, 2020, 'Artificial Intelligence: Bit-lit'

중앙일보 2020년 9월 7일, '한국어 인공 지능과 공공재' 김병필의 인공 지능 개척 시대

이 시점에서 할 수 있는 하나의 심각한 질문은 기존 창작물의 조합을 바꾸거나 순서를 새로이 바꾸는 등의 작업을 함으로써 형식적으로는 새로운 것 또는 그것 비슷한 것을 만들어 냈다고 할 때, 그러한 것을 정말 창작 활동이라고 할 수 있겠느냐 하는 것이다. 또 설사 그렇게 하는 것을 창작 활동이라고 인정한다 하더라도 그러한 것이 인간에 의한 진정한 창작 활동을 어느 범위까지 대체할 수 있겠느냐 하는 것도 대답이 되어야 할 것이다. 나아가 새로운 악곡을 써내는 등의 그러한 AI의 창작 활동이 사람에 의한 원천적 창작 활동을 진정 대체할 수 있겠느냐 하는 것 역시 관심거리가 된다. 근본적으로 보아 후자가 없다면 전자도 있을 수 없기 때문이다.

GPT-3는 더욱 발달되어 이상에서 적시한 그것의 한계점을 극복한 GPT-4로 될 수 있을 것으로 예견되다가, 2023년 3월에 이미 그리되었다는 뉴스가 있었다. OpenAI의 더 이상의 활용과 Viable, Fable studio, Alglia 등과 같은 벤더의 노력으로 GPT-x(여기에서 x는 4 이상의 수자)를 통해 자연어를 컴퓨터가 이해하는 것보다 더 진화한 코드로 바꾸고 컴퓨터가 배출해 내는 코드를 인간이 이해하는 자연어로 바꾸는 일이 가능하게 될 수 있겠음을 짐작하게 했다. 이렇게 된다면 지금까지는 코딩을 통해서 해야 했던 일을 하등 코딩(컴퓨터는 이진법으로 된 언어로 소통을 하기 때문에 사람이 융통성을 발휘해 컴퓨터와 소통을 해야 해서 사람이 컴퓨터 언어라고 할 수 있는 프로그래밍 언어를 사용하여 컴퓨터와 소통할 수밖에 없고, 이에 코딩이 필요하게 된다)의 경험과 능력이 없는 사람들도 단순히 자연어를 써서 할 수 있게 될 것이다. 그로써 일반인들도 citizen data scientist 또는 그 이상 data scientist처럼 사실상 코딩을 한 결과와 비슷한 것을 가질 수 있게 될 것이다. 이러한 단계에서 사용하게 될 모델을 GPT-x AI 모델이라고 지칭할 수 있겠는데, 그것은 사람이 주는 자연어로 된 투입(input)을 코딩하여 모델에 투입해 계산하게 하는 encoder와 그러한 계산 결과인 산출(output)을 다시 자연어로 바꾸는 decoder를 통해 많은 종류의 사람들로 하여금 사실상 이해할 수 있게끔 하는 다시 역방향의 코딩을 하여, 그 결과를 활용할 수 있도록 만들 수 있을 것이다. 다행스러운 일은 이렇게 encoder와 decoder를 쓰면서 사실상 데이터 과학자의 역할을 하게 하는 데 있어, 해야 하는 과업의 규모가 늘어나더라도 수확 체감의 현상이 나타나고 있지는 않아 이런 방식으로 GPT-x를 아주 널리 활용할 수 있게 되리라는 것이다. 즉, 그것을 오늘날의 챗봇보다 더 친숙하게 사용할 수 있게 될 것이고, 그 사용 범위도 에세이나 문학 작품의 제작, 계약서 작성, 준수해야 할 compliance 사항의 준수 여부의 점검 등등으로 용도를 늘려 가게 될 것이라는 등 자못 낙관적이다.

SearchEnterpriseAI.com, 'Microsoft revs up AI push with GPT-3-enabled Power Apps' 28 May, 2021

SearchEnterpriseAI.com, 'GPT-3 AI language model sharpens complex text generation' 22 Oct, 2020

GPT-x AI 모델을 쓸 수 있게 되면 RPA의 활용이 확대될 것이나, 이렇게 RPA 관련해 그것을 쓰는 때 인간이 사용하는 언어의 미묘함을 미처 따라가지는 못하겠기에 문학 작품이나 뉴스 등의 제작 과정에서는 한계를 가지게 될 것이다. 또 가짜 뉴스(fake news)가 지금보다 더욱 기승을 부리게 될 수도 있을 것이다. 이에 관련하여 우리나라는 다른 나라보다 상대적으로 불완전한 언어 표현을 많이 사용하지 않았느냐 하는 의문이 있다. 우리는 '언제 밥이나 한번 먹읍시다'라거나 '조만간 한번 뵙지요' 등의 가벼운 말치레를 하는 경우가 적지 않은데, 이런 경우 과연 약속 비슷한 것을 한 것인지 또는 아닌지를 가늠하기 어렵기 때문이다. 사람 사이의 소통 중에는 어림짐작(heuristics)이나 직관에 의존하는 경우도 있다. 또 사람의 판단은 널리 인정되고 있는 것일수록 따르기 쉽다는 확증 편향 편의(confirmation bias), 다수의 의견에 동조하는 집단 추종의 편의(group thinking), 다수가 찬성하는 것을 따르는 유사성 추종의 편의(illusion of similiarity) 등 여러 바이어스에 의해 좌우되기도 한다. 나아가 뒤에서 보듯이 메타버스에서 쓸 VR, AR, XR 등의 콘텐트를 많이 창조할 수 있어야 (이것은 2040년경 시현될 것이라고도 하는데) 메타버스를 의미 있게 만들 수 있을 것인데, 이런 부문에서 선도적 창의력 발휘에 GPT-x가 큰 역할을 할 수 있을 것으로 기대되고 있다. 인간의 약점을 벗어나 객관적이고 올바른 판단을 할 수 있어야 하는데, 이런 인간의 약점을 극복하려는 것에 있어서도 AI의 공헌을 기대하고 있다.

ComputerWeekly.com.com, 'GPT3 could revolutionise how business can use AI' 06 Oct, 2020

GPT-x AI 모델에 대한 이러한 기대는 그러나 인간의 언어생활에서 느낄 수 있는 미묘함이나 서로 상충하는 복잡한 문제와 당면하면서 더 이상 진척되지 못하고 있다. GPT-4가 나타나 널리 쓰이게 되더라도 이런 성격의 한계는 극복되기 어려울 듯하다. 그리하여 당장 시도되는 노력은 종래 이런 문제를 풀려고 하던 여러 사람들이 보다 진전된 협업을 통해 이러한 난관을 헤쳐 나가 보려고 하는 형태를 띠게 되었다. 우선, 데이터 과학자들의 전문성에 기대며 visual mapping, 과업의 자동화, 데이터의 복잡성 축소 등을 통해 데이터의 선정과 정제에 대해 더욱 신경을 써서 그것으로부터의 바이아스를 최소화해 보려고 하였다. 이와 관련해서 Outsystems의 선도로 시현되고 있는 가상화, cross-portpolio architecture, 챗봇 사용 및 자동화 기법의 사용의 증대 노력 등이 주목될 만하다. 다음으로, 다양한 비즈니스의 현장에 친숙한 Ops 출신 시민 데이터 과학자들에게도 나름의 식견을 발휘해야 할 것을 강조하게 되었다. 이들로 하여금 이전에 써 오던 기법인 Excel이나 Power Point 등을 사용하는 것 이상으로 새로이 제시된 Power Apps, Power BI, Microsoft Flow 등을 활용하게 유도하고, 다른 Ops들도 활용할 수 있게 하여 CI/CD 등의 활용도 일상화시켜 보려고도 하게 되었다. 그러면서 이들 둘 사이에서 긴밀한 협업이 이루어지도록 분위기를 바꾸어 보려고 하게 되었다.

SearchSoftwareQuality.com, 'Power Fx informs Microsoft's low-code strategy' 15 Mar, 2021

ComputerWeekly.com.com, 'OutSystems gets real (and AI smart) on alternative to 'traditional' coding' 15 Sep, 2020

이러한 식의 GPT-3는 언어를 다루는 데서 더 나아가 400여 개의 캐릭터 및 이미지를 사용하여 새로운 이미지를 생산해 내는 소프트웨어 Dall-E로 변신하게 되었다. Tesler의 Elon Musk와 Y Combinator의 Sam Altman이 설립한 회사 OpenAI는 Dall-E를 (아직 베타 버전이지만) 개발해 많은 사람들로 하여금 상업적으로 가치가 있는 다기한 이미지를 생산해 낼 수 있는 길을 열어 보려고 하였다. 그로써 이러한 AI의 변용으로 이 분야에서 재주 있고 전문적 지식을 가진 사람들을 실제로 고용하지 않고도 다양한 이미지를 생산해 널리 쓸 수 있도록 해 보려고 하고 있다. 단, 여태까지 한 실험의 성과에 의하면 이렇게 생산한 이미지도 기존의 것들을 모방하는 게 대부분이어서 사람을 돕는 digital assistant에 그치고 있으며, 보조원으로 쓸 사람을 대신하는 정도라고 하기도 한다. 이는 현 단계로서는 고용을 줄이는 효과를 가지는 것이라 하겠으나, 차차 이것이 인간보다 더 획기적인 이미지 등을 생산할 수 있게 된다면 사정은 달라질 수도 있을 것이다.

BloombergBusinessweek August 8, 2022, 'Artists Are Taking Commissions'

그런데 이러한 사정은 오픈 AI가 마이크로소프트와 같이 GPT-4를 발표하게 되면서 다시 달라졌다. 그로써 시각 장애인에게 현재 눈앞의 풍경이나 사물의 형체를 음성으로 안내하는 등 사진이나 영상 등의 이미지를 인식할 수 있게 하여 multi-modal 모델이 되었다는 것이고, 그 유용성이 커지게 되었다 한다. 단, 이것도 아직은 없는 정보를 있는 것처럼 말하는 hallucination(환각)의 문제를 해결하지는 못했다고 한다.

중앙일보 2023년 3월 16일, "눈까지 달았다, 더 똑똑해진 AI 등장"

이것은 안전에 대해서 위협 요소가 될 수 있는지를 걱정하게 하였다. 이에 DevSecOps를 상기하며 security fabric을 다시 점검하게 만들었고, 그런 과정을 거치면서 클라우드의 사용이 많아지고 그로써 재정적 어려움을 가질 수도 있게 되어 financial accountability의 차원에서 대응하는 FinOps를 일상화하게 만들었다.

SoftwareQuality.com, "Creative AI, FinOps among hot developer trends of 2023" 12 Dec, 2022

Security.com, "11 cybersecurity predictions for 2023" 19 Dec, 2022

FinOps을 일상화한 예가 우크라이나에서 보여졌다. 기존에 가지고 있던 on-premise data center에서의 1,000개가 넘는 서버의 데이터를 global cloud라고 지칭한 클라우드로 이전해 운영 유지에서 속도를 높였고, 그로써 시장에 제품을 출시하는 데 들여야 하는 시간을 줄일 수 있었다는 것이다. 이 나라에서도 해외 클라우드에 자국의 데이터를 옮기는 것은 법적으로 허용되지 않고 있지만 전쟁 발발로 인해 이러한 제약을 무시하고 회피하는 것이 묵인됨으로써 가능하게 된 듯하다.

McKinseyDigital February 2023 "A cloud migration in wartime"

이러한 GPT-X 중 가장 편리해 널리 쓰이게 된 것이 챗 GPT이다. 이것은 'GPT-3는 GPT-4로 이행해 가기 이전의 과도기'에 나타난 것으로 평가되었는데, 그 때문에 혹자는 이것을 GPT-3.5라고 부르기도 하고, 그로써 GPT-3로부터 더욱 발전한 것이라는 사실을 전하려고 하고 있다. 이것은 이제 과거에 어떤 문장에 대한 요구에 대응하는 것 이상으로 문자 이외의 영상이나 사진 등에 대한 데이터를 학습한 다음, 상응하는 영상이나 사진 등 미디어로 결과를 도출해 낼 수 있도록 하여 multi-modal system이 되었고, 그 이전의 GPT처럼 여전히 생성(generative) AI라는 성격을 가지기도 하는 것이다. 이것은 미국 샌프란시스코의 연구 단체 openAI에 의해 시험되었고, 또 그것을 흡수 합병한 Microsoft가 GitHub으로부터 매입한 Copilot Cohere의 도움을 받아 보강하여 현재의 상태에 이르게 된 것이다. 이것은 그 이전의 GPT 종류와 마찬가지로 저장되어 있는 많은 데이터, 컴퓨팅 파워, 적합한 알고리즘을 필요로 하고 있으며, 이런 알고리즘은 수많은 데이터 중 요긴한 데이터를 끄집어 내는(crawling) 기능을 필수 요소로 가지고 있어야 한다고 한다. 근본적으로 인프라로서 microservices, serverless computing, cloud와 같은 최신 인프라를 사용하고 있으며, 특히 code completion tool을 써서 프로그래밍 할 수 있어 no code/low code를 이용하고 있다고 할 수 있다. 또한 low-code/no-code의 단계에서 이런 방식을 가지고 코딩을 하던 시민 과학자들의 코딩 기능을 이용하여 이에 대한 현장 경험이 없는 일반인 아마추어도 담당할 수 있게끔 만들어 coding을 하는 사람의 범위를 넓히게 되었다고 한다. 이런 때 클라우드에서의 SaaS를 활용하게 함으로써 기존 AI의 사용 양태를 변화시켰다고도 한다.

이것은 input으로서 단어 및 문장, 사진이나 영상들로 이루어진 것들을 쓰고 output으로서 역시 단어 및 문장을 배출하는 언어 모델이다. 인터넷에서 학습한 내용을 기반으로 하여 아주 사실적으로 여겨지는 대화형 문장을 만들어 내는 기계 인간의 현신이라 하겠다.

앞에서 언급된 문장, 그림, 사진 등을 만드는 것 이외에도 이것은 다음과 같은 일을 한다. 문장을 만드는 것은 이른바 language model을 작업하는 것으로서, 문장에서 어떤 단어 다음에 나올 단어를 예측하는 것이 본질이 되겠는데, 대표적 작업으로는 시, 수필, 소설 등을 생성하는 것이다. 더 나아가 부동산 보유와 관련된 서류, 영업 보고서, 마케팅 보고서, 세금 계산서, 기타 비즈니스 분석서를 작성하거나 정리하는 것을 포함하며, 이 경우 수없이 많은 단어를 가지고 실험을 해야 하기 때문에 이런 실험에서 쓰이는 알고리즘에 1,750억 개라는 어마어마한 수의 파라메터가 계산되어 부착되고 있는 것이다.

이 모델에서 한 단계로부터 다음 단계로 이행해 가는 데 뉴럴 네트워크 모델이 따르며 1,750억 개라는 어마어마한 수의 파레메타가 생기게 되는 이유는 한 단계로부터 다음 단계로 이행해 가는 데 매개하는 파라메터를 구하는 방법으로 편미분을 쓰기 때문이다. 이렇게 만들어진 언어 모델은 그 성격을 보아 '통계적 앵무새'라고 지칭되면서 폄하되기도 한다.

그러나 이 모델은 문장을 만드는 것 이상으로 그림이나 사진을 제작하고, 그 외에도 다음과 같은 여러 가지 기능을 수행한다.

1) 소프트웨어 Dalle-E를 이용해 새로운 이미지를 만들어 낸다.

2) GitHub의 Copilot(AI aided coding tool)을 이용하여 컴퓨터 프로그램을 작성한다.

3) (Deere 사와 협력하여) synthetic data를 만들어 내고,

4) 디자인을 한다.

요컨대 생성형 AI에는 BERT와 같이 이공학적 탐구과정에서 정답이라고 여겨지는 것을 알려주는 것도 있고, 인문사회과학적 탐구에서 쓰이는 챗 GPT처럼 맥락 정보를 고려하여 통계적으로 그럴듯한 표현을 가지는 문장을 제시하는 것도 있다. 후자는 기존의 지식을 이용하고 정리하여 답을 내는데, 그런 때 쓰이는 데이터가 전문지식을 모두 포괄하는 정제된 문장이라는 보장이 없어 그럴듯하게 보이는 이러한 답이 반드시 정확하지 않을 수 있다. 그 결과가 앵무새의 따라 하는 행동 또는 표절이라고 비판 받기도 한다. 이른바 환각(hallucination)에 빠지게 되어 정답과 오답을 구별하지 못하고, 진실된 정보보다 가짜 정보를 써놓기도 한다는 것이다. 나아가 후자에서의 이런 잘

못을 회피하고자 하여 한편에서는 챗GPT 사용에 대한 윤리 기준 같은 것을 만들어 적용하고자 하고, 다른 편으로는 제대로 된 대응 방식을 알 수 있을 때까지 그 개발과 사용을 유예하자고 하기도 한다.

구본권, "챗GPT 시대와 철학의 쓸모", 철학과 현실, 2023년 여름 (137)호

작문을 하거나, 관광지 추천을 하거나 번역을 하고, 코딩을 하던 GPT-3에 말로 소통하는 기능을 부가하여 오만 가지 질문에 답하게 하는 과업을 추가하였고, 역사적인 사실에 의거해 관광지 추천, 번역, 요약 등의 업무도 할 수 있게 하였다. 이런 일이 이루어지는 주요 분야로는 IT/엔지니어링, R&D, 위험 관리, 법적 대비 등이 있다. 단, 이미 입력된 데이터에만 의존하고 스스로 가치 판단을 할 능력이 없어 가짜 뉴스 등을 생산하는 데에서 쓰이기도 한다. 그런데 이것은 정치적이거나 윤리적인 문제에 대해 아무런 제약 없이 마구 대답을 하기도 하여 가짜인 글, 그림, 사진 등을 배출하기도 한다. 또 AI이기에 대답을 수백만 번 하는 것도 가능해 입법 로비를 하거나 여론 조작에 남용되기도 한다.

중앙일보 2023년 1월 18일 보도, "댓글 수백만 개 쓰고 입법로비---AI 여론 조작 더 막강해진다."

애초의 챗 GPT는 2021년 이전의 데이터만을 사용했다고 하며, 이것이 엉뚱한 답을 하는 것의 하나의 원인으로 인지되었다. 그래서 이러한 이상한 결과를 시정하고자 하여 사용하는 데이터를 1개월 (또는 1시간) 전의 것으로 하는 등 최신 데이터를 사용하도록 하고 있고, 또 최종 답을 제시하기 전에 사람을 개입시켜 쓰이는 데이터 중 거짓이라고 여겨지는 데이터를 배제하는 절차를 추가하는 방식으로 약점을 보강해 보려고 하기도 했다.

그런데 이렇게 보강한다는 것은 기존의 생성 AI를 활용하는 데 드는 코스트를 증대시키는 요인이 된다. 기본적으로 많은 데이터를 대상으로 하여 큰 컴퓨팅 파워를 지닐 수 있어야 하기에 많은 전기를 사용해야 할 것이고, 데이터의 선별을 위해 사람을 쓰면서 인건비도 들여야 할 것이다. 클라우드의 사용도 늘어나기 때문에 이것에 기인하는 코스트도 감안해야 한다. 이런 생성 AI는 종래의 검색 엔진을 대체하게 될 가능성이 큰데, 후자의 검색 비용보다 전자의 그것이 10배 운운되는 것을 보면 이것의 이용자가 이용료를 내게 되는 일이 불가피하게 될 것을 예상하게 한다. 초창기 그것에서의 무료 사용이라는 수면 밑에 숨겨져 있었던 이용료의 부담을 공식화해야 한다는 문제가 결국은 부상하게 될 것이다. 그런데 이것은 현재의 검색 엔진에서처럼 광고를 보게 하는 간접적이고 우회적인 방식으로 비용을 부담하게 하는 것이 충분하지 못할 소지가 클 것으로 보인다. 따라서, 이렇게 생각하게 되면 그것 사용의 초창기라고 할 수 있는 현재 그러한 것처럼 그것을 무한정 무료로 이용하게 할 수는 없을 것이고, 머지않아 일정한 구독료를 내고 사용하게 하면서 동시에 광고를 보게 해 광고 수입으로도 비용을 충당하고, 수익을 확보하는 방법을 쓰지 않을 수 없게 될 것이다. 광고를 초치하는 경우에는 과거 Google이 검색 순위를 통해 광고주에게 선호되는 광고를 제공함으로써 Alta Vista나 Yahoo와 같은 경쟁적 검색 엔진과 차별화를 꾀해 결국 그들을 대체했던 역사를 교훈으로 삼아, 이런 generative AI에서 광고를 제시하는 데 있어서도 광고주의 선호와 광고비를 효과적으로 대응시키는 가장 효율적인 방안을 강구하는 경쟁이 일어나게 될 것이다. 단, 이러한 방안을 제시하는 데 있어 Bart를 계획하고 있는 Google과 Bing 검색을 제시하고 있는 Microsoft 중 어느 것이 우위를 차지하게 될 것인지는 차후 두고 보아야 할 것이라고 진단된다. 아무튼 생성 AI는 현재의 검색 서버처럼 가볍게 사용하기는 어려울 것이다.

The Economist February 11th, 2023, "Internet search: Seeking change"

우리나라의 네이버도 종래 네이버 검색 엔진을 도입해 발전시켜 왔다. 그러다가 금반 챗 GPT가 나타나게 된 것을 계기로 하여 서치 GPT를 내놓게 되었다. 이것은 과거의 마이크로소프트의 Bing의 변신과 같다고 여겨지는데, 검색 엔진을 챗 GPT로 보강 후 변신하게 하였고 그로써 강화된 검색 엔진을 쓸 수 있게 되었다. 나아가 기초 데이터로서 종래의 한글 검색 데이터를 많이 써 한국어와 관련되어서는 챗 GPT보다 6,500배 더 많은 데이터를 활용했다고 하고, 또 검색 목적을 예측해 그것에 맞는 답변을 내놓으려고 했다는 장점을 가지고 있다고 한다. 그 결과, 그것의 변신인 하이퍼클로버는 1,750억 개의 파라메터를 가진 챗 GPT의 파라메터 수보다 더 많은 2,040억 개의 파라메터를 도출해 이용하도록 하게 될 것이라 한다. 이러한 이득을 지니기 위해서는 물론 데이터가 많아야 할 것이고 또 컴퓨팅 파워도 커져야 할 것이다.

그런데 그 이상의 설명은 네이버의 서치 GPT가 한글로 바뀐 데이터를 기반으로 하고 있다는 것을 시사하는 듯하고, 한글을 모르는 외국인에게는 유효한 데이터로 작동하지 못할 수 있으리라는 염려를 가지게 한다. 한글로 된 데이터가 영어로 된 데이터보다 그 절대수에서 상대적으로 빈약하다는 점을 상기할 때 서치 GPT가 표방하는 바 2,040억 개의 파라메터를 도출할 수 있으면서 다양한 내용을 가진 한글로 된 데이터를 마련해 놓을 수 있어야 하겠는데, 이는 한글로 된 데이터가 태부족이라는 인식과 상반하기 때문이다. (SUNDAY중앙 2023년 3월 4일-5일, 데이터 태부족국) 챗 GPT를 사용하려고 할 때 한글로 묻고 한글로 된 대답을 찾으려고 하는 것에 대해 신중해야 한다는 걸 알려 준다 하겠다.

아무튼 이러한 그것의 한계 때문에 챗 GPT는 현재 인간을 보조할 수 있는 역할을 할 수 있을 뿐이고, 인간이 쓰기 나름이라고 한다. 문장의 초안을 잡는 데나 오류를 식별하는 데에서도 유용하게 쓸 수 있을 것이다.

이러한 챗 GPT의 기능은 종종 Google 검색 기능과 비교된다. 궁금한 것들에 대한 답을 줄 때 챗 GPT의 반응은 구글 검색에서 여러 정보에 대한 출처를 밝히며 검색하는 사람에게 검색의 결과를 내주는 것과 유사하기 때문이다. 그런데 이들 두 가지는 의문을 가지는 것에 대해 대답을 해 준다는 의미에서는 동일하나, 서로 다른 면도 가지고 있다. 구글 검색은 검색한 결과를 검색 엔진이 판단하는 바 중요도의 기준에 따라 순위별로 여러 가지 대답을 한꺼번에 제시하고 있으며, 이러한 검색 결과를 읽고 효과적으로 소화하는 것은 검색자의 몫이다. 생성 AI에서도 여러 번 질문을 할 수 있기 때문에 최종적으로 원하는 답을 구해 사용하는 것이 이용자의 몫이기는 마찬가지다. 그런데 챗 GPT에서는 그것이 올바르다고 여기는 단 하나의 대답만을 제시하고 있으며, 그 대답이 미흡할 경우 이용자가 'regenerate'를 통해 다른 대답을 요구하면 다시 하나의 답을 더 내준다. 나아가 이러한 답도 부적절하다고 여겨질 경우 다시 이러한 'regenerate' 기능을 쓸 수 있어, 그것을 여러 번 활용하면 구글 검색에서와 같은 효과를 가질 수 있다. 단, 추후에 이러한 기능을 여러 번 사용할 경우 이용료를 더 내는 방식으로 바뀌게 되면 사정은 달라질 것이다.

이러한 점을 볼 때 답을 구하는 사람에게 적합한 답을 즉각 제시해 준다는 것을 기준으로 해서 보면, 그것이 아주 합당한 답을 제시해 주는 한 챗 GPT 내지 생성 AI가 기존의 검색 엔진에 비해 편리하다고 할 수 있다. 그렇지만 그것이 엉뚱한 답을 내주는 경우에는 연속적으로 새로운 답을 추구해야 할 가능성이 있어 큰 도움이 되지 못하게 될 수도 있다. regenerate 이후 달리 제시된 대안을 가지고도 즉각 쉽게 답을 구할 수가 없다는 단면을 보면 부적합하고 불편하기도 하다. 반면 구글 검색에서는 제시하는 결과 중 첫 번째 것이 가장 적합한 것이라면 더 이상 다른 답을 탐색할 이유가 없겠으나, 그러하지 않을 경우에는 이미 주어져 있는 검색 결과 중에서 그 다음 순위의 대답을 차례대로 검토해 나가기만 하면 되기에 시간 투자의 측면에서 효율적일 것이다. 이러한 측면을 보아 이들 둘은 각각의 장단점을 가진다. 그러나 구글은 그럼에도 불구하고 챗 GPT를 큰 위협이라고 보고 이에 대응하는 것을 초미의 과제로 삼고 있다고 한다. 그 반대편에서 Microsoft는 챗 GPT를 그의 검색 엔진 Bing에 통합시켜 구글의 검색 서비스를 따라잡으려 한다는 것이다.

　나아가 챗 GPT로 무언가를 생산하다가 남의 지적 재산권을 침해하여 낭패를 볼 수도 있고, 부정확한 데이터를 가지고 생산해 낸 것이 가짜로 밝혀져 심각한 윤리적 문제에 봉착하게 되기도 한다. 미국에서는 챗 GPT로 작성해 제출한 과제물이 부적합한 것으로 판정되어 비상이 걸렸다고 한다. 더 나아가 챗 GPT로 의사 면허나 로스쿨 시험을 통과하는 일도 생겼다고 한다. (매일경제 2023년 1월 26일, "전문직 위협하는 챗 GPT---미의 의사 면허, 로스쿨 시험도 통과") 이러한 이상한 양상이 앞으로 어떻게 결론지어질지는 두고 보아야 한다. 단, 메타버스의 NFT에 관해 미국의 지방 법원 둘이 서로 상반되는 판결을 한 것을 상기하면 이러한 챗 GPT의 효과에 대한 판결이 최종적으로 어떻게 판정될 것인지 역시 두고 보아야 할 사안이라 하겠다.

　QuantumBlackAI by McKinsey, December 20, 2022, 'Generative AI is here, How tools like Chat GPT could change your business'

　동아일보 2022년 12월 30일, "1초도 안 돼 '철학 논술' 쓴 AI 챗봇---숙제 맡길라, 미 교육계 비상"

　이상과 같은 챗 GPT의 오용을 사회적으로 용인하거나 방관해서는 안 될 것이라는 입장에서는 그러한 잘못된 사용을 방지해 보려는 노력을 보여 주기도 한다. 악의적으로 잘못 이용하는 것을 막아 보려는 것으로서 이러한 노력은 다양한 형태를 띠고 있다. 첫 번째, 챗 GPT의 접속을 원천적으로 제한하는 것이다. 단, 이것은 학교나 공공 도서관처럼 원천적으로 제한을 할 수 있는 곳에서만 유효할 것이다. 두 번째, 이 소프트웨어 툴을 썼는지 자발적으로 밝히도록 하는 가이드라인을 따르라는 것이다. 이런 방안도 모두 가이드라인을 준수하게 하는 데에서 한계를 가질 수가 있다. 세 번째, 오용을 탐색할 툴을 개발해 유료화해 제공하자는 것이다. 이러한 툴을 개발한 주체는 오용의 탐지에 대해 자신감이 넘쳐 있는 모양이다. 네 번째, 탐지 툴을 이용하는 조건을 (최소 1,000자 이상의 영문 텍스트에 적용 가능하다는 식으로) 명시하여 한정적 경우에만 적용하도록 함으로써 자가 단속을 요구하는 경우다. 이러한 여러 대응 노력을 볼 때 아직 챗 GPT의 오용에 대한 대응책 발굴은 불완전하다고 할 수 있고, 차후 더 나은 방책이 마련될 것이라 전망된다.

중앙일보 2023년 2월 2일, "'이건 AI가 썼네' AI 대필 AI가 잡아낸다."

챗 GPT의 이러한 한계는 그것이 과거에 대한 데이터에 의존하고 있고, 그러한 데이터를 뛰어넘는 다른 데이터의 개발이나 상상력 등의 동원 등으로 그러한 미흡함을 보강해 보려는 노력을 미처 하지 않았다는 데서 기인하는 것이다. 이런 의미에서 AI의 하나로서 챗 GPT는 IBM Watson의 암세포 식별이나 Google deepmind가 영국 정부와 공동으로 진행한 '전력 효율화를 통한 기후 변화 대응 프로젝트'에서 성공하지 못했던 AI의 전례와 하등 다르지 않은 것이라 할 수 있다. (중앙일보 2023년 2월 9일, "AI 의료 시대에도 핵심은 사람") 그것의 알고리즘에 입력하려는 데이터를 전적으로 과거의 데이터에만 의존하지 말고, 적어도 미래에 대한 판단을 끄집어 내려고 하는 입지에 임해서는 (자의적이라는 비판을 피하기는 어렵겠지만) 미래와 어떻게든 관련지을 소지가 있는 데이터를 인간의 창의와 상상력으로 만들어 내 (이른바 alternative data를 마련한 다음), 그것을 과거에 한정되는 (본래적으로 미흡하고 부적절한) 데이터를 보충하는 자료로서 쓴다면 달라지겠으나, 그리하지 않았기 때문이라 하겠다. AI가 궁극적으로는 인간을 대체하지 못하고 결국은 인간을 보조하면서 협업해야 하는 것이라는 이 분야의 결론을 무시했기 때문에 이러한 사각지대가 생기게 된 것이다. 그리고 인간이 창의성을 보이는 alternative data를 마련하여 사용하는 방식으로 데이터를 보강한다면 그러한 데이터를 마련하고 활용하는 사람은 챗 GPT의 도움을 받았음에도 불구하고, 제한된 범위 내에서겠지만 창작성을 인정받을 수 있게 될 것이다. 인간과 AI의 협업과 그들의 보상에 대한 기준이 정립될 수 있을 것이다.

챗 GPT의 이러한 약점은 그 이후 그것을 보충하고자 하면서 나타난 마이크로소프트의 빙 검색에 의해 우선적으로 보완되는 듯하다. 전자가 2021년 이전의 데이터만을 참고했다고 하여 그 이후의 사정을 감안하고 있지 못한 것을 후자를 (실시간에 가까운) 1시간 전 데이터로 바꾸어 보강하려고 하였고, 윤리적 고려를 하지 못하여 엉뚱한 대답을 하고 있는 것의 한계를 인식하고, 이런 한계를 극복할 수 있는 방법에 대해 고심하고 있음을 시사하였다. 또 이러한 생성 AI를 이용하려면 많은 전기료 등 돈이 든다는 점을 명백히 하여 관련 서비스의 유료화를 예고하기도 하였다.

다시 강조하건대 이러한 챗 GPT는 클라우드의 큰 컴퓨팅 능력을 활용하는, 그야말로 generational AI이다. 현재 그것의 초점은 학습해야 하는 매개 변수(파라메타)를 얼마나 많이 수용할 수 있느냐에 의존하고 있는 듯하며, 종국에 가서는 구체적 문제에 임해 어느 정도 적은 량으로 선별된 데이터와 적은 컴퓨팅 파워를 가지고도 의도하는 바 과업을 할 수 있게 하느냐에 귀결되게 될 것이다. 그리고 이런 성격의 최적화를 Periflow라는 특허를 가진 한국의 스타트업 FriendliAi(대표 서울공대 전병권 교수)가 꾀하고 있다는 것이다.

중앙일보 223년 1월 27일, "인공 지능 이루다, 이 스타트업 덕에 똑똑해졌다."

챗 GPT를 비롯한 대형 언어 모델(Large Language Model; LLM)에서는 선형 모델에서 파라메터들이 연립 방정식 체계처럼 동시에 서로 연관 관계를 지니며 결정되는 것이 아니고, 사람이 뉴런을 사용하여 사고할 때처럼 새로이 추가된 데이터에 의거하여 파라메터가 새로이 추가되고(따라서 이렇게 새로이 추가된 파라메터를 편미분 계수에 상응시키게 된다), 그렇게 하여 새로이 증강된 알고리즘(방정식)에 의거해 전체를 다시 컴퓨팅한 다음, 그 이전의 것에 비해 개선이 있었는지를 점검하도록 한다. 이렇게 논리적으로 새로이 추가하고 새로이 컴퓨트하여 더 많아진 파라메터를 가지게 되는 새로운 알고리즘을 얻게 되는 이러한 과정은 데이터를 추가할 수 있고, 컴퓨팅 파워를 증강시키는 한 계속 반복될 수 있을 것이며, 목적하는 데 접근한다는 의미에서 목표에 근접하는 개선이 더 이상 이루어지지 못할 때까지 계속될 수 있을 것이다. 그리고 이런 과정을 거쳐 더 이상의 개선이 이루지기 어렵다는 데 도달하게 되면 파라메터의 수를 늘리고 알고리즘을 개선하는 노력은 중단될 것이다. 아무튼 이러한 과정은 많은 컴퓨팅을 포괄하게 될 것이라는 점과 그에 상응하는 바 큰 컴퓨팅 코스트를 치를 수밖에 없으리라는 것을 다시 알려 준다.

The Economist April 22ⁿᵈ, 2023 "The new AI(1): The generation game"

"The new AI(2): How generative models could go wrong"

이러한 점을 보아 LLM은 3가지 기본 요소를 가지고 있다고 할 수 있다. 첫 번째는 많은 데이터다. 아직까지 이런 데이터는 남이 모은 데이터를 끌어다 쓰는 일을 할 수 있게 하는 Common Crawl에 의해 가능하였다. 그러나 mydata의 이념에 따라 많은 곳에서 자신의 값진 데이터에 대해 외부로부터 접근하는 것을 제한하려고 하게 되면서 이 방법으로 데이터를 손쉽게 얻을 수 있는 길이 점차 제한되게 될 것이다. 이러한 점은 LLM이 unsupervised learning의 일종이라는 걸 다시 확인하게 한다. 두 번째는 컴퓨팅 파워의 증강이다. GPU 사용을 계기로 가능하게 된 LLM은 우선은 TPU의 활용으로 부분적인(incremental) 개선을 이루어 낼 것이나, 보다 획기적인 컴퓨팅 파워의 증강이 필요할 것이라고 여겨진다. 이를 위해서는 'long learning'의 기치 아래 종래 방식의 컴퓨팅 능력 증대 방식을 추구하기도 하고, 또 discrete 데이터를 continuous 데이터로 바꾸면 더 많은 데이터를 다룰 수 있다는 점을 주목하여 이미지를 생성해 사용하는 'Diffusion model'을 이용해 개선을 도모하려고 하기도 한다.

The Economist April 22ⁿᵈ, 2023 "The new AI(3): What comes next?"

그 셋은 데이터의 사용에 대한 제한, 특히 저작권의 문제다. 글에 관해 상당한 정도 용인되고 있는 'fair use principle'이 오디오, 비디오, 이미지 등에 대해서도 확대 적용될 수 있을 것인지 아니면 그 이상의 새로운 데이터 사용에 대한 규칙이 나타나게 될지가 관심거리가 된다.

신약을 개발하는 과정은 이미 알려져 있는 물질을 섞어 배합을 바꾸어 새로운 약을 만드는 것이기 때문에, 각종 상이한 배합을 선험적이고 상상으로 끄집어 내는 것이 아니라 다기한 실험을 통하는 시행착오의 과정을 통해서 그들 각각의 적합성을 결정하는 것이 될 것이다. 이러한 시각에서 신약 개발은 이미 주어져 있는 데이터를 쓰면 되고, LLM을 무리 없이 쓸 수 있는 대상이 된다 하겠다.

챗 GPT 또는 보다 일반적으로 이야기해 생성 AI가 개인 정보의 누출이나 가짜 뉴스의 확산과 같은 문제점을 가지게 되자, 이를 규제해 보려는 움직임도 나타났다. 예컨대 미국은 그것이 책임감 있게 사용되게끔 AI에 보호 장치를 설치하려 했고, 중국은 검열을 할 수 있도록 하는 '생성형 AI 서비스 관리법'을 마련하려고 하게 되었다. (**조선일보 2023년 4월 13일, "미국-중국 모두 '생성형 AI' 규제 나섰다."**) 애플은 애플 스토어에서 광고를 하려면 이용자의 동의를 받도록 하는, 이른바 new privcy rule(또는 end-tracking rule)을 도입해 Facebook의 수입에 큰 타격을 주었고, 그로써 페이스북으로 하여금 Meta로 사명을 바꾸면서 새로운 플랫폼을 추구하도록 하였는데, 이것은 동시에 사용자 정보의 보호를 약속한 것이었기에 애플 자신도 이러한 약속을 철저하게 지키기 어렵게 하는 생성 AI 기술을 가벼이 쓰기 어렵게 만들었다. 그로써 이 기술을 음성 인식 서비스인 Siri 등에서 폭넓게 쓸 수 없게끔 제약받는 결과를 맛보게 되었다.
중앙일보 2023년 5월 9일, "애플의 딜레마 생성 AI 어떻게?"

중앙SUNDAY 2023년 2월 11일-2월 12일의 보도 기사 "싸우는 국회 의원, 만평 형태로 뚝딱, 거북선은 실패"에서는 글로 쓰면서 그림으로 그려 내는 챗 GPT의 역할을 설명하고 있다. 글을 쓰는 수단으로는 챗GPT, Bard, GPT-4 등이 있고, 이미지를 형성하는 데 쓰는 수단으로는 Dall-E와 Midjourney, 영국의 Stable Diffusion 등이 있다. 이미지 생성 AI를 활용한 여러 가지 그림을 예시하면서 이들이 SF-판타지 게임 내의 illustration에서 유용하게 쓰이고 있음을 보여 주고 있다. 기존에 있었던 창작을 모방하여 유용한 결과를 만들어 내고 있으나, 과거의 창작에 활용되었던 모든 요소를 완벽히 감안하지는 못했을 수도 있음을 시사하고 있다. 그로써 이들이 AI assistant로서 훌륭한 역할을 하고 있음을 알려 주고 있다. 나아가 이들이 최첨단 표절 시스템이라 할 수 있다고도 하고, 베끼는 행위나 지재권 침해는 결국은 사람의 책임이 되어야 함을 시사하고 있다. 그것을 AI assistant로서 활용하여 도움을 받는 사람이 주체성을 지키는 한, 그것의 가치는 의미를 가지는 것으로 여겨지게 될 것이다.

중앙일보 2023년 2월 17일 "일의 중간 단계에서는 AI 막강하지만 시작과 끝은 사람 몫"이란 서울공대 장병탁 교수 인터뷰 기사는 이러한 생성 AI가 기존에 나온 여러 단어들의 조합에 다르지 않음을 다시 강조했다. 그것은 독자적 사유를 하는 것이 못 되고 앵무새에 그칠 수 있으며, 그러한 조합을 만드는 추론이 연역적 추론이 아니라 귀납적 추론이고 과거의 연역적 추론이 들어 있는 것을 특별히 감안하지 않았기에 상황 변화가 있는 새로운 환경에 임해 진정으로 연역적 추론을 하지 못함으로써 지니게 되는 그것의 본질적 한계를 짐작하게 하고 있다는 것이다.

나아가 이러한 챗 GPT이나 그것의 확장인 Bing 검색이 어차피 사람을 돕는 assistant에 불과하다면 그런 assistant를 선별적으로 쓰게 될 것인데, 쓰는 사람의 입장에서 보면 후자보다는 전자인 그것을 반복적이고 기계적인 일을 시키는 데 쓰는 것이 편하리라는 사정을 감안해, 그것을 적재적소에 잘 쓸 수 있도록 하려고 해야 할 것이다. 반면, 과거에 있었던 일이 아니고 새로이 발생하는 사태에 임해서는 사람의 판단이 필요한 곳에다 그런 것을 쓰는 것이 잘못될 소지가 있음을 보고, 그러한 오용을 적극적으로 피해야 할 것이다.

The Economist February 4th, 2023, "Machine learning: How do employees and customers feel about artificial intelligence?"

종래 사람은 활동하는 데 있어서 그것이 사람이든 다른 방도든 assistant를 유용하게 써 왔다. 특히 자동화 및 RPA 등이 나타나고 난 이후에는 이들을 더욱 잘 써 왔다. 그러나 이런 성격의 보조를 가능한 최대한까지 받아 왔는지는 확실하지 않았다. 그러한 즉, 이제 챗 GPT가 대두하고 나서는 사람인 assistant보다 더 편하게 쓸 수 있는 추가의 보조 수단을 지니게 되었다고 할 수 있게 되었으니 그것의 독자성이나 창의성 여부에 매달리지 말고 보조 역으로서 그것을 최대한 활용할 수 있도록 해야 할 것이다. 뒤에서 보듯이 digital twin을 위한 VR 콘텐트를 창작하는 데 인간은 아직 돌파구를 찾지 못하고 있는데, 위의 시각에서 볼 때 그것을 향해 인간 자신은 물론 챗봇 등 이제는 쓸 수 있게 된 다른 보조 역도 최대한 활용했는지를 새삼 검토해 보아야 할 계제에 처하게 되었다고 하겠다. 이것과 관련해서는 신출 챗 GPT를 VR 콘텐트 생산에 최대한 활용했는지를 반성해 보아야 하겠다. 이상 적시된 Dall-E 등 그런 것들의 이미지 생성 역할이 3D rendering을 통해 인간의 시각적 욕구를 충족시키기는 하였으나, 그것을 거쳐 digital twin의 효과적인 활용 방안을 강구하고 제시하는 데까지 이르지는 못하였다고 해야 하겠기 때문이다. 여기에서 rendering이란 웹사이트 코드를 이용하는 컴퓨터 프로그램 또는 그것의 이용을 지칭하는 것으로서, 렌더링을 한다는 것은 rendering engine을 이용하여 보는 사람이 보고 상상할 수 있도록 하는 이미지를 합성(image synthesis)하는 방법이며, 이용자에게는 유용한 것이다. 그러나 그것은 이미지를 다루는 것에 불과하기에 그것을 가지고 digital twin에서 상상할 수 있는 구체적 실험을 할 수 있을지는 불분명하다. 이러한 부분이 미진할 경우에는 그것을 더욱 적극적으로 활용할 수 있는 추가의 방도를 찾아야 할 것이고, 그로써 이제까지의 미흡한 인간의 창작 활동을 보강하도록 그것을 현명하게 이용할 수 있어야 할 것이다. 이른바 thought experiment를 하는 데 그칠 것이 아니라 digital twin이 추구하는 바 현실 세계에서 유익하게 쓸 수 있는 방안 내지 교훈을 구체적으로 얻을 수 있도록 실체화해야 할 것이다.

미국 MIT 토드 마코버 교수는 챗 GPT와 같은 AI를 학문에 활용하라는 주문을 하고 있다고 하며, 그것을 악용 말고 제대로 써 상상력에 날개를 달아 주는 잠재력을 활용하고 창의력 배양의 도구로 활용하는 것을 선도하라고 하고 있다고 한다. **(조선일보 2023년 3월 2일, "악용 말고 제대로 쓰자" 대학들 챗 GPT 속속 도입)** 종래 rendering은 구글 검색 엔진을 주로 써 왔다. 그런데 새로이 등장하게 된 챗 GPT 등 생성 AI가 검색 엔진을 대신하면서 더 요긴하게 쓰일 수 있다면 이는 rendering

하는 작업 과정에서도 사용될 수 있을 것이다.

이렇게 된다면 배전으로 많은 데이터를 사용하게 될 것이고, 그것에 상응하여 데이터 저장 능력과 컴퓨팅 파워도 커져야 할 것이다. 이를 위해서는 클라우드의 사용이 더욱 중시되어야 할 것이다. 나아가 필요한 기능을 AI 서비스로 제공하는 벤더도 나타나게 될 것이다. 이때 3D rendering으로 부족하면 미국 NASA에서처럼 3D printing 기법도 같이 동원해야 할 것이다. 이 점에 대한 선두 주자로는 챗 GPT를 내세웠고, 그러한 용도 확장을 위해 공을 들이고 있는 Micro-soft의 Azure에서의 AIaaS를 생각할 수도 있겠다.

현재 챗 GPT 등 생성 AI를 사용하면서 그것의 이용료로 월 30불 정도를 내기에 사용료를 크게 걱정하고 있지는 않다. 그러나 이러한 생성 AI가 많은 데이터를 전제로 하고 또 많은 전기를 쓴다는 것은 잘 알려져 있다. 이에 당연히 기능 사용에 대한 현재 수준 이상의 유료화가 시행될 것이고 현재보다 더욱 많은 이용료를 낼 각오를 해야 할 것이다. 이에 따라 생성 AI의 사용이 지금처럼 자유롭지 않게 될 것이고, 사용 요금을 정당화할 수 있는 정도의 값진 이용만이 이를 쓰는 방식으로 정착될 것이다.

open AI사의 챗 GPT를 필두로 하여 그 이후 제시된 거대 AI 모델 또는 LLM(Large Language Model)의 사용은 업무의 효율을 높이고 생산성을 향상시키는 긍정적 효과를 가지고 있다. 동시에 그것은 그럴듯한 문장을 만들어 거짓말을 생산하기도 하고, 개인 정보를 오용 내지 남용하거나 지적 재산권을 침해하는 부정적 효과도 가진다. 이러한 부정적 효과를 일정한 범위 내로 한정시키기 위해서는 일정한 가이드라인(guideline)을 지닐 수 있어야 한다. 그런데 그런 가이드라인을 가지고서도 방치되기 쉬운 문제가 LLM을 운영하는 운영자가 그것을 이용하는 이용자들의 데이터에 접근할 수 있다는 점이다. 이런 때 mydata의 이념이 철저히 통용되기 어렵고, 이른바 이용자들의 데이터에 운영자들이 접근하는 것이 가능하다는 것이다. 이는 운영자들이 이용자들의 개인 정보에 접근할 수 있다는 이야기고, LLM 이전에 전자 상거래나 스마트폰 OS 제공자 등이 제공하는 플랫폼을 사람들로 하여금 이용하게 하면서 이미 취해 왔던 관행이다. 이러한 이용은 연구나 기타 학문적 목적을 위해 이용하는 경우라면 용인될 것이다. 그러나 그러한 데이터를 광고나 구독(subscription) 등을 통해 영리 목적으로 쓰는 경우라면 그러하지 않을 것이다. **(동아일보 2023년 4월 20일 사설 "공짜로 콘텐트 긁어다 '돈벌이'용 AI 개발하는 빅테크들")** 여기에서 타국의 LLM 운영자에 의한 내 정보에 대한 접근을 피하려면 자체의 LLM을 사용하게끔 해야 하며, 현재 상황에서 자체적 LLM을 가지고 있는 나라는 미국, 영국, 중국, 한국 등 한정된 몇 나라에 그친다고 한다. 생성 AI의 사용이 누구에게나 마냥 축복은 아니고 일말의 위험성을 가지기도 한다는 이야기다.

여기에서 LLM 방식으로 AI를 이용하는 것이 최종적으로 어떠한 결과를 가져오게 될 것이냐가 관심거리가 된다. LLM을 활용하는 것이 미국 빅테크 등에 한정되게 된다면 그것은 일부에 국한된 특이한 활동이 될 것이다. 반면 그것을 누구든 몇 시간만 투입하면 이용할 수 있게 되어 이른바 LLM 사용에 민주화(democratization of LLM use)가 이루어지게 된다면 빅테크들에 의한 과점은 지양될 수 있을 것이나, 많은 사람들이 그것을 이용하면서 가짜 정보를 생산해 혼란을 초래하게 되는 등 그것의 남용에 따르는 부작용을 걱정해야 하게 될 것이다. 그러한 즉, PC 및 오픈 소스 소프트웨어를 쓰고 1회 사용 비용이 20불 내외가 된다면 후자에 근사해져 이른바 LoRa(Low-Rank adoption)가 가능해지면서 지각 변동을 초래할 수도 있을 것이다. 이렇게 될 경우 LLM으로 제일 재미를 볼 회사는 관련 소프트웨어를 개발해 제공한 open AI, MS, Google, Meta 등이기보다는 이들 소프트웨어에서 공통적으로 쓰이는 시스템 칩 GPU를 개발해 제공한 Nvidia가 될 것이다.

The Economist May 13th, 2023, The future of work: Your new colleague

미중 경제 갈등으로 중국의 LLM 사용은 저조할 것인데, 그것에 필수적인 고사양 시스템 반도체를 충분히 확보하지 못하게 된 것 및 서구와의 인적 교류가 제한되어 고급 소프트웨어를 다룰 전문가의 충원도 제한되리라는 것 이외에 데이터의 유통을 제한하는 중국 특유의 정책에 따라 데이터의 사용에도 한계가 있을 수 있다는 것 등이 그것의 원인으로 적시되고 있다.

5.
알고리즘의 분류

McKinsey and Company는 알고리즘의 종류를 통계적 알고리즘으로부터 시작하여 기계 학습을 거쳐 인공 지능(AI)에 이르는 것까지 다양하게 파악한 다음, 기법상의 복잡성을 하나의 축으로 삼고 그것이 AI에서 쓰이고 정도가 크고 작은 것을 다른 한 축으로 삼아 아래와 같이 분류하고 있다.

알고리즘의 분류

	전통적인 것 ← (기법의 복잡성으로 보아) → 보다 진보된 것
AI의 쓰임 정도가 적은 종류	Descriptive statistics Daive Bayes classifiers Statistical inference Markov process Regression analysis Monte Carlo methods Linear classifier Clustering
↑	Instance-based learning Decision tree learning Ensemble learning
(AI의 쓰임 정도)	
↓	Dimensionality reduction Deep learning (feed-forward networks, CNNs[1], RNNs[2], GANs[3]) Reinforced learning
AI의 쓰임 정도가 큰 종류	Transfer learning

앞에서 볼 때 알고리즘이란 통계적 기법을 크게 활용하는 종류와 그 뒤에 설명하는 AI를 많이 쓰는 것으로 현재 양분할 수 있다. 아무 튼 알고리즘이란 상당히 다양하며 용도에 따라 선택적으로 쓰지 않으면 안 된다는 것을 알 수 있다.

McKinsey Global Institute, April, 2018, 'Notes from the AI fronier: Applications and value of deep learning'

이상 알고리즘을 마련하는 때 문제를 인식하는 첫 단계에서 개념 설계(conception design)가 포함되어야 하겠기에, 첫째 단계가 가장 어려운 과업에 해당한다 하겠다. 어떤 문제의 해결책을 찾아가는 과정에서 예기하지 못한 난관에 봉착하게 되었을 때에는 기본으로 되돌아가 해결책을 다시 강구하게 되는데, 개념 설계란 이런 때 반추하고 검토해야 하는 기본 인식 내지 기본 구상을 지칭하는 것으로서, 새로운 것을 만들어 낼 수 있도록 하는 기반이자 밑그림에 해당한다. 이정동 교수를 비롯한 서울공대 교수들은 그들의 공저 『축적의 시간』에서 외국의 설계를 사다 써 온 우리의 제조업이 아주 어려운 문제에 당면하게 되면 해결책을 찾지 못하고, 그 때문에 어려움에서 벗어나지 못하고 있는 근자의 현상을 안타까워하면서, 그 원인으로서 우리의 개념 설계 능력의 부족을 적시하고 있다. 지금 이상의 발전을 꾀하려 할 때 필수적 요소인 밑그림을 그리는 능력을 우리 사회가 결여하고 있다는 것이다. 나아가 이런 능력은 시행착오를 겪고 실패의 경험의 축적을 통해 습득하고 배양할 수 있는 것이라고 한다. 따라서 비록 짧은 기간 동안이지만 아주 많은 시행착오를 통한 축적의 경험을 가졌던 중국은 개념 설계 능력을 가지게 되었으나, 우리는 아주 많은 시행착오를 하면서 배우는 경험을 하지 못하였기에 동 능력을 결여하고 있다고 한다. 결국은 우리 사회가 시행착오의 코스트를 수용할 수 있어야 점차 우리도 그런 능력을 갖추게 될 것이다.

 이러한 시행착오의 과정 중에서는 아래의 여러 가지를 지양하려고 노력해야 한다. 올바르거나 보편적이지 못한 데이터를 제대로 인지하지 못하고 무심코 사용할 수 있다는 것. 사람의 선입견이나 의도나 제한된 지식의 한계를 극복하지 못하여 어떤 종류의 변수는 사용에서 배제될 수 있다는 것, 모델의 타당성을 검증하는 단계에서도 어떤 점은 과다하게 반영되고 다른 점은 과소하게 반영될 수 있다는 것이다. 이러한 요인들이 있어 인공 지능 관련 노력을 중립적이지 못하게 만들고, 그것이 개발자의 의도나 철학을 완전히 독립적일 수 없게 만든다는 것이다. 이러한 한계를 한정적으로나마 극복하고 알고리즘을 써서 얻은 결과를 보다 신뢰받을 수 있도록 만들기 위해서는 개발자들에게 윤리적인 행위를 의식하도록 요구하기도 하고, 개발 과정에 대한 감사를 하고 감사 보고서를 작성함으로써 의도 밖으로 비윤리적이고 신뢰받을 수 없게 되는 경우를 최소화해 보려고 하기도 한다.

6.
사람과 AI의 협업

하버드대 연구팀이 인간과 AI 사이의 협업에 대한 실험을 했다. 이 실험에서는 AI의 지원 없이 사람이 독자적으로 결정을 내리는 경우, AI가 주도적으로 결정을 하고 사람은 그것의 지원을 받는 경우, 사람으로 하여금 스스로 의사 결정을 먼저 하도록 한 다음 AI의 지원을 받아 기존의 결정을 수정할지 여부를 결정하도록 하는 경우를 비교해 보았다. 그 결과, AI가 주도적으로 결정을 하는 것을 허여하는 경우에는 인간이 혼자 결정하는 것보다 이루어진 결정을 선택할 여지가 낮았으며, 사람이 AI보다 먼저 결정을 한 다음 AI의 추천을 받는 경우보다 AI에 의존하는 정도가 낮게 나타났다고 한다. 결과적으로 이제 사람과 AI 사이의 협업이 불가피해졌다고 하지만 AI에 전적으로 의존하기보다는 인간이 주도적 위상을 유지하면서 AI에 의존해야 타당하리라 여기게 만들었다고 해석되었다.

동아일보 2021년 9월 1일 "AI에 과잉 의존 땐 '인간+AI' 팀워크 걸림돌 될 수도"

2020년 이래 ML을 더욱 효율적으로 만들고 그 용도를 넓혀 가려는 노력이 현저해지고 있다. 확보하고 사용하려는 데이터를 (클라우드에서의 데이터를 포함해) 종래보다 새롭고 강력한 것이 되도록 만든 다음 그것을 활용하려는 노력, autoML에 기승하여 더 나은 아이디어와 더 나은 모델을 동원함으로써 ML을 강화해 용도를 확대하거나, 기존에 있던 유력 모델에 어떤 지역을 대변하는 데이터를 투입하여 그런 지역의 실정에 합당하고 그로써 더 스마트한 판단을 도출하게 하는 모델을 도출해 쓰는 노력 및 스마트폰을 많이 사용하는 상황에 대응해 ML의 활용 범위를 넓혀 mobile platform으로 확장하려는 노력 등이 그러한 것의 큰 줄기가 되었다. 이러한 다기한 노력은 종래 있었던 알고리즘을 더 타당한 결과를 가져오는 것으로 전화시키려는 것들로서 그 이전의 ML을 지속적으로 개선 개량하는, 이른바 continuous learning을 시현하는 것이라 하겠다. 그 좋은 예로서 IBM의 Watson이나 deepML이나 AI 등을 드는데, Apple의 iOS에 기반한 각종 application을 개발하는 개발자들을 엮어 모바일 환경에서 쓰이는 유력한 AI 알고리즘을 개발해 내는 것도 이것을 통해 알고리즘이란 계속 개선되어 가는 피드백 프로세스의 결과라는 점을 웅변적으로 보여 주는 것이라 하겠다.

SearchSoftwareQuality.com, 'Analysts mixed on future growth of MLOps, AutoML tools' 14 Jan, 2021

TheServerSide.com, 'IBM fiddles with Apple on new AI services' 22 Mar, 2018

이러한 노력을 위해 종래 data scientist에 일변도로 의존하던 것으로부터 벗어나, 이제는 citizen data scientist의 활약을 장려하면서 받아들이게 되었고, 또 모바일 폰에서의 많은 앱을 개발한 application developer들을 활용하려고 하게 되었다. 이러한 모든 노력은 결국 개발 노력이라고 인지할 수 있겠으며, 이를 촉진할 코딩 언어 및 모델에 대해 개방적 태도를 가지게 유도하고 있다. 예컨대, TensorFlow 등 특정 알고리즘을 고집하는 일은 지양되게 될 것이고, 그런 가운데 여러 M&A나 IPO 등을 계기로 하여 시장은 통합되게 될 것이다.

따라서 그것은 사람과 AI가 협업하면서 과업 수행을 효율화하고, 그로써 높은 성과를 올릴 수 있음을 볼 수 있도록 하는 데 초점을 잡고 있다. 주된 관심은 AI에 쏠려 있었고 사람 없이 그것이 어떤 정도까지 일을 할 수 있는지를 보자는 경우도 없지는 않았으나, 일의 성격상 결국은 AI에 맡기기에는 부적당하고 주로 사람이 할 수밖에 없는 일들이 있으니 이러한 것들과 관련해서는 사람이 빠질 수 없고, AI의 역할은 최소한일 수밖에 없다는 것을 인정하게 되었다. 그 한 예를 마지막 1마일 문제를 통해 볼 수 있다. 전자 상거래에서는 온라인으로 물건을 사서 집 앞까지 배달시킬 수도 있다. 그러나 그런 물건이 최종 소비자에게 도달되어 최종 소비자가 쓸 수 있게 되기까지의 과정에서 최종 소비자인 사람이 배제될 수는 없다. 단지 사람이 원할 경우에 한해 사람이 감당해야 하는 역할을 어떻게 하면 최소화할 수 있겠느냐가 문제될 뿐이다. 물건을 살 때에는 물건을 보고 만지면서 느끼고, 여러 비슷한 물건 사이에서 고르고, 가격도 보면서 선택하게 되는데, 이러한 때 VR 등의 지원을 받는 AI의 도움을 받을 수 있다면 아주 적합한 물건을 잘 선택할 수 있을 것이다. 이러한 때 선택 후 쓰기 이전에 집으로 가져와야 하는데, 마지막 1마일의 문제란 어떠한 방식으로 집으로 가져오느냐와 관련된 것이다. 이 점과 관련되어 제시된 방안은 그러한 물건을 가져다 놓을 저장소(locker)를 사람들의 주거지 근처 편리한 곳에 여러 개 설치해 놓고, 온라인으로 매매가 이루어진 물건을 최종 소비자에게 편리한 저장소에 배달하게 한 다음, 소비자가 편리한 때 그곳으로 가서 찾아가게 하는 방법이다. 그러면서도 이러한 저장소 인근에 식당, 극장, 스포츠 센터, 게임 기타 놀이를 위한 시설 등도 마련해 물건을 찾아갈 때 이러한 시설들도 각자의 편의에 따라 이용할 수 있게 하라는 것이다. 이는 배달의 최종 단계에서 소비자인 사람이 배달하는 사람을 반드시 만나야 한다는 것과 그러한 만남을 위해 서로에게 편리한 시간대를 맞추는 것 등 용이하지 않은 문제도 내포하고 있음을 알고, 이 둘을 조화시키려고 하는 과정에서 나타난 적당한 편법이자 타협안으로서 나온 것이다. 이런 경우에는 차후 기술 발달에 따라 배달의 수단으로 드론이나 자율 자동차를 쓰게 되면 더 경제적일 것이다.

그런데 코로나19 사태의 발생으로 사정이 그 이전과 달라졌다. 사람과 사람의 대면을 최소한으로 줄어야 할 필요가 생겨 로커(locker) 같은 데서 만나지 않으면서도 마지막 1마일 문제를 해결해야 할 필요가 생겼다. 여기에서 로커 대신 소비자의 문 앞에 배달하기로 하고 소비자와 배달원이 서로 대면하지 않도록 하려면 이러한 필요를 충족시키는 대안이 필요하게 되었다. 특히 음식물이나 그것의 재료 등 신선한 상태에서 배달되어야 하는 것의 경우에는 이러한 방법이 로커에 배달하는 방안보다 월등히 우월한 대안이 되었다. 단, 이런 경우에는 배달원의 노동 투입이 늘어나야 할 것이고 그에 따르는 인건비 상승을 소비자가 부담해야 할 것이다. 또 소비자가 매장에서 물건을 직접 가져가는 경우보다 로커를 이용할 때 포장 비용이 더 들 것이고, 매매 관련자가 대면 없이 집 앞에서 물건을 받는 경우에는 포장 비용이 더 붙을 것이다.

2022년 AI와 관련되어 주요 관심사가 되는 사안으로서 아래의 몇 가지가 언급된다. 우선, AI 윤리가 더 많이 추구될 것이다. 그러나 이것에 대한 어떤 세부적 준칙을 마련하는 데 어려움을 인지하여 기본 원칙이 강조될 것이고, 그러한 원칙을 운영하는 데 사람이 반드시 개재되어 당시의 상황으로부터 이반되지 않는 처분을 내리려 할 것이다. 더불어 EU의 GDPR과 유사한 법규가 만들어져 프라이버시 보호에 유용하게 쓰이게 될 것이다. 그다음 챗봇과 같이 말을 쓰는 AI가 더 널리 쓰이게 될 것이고, 자동화를 지향하나 넉넉하지 못할 예산 사정을 반영하여 로봇을 더 많이 활용하게 될 것이다. 투자 재원이 넉넉하지 못하리라는 것은 AI 스타트업의 M&A가 줄어들고 이미 활용되기 시작한 MLOps 기술의 활용이 늘어나게 될 것을 예견하게 한다. 더 이상의 기술 발전을 추구하기보다는 이런 기술을 여러 분야에서 사용하고 관련 콘텐츠를 확장하는 노력을 하게 될 것이다. AI 기술 중에는 챗 GPT 등의 언어 처리 모델이 많은 투자를 받게 될 것이나, 자율 자동차에 대해서는 한계를 느껴 투자를 줄이고 환경 문제를 감안해 전기 자동차에 대한 투자가 늘어나게 될 것이다.

SearchEnterpriseAI.com, '8 AI headlines expected in 2022' 15 Dec, 2021

이렇게 되다 보니 이제 기술적으로 더 개선된 상황에서 종래의 수단을 더 효과적으로 활용하려는 데에 노력을 기울이게 될 것이다. 이에 ERP, CRM, 기타 BI 툴 및 MLOps의 활용을 더욱 도모하게 될 것이고, 개발된 협업 수단을 활용하는 길을 강구하게 될 것이다. 보안, 네트워크 관리 등에서 유연한 확장을 도모하게 되어 CPaaS에 증대된 관심을 갖게 되었으니, AR이나 VR 콘텐트의 효과성을 인지하여 그에 버금하는 photorealistic 3D 이미지를 제작해 활용을 늘리려고 할 것이다.

ComputerWeekly.com.com, 'IT Priorities 2022: ERP gets back on the horse' 07 Dec, 2021

SearchUnifiedCommunications.com, 'Top UC and collaboration news of 2021 highlights 5 trends' 04 Jan, 2022

단, 현재의 상태에서 AI는 일련의 과업을 전부 자동화시키지는 못하고 일부를 자동화시킬 수 있을 뿐이라는 점이나 그것이 어떤 전문가에게 맡기거나 외부에서 구입한 다음 일거에 사용할 수 있는 단순한 성격의 것이 아니라는 점을 알아야 할 것이고, 어떤 문제에 대한 대답을 하는 데 있어 시행착오를 거치며 보완하고 개선해 나가 해답을 점진적으로 완성해 나가는 과정이라는 것을 이해해야 할 것이다. 궁극적으로 AI는 사람과 협업하면서 활용되어야 할 것이다. 그것은 결코 만능의 신기가 아니며 그것의 한계를 적확히 인지하고 적절하게 활용할 수 있어야 하는 것이다. 그럼에도 불구하고 우리 사회의 일각에서는 AI에 대해서 지나치게 낙관하기도 하고 반대로 다른 편에서는 그것에 대해 공포심을 가지고 있기도 하다. 낙관론은 AI란 것이 훈련받은 일부 분야에서만 사람보다 뛰어날 뿐 artificial general intelligence가 될 수는 없다는 현재의 한계를 인식하지 못하고 가까운 시일 내에 그것이 모든 난제에 대한 대답을 줄 것이라고 기대하고 있다. 반면 그것이 일자리를 크게 줄이게 될 것이라는 것과 관련된 공포와 결부되어 있는 비관론은 결국 사람과 AI가 협업하며 살아 나가야 할 것이라는 점을 간과하고 AI가 독립적으로 할 수 있는 점에 대해 별 희망을 가지지도 않으면서 위축되어 있다. 협업에 대한 정당화의 예가 새로운 직원을 채용하기 위한 인터뷰에 관한 최근의 예에서 보여지고 있다. 그런데 이러한 인터뷰에서는 어차피 사람도 바이아스를 가지고 있고 AI도 바이아스를 지니고 있다는 점을 받아들이면서 사람이 인터뷰하는 데 추가하여 AI도 인터뷰에 참여하게 함으로써 인터뷰의 절대 수를 늘려 보다 많은 수의 인터뷰를 하고, 그것을 통해 사람과 AI가 가지는 바이아스를 줄일 수 있었다고 한다. 특히 후자에서는 얼굴 표정을 인식하는 등 이미지 인식과 분류에서 사람보다 뛰어나다는 AI의 장기를 활용함으로써, 사람이 하는 것보다 더 세밀하게 인터뷰 대상자들의 정서적 반응(emotional response)을 차별화하여 사람에만 의존하던 때에 따라오던 미흡함을 보완할 수 있었다고 한다. 이 점은 진정 긍정적인 것이다. 그러나 그런 식으로 얻을 수 있는 이익을 위하여 AI 인터뷰를 수행하고 코스트를 더 들여야 했으며, 그때 동원되는 AI 또한 바이아스를 가지고 있다는 점이 충분히 감안되었는지는 진정 검토되지 않았다.

SearchCIO.com, 'AI models could help companies overcome human bias' 26 Sep, 2018

4장

반도체

 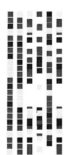 

1.
각종 칩의 등장

데이터를 처리하는 능력을 가지는 processing chip(또는 logic chip)의 효시는 Intel에 의한 CPU이다. 그 이후 컴퓨팅에 대한 수요가 질적이고 양적으로 변화함에 따라 뒤에서 보는바 CPU를 대체하는 여러 종류의 고급 기능을 가지는 프로세싱 칩이 생겨났다. 그런 것들은 AI의 활용을 일반화하여 널리 퍼지게 하였다. 프로세싱 칩으로 각종 device에서 작동할 수 있도록 하기 위해서는 이미 주어진 HW를 바꿀 수 없는 고정된 것으로 보고, 모든 것을 SW로만 해결하려고 할 것이 아니라 SW를 수정하는 계제에 HW도 수정하고 보완해 가면서 더 효과적으로 활용할 수 있어야 한다고 보았기 때문에, HW를 수정 및 보완하는 방법의 하나로서 기존의 processing chip과는 다른 종류의 processing chip을 창안해 사용하려고 하게 된 것이다. 이런 방향으로의 변신에서는 어떤 특정한 용도를 가지면서 중간재 성격을 띠는 API의 기능을 그러한 새로운 chip에 담아 모듈처럼 쓸 수 있게 하는 방안이 강구되기도 했다. 이 점과 관련해 Vision Fund는 Arm chip을 이러한 변신을 가능하게 하는 칩으로 만들기 위해 특히 강구 중이라고 한다.

이론적으로 말해 칩은, 처리 중에는 처리의 논리를 받아 처리를 하는 프로세싱 칩(또는 logic chip)과, 데이터 처리 전에는 데이터를 담아 두고 있다가 처리 중에 일을 하고 처리 후에는 처리된 결과를 보관하는 memory chip(또는 바보 반도체)의 두 가지로 크게 나누어 볼 수가 있다. 칩이 기능적으로 이러한 두 가지로 분화되어 분업 체제를 이루게 된 것은 인텔에 의한 CPU 생산으로부터 기원하는 것이라 할 수 있으며, 그로써 그 이전 컴퓨터라는 것이 이런 두 가지 기능을 함께 수행하는 main frame 하나로 인지되던 상황으로부터 벗어나는 전기가 마련되었다 할 수 있다. 이런 두 가지 종류의 칩을 총괄하고 지휘하는 기능을 하는 logic chip의 상대적 중요성이 부각되었고, 이것을 생산하기 위한 디자인 내지 설계가 생산 시설의 확보보다 더 중요하다고 여겨지게 되었다. 차후 밝혀지겠지만 이러한 시스템 반도체는 칩을 필요로 하는 그것의 수요 측 요망을 반영하게 될 것이고, 그에 따라 여러 가지로 다양화하게 되게 된다. 반면 이들 중 memory chip은 양적으로는 더 많이 소요되는 것이고, 이것을 생산하기 위해서는 logic chip을 생산하는 것보다 훨씬 대규모의 투자가 필요하다. 더 나아가서는 이들 두 가지에 더해 이미지를 생산하는 데 쓰는 analog chip과 하나의 트랜지스터로 된 discrete chip을 추가하기도 한다. 나아가 이들 칩은 생성 AI에서 용도에 상응해 쓰인다. 텍스트 기반 생성 AI인 Chat GPT와 그것의 변종들은 logic chip과 memory chip을 주로 쓰고, 이미지 생성 AI인 DALL-E 및 Meta로부터 비디오 생성 AI인 Make-a-Video는 analog chip을 주로 쓰고 있다 한다.

McKiney&Company, "What is generative AI?" January 19, 2023

반도체를 생산하기 위해서는 먼저 설계를 해야 하고 설계를 마친 다음에는 웨이퍼 및 그것과 더불어 써야 하는 소재를 확보하고, 이들을 써 구체적으로 반도체를 생산하는 기계 설비와 관련 장비를 갖추어 실제로 반도체를 생산하는 제작 과정을 진행시켜 나가야 한다. 관행에서는 실제 대규모 생산 활동인 후자를 생산하는 기능을 'fab(fabrication)'이라고 지칭하고, 개발과 설계를 하는 활동인 그것 이전의 기능을 'fabless'라고 지칭해 왔다. 반도체를 만들던 초기에 미국의 회사들은 이러한 2가지 과정을 모두 한 회사가 함께 수행하였다. 그러다 그렇게 하는 것이 너무 많은 투자를 요하고, 특히 fab을 구축하고 운영하기 위해서 막대한 투자가 필요하다는 것을 알게 되자, 이 두 과정을 분리해 수행하려고 하게 되었다. 많은 부가 가치를 얻을 수 있는 전자를 미국 관련사들이 직접 담당하도록 하고, 후자인 fab을 한국, 대만, 중국 등에 위양하여 실제 생산을 하게 하였다. 그로써 현재 이러한 2종 반도체의 생산 과정에서의 모든 것을 한 나라에서 효율적으로 수행하는 경우는 사실상 없어지게 되었다고 할 수 있다. 겉으로 두 가지 과정을 모두 하는 듯 보여도 실질적으로는 그 중 어느 하나에 주력하고 있다고 보아야 한다.

fab과 fabless 사이의 기능 분화가 생기면서 후자의 기능을 배제한 채 설계 및 디자인이 있은 다음 fabless는 제외한 채 특정 고객으로부터 주문을 받아 미리 계약한 내용에 따라 오로지 제조만 담당하는 파운드리(foundry; semi-conductor fabrication plant)가 나타났다. 파운드리는 비메모리 반도체와 메모리 반도체를 주문된 내용에 따라 모두 생산하며, 디자인-설계 자동화-후공정 패키징 등도 포괄하고 고객과의 협업에도 노력하는 것이다.

　나아가 이것은 반도체를 제작해 낼 수 있는 재료가 되는 웨이퍼를 생산하는 과정까지를 포함하기도 한다. 이러한 파운드리에서는 그러한 웨이퍼를 가지고 이상 2종의 칩을 제작할 수 있게 하는 반도체 설계 및 개발 과정 및 설계 과정이 fabless에서의 생산 과정 이전에 선행되어 있어야 한다. 보는 시각에 따라서는 2종 반도체의 직전 기본 소재가 되는 이런 웨이퍼를 생산할 수 있는 능력이 다른 어떤 것들보다 더 중요하다고 본다.

　파운드리의 성공은 가격 협상, 생산 과정에서의 성능 및 수율 등에 의해 좌우되는데, 1급 파운드리에는 5나노나 3나노 등 7나노 이하 미세 반도체를 생산하는 TSMC와 삼성이 있고, 이들이 시장의 90%를 차지하고 있다고 한다. 이들을 따르는 것이 DB 하이텍, 키 파운드리고, 그 뒤를 잇는 것이 8인치에서 12인치 부분에서 경쟁력을 가지는 SK 하이닉스와 시스템 IEC 등이라 한다.

중앙일보 2023년 2월 21일, "파운드리 반도체 산업 전망: 첨단 기술 경쟁력 입증해야 1위 꿈 열린다"

　구체적으로 이들 2종 반도체의 생산은 나라별, 회사별로 나누어져 있으며, 그에 따른 국제적 협력이 필수적이다. 여기에다 그러한 칩을 생산하는 과정을 선행하는 웨이퍼를 생산하기 위해 필요한 소재를 확보하는 일(이런 일에는 일본과 중국이 주요국이고)이나 다양한 반도체를 생산하는 데 필요한 갖가지 장비 및 시설을 마련하는 일(이런 일에는 네덜란드가 중요하다)까지를 생각하게 되면, 현재 지구상에서의 반도체 생산이란 어느 한 나라에서 완성되는 일이 아니고 여러 나라에 나누어져 있는 매우 민감한 국제 분업 체제 속에서 공급 체인이란 형태로 국제적으로 분화되어 있음을 알 수 있다.

위의 논의는 반도체 문제에 있어서 3가지 중요한 포인트가 있다는 점을 알려 주고 있다.

첫째, 반도체를 이용하는 마지막 단계에서 보아 적극적으로 주어진 과업을 수행하기 위해서는 그런 프로세싱 과정을 수행하는 메모리 칩이 있어야 하고, 그러한 메모리 칩으로 하여금 주어진 과업이 필요로 하는 바 다양한 과업을 수행하도록 명령하는 여러 종류의 로직 칩이 필요하며, 또 이러한 두 가지 칩이 하는 일을 전제로 하여 데이터를 보관하고 과업 수행 과정 중 및 과업 처리 후의 결과를 보관하는 메모리 칩도 필요하다는 것이다. 이러한 메모리 칩은 많은 데이터를 저장하고 있다가 로직 칩의 지시에 따라 과업을 수행할 수 있게끔 관련된 과업의 규모에 대응해 공급되어야 한다. 다시 말하면, 메모리 칩은 과업의 크기에 따라 결정되는 것이고 사회 전체에서의 과업의 총량은 그 사회에서 얼마나 많은 사람들이 PC나 smartphone 등을 가지고 이들을 얼마나 많이 이용하고 있으며 또 얼마나 자주 교체하느냐에 의존하게 된다. 이런 면에서 PC나 smartphone 시장에서 얼마나 많이 메모리 칩이 수요되느냐에 따라 메모리 칩의 수요의 중심 부분이 결정되게 될 것이다.

그런데 메모리 칩의 수요는 경기 변동의 영향을 크게 받는다고 한다. 예컨대 2021년 수요 감퇴로 이것의 재고가 40%나 늘어나게 되었고 가격은 40%나 하락하였다고 한다. 이는 이때 logic chip 일반의 가격이 3% 하락했다는 것과 좋은 대조를 이룬다. 2022년 후반 들어 이러한 칩에 대한 수요가 감소한 것은 코로나19 이전부터 배태되어 있었던 것이었다. 그것은 스마트폰에 대한 수요의 감소, 자동차용 칩에 대한 수요의 정체, 클라우드 및 각종 데이터 센터로부터의 수요 감소에 기인하는 것이다. 그러나 중국에 대한 주요 칩의 수출 금지 조치도 무시할 수 없는 원인이 되었다.

아무튼 메모리 칩을 생산하려면 로직 칩의 생산을 위해 필요한 규모보다 훨씬 대규모의 시설 투자가 필요하기 때문에 이것의 생산을 하려고 준비하는 것은 fabless가 되거나 logic chip을 생산하려는 것에 비해 큰 투자 자금을 마련해야 한다는 점을 보아 더 어려운 결정을 해야 하는 것이다. 따라서 비메모리 칩 CPU의 생산을 최초로 시작한 다음 그것을 대거 생산하던 미국의 인텔이 상대적으로 적은 시설 투자를 해도 되고, 그 기능이 더 중요한 logic chip의 생산에 역점을 두게 되면서 메모리 칩의 생산에서 퇴각했다는 것을 이해할 수 있다. 또한 이러한 인텔사가 모든 반도체를 미국 내에서 생산하도록 해야 한다고 미국 바이든 행정부가 방침을 정한 2022년에 와서는 한때 포기했던 메모리 칩의 생산을 재개하려는 의사를 보였다는 것도 수긍할 수 있는 것이다.

둘째, 그 이전 단계에서 이러한 메모리 반도체로 된 시스템이 제대로 작동하기 위해서는 그것에 논리를 부여하고 프로세싱할 수 있게 하는 비메모리 프로세싱 칩이 있으면서 메모리 칩과 결합되어 작동할 수 있어야 한다. 그런데 메모리 칩을 효율적으로 생산하는 능력이 있다고 하더라도 그런 생산 과정에서 이러한 비메모리 칩(logic chip)을 설계하고 제작할 수 있는 기술을 자동적으로 획득할 수 있게 되는 것은 아니다. 실상 이러한 비메모리 칩의 설계 내지 디자인은 아주 어려운 과정이고, 미국이 독점적으로 가지고 있는 여러 종류의 특허 및 설계 방법에 크게 의존하고 있는 것들이다. 그러면서 상대적으로 적은 투자를 해도 되고, 경기 변동의 영향도 적게 받기에 일단 시작하고 나면 유리해, 이것이 로직 칩을 전문으로 하는 fabless의 숫자가 한 때 fab의 숫자보다 많았던 주요 이유가 되었다. 현재 중요한 fabless로서는 전에 있던 AMD나 Arm이나 Intel 등과 더불어 근자에 등장한 Qualcomm, Nvidia, Broadcom, 미디어텍(대만) 등이 있으며, 우리나라에서는 종합반도체회사(integrated device manufacturer; IDM)라고 지칭되는 삼성 내부에서의 작은 부문과 LX 세미콘 등이 있다. 단, 이와 같은 두 가지 종류의 칩의 생산과 관련해서는 해당 칩을 생산하더라도, 그러한 생산 공정에서 어느 정도 불량품이 나오게 되는 것이 불가피하다고 하며, 그래서 그러한 생산 과정에서 쓸 만한 칩을 일정한 정도 이상으로 생산할 수 있어야 한다고 한다. 달리 말하면 생산하는 과정에서 일정한 정도를 넘는 수율을 가질 수 있어야 한다고 하는, 경제성을 고려한 제약 조건이 있다는 것이다. 각각 다른 생산 공정을 거쳐 논리적 프로세싱 칩이나 메모리 칩이라는 결과물로서의 생산물이 만들어지게 되겠으나, 그러한 생산물의 상당수가 불량품이 됨으로써 생산 공정의 성공 가능성이 아주 낮게 되어서는 안 되겠기 때문에, 수율이 문제가 되는 것이다. 이에 IDM이나 foundry에게는 생산된 반도체를 검사하고 패키징 하는 OST(Outsourcing Semi-conductor assembly and Test)가 부가되어 있어야 하는 이유가 된다.

셋째, 프로세싱 칩과 메모리 칩을 써서 과거의 컴퓨팅 작업을 하거나 최근 많아진 AI 및 슈퍼 컴퓨팅 등의 과업을 수행한다고 하더라도 그러한 2종의 칩을 경제성을 보장하는 정도의 양산을 할 수 있어야 한다. 따라서 이것을 가능하게 하는 정도의 수요가 보장되어 있어야 한다. 막대한 자본 투자를 했는데 수요가 충분하지 못하면 그런 시설을 써서 경제성을 가지는 규모로 생산을 하지 못하게 됨으로써 그런 투자를 잘못했다고 할 수밖에 없게 되며, 그로써 회사의 운영에 큰 문제를 가져오게 될 것이기 때문이다. 과연 밑에 나오는 자동차용 반도체 문제에서 이러한 점을 볼 수 있는데, 한때 우리나라에서도 자동차용 반도체가 부족해 자동차를 생산하지 못하는 상황이 있었다. 그런데 이런 때 우리나라에게 장애가 되었던 것은 우리가 그러한 7 나노 또는 그 이상으로 덜 미세한 집적도를 가지는 자동차용 프로세싱 칩을 생산할 능력을 근본적으로 결여하고 있었다고 하는 단면이 아니었다. 우리는 메모리 반도체의 설계를 조정하고 다른 메모리 반도체 생산 시설을 로직 칩을 생산하는 것으로 개편하여 그러한 칩을 설계하고 생산할 수 있는 잠재적 능력을 구비하고 있었으리라고 보였으나, 그러한 전환을 하더라도 막상 그것을 양산하게 되었을 때 그런 생산량을 모두 소화할 수 있는 수요를 확보하기가 어려웠을 것이라는 점을 우려하였고, 이것이 더 큰 장애 요인이었다고 한다. 그로써 경제성을 보장할 수 있는 정도의 생산량을 유지할 수 없을 것이라는 우려 때문에 자동차용 반도체 생산에 뛰어들지 못했다는 것이다. 이런 우려가 있었기 때문에 우리는 당시 메모리 칩 생산에 있어서 서울공대 이정동 교수가 '축적의 시간'에서 이야기하는 바 능력을 결여하고 있지는 않아 자동차용 메모리 칩의 생산이 가능했을 것이라 추론되었음에도 불구하고(즉, 당시 자동차용 메모리 칩보다 더 고사양인 휴대폰이나 PC용으로 쓰이는 메모리 칩을 효율적으로 생산하고 있었고, 그것을 자동차용 칩으로 전환시킬 능력이 있었음에도 불구하고) 그것보다는 저사양이고 상대적으로 간단한 자동차용 프로세서 칩을 생산하지 못하였고, 그것의 부족으로부터 벗어나지 못하였던 것이다.

The Economist October 22ⁿᵈ, 2022, Semiconductors: The sillicon squeeze

반도체를 생산하는 것도 input을 투입해 output을 산출해 내는 것이란 점은 여느 물품의 생산과 다를 바 없다. 단지 그것에서의 input은 장비, 부품, 소재 등이고 output은 memory chip과 logic chip(또는 system chip이나 processing chip이라고도 불리운다)의 2종으로 대별되고 있다는 점을 유의하면 되겠다. 시간이 지나고 기술이 발달하게 되면서 input의 요소나 output의 종류가 질적이나 양적으로 모든 면에서 달라지게 될 것이나, 비전문가를 위한 소개 글에서는 전자에 대해 다루어진 것이 별로 없다. 이하에서는 도리 없이 관심을 후자에 두고 그것의 산출물에 대해 생각해 본다.

먼저 두 가지 산출물 중 대중이고 생산량도 많으며 설계된 대로 생산되어 실제 컴퓨팅을 해 내는 데 필수적인 역할을 하는 memory chip에 대해 살펴보자. 메모리 칩은 수평적으로는 여러 개의 평면으로 구성되어 있고, 수직적으로는 그러한 평면이 하나의 단이 되어 여러 개의 단으로 쌓여져 있는 구조를 가지고 있다. 이는 아파트를 연상시키는 공간으로 생각할 수 있는데, 이때 수평적으로는 주어진 단위 평면에서 가능한 한 많은 회로를 수용할 수 있어야 하고 수직적으로는 그러한 평면을 하나의 단으로 보았을 때 여러 개의 단을 수용할 수 있어야 함을 함축한다. 그리고 단위 공간에 수평적으로 상대적으로 많은 단위 평면과 수직적으로 많은 단을 수용하고 있는 것이 고사양의 고급 메모리 칩이 된다고 할 수 있다. 단위 공간에 넣을 수 있는 chip의 구성 요소인 회로판을 수직적으로 여럿을 넣을 수 있게끔 회로의 평면이 얇아졌고, 수평적으로는 주어진 평면에 더 많은 회로를 넣을 수 있게끔 집적도를 높여 왔다는 점을 알 수 있다. 물론 이러한 메모리 칩이 (이른바 수율이라는 것과 관계되는 바) 전기 충돌이 없이 일사불란하게 작동하고 그로써 로직 칩이 요구하는 제반 사항을 틀림없이 수행해야 한다는 것은 기본이다. 얼마 전까지 고사양 칩이란 5 나노 (1 nano 메터는 10억분의 1 메터) 이하의 밀도를 가진 고밀도 칩이었다. 그러다가 이제는 더욱 고사양인 3 나노 칩도 제작할 수 있게 되었다. 단, 이러한 고사양 칩을 생산하기 위해서는 그 이전에 쓰던 상대적 저사양 칩을 생산하던 생산 시설을 그대로 쓸 수는 없어 새로운 생산 시설을 마련해야 했는데, 이를 위해서는 전에 볼 수 없었던 막대한 투자가 필요했다 한다.

반면 memory chip이 해야 하는 일을 설계를 통해 규정하는 logic chip의 생산에 있어서는 최근 데이터를 많이 처리해야 하는 빅테크들의 주문에 부응하느라 memory chip으로 하여금 더 많은 일을 하게 하는 설계안을 마련하려고 하게 되었고, 그로써 오랫동안 컴퓨팅이라는 계산 작업을 관장해 오던 CPU(Central Processing Unit)를 대신해 특정 목적의 과업을 하는 데 쓰면서, CPU보다 더 효율적으로 작동하는 새로운 종류의 logic chip인 GPU나 TPU나 NPU나 IPU 등을 산출하게 되었다.

이상 최근의 변화는 반도체 발전의 역사를 회고하게 한다. 1990년 대에는 IBM이나 HP 등이 만든 mainframe이라고 지칭되던 대형 컴퓨터가 있었고, 이것이 자체적으로 메모리를 가지면서 모든 프로세싱 기능도 수행했다. 그러다가 2000년 중반 들어 Intel이 processor 칩 CPU를 만들어 냈고, 이것을 중심으로 하여 사실상 대형 컴퓨터의 성격을 가지는 서버(server)가 등장했다. 이어 많은 서버를 가지는 server room이 나타나 mainframe을 대체하게 되었다. 이러한 과정에서 반도체의 설계와 제조가 분리되는 분화가 일어났다. 이것이 Texas Instrument의 CEO를 희망하던 모리스 창이 대만에 반도체 생산 시설을 세우게 된 것이 계기가 되었다. 그 후 나타난 것이 파운드리를 핵심으로 하는 제조 시설이었으며, fabless와 foundry의 연합도 생겨나게 되었다. 그리고 이러한 연합은 TSMC의 FinFET, 삼성의 GAA(Gate All Around)등 더 미세하고 전력소모가 적은 반도체를 생산하게 하는 계기가 되었다.

중앙일보 2023년 7월 18일 "삼성, 신기술 앞서도 '양산' 경쟁에 뒤지면 TSMC 못 잡아."

그 후 삼성 및 SK 하이닉스의 전신에서는 메모리 칩 중심의 제조 시설의 마련에 주력하게 되었고 네델란드 ASML이 극자외선 리소스 그래피 장비를 100% 확보하게 되는 분업 사태를 낳았다. **(중앙SUNDAY 2023년 5월 13일-14일 "칩 워, 누가 반도체 전쟁의 최후 승자가 될 것인가" 크리스밀러 지음, 노정태 옮김)** 그러다가 2010년대에 들어와서는 그 이전에는 칩 생산에 간여함이 없이 소비만 했던 Amazon이나 Google 등이 등장해 일본 회사 Arm으로부터의 설계에 기반하면서 거기에 독자적 아이디어를 추가해 설계한 독자적 로직칩과 메모리칩을 생산하게끔 fab들을 종용하게 되었다. 각자가 원하는 컴퓨팅 과업에 맞는 logic chip을 직접 설계하거나 밖의 fabless에게 원하는 컴퓨팅을 할 수 있도록 하는 logic chip을 생산하도록 한 다음, 그것을 수용하는 메모리 칩과 독자적 목적에 대응하는 서버 칩을 fab이나 foundry에게 위탁해 제작하도록 하였다. 이런 측면에서 보아 앞에서 적시한 GPU나 TPU 등 신종 logic chip이란 이들 빅테크가 많이 가지고 있는 빅 데이터를 종래의 CPU보다 더 효율적으로 처리할 수 있게 만든 특화된 logic chip이라 하겠다. 이때부터 프로세싱 칩을 생산하는 것의 수익성이 메모리 칩을 생산하는 것의 수익성보다 높아지게 되는 현상도 나타났다. 이에 즈음하여 대만의 TSMC도 Arm으로부터의 설계를 받아 프로세서 칩을 생산하는 경쟁에 뛰어들었고, TSMC는 고객과 경쟁하지 않는다는 캐치 프레이즈와 함께 파운드리에 더 역점을 두게 되면서 삼성에 비해 유리한 위상을 점하게 되었다고 한다. 이러한 변화와 더불어 서버를 여유 있게 보유하는 것이 가능하게 되었으며 cloud computing도 시작되었다.

반도체 산업을 처음 시작한 미국이 메모리 칩 생산을 위한 막대한 투자를 회피하는 방법으로 fabless에 상대적으로 역점을 두려고 했던 변화를 보여 주었다고 했다. 미국의 인텔이 이러한 변화의 선두에 서 있었다. 그러나 이러한 변신을 꾀하더라도 Intel이 종합반도체회사(IDM)라는 그것 출발점에서의 그것의 속성을 아주 버린 것이라고 보아서는 안 되겠다. 그 후 2022년 들어 미국이 칩스법을 제정해 제조 기능도 미국으로 복귀시키려는 움직임을 보이기 시작했다. 과연 인텔은 2021년 파운드리 사업 재진출을 선언하였고, 2023년 4월 독보적 fabless인 Arm과 협력하여 SOC 기반 모바일 애플리케이션 프로세서(AP) 개발과 생산을 선언하였다. **(중앙일보 2023년 4월 14일 "인텔-ARM '파운드리 동맹' 결성, TSMC-삼성에 도전장")** 이 분야에서는 특허와 설계 기술을 미국이 거의 독점하고 있어 한때 우리나라의 이 분야 전문가들은 우리나라의 이 분야로의 진출을 불가능하다고 여기는 듯했다. 그러나 미국은 의도하는 규모로 반도체 제조할 수 있도록 하는 정도의 인력을 갖추고 있지 못한 듯하여 미국 역시 독자적으로 모든 것을 생산할 수는 없을 것이다.

또 이런 변화 과정에서 설계 능력을 미국이 아닌 나라들도 한정적이나마 지니게 되었고, 뒤에 나오는 바 SOC나 PIM과 같은 설계와 제조를 함께할 수 있도록 하는 방안도 나타나게 됨으로써 종래 제조 중심이었던 반도체 회사들이 한정적이나마 변신을 할 수 있는 소지도 가지게 되었다. 예컨대 삼성은 많은 메모리 칩을 생산해 왔고 또 한정적이나마 IDM도 시도하고 있으니, 메모리 반도체 분야에서 manufacturing을 하다가 생산 라인 곳곳에서 수백 개의 혁신을 기록한 다음**(조선일보 2023년 4월 13일 "애니콜 생산 직원 4,000명의 '대단한 노동'")** engineering을 할 수 있는 능력을 체득하였고 한정적이나마 reverse engi-neering으로 성과를 낼 수 있게 되었으며, (이제 메모리 칩의 심한 수요 정체에 임하여) IDM으로서 제한적이나마 fabless도 시도해 보려는 계제도 갖게 되었다. 뒤에 나오는바 logic chip과 memory chip의 통합(integration)을 시도하기도 했다. 또 M램의 경우에서 보듯 논리를 메모리 칩에 담아 보려는 것이나 PIM 관련 노력이 진행되고 있음을 볼 때 이런 변화에 의해 전기가 마련될 수 있을 것을 기대할 만하다고 하겠다. 인텔이 처음에는 모바일의 예로 시작했지만 그 후 자동차, IoT, 데이터 센터, 항공 우주 산업 등으로의 수요 확장을 노리고 있다는 그것 향후의 계획도 이 시점에서 참고해야 할 것이다. 나아가 TSMC가 foundry 사업의 강화를 통해 이런 방향으로의 변신을 부분적으로나마 성공한 선례가 있고, 그 자체로 파운드리 부문을 가지고 있기도 한 삼성 역시 이 부문에 기대를 가지고 있다고 하니 우리도 변신을 희망할 수 있겠다.

이 시점에서 반도체 산업은 설계-제조-후공정이라는 3단계를 거치는 기술 생태계를 가지고 있다는 점을 염두에 두고 반도체 생산 일반에 관한 우리나라의 강점과 약점을 점검해 보자. 우리는 메모리 반도체에서 압도적 경쟁력을 가지고 있고, 파운드리 능력에서도 상당하며 다소간의 설계 기술력도 보유하고 있다. 그러나 세계적 수준에 달하는 팹리스 특화 기업은 없고 설계 자동화 소프트웨어인 EDA를 결여하고 있어 독자적 지적재산(IP)에서도 취약하다. 비메모리 분야에서 더 약하다. 나아가 설비 장비 분야에서는 물론 후공정에서의 패키징을 위한 인쇄 회로 기판의 제조 기반이 미약하고, 소재 장비 분야에서도 해외 의존도가 높다. (KISDI 2023 ICT 주요 이슈, '기술 패권 경쟁에서 반도체가 왜 중요한가? 미국, 중국, 한국 등 주요국의 경쟁력 현주소는?') 반면 TSMC는 후공정 패키징에서도 강하다 한다. (중앙일보 2023년 7월 3일 "패키징 기술의 힘…. 엔비디아도 TSMC에 머리 숙인다")

전체적으로 볼 때 미국은 아주 많은 분야에서 첨단 분야의 관문 내지 급소(choke point)에 대해 적의 대응할 수 있는 처지에 있으나, 미국이 아닌 다른 모든 나라들은 독자적으로 반도체 분야에서 생존하기 위해서 미국 및 다른 나라와 서로 협력해야 하고, 다른 나라에 비대칭적 영향력을 행사할 수 있는 처지는 아닌 듯하며 우리도 예외가 아니다. 거기에 우리의 반도체 생산의 상당 부분을 중국이 수요하고 있어 중국과의 관계를 무탈하게 유지하는 것이 긴요한데, 미중 경제 전쟁의 최전선인 이 분야에서 미국은 중국이 14나노까지만 조달할 수 있도록 규제를 하는 것으로 알려져 있어, 이것이 우리에게 또 하나의 불안 요인이 되고 있다.

다행스러운 일은 이러한 근본 사정을 배경으로 하여 우리나라에서 이러한 때 필요한 변신의 단초가 될 수 있는 변화가 2023년 2월 보여지게 되었다는 것이다. 그 하나는 파두라는 fabless가 나타나 uni-corn이 될 정도로 커졌다는 것이다. 데이터 처리 속도와 저전력 사용 및 저발열과 안정적 전송을 시현하는 SSD(Solid State Drive) controller를 주력 생산품으로 하는 이 기업은 미국의 인텔로부터 기술력을 인정받았고 미국의 메타 및 여러 데이터 센터를 고객으로도 지니고 있어, 특허 및 설계 기술 등을 독점하고 있는 미국이 시스템 반도체로의 접근을 허용하지 않을 것이라는 여겼던 미신을 깬 선례가 되었다고 한다.

조선일보 2023년 2월 28일 "팹리스 유니콘 파두, 미 데이터 센터-메타 등 빅테크가 고객"

동아일보 2023년 2월 28일 "서울대 공대 출신들이 만든 '파두', 반도체 설계사 첫 유니콘 됐다"

중앙일보 2023년 3월 1일 사설 "척박한 국내 팹리스 환경에서 탄생한 유니콘 기업"

그 둘은 통신 기업들이 반도체 기업과 협력해 반도체 개발에 나섰고 2023년 WMC에서 중간 단계의 성과를 보이는 성과와 의욕까지 보여 주었다는 것이다. 삼성전자는 소프트웨어를 활용하는 가상화 네트워크에 신규 칩 셋을 이용하는 고도화된 5G 기지국을 통해 데이터 처리 용량을 2배 늘리고 전력을 40% 절감하는 통신 시장의 변혁을 이루겠다고 하고 있고, KT는 이미 투자한 AI 반도체 팹리스(반도체 설계 회사) 스타트업 '리벨리온'의 반도체 제작 기술, AI 인프라 솔루션 전문 기업 '모레'의 반도체 설계 기술을 소개하면서 메모리 반도체 이상으로 될 수 있는 길을 모색하고 있으며, 오래된 정보를 기억해 이용자와의 대화에 활용하는 장기 기억 기술과 이미지와 영상을 AI 기술로 분석하는 '비전 AI'를 소개하려고 한다는 것이다. 마찬가지의 맥락에서 SK텔레콤은 사피온, 네이버는 삼성전자 및 퓨리오사 AI와 협력하고 있다고 한다. 이러한 여러 시도가 우리 IT 부문의 가장 큰 과제인 칩 통합을 통해 메모리 반도체 일변도나 AI 활성화의 문제를 푸는 계기가 되기를 기대해 본다.

중앙일보 2023년 2월 20일, "올해 MWC 키워드는 '속도'---XR-메타버스 눈앞에 펼쳐진다."

중앙일보 2023년 2월 28일, "스마트폰 맞수 삼성전자-애플, 웨어러블 기기로 확전"

동아일보 2023년 2월 27일, "MWC서도 인공 지능 열풍---6G 상용화도 주목"

조선일보 2023년 2월 7일, "160국의 '통신 축제'---AI가 최대 화두, 중국도 로봇 들고 왔다"

급기야 우리 기업들이 AI용 반도체를 만들었고 큰 수요를 확보할 수 있는 클라우드에 그것을 쓸 수 있게 되었다 한다. 삼성전자와 네이버가 연내 프로그래머블 반도체(FPGA, 소프트웨어를 업데이트해 용도에 맞게 내부 회로를 바꿀 수 있는 반도체)를 주문형 반도체(AISC) 형식으로 대량 생산하려고 한다는 것인데, 이것은 GPU보다 효율을 높이고 비용을 낮출 수 있다고 한다. (중앙일보 2023년 4월 10일, "국산 AI 반도체로 세계 클라우드 시장 진출, 또 하나의 한류") 이것은 퓨리오사의 AI와 리벨리온의 신경망 처리 장치(NPU) 및 SK텔레콤 사피온의 FPGA와 같은 쾌거로서 우리나라가 fabless에의 진출의 구체적 예를 보여 준 것이라 하겠다.

이러한 맥락에서 cloud를 잘 활용하는 것이 중요한데, 이런 때 클라우드란 그 이전에 자체 컴퓨팅 수요만을 위해 서버 룸을 유지하고 있었던 몇몇 회사들의 on-premise data center 내지 preprietary data center(또는 간략하게 이야기해 data center)와는 다른 것으로서, 프로세싱을 하는 서버의 기능뿐만 아니라 데이터 처리 전의 데이터 및 처리 후의 데이터를 저장하는 기능도 여유롭게 가지면서 이들 데이터 처리 및 데이터 저장 기능을 외부에 임대하기도 하는 양태를 지니는 것도 있다. 이런 때의 데이터 센터 중에는 10만 개의 서버를 가지는 대형 데이터 센터도 있고, 그 이후 컴퓨팅 능력에서의 여유 부분을 임대하면서 클라우드로 되어 본격적 역할을 강화한 것도 있었으며, 독자적 프로세서 칩을 창제해 사용하는 등 다기한 종류로 변화하기도 하였다 한다. 이런 변화의 대표적인 예가 Nvidia인 바, 이 회사는 게임에서의 graphic을 처리하기 위해 GPU를 개발해 쓰다가 그것으로 AI 모델도 처리할 수 있게 하는 변신의 선례를 보여주었고, 또 그런 칩을 상대로 하여 편리하게 쓸 수 있는 프로그래밍 언어인 CUDA도 개발해 냈다. 그런 다음 자체 생산 시설을 가지고 구체적으로 생산을 하는 fab(fablicator)에게 주어진 설계도에 따라 과거의 CPU와 다른, 앞에서 예시한 신종 logic chip을 생산하게도 하였다. 단, 이것과 대비되어 자체 생산을 하지 않는 가운데 설계만을 해 왔기에 fabless라고 불리던 AMD와 Arm은 logic chip의 중심을 CPU에 두고 이것을 더 효율적으로 만들려고 하는 데 애를 썼다고 한다. 일시적으로 이들은 데이터를 많이 쓰는 logic chip의 설계안을 제시하고, fab으로 하여금 그런 것을 생산하게 함으로써 이상 적시된 프로세서를 만들어 쓰는 Amazon이나 Google 등과 차별화되면서 경쟁하였다. 즉, 이때 Nvidia는 GPU를 도입했고, Amazon은 Graviton chip을 도입했으며, Google은 Tensor processing chip을 등장시켰고, Microsoft는 Windows 시스템을 수용하면서 클라우드 업무에서도 쓸 수 있는 독자적 칩을 곧 소개할 것이라고 했다.

The Economist October 8th, 2022, The hard edge of cloud: Data centers are the fiercest front in the chip wars

이렇게 다양한 logic chip을 생산하게 되었다는 것은 이런 GPU나 TPU 등의 logic chip의 설계가 시대가 필요로 하는 것을 향해 달라지게끔 적응하였고, 그런 것을 위한 생산 시스템도 달라졌다는 것을 의미한다. 나아가 이러한 logic chip의 변화에 대응하여 memory chip의 생산에서도 변화가 생겼다. 많은 데이터를 소화하는 대용량 컴퓨팅을 하지 않으면 안 되게 됨에 따라 메모리 칩의 차원에서도 성능 개선이 필요하게 되었다. 개선된 메모리 칩은 AI, 슈퍼 컴퓨팅, 양자 컴퓨팅 등 고성능 컴퓨팅이 필요로 하는 과업을 수행하는 데 쓰였으며, 자율 자동차에서 실시간으로 현장의 데이터를 수집하고 소화해 성공적 자율 운행을 할 수 있도록 하는 역무도 감당하지 않으면 안 되게 되었다. 다양한 기능을 요구하는 logic chip의 요구에 따라 다양한 일을 수용할 수 있어야 하는 memory chip은 얼마나 효과적으로 로직 칩의 요구를 수용하느냐에 따라 높은 기능을 지니고 고성능 컴퓨팅을 할 수 있는 고사양 메모리 칩과 그러하지 못한 (상대적으로) 저사양인 메모리 칩으로 나누어질 수 있겠는데, 이른바 양자 컴퓨팅이 본격 활용되기 이전까지는 이러한 고성능 컴퓨팅이 불가피하고 또 대세를 이룰 것이다.

고사양 메모리 칩을 생산하는 시설을 마련하기 위해서는 200-280억 불의 막대한 자본 투자가 필요하다고 한다. 이것은 그 이전 이러한 정도의 고사양은 아니었으나 당시 최선진이라고 여겨졌던 기술로 fab을 건설하던 때 소요되었던 자본 투자액의 5배 이상이나 되는 큰 금액이라고 한다. 미국의 인텔에서 이런 대규모 투자를 주저하다가 그것의 CEO가 Swan에서 Gelsinger로 교체되게 되었다는 에피소드가 암시하듯이, 이것은 정말 막대한 규모의 투자다. 나아가 3-5년의 건설 과정을 거쳐 이를 위한 fab을 건설해 놓고 나면 그것의 주된 고객은 Amazon, Apple, Google 등 미국의 빅테크가 될 것이기에 이들에 의한 수요과점(oligopsony)의 횡포에 시달리게 될 위험도 있다.

　생산자와 수요자 모두가 소수여서 oligopoly-oligopsony 시장이 형성되게 되리라는 이러한 국제 반도체의 생산과 분업의 생태계가 가지는 불건전성은 2022년 들어 미국과 중국 사이에서 경제 전쟁이 심해지면서 더욱 현저하게 부각되었다. 우선 이른바 Chip Economics에서 보아 반도체에서의 국제적 공급 체인에서 문제가 불거지게 되었는데, 이는 미국 바이든 대통령이 어떤 연유에서든 미국 기술을 써서 생산한 반도체를 중국에 공급하지 못하게끔 하는 행정 명령을 내림으로써 극에 달하게 되었다. 이로써 중국으로의 반도체의 공급이 군사적 장비에서는 물론 식기 세척기의 생산에 쓰이는 것에 이르는 것까지에 걸쳐 AI용 칩을 쓴다는 그것 자체가 사유가 되어 공급이 제약받게 되었다. 중국의 반도체 생산 국유기업 YMTC는 물론 중국에 이미 생산 시설을 가지고 있던 미국의 대표 반도체 기업 Intel도 수요 감축(중국에 대한 수출을 할 수 없게 됨으로써)과 그것을 수반하는 생산에서의 큰 차질을 경험하게 되었다. 물론 이러한 미행정부의 행정 명령이 잘 지켜질 것인가에 대한 우려가 없지는 않다. 미국 법원에서 이러한 조치에 대한 법적 쟁송이 상당한 정도 나타나게 될 것이라는 예측도 있기 때문이다. 또 이러한 중국에 대한 반도체 관련 수출 제한 조치는 결국 중국이 자체 생산 능력을 키우도록 자극하여 memory chip과 logic chip에서 각각 YMTC와 SMIC가 세계적 규모의 생산력을 가지게끔 할 것이라는 우려도 없지 않다. 유럽에 있는 fabless들이 미국의 요망에 부응하여 가지고 있는 기술을 중국에 수출하려고 하지 않으리라는 것 역시 불확실성을 내포하고 있는 것이다.

The Economist October 15th, 2022 'Semiconductors: Chips off the old bloc'

The Economist October 15th, 2022 'Tech geopolitics: No more Mr. Nice Guy'

삼성과 대만의 TSMC가 격하게 경쟁하는 분야는 5 나노 이하 초미세 메모리 반도체의 생산 분야다. 그런데 삼성이나 TSMC가 이런 3 나노(nano meter) 이하의 메모리 반도체를 만든다고 하더라도 그것에서의 생산 수율이 어떠하고(경제성을 보장할 수 있을 만큼 수율이 높은지 여부) 그것을 대량으로 필요로 하게 하는 용도를 제공하는 논리 칩이 어떤 fabless로부터 쉽게 마련될 수 있을지, 그리고 그러한 고사양 메모리 칩을 실제로 쓰는 디바이스 등 제품에 대한 수요가 충분해 그렇게 개발된 고사양 메모리 칩을 필요로 하는 수요로서 넉넉히 확보될 수 있을 것인지 등 아직 알려져 있지 않은 불안한 요소가 많다. 또 이러한 고사양 메모리 칩의 생산 능력을 갖추게 되었다고 하더라도 그것을 어떤 다기한 분야에서 여러 용도로 널리 쓸 수 있게 될 것인지 역시 앞으로 구체적으로 밝혀져야 할 사안이다. 첨단 공정을 선점한 뒤 품질 및 가격 경쟁력을 인정받아 시장 점유율을 높이는 지금까지의 경쟁 전략이 계속 통용될지도 우려되기 때문이다. 본래적으로 fab이 반도체 생산을 지속하기 위해서는 웨이퍼 이상으로 그것과 같이 써야 하는 기타 소재, 기계 설비와 부품, 새로운 개발과 설계, 생산품 판매를 위한 시장 환경 등 여러 요소를 선행하거나 부수되게끔 충족시킬 수 있어야 하고, 함께 동원되어야 할 것이기 때문이다. 물론 이러한 것 중 가장 중요한 것은 fabless라고 할 수 있겠으나 다른 어느 하나가 결여되어 있다고 하더라도 생산을 지속시키기는 어려울 것이다. fab에서의 고사양 메모리 칩의 생산을 밑받침하는 fabless로부터의 설계와 그러한 설계에 기반해 실제 생산을 할 수 있게 하는 장비 및 소재 부품이 같이 마련되어야 하겠기 때문이다. 이에 관해서 1990년대 반도체 매출 기업의 1-3위를 차지하던 일본의 NEC, 도시바, 히타치가 1985년 플라자 합의에 의한 엔화 고환율 및 1, 2차 반도체 협정과 수퍼 301조 등의 영향을 받아 수요 확보와 관련 생산 설비 등의 조달에 어려움을 겪었으며, 결국 쇠락하게 되었다는 점이 반면 교사로서 소환되고 있다.

중앙SUNDAY 2022년 8월 6일-7일, "삼성-TSMC-마이크론 '퍼스트 무버' 혈투, 각국도 총력전"

중앙일보 2022년 11월 1일 "'반도체 특위' 만들어 대체 불가한 반도체 기술 확보해야"

그런데 이러한 일본이 2022년 들어와 고사양 메모리 반도체 생산에 진출하려는 움직임을 보이고 있다고 한다. 우선 이런 공장의 2024년 완공을 목표로 하고 있고, 이를 위해 이런 성격의 fab을 건설하려고 대만의 TSMC를 유치하면서 그것의 일본 공장의 투자자금의 50%를 부담하겠다고 하고 있다고 하며, 그 이상으로 소재 부품 장비 측면에서 일본이 가지고 있는 이점을 이용하여 foundry 면에서 영향력을 행사하려고 하고 있다고 한다. 대학의 연구 개발 지원을 통해 인력 확충에도 힘쓰고 있다는 것이다.

천지일보 2022년 11월 1일, '반도체 왕국 부활 꿈꾸는 일본, 우리에게는 위기다'

종래 삼성이 주로 생산했던 메모리 반도체는 그 설계가 고유한 것이 아니고 생산량이 많아 확보가 비교적 용이하다는 의미에서 commodity의 성격을 띠고 있는 것이었다. 그런데 삼성은 지난 수년간 이러한 메모리 반도체의 생산에 큰 역점을 두고 있었던 반면, TSMC는 그런 것 이외에 외부로부터 위탁받은 logic 반도체의 생산에도 힘을 경주하였다고 한다. 이런 TSMC 역시 본래적으로는 fab에 불과하였으나 최근에는 전 세계 logic 반도체 생산의 90%를 점유하게끔 그것의 fab에서의 생산물의 구성에서 변화가 생겨났고 설계에 대해서도 배울 수 있었을 것이라 한다. 삼성과 달리 상대적으로 logic chip 생산에 힘을 기울여 왔다는 것이다. 더구나 세계 3위 파운드리 업체 UMC도 대만에 있고, 5 나노를 넘어서는 고사양 메모리 칩 생산을 위한 시설 투자에서도 다른 어떤 경쟁 업체보다 앞섰다고 한다. 삼성과 TSMC와 관련된 이러한 점과 앞에서 적시된 fabless와의 관계나 장비 및 부품 및 소재 확보의 용이성, 그리고 우리 및 대만 정부의 지원 양상을 볼 때 TSMC가 삼성보다 2022년 현재 월등 유리한 위상을 차지하고 있다고 여기게 한다. 이에 기인하여 삼성과 TSMC 둘 사이에서의 반도체 공급 체인에서 전에 없었던 돌변 사태가 나타나게 되었으니, 2022년에 들어와 메모리 칩의 수요가 줄어드는 한편 프로세서 칩의 수요는 늘어나게 된 것을 전기로 하여, 주로 메모리 칩을 생산해 온 삼성의 주가는 정체 내지 하락을 맞게 된 반면, 외부에서 설계안을 받아 상대적으로 많은 프로세서 칩을 생산한 TSMC의 주가는 2000년 이전과 다르게 상승하여 삼성의 주가 추이를 크게 상회하고 있는 모양새를 보이게 되었다는 것이다. TSMC에게 더 유리하게 작용할 수 있는 다른 요인으로는 대만은 세계 5위 팹리스 업체 미디어 텍을 가지고 있고, 생산을 마무리하는 세계 1위의 후공정 업체 ASE도 가지고 있다는 것도 있다.

The Economist October 1st, 2022, Smiconductors: Painful memory

중앙 SUNDAY 2022년 10월 22-23일 '데자뷰'

요컨대 삼성은 지난 수년간 이러한 메모리 반도체의 생산에 큰 역점을 두고 있었던 반면, TSMC는 그런 것 이외에 외부로부터 위탁받은 logic 반도체의 생산에도 힘을 경주하였다고 한다. 이런 TSMC 역시 본래적으로는 fab이었으나 최근에는 전 세계 logic 반도체 생산의 90%를 점유하게끔 그것의 fab에서의 생산물의 구성에서 변화가 있었다고 한다. 삼성과 달리 logic chip 생산에 힘을 더 기울여 왔다는 것의 증거이다. 이는 TSMC가 파운드리에 힘을 쏟으면서 메모리 칩 이상 로직 칩에도 신경을 쓰게 된 때문이다. 더구나 세계 3위 파운드리 업체 UMC도 대만에 있고, 5 나노를 넘어 서는 고사양 메모리 칩 생산을 위한 시설 투자에서도 다른 어떤 경쟁 업체보다 앞섰다고 한다. 삼성과 TSMC와 관련된 이러한 점과 앞에서 적시된 fabless와의 관계나 장비 및 부품 및 소재 확보의 용이성, 그리고 우리 및 대만 정부의 지원 양상을 볼 때 2022년 현재 TSMC가 삼성보다 월등 유리한 위상을 차지하고 있다고 여기게 된다. 이에 기인하여 삼성과 TSMC 둘 사이에서의 반도체 공급 체인에서 전에 없었던 돌변 사태가 나타나게 되었으니, 2022년에 들어와 메모리 칩의 수요가 줄어드는 한편 프로세서 칩의 수요는 늘어나게 된 것을 전기로 하여, 주로 메모리 칩을 생산해 온 삼성의 주가는 정체 내지 하락을 맛보게 된 반면, 외부에서 설계안을 받아 상대적으로 많은 프로세서 칩을 생산한 TSMC의 주가는 2000년 이전과 다르게 상승하여 삼성의 주가 추이를 크게 상회하고 있는 모양새를 보이게 되었다는 것이다.

삼성이나 TSMC가 메모리 칩의 생산에 주력해온 이유로서 로직 칩 생산에 관련된 특허를 대부분 가지고 있는 미국(그곳의 Intel, IBM 등 관련 대기업)이 그것의 생산을 허용하지 않았기 때문이라고 한다. 그러나 이상에서 보듯이 TSMC가 2022년 들어와 보다 많은 로직 칩을 생산할 수 있게 되었다는 것은 이런 기존의 태세에 어떤 변화의 조짐을 보여 주는 것이 아닌가 하고 느껴진다. 나아가 SK 하이닉스가 TSV(실리콘 관통 집적 회로)를 적층시켜 D램을 고도화하고 데이터 전송 속도를 높인 HBM(고대역 메모리)을 양산하게 되었다는 것도 비슷한 변화의 조짐으로 해석할 수 있지 않을까 한다. 메모리칩을 생산한다는 것은 같으나 수요가 늘어날 새로운 메모리칩을 생산할 수 있게 되었기 때문이다. HBM은 D램 여러개를 수직으로 연결한 고부가·고성능 메모리다. AI용 칩에 쓰이며 SK하이닉스가 50%, 삼성이 40%의 시장점유율을 차지하고 있다.

동아일보 2023년 7월 3일 "폭풍성장 HBM 두고… K반도체 초격차 속도 낸다."

이런 계제에 우리에게 희망적인 징조는 앞에서 적시했던 fabless

파두 및 기타 fabless의 시도, FPGA의 생산, PIM과 SOC 등에서 찾을 수 있겠다.

이런 로직 칩 생산을 위한 능력을 배양하려는 과정에서 TSMC나 삼성이 이른바 IP 파트너스 등과 협력을 도모할 수 있게 되었다는 점도 매우 중요하다. 통상 IP는 지적재산권(Intellectual Property)을 의미하는데 여기에서처럼 반도체와 관련해서는 이것은 반도체 설계 자산이라는 의미로 쓰인다고 하며, 이들 다양한 IP들이 블록의 요소로 쓰이게 되면서 반도체를 다양한 로직 반도체를 생산하는 데 주요 투입 요소가 된다는 것이다. IP 파트너스들은 여러 설계자산을 여럿 생산해 놓고 그런 것들을 요소로 하여 다양한 포트폴리오를 구성해 가지고 있으면서, fabless, IDM, 파운드리 등에다 그런 IP의 하나 또는 일부를 매각하거나 사용할 수 있게 하면서 그 대가로 라이선스 피를 받는다는 것인데, 이들의 거래 대상에 대만의 TSMC에 이어 삼성도 포함될 수 있게 되는 변화가 최근 있었다는 것이다. 그 결과 삼성은 최첨단 IP 개발 3사 시놉시스, 케이던스, 알파웨이브 등을 비롯해 56개(지난해 1월 기준) IP 파트너와 협력할 수 있게 되었으며, 후술되는 암바렐라도 이런 종류의 하나라고 할 수 있다는 것이다. 이러한 IP 파트너스들과 협력을 할 수 있음으로써 칩 개발부터 양산까지 걸리는 기간 3-5년을 2년여 단축시킬 수 있다고 하며, 그로써 fab과 fabless와 사이에서의 차이도 줄어들 수 있게 되었다는 것이다. 아무튼 이런 변화 이전에 TSMC는 5만개 이상의 IP를 활용할 수 있었던 반면 삼성은 4천개 IP를 활용하는 정도이었는데, 이제 새로이 이런 IP 파트너스들의 IP를 활용할 수 있게 됨으로써 삼성이 격차를 줄일 수 있게 되었다는 것이다.

　중앙일보 2023년 6월 15일 "TSMC 따라잡을 삼성전자의 묘수 'IP 생태계' 키운다"

　동아일보 2023년 6월 15일 "삼성 '파운드리 강화' IP 협력 늘린다."

　삼성이나 TSMC가 메모리 칩의 생산에 주력해온 이유로서 로직 칩 생산에 관련된 특허를 대부분 가지고 있는 미국(그곳의 Intel, IBM 등 관련 대기업)이 그것의 생산을 허용하지 않았기 때문이라고 했다. 그러나 이상에서 보듯이 TSMC가 2022년 들어와 보다 많은 로직 칩을 생산할 수 있게 되었다는 것은 이런 기존의 태세에 어떤 변화의 조짐을 보여 주는 것이 아닌가 하고 느껴진다. 나아가 SK 하이닉스가 TSV(실리콘 관통 집적 회로)를 적층시켜 D램을 고도화하고 데이터 전송 속도를 높인 HBM(고대역 메모리)을 양산하게 되었다는 것도 비슷한 변화의 조짐으로 해석할 수 있지 않을까 한다. 위에서 본 IP 파트너들과의 다기한 협력은 이런 변화의 규모와 속도를 훨씬 크게 할 것이다.

　아무튼 반도체와 관련된 이상의 돌발적 변란은 몇 가지 여파를 가져오게 되었다. 우선 미국과 중국 사이의 경제 전쟁의 와중에 빠지게 되면서 모든 나라는 적어도 단기적으로는 타국이 생산하는 칩에 대한 의존을 줄이려고 하게 되었다. 근본적으로는 글로벌 공급 체인에 전적으로 의존하려던 성향을 줄이고, 만약의 사태에 대비해 자국에서의 공급이라는 대안을 확실히 마련해 보려고 하게 되었다. 그리고 이러한 변화는 logic chip에 있어서 보다 공급의 소스가 그나마 다양하고 소요량이 많은 memory chip에서 더 현저하게 나타났다. 그로써 미국은 그동안 중국에 시스템 반도체를 생산하는 기술과 장비의 공급을 제한해 오던 것 이상으로, 현재는 중국이 생산하고 있는 정도의 메모리 반도체 이상인 고사양 메모리 반도체를 생산하는 데 필요한 장비를 중국에 수출하는 것을 적극적으로 제한하려고 하게 되었다. 우리도 미국의 이러한 정책 변화의 영향을 받지 않을 수 없었다. 그러나 우리는 적어도 국내 생산과 관련되는 한 당분간은 메모리 반도체와 시스템 반도체를 생산하는데 쓸 수 있는 장비를 불충분하게나마 모두 가질 수 있게 되었다고 하며, 앞으로 칩 4 동맹의 일원이 되면 이러한 장비의 수입이 크게 어려워지지는 않을 것으로 본다. 더 나아가 이런 시설을 자체 생산하려고 할 가능성도 없지 않다고 한다.

앞서 나온 내용을 다시 정리해 보자. 반도체는 크게 memory chip과 logic chip 2가지로 나누어 볼 수 있다. 이러한 구도는 von Neumann 구조라고 지칭되는 모양인데, 지금까지 굳어져 있다가 자동차 칩을 대상으로 하여 Tesler가 그 이전 200개 이상이던 칩을 5개 내외로 축약 정비하는 통합(integration)의 선례를 보임에 따라 앞으로 달라질 조짐을 보이게 되었다고 해석되고 있다. 그런데 2023년 1월 12일 'NEO 지식창고'의 Youtube에 따르면 삼성전자가 M 램을 일체형 반도체로 만들어 CPU의 기능을 메모리에 심음으로써 in memory computing을 가능하게 할 소지를 보였다고 한다. 이른바 CPU 없는 컴퓨팅을 할 수 있는 단초를 열었다는 것이다. 이것은 기본적으로는 메모리 반도체이지만 시스템 반도체의 부분을 흡수하고 있는 것으로 보이며 통합을 가능하게 하는 한 예라고 할 수도 있겠고, 지금 침체되어 있는 메모리 반도체의 수요를 크게 늘릴 계기가 될 수도 있겠다. 위의 IP 파트너들과의 협력에 의한 기대를 더 높이는 새로운 요인으로 될 수 있겠다. 물론 이렇게 되더라도 현재 시스템 반도체의 특허와 설계 기술을 대부분 가지고 있는 미국이 부여하는 제약 아래에서 삼성전자는 M 램 칩 등을 생산할 수 있게 될 것이다. 이에 삼성이 이런 칩의 생산을 하게 되더라도 미국의 특허와 설계 기술이 부여하는 제약 아래에서 이를 실현해야 할 것이며, 관련 경쟁자들은 미국이 결여하고 있는 foundry 관련 부문에서 챗 GPT의 보조를 받으며 독자 능력을 발휘하여, 현재의 어려움을 뚫는 길로 활용할 수 있지 않을까 짐작해 본다.

이런 칩을 생산하기 위해서는 투입해야 하는 요소로서 웨이퍼, 기타 부품 및 같이 투입해야 하는 소재, 칩의 설계안 등이 필요하고, 그런 투입 요소를 결합해 생산을 하는 과정에서는 일정한 정도를 넘는 수율을 올릴 수 있어야 하며, 그렇게 생산한 것을 팔 수 있는 시장을 확보할 수 있어야 한다. 우리나라는 메모리 칩과 로직 칩을 설계하고 생산할 수 있는 능력이 없는 것은 아니나 최근 3 나노 메모리 칩을 제작했다는 희소식을 가지고 짐작해 볼 수 있는 것은, 메모리 칩을 생산하는 데 더 큰 우위를 지니고 있다고 하겠다. 반면 로직 칩의 설계와 생산에는 미국 등 경쟁국에는 물론 대만에도 뒤지고 있고 또 이들 2가지 칩의 생산을 위해 필요한 시설 장비나 소재 부품을 마련하는 데서도 다소 어려움을 가지고 있다. 이에 2022년 들어 뚜렷해진 반도체 공급 체인의 재편을 계기로 하여 미국조차도 인텔로 하여금 그동안 방기했던 바 메모리 칩을 자국 내에서 생산하도록 하려고 하고 있다고 한다. 그러니 이것을 참고로 할 경우 우리도 우리가 필요로 하는 모든 칩을 자체적으로 생산하려고 해야 할 것이고 그러한 계제에 임해서는 로직 칩의 설계 능력, 두 가지 칩의 생산 설비와 생산에서 필요로 하는 소재와 부품 등의 확보에서 상당한 어려움을 가지게 될 것이라고 추론되고 있으니 이에 이를 극복할 방안을 어서 강구해야 할 것이다.

이에 삼성으로서는 현재의 난국을 헤쳐 나가기 위해서 현재의 fab 이상 fabless에서도 능력을 키워 logic chip도 설계하고 생산하는 능력을 갖추게 되어야 할 것이다. 삼성은 주로 메모리 칩의 manufacturing을 해 왔으나, 한정적으로 logic chip을 생산해 오기도 했기 때문에 이런 과정에서 현장의 엔지니어와 개발자들의 협력을 통하여 상당한 정도 engineering 능력을 키워 왔을 것으로 짐작된다. 이러한 과정에서 적어도 메모리 반도체에 대해서는 다른 어느 경쟁자보다 나름의 '축적의 시간'을 가질 수 있었을 것이고, 상당한 정도 fabless로서의 엔지니어링 능력도 체득할 수 있었을 것이라 여겨진다. 나아가 IP 파트너들과의 협력을 착실화하고 그동안 한정적이나마 파운드리로서 logic chip을 생산해 오면서 익힌 능력을 앞으로는 더 강화하여 logic chip 생산의 엔지니어링 능력도 실제화하여 이를 뒷받침하려고 해야 할 것이다. 단, 그러면서도 자체적으로 조달하기 어려운 장비와 소재 부품 등의 확보에도 역점을 두어야 할 것이다.

위에서 반도체 생산 기업으로서 삼성의 취약성을 보았는데 그것은 삼성만의 문제만은 아니라는 것을 알 수 있다. 삼성을 종합 반도체 회사(integrated device manufacturer)라고 하는 데서 짐작할 수 있겠지만 대만의 TSMC나 미국의 어느 회사도 삼성과 마찬가지로 이상에서 반도체 생산의 input이라고 지칭한 모든 것을 구비하고 있지는 못하며, 여러 부문에 걸쳐 빠짐없이 반도체를 생산하고 있는 곳은 없다. 그러나 미국의 회사들끼리는 서로 긴밀한 협력 관계를 짤 가능성을 가지고 있으나 삼성은 그러하지 못하다는 데 문제가 있다. 중앙일보 2022년 11월 4일 기사가 취급한 KIET의 〈반도체 산업의 가치 사슬별 경쟁력 진단과 정책 방향〉이라는 연구 보고서는 미국, 일본, 유럽연합, 대만, 중국과 우리나라의 경쟁력을 비교했는데, 메모리 반도체에서는 한국이 경쟁력을 보유하고 있으나 시스템 반도체에서는 비교 대상국 중 최하위라고 했다. 또 장비의 자립화율이 20%에 불과하고 미국, 일본, 네델란드 3국에 대한 수입 의존도가 77.5%인 것에 이어서 대만의 70.6%나 중국의 56.2%보다 높다고 했다. 외교적 지정학적으로도 취약성을 가지고 있다고 했다. 취해야 할 대책으로는 칩 4 동맹의 가입, R&D 증대를 통한 국산화 노력을 적시하였다. 현재의 상황은 WTO 이후의 글로벌 자유 시장의 체제라는 상황이 아니고, 세계 최강국 미국의 쇄국주의적 무역 선도하에 regime change가 이루어지고 있는 시대라 하겠다. 전환기이기에 적절한 적응이 절실히 요망된다 하겠다.

The Economist October 8th, 2022, 'What next? a new era of macroeconomics is emerging, bringing promise and peril'

The Economist October 29th, 2022, 'Briefing Bidenomics: Adieu, lassez-faire'

그럼에도 불구하고 우리는 우리의 반도체 경쟁력에서의 열위를 극복하게 할 수 있는 길로서 R&D 투자 지원이나 세액 공제율의 차이를 과하게 강조하고 있다. 이런 점에서도 TSMC 등 경쟁사에 뒤지는 점은 시정할 수 있어야 하겠으나, 위에서 적시한 엔지니어링 차원에서의 고려를 절대로 소홀히 해서는 안 될 것이다. 미세 공정을 기술적으로 정립하는 것보다 더 중요한 것이 그런 부분을 소프트웨어로서 뒷받침하는 것이라는 이 분야 고참들의 경고를 가벼이 여겨서는 안 되겠다.

중앙일보 2023년 1월 20일, 'TSMC 15% vs 삼성전자 2%---R&D 투자 세액 공제율 격차'

이하에서는 앞에서 축약해 언급했던 것을 조금 자세히 살펴보고 거기에서 언급되지 않은 것들을 추가해 보자. 1970년대에 CPU가 나타났다. 그러면서 1960년대 이래 하나에 칩에 심을 수 있는 트랜지스터가 매 2년마다 2배 늘어나고, 그에 따라 칩의 성능이 2배 늘어난다는 현상을 관찰하게 되었고, 이것이 이른바 무어의 법칙으로서 회자되게 되었다. 이런 가운데 CPU를 전제로 하되 그것으로 하려고 하는 계산 작업 중 일반적 프로세싱 작업이 아니고 신속히 수행해야 할 일부의 특정된 과업을 위해 layering accelerator를 장치해 계산 속도를 높이려고 하는 변신이 있었다.

그런데 CPU는 근본적으로 앞의 단계에서 계산을 마친 후에야 그 다음 단계에서 계산을 할 수 있게 하는 순차적 처리(sequential processing)를 한다는 것을 전제로 하고 있는 것으로서, 신속한 계산을 해야 하거나 대용량의 계산을 해야 하는 데에는 근본적인 한계를 가지고 있는 것이다. 그러다가 1990년대에 들어서는 GPU가 나타났고 2012년 들어서 본격 사용되기 시작하게 되면서, CPU와 달리 매트릭스 방식의 계산 방식인 병렬적 계산(parallel processing)을 할 수 있게 되었다. 이로써 계산의 용도와 능력을 증강할 수 있었다. 즉, Nvidia 의 GPUs 및 Advanced Micro Devices' 및 GPU, Intel's Xeon Phi 등은 프로세서의 두뇌에 해당하는 'core'을 여럿이서 함께 사용할 수 있게 함으로써 이른바 병렬적 계산(parallel computing)을 할 수 있게 변화시켰다. 더불어 이런 칩을 쓰는 상황에서 적합한 프로그래밍 언어인 CUDA도 등장했다. (그로써 종래 선택의 대상이던 프로그래밍 언어가 620개 이상으로 늘어나게 되었고 새로운 칩을 대상으로 하는 프로그래밍이 편리하게 되었다 한다.) 그 이후 비디오 게임에서의 이미지를 만들던 GPU는 big bang을 일으키면서 그 이전보다 획기적으로 많은 데이터를 소화할 수 있게 하였다. 그로써 오류율을 5% 정도로 줄일 수 있게끔 AI의 성능이 제고되었다고 한다. 그러다가 뒤에서 설명되는 IPU 등이 나타나게 되었다.

2.
GPU, TPU, IPU
그리고 SOC

video game을 제작할 때 쓰여 왔던 GPU(Graphics Processing Units)가 새로운 상황에 들어서 범용 계산을 하는 데에서 쓰이게끔 변신하게 되었다는 것은 주목해 볼 사항이다. GPU는 병렬적 계산을 할 수 있게 함으로써 CPU보다 훨씬 큰 계산 능력을 구사할 수 있음을 보여 주어 큰 관심을 끌었다.

SearchEnterpriseAI.com, 'Google's Edge TPU breaks model inferencing out of the cloud' 31 Jul, 2018

SearchCIO.com, 'Don't get caught up in the neural processing unit hype' 27 Jul, 2018

이러한 GPU는 처음 생긴 이후 보다 큰 메모리와 빠른 속도를 가지게끔 개선되어 슈퍼 컴퓨터와 유사하게 컴퓨팅 파워를 증강시켰다. 그로써 AI용으로도 쓰이게 되었다. AI 용으로 쓰이게 됨으로써 종래 게임만을 위해 쓰이던 GPU의 용도는 훨씬 확대되었다. CPU의 개수를 늘리지 않고도 VM(Virtual Machine)을 이용하고 소프트웨어의 도움을 받아 가며 계산을 가속시킨 것이 그것을 곁에서 도왔다. 또 한정적으로는 소프트웨어 기능을 심은 특수 칩을 만들 수 있게 되었다는 것 역시 힘을 보탰다. 이것이 워크스테이션에서 쓰이게 됨으로써 엣지에서도 AI를 처리할 수 있게 하는 변신을 초래하였다. 상징적으로 말하자면 성능이 커진 GPU가 생겨 엣지에서 (그 이전의 시각에서 보면 일종의 수퍼 컴퓨팅이라 할 수 있는) 계산을 할 수 있게 만들었고, 클라우드의 데이터 센터나 대기업의 데이터 센터가 아닌 곳에서도 대형 과제에 따르는 상당한 크기의 대형 시뮬레이션(simulation)을 가능하게 하였다. 다른 측면에서 보면 그것은 AI용 accelerator가 이용될 수 있는 영역을 넓혀 데이터 센터가 아닌 곳에서도 accelerated computing을 할 수 있게 만들었다.

SearchEnterpriseAI.com, 'New Nvidia, AMD GPUs deliver more memory and speed—again' 18 Nov, 2020

SearchEnterpriseAI.com, 'Nvidia unveils A100 GPU for demanding AI workloads' 14 May, 2020

이러한 새로운 칩의 등장과 그것들의 역할 중대는 하드웨어와 소프트웨어 2가지 차원에서의 발전에 기인하는 것이라고 할 수 있다. 우선 하드웨어의 차원에서는 이들에 의해 칩의 집적도(density)가 보다 집약적이게 만들어졌으며, 그와 더불어 증가하는 열을 냉각시킬 수 있는 방도도 알려지게 되었다. 다음 소프트웨어의 차원에서는 새로운 저장 시스템(storage system)이 개발되었고 이것으로 향하는 접근이 신속하게 되어, '비정형(unstructured) 데이터나 준정형(semi-structured) 데이터를 포함하는' 많은 데이터를 다룰 수 있게 되었다. 이른바 universal storage 전문 기업이 나타나 AI의 도움을 받아 가며 이런 과업을 고성능으로 처리(high-performance processing) 할 수 있게 하였다. 데이터의 암호화, 규모 축소, 반복 이용을 하더라도 질적 저하를 방지할 수 있게 하였다. 그러면서 데이터 처리 능력을 3배 이상 증대시켰고, 그 성과는 디지털 전환(digital transformation)이라고 하던 때의 기대를 훨씬 능가하는 것이었다. 이러한 변화는 또한 클라우드에 의한 절대적 의존을 줄이고 기업들로 하여금 자체의 데이터 센터를 강화시키게 하는 변화를 가져왔다. 이런 과정에서 10여 년 이상의 경험이 있는 고참 인력의 중요성이 부각되었다. 재미난 사실은 이상과 같은 하드웨어 및 소프트웨어 차원에서의 발전이 없었더라면 그 자체가 움직이는 데이터 센터라고도 할 수 있는 자율 자동차에 대한 최근의 발전은 불가능했을 것이라는 평가다.

SearchStorage.com, 'Vast Data unveils new storage platform built on Nvidia GPUs' 22 Mar, 2022

ComputerWeekly.com.com, 'Vast Data: Big shifts promised for an AI future' 10 Nov, 2021

SearchDataCenter.com, 'Recent data center advancements include AI, new CPUs' 10 Mar, 2022

종래 GPU가 게임만을 위해 그 장점을 발휘하던 때 그것의 가장 큰 수요처는 데이터 센터이었다. 그런데 이제 AI를 위해서도 그것을 필요로 하게 되고 클라우드를 운영하는 빅테크가 아닌 다른 많은 기업들도 AI를 시험하고 활용하게끔 바뀌게 되자 GPU에 대한 수요는 급증하게 되었다. 계산 성능을 증대시키는 특수 칩에 대한 수요 증대는 GPU 이외의 다른 종류의 특수 칩들이 나타나게도 하였다. AI 용으로 쓸 수 있으면서 GPU와 경쟁관계에 서게 되는 경쟁자들의 신종 칩이 대두하게 되었다. 영국 기업 Graphccore의 IPU, Microsoft의 FGPAs, 중국 Baidu의 Kunlun, Alibaba의 Hanguang, 그리고 AWS의 Inferentia 등이 그런 것들이라 한다.

The Economist August 7th, 2021, 'Semiconductors: Veni, Nvidia, Vici'

이렇게 그 용도가 확장된 GPU 기반 프로세서는 5G와 결합됨으로써 또 하나의 새로운 전기를 마련하였다. 5G를 위한 장비나 하드웨어의 마련에 대한 중요성이 상대적으로 줄어들었고, 추가의 장비를 마련해 수행하려던 과업의 일부에 소프트웨어를 쓰고, 그로써 그것의 이용으로 강화된 칩을 써서 기존의 하드웨어의 역할을 상당 부분 대체해 보려고 하는 움직임이 나타나 확실한 위상을 지니게 되었다. 이에 따라 통신사들의 통신 네트워크와 다른 클라우드 기반의 네트워크를 가지게 되었으며 소프트웨어의 개발에서는 통신사들보다 더 큰 능력을 가진 빅테크들이 엣지 컴퓨팅에 참여하게 되었다. Nvidia는 Google과 협력하여 AI-on-5G를 시도하였다. 이러한 변화에 뒤지지 않으려는 듯 Microsoft는 Metaswitch networks을 흡수한 다음 다른 통신사들과도 협력하면서 비슷한 움직임을 보이고 있고, 아마존은 직접 Verizon과 파트너십을 결성해 그것에 대한 경쟁 체제를 만들려고 하고 있다. 이들 모두 5G 베이스 스테이션, 프로세서로서의 GPU나 x86, 그리고 신종 소프트웨어를 엮어 이른바 SOC(system-on-a-chip)을 제공함으로써 전통적 통신사와 경쟁할 수 있는 태세를 갖추려고 하는 것이라 하겠다.

SearchEnterpriseAI.com, 'Nvidia partners with Google Cloud to boost

SOC는 데이터의 원천과 분량이 많아지고 그런 것들을 감안하여 빠른 판단을 해야 하며, 동시에 안전도 도모해야 한다는 필요가 증대하게 됨에 따라 여러 목적으로 쓰이게 되는 등을 사유로 하여 더욱 중요시되고 있다. 자동화, 내부자의 위협 등 보안 문제, 이상 징후의 탐지, 사고 탐색 및 과학 수사(forensic), 보안 예측, 규제 사항 등의 준수(compliance) 확인 및 인증 등의 여러 문제에 있어 신속하게 대응하려고 하려다 보니 점점 SOC를 추구하게 되었다. 한 걸음 더 나아가 C(cyber)SOC를 적극적으로 논의하게끔 변화도 하게 되었다.

AlphaGo의 최신판인 AlphaGo master에서는 TPU(Tensor processing unit)가 쓰였다고 한다. 오픈 소스 소프트웨어인 TensorFlow를 사용할 수 있게 설계된 이것이 다량의 데이터를 신속하게 프로세스 할 수 있게 했다는 것이 판명되면서 AI 모델을 훈련시키는 데 주로 쓰이게 되었으며, 무선 온도 조절기(thermotstats)나 스마트 파킹 메터 등 edge device 등과의 연결성을 확보하는 데에서도 활용되게 되었다. 그로써 IoT 환경 각 곳에서의 디바이스마다 일일이 복잡한 소프트웨어를 쓸 필요 없이 상대적으로 간편한 AI를 쓰며 값싸게 연결성을 도모할 수 있게 하였다. 소규모의 디바이스를 쓰면서 데이터를 많이 쓰는 작업을 항시 과용량의 파워를 갖추지 않고서도 수행할 수 있게 하였다. 이러한 구글의 TPU와 가장 가까운 경쟁자 격인 것이 Intel의 FPGA(Field-Programmable Gate Arrays)라고 하는데, 이것은 추론(inferencing)에서 유용하다고 한다. 이러한 것들이 마련됨으로써 복잡한 AI

라는 과업을 비교적 적은 운영 비용을 들이면서 수월하게 수행해 나가는 데 도움을 받게 되었다. ASICs(Application-Specific Intergrated Circuits)도 계산 용량이 큰 과업을 다루면서 계산 시간을 줄여 DNN(deep neural network) 관련 모델을 다루는 데 역할을 했다고 한다.

ComputerWeekly.com.com, 'Compute strategies for AI applications' 04 Feb, 2019

GPU 이후 IPU(Intelligent Processing Unit)가 나타났다. 이것은 인간의 뇌의 뉴론과 시놉시스를 모방하여 프로세서로 하여금 계산하는 것뿐만 아니라 생각도 하게 하자는 야심찬 의도를 가진 것이다. 예컨대 AI 등을 위한 소프트웨어는 매우 복잡하기 때문에 CPU나 GPU를 써서 계산을 할 때 전기 사용이 많았고 열도 많이 나 컴퓨팅 차원에서 부담이 큰데, 이에 비해 IPU에서는 칩에 심어지는 트랜지스터의 개수를 줄이고 그로써 칩에서 나는 열을 낮출 수 있게 함으로써 이러한 부담을 저감하고 회피할 수 있게 하였다고 한다. 여기에서 전기 사용량을 줄일 수 있게 하는 것의 근거는 칩의 설계를 바꾸어 어떤 메모리에 있는 데이터를 다른 메모리로 자주 여러 번 보내고 받는 과정에서의 데이터의 이동을 줄임으로써, 그런 수수 과정의 축소에 대응하여 열사용도 줄일 수 있었기 때문이라고 한다. 이렇게 될 경우 많은 전기를 썼으나 그 기능으로 보아서는 단지 빠른 계산기 역할을 하는데 불과했다고 할 수 있었던 CPU나 GPU와 다르게, 새로운 구도의 설계도를 가졌다고 특징짓기도 하는 이러한 IPU를 써서 컴퓨팅의 부담을 크게 줄일 수 있게 되었다. 그로써 컴퓨터를 빠른 계산기 이상으로 만들 수 있었다.

이러한 방향의 시도 중에는 칩의 크기를 아이패드 정도의 크기로 키워 계산 속도를 증가시키려고 한 것도 있고, 현재의 CPU를 이용하되 현재 CPU로 다루는 알고리즘보다 더 다양한 알고리즘도 다룰 수 있게 하는 SLIDE(Sub-Linear Deep Learning Engine)라는 새로운 종류의 알고리즘을 도입해 현재 AI의 개선을 꾀하겠다고 한 것도 있다.

SearchEnterpriseAI.com, 'Ultimate guide to artificial intelligence in the enterprise' 26 May, 2020

나아가 설계를 바꿀 수 있었던 것은 컴퓨터로 하여금 사람이 생각하는 것을 구현할 수 있도록 그 이용 방법을 바꿈으로써 여러 사안을 다루는 방식을 바꾸었기에 가능했다고 한다. 사람은 어떤 문제에 당면하여 해결책을 강구하는 데 있어 오로지 계산에만 의존하지 않는다. 사람은 반드시 정확하지 않으나 융통성을 가지기에 하는 여러 가지 이미지들을 가지고도 그러한 것들을 종합해 어떤 판단을 하거나 도움을 받아 보려고 하고 있으며, 그러한 과정을 거쳐 아주 분명한 결론을 도출하고는 한다. 예컨대 어떤 음식점의 위치를 아는 데 100% 계산과 수치에 의거해 그것의 위도와 경도를 정확히 알아 음식점의 위치를 찾아내는 방식 대신, 그 음식점의 주변 지역에 대한 (반드시 정확한 수치로서 나타나고 있지 않다는 의미에서) 어느 정도 불분명성을 가지는 정보와 그 음식점의 이름처럼 숫자로 정확하게 주어져 있지는 않은 정보를 가지고도 그 음식점의 위치를 정확히 추적해 낸다고 한다. 반드시 정확하지만은 않은(imprecise한) 정보를 가지고도 정확한 결론을 얻어 낸다는 것이다. 그러니 이에 상응하게 컴퓨터에게도 반드시 정확하지 않은 정보(이러한 무정형의 정보를 'graph'라고도 지칭한다)를 여러 개 주고 새로운 구상 하의 설계에 의해 그런 것들이 연결되도록 함으로써 데이터 세트의 위치나 그러한 세트들 사이에서의 관계를 추론하고, 직접 계산하는 것을 대신해 보려고도 한다는 것이다. 그로써 결과적으로는 보다 확실한 정보를 얻게 하고 그것에 기인하는 확실한 정보 분석의 결과와 같은 수준의 결론을 도출할 수도 있게 한다는 것이다. 이렇게 데이터를 분석하는 기법을 graph analysis라고 하는데, 그런 것을 구체화할 수 있는 툴로서 RDF(Resource Description Framework), SPARQL Protocol, Apache TinkerPop 등이 예거된다. 나아가 이러한 구상을 지니고 있는 설계를 볼 때 IPU는 병렬 컴퓨팅의 성질을 이용하는 것이라 할 수 있다. 그것은 최대 500만 개의 processor core을 지원하며 3,000만 개의 프로그램을 작동시킬 수 있다고 한다. 물론 이렇게 많은 프로그램의 상당수는 사람이 아니라 기계적으로 만들어지게 되는 것일 소지가 크다.

이렇게 보아 IPU는 컴퓨터를 사람과 동일하게 기능하도록 하는 processor라고 할 수도 있다. IPU가 이렇게 전기 사용 및 칩에서의 트랜지스터 개수를 줄이는 방식을 가지고서 최종 결론을 얻고 있다고 하는데, 그 결과를 보면 언제나 정확한 계산을 하는 것을 전제로 하고 있는 CPU나 GPU에 비해 그 성능이 1,000배 정도 우월하다고 한다.

앞으로 자율 자동차, 음성으로 대응하는 Siri 같은 조교, cloud computing을 이용하는 농업, 의료, 기후 변화에 대한 대응 등 여러 과제에서 많은 정보를 실시간으로 소화하며 대응해야 할 것으로 전망되는데, 이런 막중한 과업에서 IPU의 사용이 불가피하게 늘어날 것이라 본다.

이러한 IPU가 마련되고 나면 그것을 본격 활용할 수 있도록 하는 소프트웨어 툴이 따라와야 할 것이고, 또 그것을 사용하는 서버도 생산되어야 할 것이다. 이러한 과정을 촉진하기 위해 IPU를 생산하고 있는 회사 Graphcore는 서버의 청사진도 제공하고 있고, 소프트웨어 툴도 제공하면서 자유롭게 쓸 수 있도록 하여, 많은 응용 예가 만들어질 수 있도록 지원하고 있다고 한다.

이렇게 IPU가 장만되고, 작은 노력 및 적은 에너지 사용으로 많은 계산을 할 수 있게 될 경우 그 결과를 악용할 소지가 우려되고 있다. 다른 무엇보다 권위주의적 정부가 국민 감시 목적으로 이를 악용할 수 있을 것이라는 점이 우려되고 있다.

IPU를 생산하는 업체로는 Graphcore 이외에 Tesler, Google, Nvidia 등이 열거되고 있다.

Bloomberg/Businessweek June 10, 2019, 'CHIP FOR BRAINS'

이상과 발걸음을 같이하고 있는 하드웨어의 차원에서의 다른 발전으로서 Google의 Tensor Processing Unit에서 쓰이고 있는 바, 한 가지 목적만을 위해 설계된 칩 ASICs(Application Specific Integrated Circuits)를 주목할 수 있다. 또 소프트웨어 차원 이외에서는 MS의 Bing에서 쓰이고 있는 바 flexible programming을 용이하게 하는,

field programmable gate arrays(FPGAs)를 주목해야 한다. 이런 발전에 대응해 인텔은 FPGAs를 생산하는 회사를 합병하여 Knights Mill이라는 새로운 프로세서를 생산해 판매하기 시작했다고 하고, IBM은 Power라고 지칭되는 CPU의 생산을 촉발하고자 open processor architecture을 공개해 semiconductor commons을 조성했다고 한다. 이들 모두가 계산 능력 증대와 계산 방법의 다양화를 꾀하는 노력이라 할 수 있겠다. Nvidia는 DGX SuperPod를 써서 AI 과업을 쉽게 시도할 수 있게 도왔다고 하고, Google은 챗봇이나 기타 digital assistant를 원하는 바 앱에 맞추어 쓸 수 있도록 하는 Jarvis라는 conversational AI 툴을 마련했다고 한다. 더불어 AMD, Intel 등이 GPU에 도전하는 개량된 CPU를 만들어 보려고 한다고 한다.

Economist Feb 25-Mar 3, 2017, 'Silicon Crumble"

SearchDataCenter.com, 'Which processing units for AI does your organization require? 14 Oct 2021

SearchEnterpriseAI.com, 'Nvidia releases new AI software, hardware' 12 Apr, 2021

데이터의 진실성을 확보하기 위해서는 원초적으로 데이터가 진실된 것이어야 하겠지만 일단 진실된 데이터가 생산된 후 정리 보관되는 때는 물론 다른 곳으로 이전되는 때, 또는 어떤 용도로 사용되는 때 진실성이 훼손되지 않도록 해야 한다. 이러한 목적의식을 가지고 비밀 준수 컴퓨팅(confidential computing)이 논의된다. 이것은 데이터를 최초로 생산하거나 수집한 애초의 시점으로부터 그것이 사용된 다음 보관되는 마지막 단계에서의 시점까지 그런 데이터를 볼 수 있게 허가된 사람이 아닌 제3자는 그것을 절대 볼 수 없도록 하여, 데이터의 진실성과 고결성을 유지하려는 것이다. 이러한 목적을 이루기 위한 기본적 방법으로는 데이터의 암호화를 추구한다. 데이터가 최초로 생산되거나 수집된 다음 정지 상태(at rest)에서 암호화하고, 그렇게 암호화한 데이터를 다른 곳으로 이동(in transit)시키며 끝에 가 보관되는 때에도 암호화된 상태를 계속 유지하도록 한다. 이로써 이른바 end-to-end 암호화를 하자는 것이다. 그런데 진정한 의미에서 end-to-end 암호화를 한다는 것은 통신 과정의 마지막 단계에서만 복호화(decryption)를 할 수 있도록 허용한다는 것이 된다. 그리고 이렇게 하는 것은 아무리 소통의 내용을 보호하려고 하더라도 지나친 것으로 보일 수도 있다. end-to-end 암호화를 한다고 하면서 상당한 경우 이를 관리하는 벤더는 여기에서 예외로 처신하는 경우가 적지 않기 때문이다. 예컨대 E2EE를 주창한 줌은 그 자신은 이런 과정에서의 통신의 내용을 볼 수 있었기에 법적 쟁송의 대상으로 되었고, 집단 소송을 당해 피해를 보상해야 했다. 나아가 이러한 방식으로 관리자가 통신 내용을 엿볼 수 있게 되면 그런 예외로부터의 허점은 더 증폭될 수 있다. 이런 관리자는 사법 기관의 요구를 거부하기 어려울 수 있으며, 내부의 못된 직원이 어떤 콘텐트를 보고 악용하는 것을 배제하기도 어려울 수 있다. 페이스북 등 데이터 매개 기관이 외부 기관과의 협조라는 미명 아래에서 그런 콘텐트를 공유화하는 일이 생길 수도 있다. 줌이 E2EE를 주창하였으나 그것을 지키지 못했기에 Google, NASA, SpaceX, 대만 정부, 뉴욕시 등은 줌의 사용을 금지하였다고 한다. 대학 중에도 줌의 사용을 중지하는 곳이 있다고 한다. 아무튼 이를 위해서는 복호화하는 열쇠를 엄격한 기준에 따라 쓸 수 있도록 해야겠다.

SearchUnifiedCommunications.com, 'Lawsuits: Zoom misled users, investors on video encryption' 09 Apr, 2020

그런데 보통의 경우 암호화된 데이터도 그것을 앱에 투입하여 컴퓨팅을 하는 도중(in use)에는 암호화된 상태로 두기가 어렵고, 때문에 이러한 컴퓨팅 과정에서 데이터의 진실성이 훼손되는 일이 발생하고는 한다. 이를 막기 위해서 소수 민족의 거주지 또는 성지라는 의미를 가지는 enclave 또는 TEE(Trusted Execution Environment)를 조성하여 계산이 이루어지는(in use) 이곳에서만 컴퓨팅을 할 수 있게 하면서 그곳의 출입을 엄격히 통제하고자 하는 것이 추구된다. 이러한 통제를 위해 쓸 수 있는 방도로서 컴퓨팅의 프로세싱 칩을 특별하게 만들어 대응한다고 하는데, 이러한 특수 프로세싱 칩을 만드는 회사로는 Intel, AMD, Arm(xRM) 등이 있다. 그리고 이러한 칩들은 Alibaba, Arm, Google, Huawei, Intel, MS, Red Hat 등에서 사용한다고 한다. 최근 Nvidia가 Arm을 인수하겠다고 한 것이 반도체 시장의 과점화를 심화시킬 것으로 여겨져 영국으로부터 격한 거부 반응을 받았다. 다른 방법은 여러 서버 사이에서 데이터가 공유되는 것을 금하면서 컴퓨팅이 여러 곳에서 진행되도록 하는 secure multiparty computation을 시도하는 것이다. 이렇게 하려면 여러 서버를 동원해야 하기 때문에 통신을 위한 간접비가 증가하게 되고 시간 지연도 발생할 수 있다는 등의 단점이 없지 않으나, 데이터가 해킹되거나 훼손되는 일은 최소화할 수 있으리라고 본다. 다른 방법은 컴퓨팅을 위해 암호화했던 데이터를 복호화시킬 필요 없이 암호화되어 있는 그 상태에서 컴퓨팅을 하도록 하는, 이른바 homomorphic encryption의 방법을 쓰는 것이다. Microsoft의 SEAL이나 Google의 BigQuery 등을 이런 목적을 위해 쓸 수 있다고 한다. 그 이상의 방법은 differential privacy라고 한다. 이것은 컴퓨팅 작업과 그런 작업의 결과를 분리해 보자는 것으로서 그런 것으로부터의 결과가 프라이버시 관련 내용을 가질 수 있음을 극력 경계한다. 단, 이것의 이용은 제한된 몇 가지에 한정되어 있을 뿐이라고 한다.

SearchCloudComputing.com, 'Confidential computing promises secure cloud apps' 15 Jan, 2020

SearchCloudComputing.com, 'How public cloud vendors tackle confidential computing' 29 Sep, 2020

우리나라가 반도체 생산 강국이라고 하나 이런 때의 반도체는 메모리 반도체를 의미한다. 반면 각종 프로세싱을 할 때 쓰이는 다양한 비메모리 반도체에 대해서는 전혀 그러하지 못하다. 특히 AI를 활용하여 여러 데이터 기반 의사 결정을 하기 위해서는 전력 소비도 최소화하는 초절전형 비메모리 반도체를 생산할 능력을 갖추어야 하는데, 우리는 이 점에서 약하다. '반도체 세계 1위 싸움, 이제 시작이다'(중앙일보 2021년 12월 10일 오피니언)에서 적시하듯이 이를 위해서는 이 분야에서 논의되고 있는 대상인 neuromorphic chip NPU를 생산할 수 있어야 한다. 나아가 이러한 하드웨어를 갖추더라도 그런 NPU를 활용하는 작업에 투입할 수 있는 잘 정제되고 라벨링된 빅 데이터가 필요하다. 이런 요소들이 마련된 다음에 많은 실험을 통해 알고리즘을 지속적으로 개선해 나가야 비로소 AI를 제대로 쓸 수 있게 될 것이다.

2020년 이래 데이터의 저장을 위한 특수 칩으로서 DPU(Data Processing Unit)이 나타났다. 이것은 어떤 과업을 몇 개 부분(component)으로 나눌 수 있을 때 그런 과업에서의 데이터를 저장하고 컴퓨트를 하는 작업을 과업의 규모가 증감함에 따라 필요한 부분에 대응하게끔 DPU를 가변적으로 동원하는 composable infrastructure을 실현할 수 있게 하는 것이다. 이러한 의미에서 이것은 대체 가능(fungible)한 성격을 가지고 있다.

SearchConvergedInfrastructure.com, 'Chip startup debuts with Fungible data processing unit(DPU)' 18 Aug, 2020

더 나아가서는 genome DNA를 활용하는 실험도 시도되고 있다. 종래 펀치 카드, 테이프, 디스크 등에 저장해 오던 데이터를 제놈 기술이 발달하게 된 것을 계기로 하여 DNA에다 저장하는 가능성에 대해 고려하게 된 것이다. 특히 아카이브에다 오래 보관하는 데이터는 종래에는 칩에다 보관해 왔으나, 앞으로 DNA의 합성(synthesis of DNA)에다 저장하는 것이 연구되고 있다. 이렇게 하는 것이 보다 장기간 동안 보관할 수 있게 하고, 저장 비용도 저렴하기 때문이다. 이러한 연구는 제놈 연구와 컴퓨터 공학이 접합하는 부분으로서 2010년대부터 진행되어 오던 것이었으나, 최근 들어 오래 보관해야 할 데이터를 DNA에다 저장해 보관하는 것이 다른 어느 경우보다 효율적이라고 여겨지게 되면서 이를 수용하는 칩을 생산하고자 애쓰게 되었다는 것에 힘입어 시도되고 있다고 한다.

SearchStorage.com, 'Iridia CEO sees data storage future written in DNA' 29 Mar, 2021

ComputerWeekly.com.com, 'Australian open source drag-and-drop GUI boosts genomic DNA research' 30 Apr, 2012

칩의 중심이라고 할 수 있는 CPU는 일단 주어진 데이터를 처리하는 데 주안점을 가진 것이다. 어디엔가 저장되어 있는 데이터를 그것을 처리할 수 있는 곳으로 옮겨 가 처리하고, 그렇게 처리한 결과를 다시 저장할 수 있는 곳을 포함한 다른 곳으로 옮겨 와 저장할 수 있도록 하는 것은 그것의 주요 관심 사항이 아니었다. 따라서 이런 과정에서의 효율성도 큰 관심사가 아니었다. 이러한 인식 아래에서는 데이터를 메모리나 다른 수단에다 저장하고(input) 그것을 처리하는 다른 장치에 옮겨 처리하게 한 다음, 그 결과를 다시 저장 장치나 달리 이용할 곳으로 옮기는(output) 것도 주요 관심 사항은 아니었다. 그런데 GPU라는 칩이 나타나게 되어 이것이 한편으로는 처리 능력을 증대시켰을 뿐 아니라 다른 편으로는 저장 능력도 늘리게 되자, 처리 능력에만 관심을 쏟았을뿐, 주안점이 아니라고 여겨 소홀히 취급했던 저장 기능을 다시 보게 되었다. 데이터를 두고 있던 곳(터미널)으로부터 다른 터미널로 전송하여 처리하게 하고, 그 결과를 다시 다른 터미널로 전송하여 이용하도록 함에 있어 얼마나 많은 데이터를 단위 시간 내에 전송할 수 있느냐 하는 것도 관심사가 되었다. input한 후 차후 output하는 데 소요되는 시간이 얼마나 되느냐 하는 시간 지연(latency)이 관심 사항으로 되었고, 이러한 때 전송된 데이터의 총량이 throughput으로서 또한 관심을 받게 되는 척도가 되었다. 이 두 가지가 저장 과정 중에 있는 데이터를 처리하는 능력을 재는 척도도 주목받게 되었다. 급기야 2021년에 들어서서는 GPU가 이들 두 가지

척도로 보아 괄목할 만한 성과를 내고 있는 것으로 인정받게 되었고, 그러한 칩을 활용하는 소프트웨어 Magnum IO GPU Direct Storage 에 의해 정식으로 애용되게 되었다. 더불어 이를 활용할 수 있게 돕는 벤더 DataDirect Networks, Vast Data, WekalO, Excelero, Dell Technologies 등도 활약하게 되었다.

SearchStorage.com, 'Nvidia finalizes GPU Direct Storage 1.0 to accelerate AI, HPC' 30 Jun, 2021

SearchStorage.com, '7 leading area network products and vendors' 14 Sep, 2020

이러한 동향에 대한 이단으로는 하드웨어 이용 차원에서 CPU의 소용도를 높여 더 널리 쓰자고 하는, Rice대학에서 개발된 SLIDE(Sub-Linear Deep Learning Engine)가 있는데, 이것이 CPU의 사용을 효율적으로 만드는 알고리즘을 마련할 수 있었다고 한다. 이에 대비되는 소프트웨어 차원에서는 어떤 문제를 고차원의 심볼을 통해 표현하고 이미지 인식 및 NLP를 써서 변환시킨 다음 푼다는 neuro-symbolic AI도 있었다고 한다.

Search EnterpriseAI.com, 'A guide to artificial intelligence in the enterprise' 09 Jul, 2021

confidential computing은 통신, 건강 의료, 금융, 정부 부문 등 프라이버시 및 보안에 대해 주의를 많이 해야 하는 부분에서 시작된 것이다. 그러나 클라우드의 사용이 일반화되었고 IoT, edge computing, 블록체인, 스마트폰, SaaS 등으로 생활 환경이 바뀌게 되면서 다른 부문에서도 이용해 보려고 하게 된 것이다. 이 문제에 대해 관심을 가지고 있는 주체들은 클라우드 서비스 제공자, 칩 생산자, 소프트웨어 생산자들이며, 주요 벤더로는 MS, IBM, Google, AWS 등을 들 수 있다.

마찬가지의 맥락에서 HW인 로봇의 기능을 SW로서 수행할 수 있게 하자는 아이디어에 따라 Robotic Process Automation(RPA)도 최근 활발히 논의되고 있다. RPA는 지능 있는 SW 또는 SW bot이다. 그것은 자동화를 하는 소프트웨어를 이용할 수 있도록 하는 방도의 소프트웨어다. 그것은 로봇이 반복적이고 단순한 규칙을 고수하는 기계적 작업을 대량으로 수행하는 것과 같이 (물리적 기계를 써서 하는 과업은 아니나 그것과 유사하게) 고정된 규칙을 지켜야 하는 기업에서 반복적인 과업을 수행하는 것이다. 이런 성격의 작업을 (기계가 공장에서 사람보다 신속히 수행하듯) 수행하는 예로는 거래 상대와의 업무 연락, 관련 서류의 보관, 업무 내용의 정확성 확인, 주문받은 과업의 이행 점검, 부동산 거래의 이행, 조달 과정의 관리, compliance의 수행, 이탈하는 고객의 점검 등을 들고 있다. 이러한 일이 이루어지는 업무 영역은 재무, 회계, 납세, 자금 수납, 기타 규칙의 준수 확인, 인력 채용 및 관리, 업무 계획 및 예산과 결산 등 전반에 걸쳐 있다. 공급 관리를 위해 조달하고 주문을 넣고 지불하고 재고를 관리하며 물류의 이동 상황 추적 등의 일에도 간여하고 있다.

RPA는 하드웨어인 로봇이 인간인 노동자와 함께 반복적이고 기계적인 일을 해 나가는데, 기계인 로봇이 할 수 없는 위의 예와 같은 일을 하면서 사람이 그러한 작업을 했을 경우 범할 수 있는 오류를 피하거나 최소화할 수 있게 하는 것이다. 로봇이 하는 것과 비슷한 기계적 성격의 작업인 계약서의 작성 등에서 오류를 찾아내고, 법률적으로 지켜야 하는 사항을 제대로 지키게 도우며, 그로써 사기도 예방할 수 있게 한다. 그것은 주어진 문제에 대한 해답을 찾는 탐색 (query)을 하고 주어지는 데이터를 가지고 계산을 하며, 주어진 양식을 채우거나 서류를 작성하고, 보고서도 만들어 내며, 관련 기록을 업데이트하기도 한다. 이로써 그것은 협업에서의 유용한 도구로 쓰이기도 하며, 새로운 방식의 검색 수단이라고 인지되기도 한다. 이러한 일련의 과정을 통하여 그것을 이용하는 것이 그러하지 않는 경우에 비해 의사소통이 수월해질 수 있게 한다고 하여 그것은 의사소통의 수단이라는 성격도 가지게 된다. RPA를 이용하면 회의의 회수와 시간을 줄일 수 있고 빠른 의사 결정을 할 수 있게 된다. 인간과 달리 이러한 일을 할 때 그것은 작업 공간을 요구하지도 않으니 가상의 공간에서 일한다고 할 수 있다.

그것은 이런 식으로 과제를 수행하면서 과업의 효율을 높이고 정확도를 증진시켜 생산성을 제고하고 비용을 절감할 수 있게 한다. 이러한 일들은 모두 디지털화된 데이터를 기반으로 하고, 소프트웨어를 써서 이루어지기 때문에 그것은 디지털 전환에서의 가장 괄목할 만한 예가 된다. 그러나 그것이 다루는 자료가 애초에 잘못된 것일 경우 RPA는 이것을 자체 점검하는 능력을 가지지 못하여 잘못을 지속시킬 수 있고, 비슷한 맥락에서 개인 정보를 다룰 때 프라이버시 침해에 대해 예민한 조심을 하지 못한다고도 한다.

3.
고성능 컴퓨팅
(high performance computing; HPC)

　개별적으로 성능이 우수한 칩이 나타나게 된 것은 이러한 칩을 쓰는 컴퓨터의 컴퓨팅 파워를 높이게 되었다. 여기서 성능이 우수한 칩이란 처리 속도가 고속이고 초저전력의 전기를 사용하며 AI의 기능을 수용할 수 있는 칩을 의미한다. 이어 이렇게 컴퓨팅 파워가 커진 컴퓨터들을 연결시켜 작업을 하게 함으로써 사실상 슈퍼 컴퓨터의 역할을 하는 컴퓨터의 집합을 만들어 낼 수가 있다. 이러한 컴퓨터들은 Hadoop이나 MapReduce와 같은 소프트웨어의 도움을 받아 여러 네트워크에서 분산 컴퓨팅을 하되, 그러한 컴퓨터 하드웨어가 데이터 센터에서 동원되고, 그러한 하드웨어를 전체적으로 총괄하는 소프트웨어가 작동하고 있으며, 이러한 하드웨어와 소프트웨어를 데이터 센터 유사한 곳에 모아 두고 함께 컴퓨팅을 할 수 있게 하여 이른바 HPC라는 컴퓨팅이 가능하게 되었기 때문에 가능하게 된 것이다. 이것은 결국은 슈퍼 컴퓨터와 유사한 역할을 하게 되었다. 어떤 특출한 컴퓨터가 나타나 슈퍼 컴퓨팅을 할 수 있게 하는 방식으로 근본 상황을 바꾸지는 않은 상황에서 이런 HPC를 통해 슈퍼 컴퓨터에 대한 갈증을 채우는 역할을 하게 한 것이다. 그로써 많은 계산을 해야 하는 재료 역학, 공학 및 금융 모델링 등에서 특히 애용되었다 한다.

SearchDataCenter.com, 'Top considerations for HPC infrastructure in the data center' 29 Jun, 2021

SearchDataCenter.com, 'Compare 'Hadoop vs. Spark vs. Kafka for your big data strategy' 15 Nov, 2021

이렇게 컴퓨팅 기능을 증대시키는 일은 AI를 이용하는 각종 앱을 활용하려는 경우에 특히 필요하다. 어차피 많은 데이터를 이용하면서 작업해야 하는 이런 성격의 과업에서 효율적인 컴퓨팅을 하는 일은 절대 필요하고, 아직 퀀텀 컴퓨팅을 활용할 수 없는 처지에서는 이미 개발되어 있는 칩을 최대한 활용해야 하는데, 큰 용량을 가지는 컴퓨팅 과제를 수행하는 데 이런 식의 이용이 불가피하기 때문이다. 이런 방향의 과업 수행을 위해 가장 널리 사용되는 방법은 신종 칩 내지 accelerator를 집약적으로 활용하는 것이다. GPU, ASICs, DPU 등을 종래의 방법보다 4배, 8배, 또는 16배 더 집약적으로 사용하는 방법을 통해 고성능의 컴퓨팅을 사실상 시현할 수 있게 되기 때문이다. 이러한 하드웨어 차원에서의 변화와 상응하는 소프트웨어 차원에서는 DGX-1, 개별 기업이 고성능 컴퓨팅을 다룰 수 있게 유도한 SuperPOD 등이 시장을 성장하게 하는 견인차 역할을 했다. Tensor-Flow나 PyTorch, Uber Horovod 등에서의 강화 학습 DNN, IBM의 Distributed Deep Learning이나 Elastic Distributed Training, Nvidia의 Collection Communications Libraries 등이 이를 보여 주는 예라고 한다.

ComputerWeekly.com.com, 'Compute strategies for AI applications' 04 Feb, 2019

ComputerWeekly.com.com, 'The generation gap: Why legacy datacentres are not a good fit for HPC' 21 Jan, 2021

고성능 컴퓨팅을 밑받침하기 위해서는 저장 시설도 대응해서 늘어나야 한다. 더불어 SSD와 HDD 등의 저장 수단과 더불어 High Performance Comupting as a Service(HPCaaS)와 같은 서비스가 나타나게 되었고, 이를 위한 벤더 DDN, Qumulo, Pure Storage, WekaiO 등도 등장하게 되었다.

SearchStorage.com, 'Vast Data solves high-performance computing challenge' 25 Feb, 2022

SearchStorage.com, 'the best enterprise storage arrays of 2021' 14 Feb, 2022

이러한 고성능 컴퓨팅을 활용할 수 있으려면 돈을 많이 들여야 함을 쉽게 짐작할 수 있다. 이에 이 분야에서도 실제 이용에 대해서만 대가를 지불하는 pay-as-you-go 방식의 SaaS 모델이 도입되게 되었다. 즉, 이용료가 매우 비쌀 것이기 때문에 일정한 기간 동안 이용할 수 있는 구독료 모델 보다는 매 사용에 대해 이용료를 내는 event-based, incident-based 방식의 이용료 모델이 대두하게 된 것이다. 그런 예로서 ServiceNow, PagerDuty, Datdog 등이 예시되고 있다.

SearchITOperations.com, 'ServiceNow pricing bucks tradition for incident response' 14 Mar, 2022

구독하는 방식으로 접하게 되는 서비스 등에는 여러 가지가 있다. 넷플릭스나 디즈니+와 같은 OTT도 있고, GS25나 올리브영 등 쇼핑, 요기요나 풀무원 등으로부터의 식품 구매, 전자책의 선택 등 여러 가지에서의 구독 서비스 등이 있다. 그런데 이러한 서비스를 편리하게 이용할 수 있도록 돕는 구독 플랫폼도 나타나고 있다. 이런 플랫폼은 한 곳으로부터 구매하는 것에 그치지 않고 여러 곳에서 2가지 이상의 재화나 서비스를 구매하는 경우에 있어서도 한 번의 클릭만으로 가입과 해지를 가능하게 하여, 필요한 재화나 서비스의 구독을 쉽게 할 수 있게 하고 있다.

동아일보 2022년 12월 27일, 구독경제 정조준---"신개념 구독 플랫폼 '유독'"

양자 통신, 양자 센서, 양자 컴퓨터를 아직 확실히 이용할 수 있게 되었다고 할 수 없어 퀀텀 컴퓨터를 쓸 수 있게 되어 있지는 않은 현재의 (특히 메타버스의) 상황에서는 GPU 등으로 병렬 컴퓨팅을 할 수 있게 하는 고성능 컴퓨터가 슈퍼 컴퓨터라고 인지되고 있는 듯하다. 그런 도중의 단계에서 여러 컴퓨터를 연결해 고성능 컴퓨팅을 하는 슈퍼 컴퓨터도 나타나 인정받고 있다는 것도 기억해야 하겠다. 이것은 동시에 자사의 비즈니스 수행을 위해 적합한 칩을 선택해 최선의 결합을 도모하게 하려는 데 주력하고 있다. GPU, ASICs, FRGas, TPU, IPU 등을 섞어 써 자사가 추구하는 AI의 과업을 가장 효과적으로 수행할 수 있게 하는 AI system을 구축할 수 있게 되어야 하겠다.

SearchDataCenter.com, 'Which processing units for AI does your organization require? 14 Oct 202

4.
자동차 관련 칩에 의한 반란

    1980년대 들어 대만과 우리나라가 반도체 생산 시설을 갖게 된 것은 미국의 정책 때문이었고, 이번에 칩 4 동맹에 가입하도록 종용받고 있는 것도 미국의 정책 때문이라고 할 수 있다. 1980년대에는 막대한 투자 자금이 필요한 반도체 생산 시설에 대한 투자를 미국이 직접 수행하려고 하지 않았고, 대만과 우리가 하도록 유도했다. 그 후 중국 제조 2025라는 전략에 의해 위협을 느끼게 된 미국이 미국 내에 반도체 생산 시설을 마련하려는 방향으로 전략적 전환을 한 다음에는 중국 내에서 생산을 하지 말아야 한다는 조건하에서 미국 내에서의 반도체 생산 시설을 마련하는 것에 대해 큰 보조금을 주게 되었다는 것이 그 이후에 나타난 반도체 생산 국제분업체제 변화의 주요 원인이었다. **(중앙일보 2022년 8월 22일, '반도체의 국제경제학 "우크라이나 전쟁과 코로나가 촉발한 반도체 전쟁"')** 한편 중국에서는 휴대폰에서뿐만 아니라 전기 자동차나 미사일과 같은 첨단 무기 등 다른 제품에서도 반도체가 필수적이라는 것이 알려지게 되어 반도체의 국내 생산을 적극 장려했고, 그 결과 22,000개나 되는 칩 생산 기업을 가지게 되었다고 한다. 단, 중국으로부터 온 반도체는 사양이 떨어지는 것들이 많아 계속 제품의 고도화를 꾀해야 하는 것들이다.

The Economist August 20ᵗʰ 2022, 'Semiconductors: Big Fund, big problems'

이상의 논의에서 칩의 주종은 컴퓨터나 모바일 폰에서 쓰이는 미세한 칩이었다. 그런데 2020년 자동차에서 쓰이는 칩의 공급 부족으로 자동차 생산이 장애를 받는 사태가 처음 나타나게 되면서 (적어도 관련 분야의 비전문가에게는) 전에 없던 새로운 양상이 나타났다. 자동차의 본질은 기계가 아니고 전자기기 내지 컴퓨터라고 하는 과장된 말이 암시하듯이, 오늘날의 자동차는 여러 개의 칩을 내장해 활용하고 있는 것이다. 자동차에서의 음향 오락 기능, 운전을 보조하는 기능, 안전을 제고시키는 기능 등등에서 칩의 사용은 필수적이다. 현재 자동차 관련 칩 중에 문제의 초점이 되고 있는 칩은 자동차의 운행에 필수적으로 요구되는 칩들이다. 그리고 이러한 칩들이 갑자기 부족하게 된 주요 원인으로는 종래 300여 개의 반도체만 있으면 족했던 내연기관 사용 자동차의 생산이 줄어들게 되고 2,000개 이상의 반도체가 필요한 전기차 생산이 늘어나게 되면서 칩의 수요가 급격하게 늘어났다는 것과, 자동차용 칩의 세계 최대 생산자였던 대만의 TSMC가 자동차용 반도체의 생산을 줄이고 휴대폰용 반도체의 생산으로 전환하게 된 것의 2가지 요인을 든다. 더구나 Tesler 같은 자동차 회사는 프로세싱 칩의 사용을 고도화시키고 칩을 더 많이 써서 보다 나은 운행을 가능하게 하는 방식으로 자동차를 변질시키려고 한다는 풍문이고, 그러한 기능을 원격에서 소프트웨어를 업데이트하는 방식을 통해 바꾸고 개선해 나가려고 한다고 한다. 자동차 회사가 칩을 자체적으로 생산하고 거기에 추가하여 자체 생산한 소프트웨어를 써서 자동차 운행의 근본적 성격과 모양새를 바꾸려고 하는 움직임도 보이고 있다. 이렇게 만들어질 자동차 칩으로 탄생하게 될 미래의 자동차는 기존의 자동차보다 더 효율적일 것이라 보는데, 이는 종국적으로 완벽한 자율 자동차를 지탱할 수 있게 하려면 갖가지 데이터의 실시간 소화 활용과 그것을 가능하게 만들 AI 알고리즘을 어떻게 확보할 수 있겠느냐가 핵심이 될 것임을 짐작하게 한다. 그리고 이것은 앞으로 자동차용 칩이 더욱 미묘하게 고도화된 새로운 종류의 칩으로 될 것임도 짐작하게 한다.

아직은 자동차에서 쓰이는 칩의 대부분은 모바일 폰에서 쓰이는 것처럼 고사양의 칩이 아니다. 모바일 폰에 비해 자동차는 넉넉한 공간을 가지고 있어 칩의 크기를 작게 해야 할 절대적인 필요성을 가지고 있지 않다. 물론 이러한 칩 대부분의 주요 본질은 자체적으로 한정적이나마 과업 처리 능력을 가지고 있는 비메모리 프로세싱 칩(또는 시스템 칩)일 것이고, 로직 칩이지 바보 메모리 칩은 아니다. 단, 이러한 프로세싱 칩이 할 수 있는 일은 컴퓨터나 모바일 폰에 들어 있는 프로세싱 칩이 하는 일보다 간단하고 단조로운 과업일 소지가 커졌기에, 이런 의미에서 이들 칩은 저사양 프로세싱 칩이어도 괜찮은 것일 수 있다. 그럼에도 불구하고 그것은 본질적으로 프로세싱 칩이기 때문에 다른 종류의 메모리 칩을 그것으로 즉각 전환시켜 사용할 수 있게 할 수 있는 것은 아니다. 나아가 종래의 자동차에는 이러한 성격의 칩이 아주 여러 종류 들어 있었다 한다. 달리 이야기하면 종래의 자동차에서는 이러한 성격의 자동차 칩이 아주 많은 종류(300개의 큰 부분)가 필요하였다. 그런데 이러한 자동차용 프로세싱 칩이 부족해져서 2021년에 들어서서는 우리를 비롯한 세계 유수의 자동차 회사들이 조업을 중단하는 돌변 사태를 경험했던 바 있다. 그동안 우리는 이러한 프로세싱 칩의 이용에서 극단적 효율성을 추구하였으며, 그것을 생산해 온 여러 생산자들로 형성되어 있는 글로벌 공급 체인으로부터 이들을 공급받고 있었는데, 코로나19 및 미국과 중국의 경제 대립 등의 여파로 이런 공급 체인이 예전처럼 작동하지 못하게 되자 우리를 비롯한 여러 나라가 필요한 칩들을 공급받을 수 없게 되어 자동차용 칩에서 사단이 나타나게 된 것이었다.

이러한 가운데 메모리 반도체 수요 감소라는 겨울을 나기 위한 방도로서 삼성은 당장은 비메모리 반도체의 일종이라고 할 수 있으면서 자동차 전장 부분에서 쓰이는 것에 대한 새로운 수요처를 찾으려고 하게 되었다. 그것으로써 자동차의 운행에 쓰이는 반도체는 아니나 전장용 반도체 수요에서나마 전기 자동차나 자율 자동차가 늘어나는 것에 대응해 늘어나게 될 것으로 보이고 당장 공급도 가능한 전장용 기판, 디스플레이 등에서 쓰이는 반도체에서의 수요에서 해결책을 찾아 보려고 하였다.

이것은 당장은 메모리 반도체의 수요 증대의 의미를 가지는 것이나, 차후 뒤에 나오는 바 파운드리 활동인 AI 반도체 전문 기업 암바렐라의 ADAS용 시스템 온 칩의 위탁 생산과 보완적 작용을 하면서 우리의 reverse engineering 능력을 제고시키는 데 도움이 될 것으로 예상되기도 하는 것이기도 하다. 자동차에서 ADAS용으로 부품이 많이 소요될 것으로 예견되며 그 규모는 스마트폰을 능가할 수 있다고 한다.

중앙일보 2023년 2월 27일 "삼성, '바퀴 달린 갤럭시'로 반도체 보릿고개 넘는다"

그런데 자동차에서 여러 종류의 칩을 이상과 같은 방법으로 쓰던 종래의 방식이 2018년경부터 서서히 바뀌고 있다. 중앙에 플랫폼이 있고 이것이 통합적 운영 체제(integrating operation system)을 써서 각 개 부품의 운영을 API를 써서 작동시키면서 자동차를 운행시키는 방식 또는 artificially intelligent driving 방식이 여러 부품에 대한 칩이 쓰이게 되면서 자동차를 운행했던 종래의 방식을 서서히 대체하고 있고, 종국적으로 그런 것을 핵심적 소프트웨어를 써 조율하는 방식으로 완전 대체하게 될 것이라 한다. (Tesler가 이를 대표하는 바 이 점을 보아 Tesler를 소프트웨어 회사라고 부르기도 한다.) 이것과 관련되어 자동차 관련 신기술에 대한 특허를 많이 가지고 있는 1위 빅테크 아마존(1,649개)과 2위 빅테크 알파벳(1,355개)과 다른 빅테크인 마이크로소프트, 애플, 메타(구 페이스북) 등이 차세대 자동차 시장을 선점하기 위해 경쟁의 선두에 서게 되었다는 것은 주목해야 할 사안이다. **(중앙일보 2023년 2월 28일 '아마존이 자동차 기술 특허를?')** 이러한 방식에서는 자동차에서는 많은 종류의 부품에 대응하는 많은 수의 칩을 전제로 하지 않고, 중앙 운영 체제와 각개 부품에서의 프로세서 칩을 설계된 바대로 움직이게 하면서 유기적 연결성을 확보하는 것이 핵심일 것으로 보인다. 그리고 그런 것에서는 소프트웨어가 핵심적 역할을 할 것으로 여겨진다. 더구나 앞으로 이런 자동차가 자율 자동차가 되고, 그로써 현재의 레벨 3로부터 레벨 4나 레벨 5로 발전하게 될 경우 그러한 칩을 쓰는 시스템이 현재 스마트폰에서처럼 작은 규모를 지향하는 logic chip과 processing chip의 2원 체제로 될는지, 아니면 자동차에서만 사용하는 것으로 되어 칩의 절대 규모를 다소 늘릴 수 있음으로써 과거 메인 프레임에서 그러했던 것처럼, 둘이 합쳐져 분리 체제에서 보다 용량이나 규모는 커졌으나 훨씬 긴밀한 통합(integration)을 이루어내는 형태로 될는지는 알 수 없다. 아무튼 자동차에서 칩이 지금보다더 효율적으로 되어 쓰이게 됨으로써 현재도 한정적으로 시현되고 있는 바, 개별 자동차에서의 소프트웨어를 공장 등에 일일이 와 손볼 필요가 없이 각자 소재하는 곳에서 업데이트하여(over the air updating) 상시 최선으로 개선된 소프트웨어를 가지고 자동차를 운행할 수 있도록 하는 체제를 구축하게 될 수도 있을 것이다. 이러한 움직임은 독일의 자동차 제조사와 미국의 스마트폰을 위한 소프트웨어 개발 빅테크 등의 협력으로써 구체화되고 있다고 하는데, 그 예로서 독일의 Stellantis와 미국의 Qualcomm 및 Google, 독일의 Mercedes-Benz 와 미국의 Nvidia, 독일 Bosch의 소프트웨어 담당 부문 ETAS와 미국의 Microsoft 사이의 협력 시도가 현저하다고 한다.

The Economist November 19th, 2022, The future of carmaking: Reinventing the wheels

자동차가 전기차의 방향으로 바뀌어 가면서 1차적으로는 이른바 ADAS(Advanced Driver-Assistant System)로 변화해 가고 있다. 그런데 스마트폰에서 반도체가 1,000개 필요한 데 비해 ADAS에서는 주행을 돕고, 엔터테인먼트용으로도 반도체가 필요하기 때문에 반도채가 10,000~15,000개가 필요하다고 한다. 더 나아가 자동차에서의 하드웨어, 소프트웨어가 바뀌고, 그것들에서 쓰이는 반도체인 로직칩, 메모리칩, SOC(Software On the Chip) 등으로 다양하게 나타나게 되고, 그것들이 통합된 시스템에서 쓰이게 될 것이다. 단, 반도체의 이러한 용도 각각이 어떠한 분포를 가지게 될 것인지는 아직 가늠하기 어려우나, 어느 경우에도 메모리 반도체의 수요가 획기적으로 늘어날 것만은 확실하다.

조선일보 2023년 7월 15일 "자동차 전자장비 236조원, 스마트폰 시장 추월"

그런데 logic chip과 memory chip을 잘 통합해 의도하는 목적을 이루려는 것은 자동차 분야에 한정되는 것만은 아닐 것이다. 아래에서 보듯 미사일의 설계 및 생산 과정에서도 반도체를 그리 써야 할 것이기 때문이다. 그러나 이들 2종 반도체를 어떤 방식이든 통합해 쓰리라는 점은 의외로 명시적으로 이해되고 있지는 않다. **중앙일보 2023년 1월 31일 보도 "중국 최고의 핵무기 연구소 미 반도체 3년간 몰래 조달"**은 중국공정물리연구원(CAEP)이 미국 수출 규제를 우회해 중국에서는 생산-조달하기 힘든 고성능의 7-14nm 반도체를 구해 컴퓨터 시스템 부품과 연구 소재 등으로 사용했다는 것이 드러났다고 했다. 마치 메모리 반도체만을 주목하고 있는 듯 보이나, 이들을 결합한 어떤 것을 썼는지도 알 수 없다.

하드웨어와 소프트웨어가 함께 일체를 이루면서 작동하던, 종래 main frame이라고 지칭되던 컴퓨터가 그 후 processing chip과 memory chip으로 나뉘어지게 되었고, 여러 개의 서버를 가지는 서버 룸으로 대체되면서 소프트웨어의 중요성이 커지게 되었다. 소프트웨어가 하드웨어보다 상대적으로 더 중요해졌다는 이러한 측면은 자율 자동차를 위한 시스템에서 integration이 강조되고 그것을 위해 소프트웨어의 역할이 더 중요하게 될 것을 감지하게 됨에 따라 차후 어떤 방식으로든 구체화되어 나타나게 될 것이다. 이러한 점은 3 나노 이하의 미세 메모리 칩을 양산하게 되더라도 그러한 것을 밑받침하고 로직 칩과 통합시킬 소프트웨어가 나타나게 되어야 비로소 그것이 가치를 가지게 될 것이라는 점을 생각해 볼 때 쉽게 이해할 수 있는 것이다. 우리나라에서 TMCA와의 경쟁이 당장 문제가 되어 반도체에 대한 정부의 세제 등 지원 체계에 관심이 쏠려 있는 것은 십분 이해할 만하나, 보다 근본적으로는 자동차 칩을 시작으로 해서 스마트폰이나 PC 등에서 logic chip이나 procssing chip과 새로 등장할 수 있는 신종 칩을 통합하는 방법 및 그것을 구체화하는 소프트웨어에 더 집중해야 하겠음을 잊지 말아야 할 것이다. 삼성전자가 자체 개발한 휴대폰에 대한 모바일 AP(Application Procssor)의 스마트폰에 대한 탑재를 2년 중단하고 퀄컴의 최신 AP '스냅드래곤 8, 2세대'를 쓰기로 했다는 점(중앙일보 2023년 1월 30일 보도 '삼성전자, 자체 개발 모바일 AP 적용 2년간 중단')은 신규 로직 칩의 개발이나 그것을 통합하는 신종 AP의 창제가 아직 우리에게는 결코 쉽지 않음을 보여 주는 것이라 보인다.

이 점에 대해 김명자 한국과총 명예회장은 메모리 반도체도 용량과 속도를 높이게끔 퀀텀 점프를 해야 한다고 하였고, 로직 반도체도 발달되고 있는 AI를 수용하여 추론과 성능의 고도화를 할 수 있게 되어야 하리라 본 듯하다. 더 나아가 이러한 반도체가 하나의 칩으로 응집되어 AI 반도체가 되어야 한다고 한다. 이 단계에 가서는 자동차 칩 문제에서 유발된 통합(integration)의 문제가 하나의 반도체로 통합되는 하드웨어 식의 길인 (아직 그 실체가 알려지지는 않은) AI 반도체라고 하는 것으로 해결될 수 있으리라고 보는 듯하다. 같은 맥락에서 챗봇 GPT에 의해 고무되면서 AI 챗봇에 대한 주문도 나타나고 있다. 이것으로 지능적 인터페이스를 하고 개선된 UX(사용자 경험)을 시현하는 신종 챗봇을 가지게 될 것을 상상하고 있다. 이에 더 이상 AI 챗봇을 개인적인 이용의 수준에 머무르게 하지 말고 기업에서 구체적으로 활용되도록 하는 비즈니스 모델을 갖춘 비즈니스 AI 챗봇이 되어야 할 것이라고 한다.

중앙일보 2023년 1월 27일 "인공 지능은 새로운 인류 역사를 쓰고 있는가"

중앙일보 2023년 1월 30일 "활짝 핀 인공 지능, 문제는 신뢰다"

5.
반도체 동맹 등
국제 시장 사정

아무튼 금반의 여러 사태는 반도체의 수요와 공급에 대해 보다 근본적으로 다시 생각해 보아야 하겠다는 필요를 자아냈다. 이상적으로는 파운드리(foundry; 웨이퍼 및 반도체 위탁 생산)와 팹리스(fabless; 반도체 설계)라는 공정을 모두 수행할 수 있어야 하겠고, 설계하는 데 필요한 생산 수단 및 제조 장비(fab)를 모두 갖추어야 할 필요성도 가지게 하였다. 개별 국가의 입지에서는 반도체의 각개 종류에 대한 수요가 시기적으로 변동이 크겠기에 그러한 수요 변동에 대응해 공급 체제를 맞추기 쉬운 IDM(종합반도체생산체제)을 갖추려고 할 수 있겠으나, 현재의 반도체 공급 체인으로부터 중국과 러시아를 배제하고 나머지를 가지고 새로운 공급 체인을 구축하는 것이 새로이 나타날 공급체인의 형태가 될 것임을 감안해 볼 때, 개별 국가가 독자적 반도체 생산 체제를 완결시키려고 하는 전자보다는 축소된 반도체 공급 체인의 한 구성원으로 참여하는 후자가 실현 가능하고 합당하리라 할 것이다.

반도체의 생산은 애초 웨이퍼를 여러 부분으로 분할하여 주어진 설계도에 따라 메모리 반도체니 시스템 반도체를 만드는 것을 의미하였다. 나아가 그렇게 제조되는 반도체가 얼마나 세밀한 공정을 거쳐 만들어지느냐에 따라 메모리 반도체 생산에 있어서는 (단, 비메모리 시스템 반도체에 대해서는 시장에서 팔릴 시스템 반도체를 예견하고 그것을 생산하도록 하는 설계를 하는 fabless와 협력한 다음, 그러한 설계에 따라 파운드리에 의뢰해 생산을 마친 후 패키징하는 후공정을 마쳐야 하는, 상대적으로 더 복잡한 과정을 거쳐야 함, 단, 이점에 대해서 외부에는 별로 알려진 바가 없음) 통상 10 나노 이하의 미세 공정과 그 이상 덜 미세한 공정을 가지는 종류를 구분하고 있었으며, 전자에서는 휴대 전화의 핵심 부품인 중앙 처리 장치(AP) 등에서 쓰이는 초미세 공정으로부터의 반도체를 쓰고, 자동차나 기타 공작 기계에서 쓰이는 상용화용 다른 칩은 14 나노 공정 기술 이상의 중간급 미세 공정 기술로 만들어진 반도체를 쓰리라고 했다. 나아가 이러한 생산 과정을 원활하게 유지하기 위해서는 생산의 다양한 과정을 담당해야 할 인력이 준비되어 있어 원활하게 공급될 수 있어야 할 것이고, 그 이외에 용수나 전기나 운송 시스템 등 인프라에서도 장애가 없어야 한다고 했다.

반도체를 컴퓨터나 스마트폰에 쓰는 것 이상으로 일상적 기계 설비나 가전 제품 그리고 국방 무기에도 쓰고 또 다양한 종류를 필수적으로 쓰게끔 그것의 용도가 아주 광범위하다는 것을 알게 되자, 최상의 안전을 도모하기 위해서는 모든 종류의 반도체를 자국 내에서 생산하는 체제를 갖추어야 좋겠다고 욕구하는 것을 이해할 수는 있겠다. 그러나 이렇게 하려면 큰돈을 들여 반도체 관련 제반 요소를 갖추어야 하기 때문에 그동안 미국조차도 국제적 분업을 추구하였고,

그러다가 미중 갈등이 현재화하면서 최근에 들어와서야 공급 체인을 다시 짜 보려고 하는 움직임을 보이게 된 정도다.

이러한 점은 보는 대상을 반도체 이상 그것의 생산에 필수적인 소재, 부품, 장비 등에까지 확대해 보아도 그러하고 또 이러한 하드웨어와 더불어 그런 하드웨어를 구사하는 소프트웨어를 함께 생각하게 되면 더욱 그러하다. 그런데 이 시점에서 다시 강조해야 할 것은 이상 중 여러 면에서 최강대국인 미국을 포함한 어느 나라도 이런 여러 요소들을 모두 자국 내에 갖추고 자급하는 나라는 없다는 것이며, 다른 나라들과의 협력이 불가피하다는 점이다. 그리고 최근 미국과 중국의 경제 대립 상황에서는 전 세계를 아우르던 글로벌 공급 체인이 미국을 중심으로 하는 몇 나라들에 의한 공급 체인과 그것에 반발하여 나타나게 된 중국 및 러시아 중심의 공급 체인으로 사실상 이분화되어 가고 있다는 점이다. 그런 도중에 인도, 브라질, 터키 등 자체적으로 대국이 될 소지를 가지고 있거나 아직 중국이나 러시아의 반열에 이르지 못한 나라나 지정학적으로 아주 특이한 위상을 구가하는 소수의 나라들만이 이상에서 분화된 글로벌 체인이라고 하는 두 곳 중 하나에 전적으로 속하려고 하지 않고, 두 가지 체인을 모두 상대하면서 그 둘을 넘나드는 처신을 보이고 있기도 하다는 것이다. 이렇게 볼 때 우리가 취해야 할 입지를 찾기는 어렵지 않다. 미국 중심 기존의 시장 경제권의 일환으로 참여하는 것이 불가피하고 또한 최선이될 것이다.

그럼에도 불구하고 최근 밝혀진 미국의 자국 우선주의 및 쇄국 정책은 우리를 속상하게 한다. 반도체 보조금, 전기차 보조금, 펜타곤의 비밀 문건 유출 및 사과 없는 모르쇠 태도는 우리를 짜증 나고 힘들게 한다. 그러나 그렇더라도 우리가 미국 중심으로 축소된 공급 체인(그러나 가능한 것 중에서는 제일 큰)으로부터 이탈하여 독자 생존을 추구할 수는 없을 것이다. 이러한 점은 몇 가지를 새삼 반추하게 한다.

첫째, 이번의 보조금 등 미국의 자국 우선주의는 1980년 초 미국의 우루과이 라운드에 참여하도록 강요하던 것과 상반된다는 것이다. 그때 우리는 당시 우리의 입장에 의거해 여러 가지로 이의를 제기하고 반발하려고 했으나, 결국 우루과이 라운드의 결과인 WTO 체제를 받아들이게 되었고 그 후 그것에 적응하려고 노력하여 현재의 선진국 반열에 이르는 성과를 얻을 수 있었다. 이때에는 보조금이 핵심 쟁점의 하나였고 수출 금융에 보조금 요소가 들어 있다는 것도 문제가 되었으나, 우리는 그때의 역경을 견뎌 냈다. 이때의 미국 정책은 우리보다 15년여 뒤 1980년대 들어와 수출제일주의를 추구하는 나라들을 더 어렵게 하였으며, 반사적으로 우리의 경쟁력 유지에는 도움이 되었던 바 있다.

둘째, 현재 중국이 우리에게 아주 중요한 수출 시장이라는 인식에 따라 중국을 중시하고 있으나 중국은 자립을 꾀하려는 정책에 따라 어차피 축소되는 수출시장이고, 또 한한령이나 코로나 이후의 태도에서 보듯이 우리에게 예측 불허의 자의적인 나라다. 장기적으로는 이 나라에 대한 비중을 낮추어야 합당하리라 본다.

셋째, EU의 현명한 처신을 배울 필요가 있다. EU도 우리와 마찬가지로 빅테크가 없고 미국에 시달리고 있다. 그러나 EU는 입법을 통해 자활을 꾀하고 있다. EU는 2020년 Digital Market Act를 통해 플랫폼의 지배력을 제한하고 경쟁을 활성화하려고 하였으며, 빅테크 게이트키퍼의 비경쟁적 활동을 제한하면서 경쟁 관계에 있는 제3의 서비스 제공자의 활동을 비차별적이고 공정하게 보장하려고 하고 있다. 또 2022년 EU Digital Act를 통하여 데이터 수집자(제품이나 서비스의 공급 과정에서 부산물로서 데이터를 얻은 자)에게 데이터 사용에 대한 권한을 인정하기는 하나, 소비자의 요청이 있거나 데이터 소유자가 요구하거나 공익 목적이나 위급 상황이어서 필요한 때에는 데이터에 대한 접근과 긴급 사용을 인정하도록 하여 데이터 수집자의 과도한 권한 남용을 금지하고 있다. 즉, 자체 입법의 길을 통해 어려운 상황 속에서도 현명한 처신을 할 수 있는 입지를 장만하려고 하고 있다. 그런데 우리는 뒤에서 보듯이 플랫폼법을 통하여 이 분야에서 겨우 첫걸음을 뗀 걸음마 단계에 있다.

전문가들은 일체의 반도체 모두를 생산할 수 있는 시설을 자국 내에 갖추어 기존의 반도체 공급 체인과 다른 독자적 공급체인을 마련하는 것은 세계 최대 경제대국인 미국에게도 어려울 것이라고 본다. 아주 막대한 투자가 필요하고 생산을 위한 인력과 소재 장비를 자체 조달하기 어려우며, 설사 그렇게 하여 일체의 반도체를 생산해 낸다고 하더라도 그러한 것들에 대한 수요를 확보하기도 어려우리라고 본다. (2023년 4월 20일 Chey Institute 웨비나, "동북아시아에서의 과학적 혁신, 공급 체인, 지정학적 위험") 따라서 중국과 러시아를 기존의 공급 체인에서 배제한다 하더라도 이들 둘을 제외한 나머지로 새로운 공급 체인을 짜야 합리적이라고 한다.

이러한 관점에서 미국이 일체의 반도체 공급 시스템을 자국 내에 구축해 보려고 하는 것은 타당하지 않으며, 일본이나 유럽이 비슷한 정책 체제를 추구하려는 것도 마찬가지라는 것이다. 현재 각국이 나름의 보조금 정책을 동원하여 자국 내에 반도체 생산 시설을 구축하려고 하고 있으나, 이는 시간적으로 유지되고 지속될 수 없으리라고 본다. 최선의 방법은 중국과 러시아를 배제하는 새로운 supply chain을 다국간 협력의 틀로서 구축하고 그 속에서 각국이 담당할 반도체 생산을 할당해 그것을 향해 현재 자국에 생산 시설을 마련하는 협력체제를 구축하는 것이 되겠으며, 이를 향해 현재처럼 보조금을 활용하려고 하는 것이 합당하다고 하기 어렵다. 그러하면서 앞으로 발달될 next generation of technology도 장려하는 방식도 취해야 할 것이다. 1980년대 있었던 일본 반도체 생산 체제 말살 정책을 다시 반복해서는 안 되며, 특히 기술 인력과 각종 반도체에 대한 수요 그리고 관련 기술의 발전을 예측해 합리적 협력 체제를 구축하도록 해야 할 것이다. 또 이러한 때 반도체를 생산해 사용하는 방식이 종래 방식의 하드웨어와 소프트웨어의 2분 체제를 벗어나 이들 요소의 조합을 바꾸거나 통합을 꾀하려고 하기도 한다는 최근의 기술 변화도 염두에 두어야 할 것이다. 반도체를 생산하는 한정된 공급 체인의 한 부분이 된다는 것이 불가피하되, 그러한 과정 중 기술적으로 약한 급소(choke point)는 가능한 피하도록 해야 할 것이다.

그런데 우리의 반도체 생산 능력을 반추해 보면 최근 3 나노 반도체를 양산할 수 있는 수준에 이르렀다고 하는 보도가 있었음에도 불구하고 14 나노 이상인 자동차용 메모리 반도체와 더불어 써야 할 시스템 반도체를 조달(생산)하지는 못해 앞서 본 바 자동차 생산에서의 지체를 겪은 바 있다. 여기에서 14 나노라는 기준선은 미국이 미국 및 우방국 장비 업체들에게 14 나노까지만 중국이 생산할 수 있도록 규제를 할 것이라는 점에서 기인하는 것이다. 1차적이고 단기적으로 그렇게 보는 이유는 우리가 이런 것을 생산할 수 있는 설비는 갖추고 있지 못하였기 때문이라고 여겨진다. 이에 대해 이른바 구형 공정을 갖추고 있어 이것들의 개선이나 증설이 요망되고 있다는 관찰도 있다. **(중앙일보 2022년 7월 21일 '중국 반도체 실력, 만만하지 않다')** 단, 이것과 관련해서는 우리에게는 초미세는 아닌 이러한 반도체를 우리가 생산한다고 하더라고 그것으로 자동차용 시스템 반도체 등을 대신하지는 못할 것이며, 또 앞에서 보았듯이 설사 이상에서의 두 가지인 시스템 반도체와 메모리 반도체를 모두 생산할 수 있게 된다고 하더라도 그것들에 대한 수요가 부족해 생산한 것의 소화가 문제될 수 있다는 우려를 떨쳐내지 못하리라 예상된다는 것이다.

반도체 생산을 위해서는 막대한 설비 투자가 필요하다. 나아가 이를 위한 생산 장비는 미국 Applied Materials, Ram Research, 일본 도쿄 일렉트론, 네델란드 ASML 등으로 부터 조달해야 하고, 이를 가지고 자체적으로 마련했거나 외국으로부터 수입한 설계도를 가지고 그 전 단계에서 생산된 웨이퍼를 분할해 여러 메모리 반도체를 생산하게 될 것이다. 문제는 우리가 위의 4사 중 어느 곳으로부터 생산 설비를 조달하고 나면 우리는 자동차용 반도체 등 휴대 전화용보다 저사양이나 당장 필요한 종류의 반도체를 생산할 능력을 과연 가질 수 있겠느냐 하는 것이다. 이에 관련해 우리의 제조업 발전 과정에서는 reverse engineering을 여러 번 시현했던 바 있고, 그 과정에서 공정을 바꾸는 걸 여러 번 경험하고 성공한 바도 있다는 점을 상기할 필요가 있다. 나아가 이런 때 필요한 reverse engineering에서는 4 나노 반도체를 3 나노 반도체로 개선하는 것보다 쉬운 과정이라기보다는 덜 미세한 10 나노 이상의 반도체를 제작하는 것이 상대적으로 쉬운 것일 수도 있겠다. 마찬가지 시각에서 보아 메모리 반도체에 기반하면서 연산 기능을 내재화하는 것도 메모리 반도체 기반 우리의 삼성이나 SK하이닉스에서는 강구할 수 있는 것이라 추측할 수 있겠고, 단지 그런 것으로 개선할 수 있는 여지가 얼마나 될 것인지를 검토해 보아야 하겠다. 다른 한편, 이런 고사양 내지 중사양 메모리 반도체는 그 자체만으로 자족할 수 있는 것은 아닐 터이나, 그것과 더불어 유효하게 사용할 수 있게끔 작용하는 logic chip이 강구되어 그런 사양의 메모리 반도체를 효율적으로 쓸 수 있게 준비되고 그 이후 구체적 수요로 시현되어 시장에서 팔릴 수 있어야 할 것이다. 그런 다음 그런 것들을 대량으로 사용할 수 있게 되어야 하고, 또 이를 뒷받침할 수 있도록 하고자 이러한 메모리 칩도 용인될 수 있는 수율을 유지하면서 대량 생산할 수 있게 되어야 할 것이다. 즉, 앞서 말한 여러 조건을 모두 충족시킬 수 있어야 하겠고 또 이런 메모리 칩을 위한 적지 않은 투자를 해야 한다는 것이 선결 조건이 되겠는데, 지금 우리는 겨우 고사양 메모리 칩의 생산을 시작한 단계에 불과하기에, 그것을 경제성 있게 활용할 수 있게 하는 이상의 제반 요건을 구비해야 하고 그것을 실제로 대량 생산해 내기 위해 상당한 투자를 해야 하는, 결코 쉽지 않은 과제를 가지고 있다 하겠다. 아무리 삼성이 비메모리 반도체(CPU 및 AP)와 메모리 반도체와 웨이퍼를 모두 생산하려고 하고 있고, 더 나아가 기존 반도체에서의 여러 기능을 모두 포괄하는 통합 솔루션 반도체 업체라고 하나 삼성에게도 이상의 여러 과업을 모두 헤쳐 나가고 막대한 규모가 될 수 있도록 하는 새로운 투자를 시작하는 것은 부담이 될지 모른다.

자국에서의 큰 수요와 세계 다른 곳에서의 수요를 대상으로 하여 생산해 온 중국이나 일본 등과 달리 우리는 자국 내 수요가 한정적이기 때문에 자동차용 반도체를 제조하는 설비를 가지기 어렵다고 하였는데, 이것이 자동차용 반도체의 수입 제한에 따르는 공급 부족으로 지난번 어려움을 겪게 된 원인이라고 했다.

그런데 앞에서 보았듯이 우리는 그동안 경제 발전을 해 오면서 manufacturing에서 우위를 보여 발전의 시금석을 마련하였고, 그 이후 필요한 부문에서 그다음으로 필요한 engineering 기술을 익혔으며, 거기에서 더 나아가 더 어려운 design 기술을 체득하면서 발전해 왔다고 할 수 있다. 이러한 역사적 과정을 상기하고 또 초미세 공정을 설계하고 생산하는 우리의 반도체 부문임을 확인하고 나면, 우리가 하고자 하면 덜 미세한 자동차용 반도체를 생산하는 체제를 정립하는 것은 대단히 어렵지만은 않을 것으로 보이기도 한다.

또 이러한 중, 고사양의 반도체를 생산한 다음에는 위에서 걱정한 수요 부족의 문제를 어떻게 해결할 것이냐의 문제가 남는데, 이 점에 대해서도 미국이 제시하는 칩 4 동맹에 가입하게 되면 미국으로부터 설계와 장비를 보다 쉽게 구입할 수 있을 것이고 일본으로부터 장비와 소재를 구입할 수도 있을 것이기에, 대만과 경쟁하면서 여러 다른 나라에 이들 신형 반도체를 수출하는 형태를 가지게 될 것이다. 이럴 경우 단기적으로는 우리의 반도체 수출의 제1 큰 시장인 중국으로부터 수요는 줄어들게 되겠으나, 중국이 아닌 많은 다른 나라들로부터의 수요가 새로이 현재화될 수 있어 이 문제의 충격도 중장기적으로는 제한적일 것이라 보인다. 휴대 전화를 위한 칩이 본래적으로 수요가 많고 또 3년여를 주기로 자주 교체해야 하는 것이기 때문에 수요가 탄탄하다는 것에 비해 보면, 그러하지 않은 자동차용 반도체의 경우에서는 그 수요가 휴대 전화용 수요와 비교할 수 없을 정도로 한정적이라고 할 수밖에 없다는 것을 이미 알고 있기에 걱정이 없지는 않다. 그러나 우리가 자동차용 반도체의 부족을 경험할 때 다른 나라도 마찬가지의 사정이었던 것을 상기하고 나면 우리는 이러한 자동차용 반도체 생산 내지 조달에 있어 다른 나라보다 다소간의 우위를 가질 수 있다고 할 수 있겠고, 또 그리될 수 있다고 할 수 있겠다. **동아일보 2022년 8월 17일 자 "반도체 전쟁 지면 '기술 속국'---기업 발목 잡기 멈춰야"**에서는 세계 반도체 수요 중 메모리 반도체가 30%, 비메모리 반도체가 70%라고 한다. 나아가 2022년 이래 전자의 가격과 우리의 그것 수출이 후자의 상응하는 것에 비해 불리하게 작용했다고 한다. 이에 우리는 그동안 비메모리 반도체 생산 능력을 제고하려고 내심 노력하였으나 자동차용 반도체가 예시하듯이 이런 노력에도 취약점이 있다는 것을 알게 되었다는 것이다. 이런 난제를 해결하기 위해서는 원천

기술에서의 취약점 극복이 핵심이 되겠으나, 내부적 노력이 불충분하여 그동안 외국에서 데려다 쓰던 인력이 중국으로 가 일하는 것을 볼 수밖에 없었고, 또 대기업이라 지원을 못 한다는 논리에 따라 반도체에 대한 추가적인 투자를 하려는 데 있어서도 국가의 지원을 받지 못했다고 하는 것 등 기왕의 못난 점을 앞으로의 규제 완화와 더불어 극복할 수 있게 되어야 할 것이고 또 그리될 수 있을 것이다.

그러나 구체적인 실제 문제에서 미국과 중국 중 함께할 파트너를 선택하는 문제에 이르러서는 반드시 양자택일을 하지 않고서 중간의 타협책으로 해결되는 경우가 전혀 없지는 않다는 점도 잊어서는 안 될 것이다. **중앙일보 2022년 8월 5일 "칩 4, 어떻게 할 것인가: 서경호의 시선"** 에서는 미국, 일본, 호주와 함께 '반중국' 4개국 안보 협의체 Quad를 결성한 인도가 러시아 제재 전선에서 빠지고도 큰 피해를 보지 않았다는 점이나 미국이 중국의 통신 장비 회사 화웨이를 제재할 때 화웨이의 5G 장비를 쓰는 한국의 LG유플러스가 미국의 압력을 버텨 냈다는 것이나 독일이 미국의 반대를 무릅쓰고 화웨이의 자국 5G 사업 참여를 허용했다는 점을 예로 들면서, 미국의 외교 안보 라인은 흑과 백의 선택을 강요하면서 동맹국을 압박하나 그러한 강요에 대한 예외도 허용하는 일이 있다는 것을 알려 주고 있기 때문이다. Ford가 중국 배터리 업체와 기술제휴라는 형태를 통해 중국 기업과의 협력 제안을 사실상 회피하고 우회하는 예에서 볼 수 있듯이 미국 행정부의 명목적 명령이 구체적으로 시행되는 데에는 한계가 있음을 알아야 하겠으며 우리도 이런 점을 간과해서는 안 되겠다.

이러한 맥락에서 미국의 목표가 무엇인지를 올바로 파악하는 것도 중요할 것이다. 미국이 추구하는 것이 반도체 전쟁(Chip war)을 저술한 터프츠대학교 크리스 밀러 교수의 시각처럼 '중국이 모든 반도체를 생산하지 못하게 하는 것을 목표로 하는 것이 아니고 B급 반도체는 자체 생산할 수 있게 허용하지만, 중국과 서방의 반도체 생산 능력의 갭을 줄일 수 있도록 하는 A급 반도체는 그것과 관련된 기술을 지닐 수 없게 하여 자체 생산할 수 없도록 하고, 수입할 수밖에 없게 하는 것을 목표로 하는 것이라고 한다면', (우리를 포함한) 중국이 아닌 모든 다른 나라들은 중국이라는 반도체 수요처를 상당한 정도 유지할 수 있을 것이기 때문에 반도체 관련 중국 시장을 모두 잃게 되는 것은 아닐 수도 있겠다.

중앙일보 2023년 4월 11일 '중국, 반도체 수입국 전략' 이게 미국의 진짜 목표다

2022년 반도체 잠재 공급 능력은 1980년대 대비 40% 정도 늘어났다고 여겨진다. 반면 앞으로 수요는 PC용으로 8%, 스마트폰용으로 20%, 기타 데이터 센터용 및 자동차 등의 용도로 늘어날 것이라 여겨진다. 그러나 2022년 시점에서는 주요 공급자가 과거 1980년대 20여 개이었던 것에 비해 Intel, SAMSUNG, TSMC의 3곳으로 줄어들게 되었고 공급의 통제도 용이해졌다고 한다. 이러한 근본 상황에서 미국의 지휘하에서, 특히 중국을 향한 수출 통제를 하게 되었다. 중국이 자체 생산하고 있는 것이 미세하지 못한 저사양 칩이고 고사양 칩이 아니라는 점과, 그러한 칩을 생산할 수 있는 (미국과 네덜란드의) 시설이나 장비조차도 미국이 중국에 수출하는 것을 어렵게 해, 중국이 고사양 칩을 활용할 수 있는 길은 막혔다고 이해된다. 그 이면에서 미국 및 다른 나라들은 자동차 등을 위한 중국으로의 수출이 제한되기도 했다. 동시에 이러한 반도체 교역의 인위적 제한은 모든 곳에서 반도체 가격의 상승을 초래하였고, 이 점은 미국이나 기타 서방에서의 고사양 칩에서도 (기술 부족 때문이 아니라 engineering expertise 부족 때문에) 코스트가 높아지게 되는 것을 피하지 못하게 하였다.

The Economist July 16th, 2022, 'semiconductors: When the chips are way down'

1980년대에는 막대한 투자 자금이 필요한 반도체 생산 시설에 대한 투자를 미국은 직접 수행하려고 하지 않았고 대만과 우리가 하도록 유도했다. 그 후 중국 제조 2025라는 전략에 의해 위협을 느끼게 된 미국이 미국 내에 반도체 생산 시설을 마련하려는 방향으로 전략적 전환을 한 다음, 중국 내에서는 생산을 하지 말아야 한다는 조건 아래에서 미국 내 반도체 생산에 대해 큰 보조금을 주게 되었다는 것이다.

그 후 미국에서는 마이크론이 20년간 1,000억 달러를 투자하겠다고 하였으며 반도체 생산 기술과 장비로부터 격리된 듯 보였던 중국에서도 YTMC가 이미 상당한 기술적 수준에 이르렀다고 한다는 점을 주목해야 할 것이다. 다른 한편으로는 TSMC가 그러하듯이 우선은 파운드리를 디딤돌로 삼아 비메모리 반도체의 생산의 발판을 마련해야 할 것이고, 그 이상 비메모리 분야로의 진출을 위한 engineering 노력에도 힘써야 할 것이다. 그런데 우리는 이미 시스템 반도체의 생산에 기반을 가지고 있는 듯 보인다. **조선일보 2023년 3월 3일 기사 '세계 첫 파운드리 3 나노 양산---"기술 초격차 벌린다"'**는 기사를 이용해 삼성전자가 이미 3 나노 공정의 고성능 컴퓨팅용 시스템 반도체를 생산했다고 하고, 이어 모바일 SOC로 제품군을 확대해 나가겠다는 방침임을 알려 주고 있기 때문이다.

나아가 IP 파트너의 적극적 활용 이상도 강구할 수 있어야 하겠다. **중앙일보의 2023년 3월 15일 자 보도 "한 개의 셀에 메모리-연산-데이터 변환 동시에 지원하는 반도체 나왔다"**는 SOC 이상이 될 수 있는 신종 PIM(Processing-In Memory)의 등장을 알려 주고 있다. 이것은 메모리를 기반으로 연산(processing) 기능을 거기에 더한 차세대 AI 반도체로서, 기존의 방식이 셀 하나에 8개 이상 트랜지스터를 쓰는 SRAM-PIM이거나 D램 기반이라도 연산기를 셀 내부가 아닌 외부에 배치하는 방식(디지털 PIM)이었던 것이었는 데 비해, 이번 개발된 다이나플라지아는 메모리 셀 내부에 직접 연산기를 집적한 아날로그 방식으로서 연산 기능과 에너지 효율을 획기적으로 올렸다고 한다. 더구나 모든 메모리 셀이 병렬로 동작하여 기존 디지털 PIM 방식 대비 15배 높은 데이터 처리량을 나타냈다고 한다. 그리고 이것으로 PIM을 주도한 대만 TSMC와 미국 업체를 넘어 우리가 이 분야를 선도할 소지를 마련했다고 한다.

조선일보 2023년 4월 12일 기사 "AI용 반도체 강편치---TSMC, 3분기 연속 삼성 앞질렀다(매출액 기준)"는 대만의 TSMC가 파운드리(위탁 생산)에서 AI용 GPU를 불티나게 팔아 매출액으로 보아 삼성을 앞섰다는 점을 보도하고 있다. 이는 파운드리와 관련되어 언급된 위의 내용으로부터 이미 짐작할 수 있었던 것이다. 그러나 생성 AI를 위한 AI 반도체가 앞으로 큰 수요를 시현할 것이라는 점과 AI 반도체로서 GPU보다는 조금 앞에서 본래로 PIM이나 FPGA나 NPU 등이 더 효율적으로 쓰이는 반도체이고 또 fabless의 성격을 지니기도 하는 것이라는 점과, 이런 것들을 향해 우리나라의 여러 기업들이 합작하여 FPGA, NPU 등의 칩을 PIM(물론 이것은 대만도 하겠지만)과 더불어 생산할 수 있게 될 수 있게 기도하고 있다고 하니 그것이 시현된다면, 현재의 상황은 획기적으로 달라질 것을 예견할 수 있겠다.

이러한 실상을 볼 때 밑에 나오는 차량용 반도체 'CV-AD685' 생산 계획과 더불어 고려해 우리는 이미 로직 반도체의 생산을 위한 어느 정도의 발판은 가지고 있다고 보아야 할 것이다. 그러하니 이번 반도체 산업을 지원하겠다는 방침을 세운 계기를 반드시 실체화할 수 있어야 할 것이다. 이에 대기업 특혜, 부자 감세 등 시의를 벗어난 일부의 목소리에 흔들리지 말아야 하고, 반도체 부문에 대한 지원이 적어도 외국보다는 못하지 않도록 해야 할 것이다. 이러한 때의 정책은 국가 첨단 산업에 대한 세액 공제 등 너무 투박한 수단에 머무르게 되는 것으로 될 것이 아니라 이 부분에서 세분된 R&D 노력을 지원하는 방향으로 좀 더 세밀하게 정리되어야 할 것이다. 우리가 fabless 부분에서 취약하다는 점과 이것에 대한 싹이 보인다는 점을 감안하여 R&D에 집중적 노력을 기울일 필요가 있을 것이다.

때맞추어 삼성전자가 5 나노 파운드리 공정을 통해 미국 암바렐라의 고성능-저전력의 차량용 반도체 'CV3-AD685'를 생산하기로 했다는 것은 다시 새겨야 할 반가운 소식이다. 이 반도체는 로직 칩과 메모리 칩의 통합의 예를 볼 수 있게 하는 자동차 칩인 바, 이를 통해 대만에 뒤처진 우리의 파운드리 분야에서의 활동을 강화하고 reverse engineering을 통해 더 이상 다질 수 있는 계기를 마련할 수 있으리라 기대되어 더욱 그러하다. 이를 통해 자동차 칩, 로직 칩과 메모리 칩의 통합, 그리고 새로운 파운드리 공정의 이용 예 개발이라는 일석 3조의 성과를 이룰 수 있을 것이기 때문이다.

중앙일보 2023년 2월 22일 "삼성, 미 암바렐라 자율차 반도체 생산"

비슷한 맥락에서 서버용 메모리의 수요가 증가하는 추세에 대응하여 일반 D램보다 수익성이 높은 고대역폭 메모리 HBM을 생산해 내놓는 것도 돌파구가 될 수 있을 것이라 한다. **(중앙일보 2023년 5월 4일 "일반 D램 값의 두세 배 HBM, 반도체 불황 돌파구 되나")** 더 나아간 착상으로는 반도체와 최종 제품 사이의 연계를 강화하여 이른바 multi-tier chip(예컨대 3 나노의 고집적도 칩과 28 나노 정도의 legacy chip을 결합하여)을 생산함으로써 메모리칩과 로직칩을 함께 생산하여 메모리칩 생산만으로 시현할 수 있는 부가가치 이상을 시현할 수 있게 변신하려고 하고 있음을 유념해 보아야 할 것이다.

미국 우선 정책을 표방한 미국 반도체 지원법(CHIPs and science act)은 보조금을 받기 위해 사전에 예상 현금 흐름, 매출액, 기대 수익 등 재무 계획서를 제출해야 하고, 수익성 지표와 재무 계획, 웨이퍼의 종류별 생산 능력, 가동율, 예상 수율, 생산 첫해의 판매 가격, 이후

연도별 생산량과 판매 가격의 증감 등 영업 비밀이라고 할 수도 있는 내부 자료를 공개해야 하며, 또 반도체 생산에 사용되는 소재, 소모품, 화학 약품과 공장 운영에 필요한 인건비와 공공 요금, 연구 개발비 등 생산과 관련된 세세한 데이터를 엑셀 파일 형태로 제출해야 한다고 하는 가이드라인을 발표했다. 나아가 초과 수익이 발생했을 경우 최대 보조금의 75%까지 토해 내야 함을 요구하고 있다. 특히 미국의 국방 및 안보 분야에 우선적으로 반도체를 공급해야 하고, 생산과 연구 시설을 공개하도록 유도하여 보조금을 받은 기업의 모든 것을 알겠다는 의도다. 이른바 미국의 갑질이 보통이 아니다.

중앙일보 2023년 3월 29일 "반도체 수율-판매가까지 요구---미국의 갑질"

이런 사정에서는 보조금을 받고자 구태여 투자를 해야 할 유인이 없다 할 것이다. 우리 정부는 이런 갑질을 모면하고자 하여 미국과 협의에 나서는 모양이다. 그러나 거기에서의 미국의 반응은 '입법이 끝났다', '의회 소관이다', '우리 부처 권한 밖이다' 등으로 반응하며 뾰족한 해결책이 없으니 좀 더 기다려 보자고 하는 식이다. 2023년 5월 대통령의 방미에서는 이런 갑질 및 그 후의 책임 회피를 극복할 수 있는 방안으로 '안보보좌관급 기술 협의체'를 활용할 수 있게 되었다고 한다. (중앙일보 2023년 5월 9일 이재민 중앙시평 "한-미 간 차세대 기술 대화 창구 기대 크다") 그러나 이러한 기술 협의체에서도 미국은 궁색한 입장 모면의 갑질을 계속하면서 시간을 끌 소지가 없지 않다. 이에 우리 정부는 sequencing literature에서의 아이디어에 따라 미국과 협상 내용의 구체화하도록 해야 할 것이다. 미리 선정된 의제에 대한 논의의 시간 계획을 약속하고, 그러한 계획에 따라 갑질에 대처하면서 우리의 입지를 확보하도록 노력해야 할 것이다. 동시에 이런 이상한 미국의 처신이 오래 지속되지는 않을 것이라는 점도 염두에 두어야 할 것이다.

　보조금을 받기 위해 비미국 업체가 미국에 투자를 한다고 하더라도 어떠한 돌연 변수 내지 독소 조항이 나타날지 모른다. 동아일보 2023년 3월 31일 자 여론 조사에 대한 기사에 의하면 한국인 83% 및 미국인 44%가 미국이 아닌 나라의 이익도 고려해야 한다는 것이었고, 우리 정부는 한국 기업을 배려해 달라는 요구를 하겠다는 의도를 가지고 있다고 한다. 그러던 중 **중앙SUNDAY 2023년 4월 1일-2일 "배터리 양극재-음극재도 미 '보조금' 혜택---우려했던 한국 기업 안도"**는 추가 발표된 IRA 전기차 보조금 세부 지침(부품의 일정 부분 이상을 북미 지역에서 제조해야 세액 공제를 받을 수 있다는—단 이런 일정 비율은 차차 늘어나도록 되어 있음)에서 제3국(현재 중국, 인도네시아, 아르헨티나 등)에서 부품을 수입해 가공한 뒤 미국에서 배터리 부품인 양극판이나 음극판을 만들더라도 보조금을 받을 수 있게 되어 LG엔솔, SK온, 삼성SDI 등 배터리 업체와 미국에 전기차 전용 공장을 건설 중인 현대차가 우려를 줄이게 되었다고 했다. 최소한의 양해는 이루어졌다 할 것이다. 또 중국에 있는 공장에서 10% 또는 5%의 생사 능력 증가는 가능하며 첨단 공정을 그때 적용하려고 해서는 안 되나, 제한적 기술 upgrade는 가능하다고 이해되었다 한다.

　이상 칩 4 동맹에 참여하는 것을 포함해 우리 기업들이 미국에 반도체 생산 시설을 위한 막대한 투자를 하기로 한 계제에 미국에서 반인프레법(Inflation Reduction Act; IRA)이 나타나 북미에서 최종 조립된 전기차에 대해서만 세금을 깎아 준다는 것이 새로이 입법되었다. 이 법은 이른바 decoupling을 기도하는 것이면서 중국이 첨단 기술을 미국이나 서방으로부터 가져가 미국 등에 위협이 되는 것을 막자는 것으로서 우리에게는 복병이 되어 우리나라가 미국에 수출하는 자동차의 경쟁력이 심하게 손상되게 하였는데, 이는 갑자기 미국이 현지 생산이라는 조건을 추가한 데 기인하는 것이기는 하나, 미국의 reshoring 정책에 부응하여 관련 투자를 하고 있는지 여부를 불문하고 취해진 미국 일방적인 차별적 조치이고, WTO 보조금 규정에 반하는 것으로 보이는 것이다. (EU나 일본도 이것이 WTO 협정에 부합하지 않는 것으로 보고 있음) 또 한미 FTA에서의 내국인 대우(national treament)도 위반하는 것이기도 하다. 그로써 그동안 쌓아 온 자유 공정 무역의 큰 원칙을 해치는 것이고, 국제적 무역 거래와 투자자의 신뢰에도 해가 되는 것이다. 나아가 이러한 돌발적 미국 일방적 조치는 전기차나 배터리에만 국한되지 않고 다른 품목에 대해서도 유사 조치가 뒤따를 수 있다는 우려를 낳고 있다. 미국이 11월 중간 선거라는 자국의 정치적 사정에 좌우되어 이러한 이상한 조치를 하게 된 것이라고 이해할 수는 있겠으나, 이는 미국에 협조해 많은 투자를 하고 있거나 하려고 계획하고 있는 나라와 그러하지 않은 나라를 하등 차별화하려고 하고 있지 않은 것이고, 시대 착오적인 Buy American 정책이 이상한 시기에 소환된 것이라 하겠으나 이미 쏟아진 물이라고 볼 수도 있겠다. 그러나 이것은 미국이 신뢰를 저버린 조치라고 해야 하겠기에 오래 지속되기는 어려울 것으로 보인다. 그럼에도 우리로서는 지금부터라도 대응책을 찾으려고 해야 할 것이다. 예컨대 미국 내 투자가 구체적으로 진행 중인 경우에 대해서는 투자 완료를 조건으로 한다거나, 기타 생산의 마지막 일부 절차를 미국에서 진행하는 경우에 대해서는 최소한 예외를 인정받는 추가 조치를 양허받도록 하는 등의 대응이 필요시 된다. (중앙일보 2022년 8월 30일, 신뢰 감축 시대, 이재민 중앙시평) 그럼에도 불구하고 미국은 이번 보조금은 미국 소비자를 대상으로 하여 주어지는 것이라 하여 기존의 보조금에 대한 논리에서 벗어나려 하고 있다. 이렇게 오그라들고 왜소해진 지금의 미국을 보면 1960-1970년대의 good old American의 행방은 묘연해지고, 미국이 달러라는 key vehicle currency를 운영해 일방적으로 누리고 있는 seigniorage gain의 타당성에 대해 다시 한번 생각하게 한다.

미국의 반도체 지원법, 반인프레법으로 중국에 대한 고사양 반도체의 수출 통제는 그러나 반드시 철저한 것은 아니었다고 할 수 있다.

우선은 중국 기업들이 미국 cloud service 기업의 서비스를 사용하는 것을 막지 않아 이를 통해 고급 컴퓨팅을 할 수 있는 길은 열어주었기 때문이다. 중국은 이러한 미국의 대중국 수출통제에 대응해 미국 반도체 생산기업 Micron이 생산한 반도체의 수입을 금지했다. 나아가 전 세계 공급의 80%를 중국이 점유하고 있고 미국 생산 고사양 반도체의 생산에 반드시 필요한 gallium 및 germanium이라는 소재(미국은 이들 수요의 50%를 중국에서 수입했다고 하는데)의 수출을 금지했다고 한다.

Economist July 8th 2023, "The Chip war : Full metal straightjacket"

이에 이 법에 대한 반발은 우선 미국 거대 업체로부터 나타나고 있는데 미국 자동차 회사 Ford나 Tesler 등은 중국 배터리 회사 CATL

로 하여금 미국 내에 배터리 공장을 건설하도록 하는 등 우회로를 통해 이 법을 사실상 회피해 보려고 하고 있다는 것이다. 배터리 생산에 있어 핵심 광물인 리튬의 70%, 코발트의 90%를 중국이 장악하고 있는 공급 체인상에서의 현실을 외면할 수 없기 때문일 것이다.

중앙 SUNDAY 2023년 6월 10일-11일 "포드 이어 테슬라도 중 CATL과 손잡아, IRA '우회' 횡행"

이점은 1980년 초 미국이 우루과이 라운드에 참여하도록 강요하던 때를 상기하게 한다. 그때 우리는 당시 우리의 입장에서 여러 가지로 이의를 제기하고 반발하였으나, 별 성과를 얻지 못하여 결국은 우루과이 라운드의 결과인 WTO 체제를 받아들이게 되었고 그 후 그것에 적응하려고 노력하여 현재의 선진국 반열에 이르는 성과를 얻을 수 있었다. 이때에는 보조금이 핵심 쟁점이었고 우리의 수출 금융에 보조금 요소가 들어 있다는 것도 문제가 되었으나, 우리는 이때의 역경을 견뎌 냈다. 그리고 이때의 미국 정책은 사후적으로 보면 우리에게는 심각한 폐해를 준 것은 아니었으나 우리보다 20년여 뒤 1980년대 중반에 들어와 수출제일주의를 추구하는 다른 개발도상국들을 더 어렵게 하였으며, 반사적으로 이들 나라들에 비해 우리의 경쟁력에 도움이 되었던 바 있다. 나아가 이 때 우리는 미국의 기존 관행에서 벗어난 새로운 정책에 대응하는 데에는 다른 어떤 정책 보다 미국이 스스로 채택한 방법을 똑같이 쓰는 것이 최선이라 함을 알았다. 그러한즉 이번 IRA에 대한 대응에서도 미국이 하는 것과 같이 하는 것이 최선이 될 것이다. 미국 투자 시 Ford가 하는 것을 따라하면서 우회하는 방법을 찾아 시현해야 할 것이다.

미국 행정부가 중국으로의 반도체 우회 수출까지를 차단하자 미국 반도체 CEO들이 백악관에서 회동하면서 반도체 관련 모호한 규제가 공급망을 교란하고 미국 기업의 경쟁력을 떨어뜨렸다고 반발했다고 한다.

동아일보 2023년 7월 19일 '미 반도체 CEO들, 백악관 회동 직전 "중시장 접근 허용해 달라"'

또 IRA 및 공급망 재편으로 중국으로부터 투자금이 이탈하여 onshoring 대신 멕시코나 브라질 등 다른 신흥국으로 자금이 이탈해 갔다고 했다.

조선일보 2023년 7월 26일 '미중 갈등에… 멕시코·브라질 웃었다'

미중 경제 갈등 속에서 미국이 기왕의 공급체인을 바꾸고자 하고 과도하게 중국을 배제하고자 하는 과정에서 한편으로는 미국 기업들이 어려움을 겪게 되고 다른 한편으로는 멕시코나 브라질이 의외의 혜택을 보게 되었다는 것이다.

흔히 안보의 차원에서는 미국과 협력해야 하고 경제의 차원에서는 중국과 가까이 지내야 한다고 하는, 이른바 '안미경중'을 이야기한다. 그러나 이것을 구체적으로 실현하는 것은 말로 하는 것처럼 쉽지 않다. 이에 말을 아끼면서 구체적인 케이스에서 이를 달성하고자 노력하는 것이 우리가 할 수 있는 최대한이 될 것이다. 이웃에 있는 중국의 실체를 인정해야 하고 또 중국과의 경제 협력이라는 것이 하거나 하지 않는 것으로 정리될 수 있는 단순한 것이 아니라는 것을 명심하여

(예컨대, 우리가 원료와 소재를 중국으로부터 수입하고, 그것을 가공한 반재료나 중간재를 중국에 수출하는 단순한 구조 이상으로 중국이 전공정을 통해 생산한 웨이퍼를 수입해 우리가 절단 및 가공하는 후공정을 거쳐 수출하는 산업 내 분업도 하고 있음을 감안하여) 말로 모든 것을 정리하려고 하지 말고 가능한 실익과 협력을 도모하는 정책을 취할 도리밖에는 더 나은 길이 없다는 것을 알아야 할 것이다. 근년 중국이 일대일로의 기치하에서 아시아와 아프리카에 직접 투자를 하거나 차관 지원을 하며 여러 나라에 진출하여 많은 곳에서 제1채권국이 되었다가 이러한 투자 프로젝트가 실패하고 기타 다른 채권국과의 관계도 좋지 않아져 크고 작은 마찰을 빚고 있다는 점도 이런 때 감안하여야 할 것이다.

중국에서 미사엘(missile) 운영 등에서 반도체를 쓰게 되었다는 점과 2022년 8월 펠로시 미국 하원의장의 대만 방문 후 즉각 중국이 대만 해역을 6 방향으로 폭격을 하여 대만을 사실상 봉쇄하는 war game 이상의 전투 훈련을 과시하였다고 하는 바, 이것은 중국이 명목적으로 주장하는 바 1국 2체제라는 것이 사실상 허망한 것이라는 점을 연전의 홍콩의 예를 상기시키면서 다시 삭이게 했다. 그런데 이것이 미국과 중국이 대만 부근에서 전투를 하게 되면 미국이 진다고 한 미국 의회의 과거의 한 보고서를 다시 소환해 오면서 미국에서 국방부와 실리콘 밸리 사이에서의 협력 움직임을 불러일으키게 되었다고 한다. 그 이전의 실리콘 밸리는 종래의 반전 무드에 젖어 있던 캘리포니아 젊은이의 영향을 받아 전쟁용 무기 등에 첨단 IT 기술을 적용하는 것에 대해 부정적이었다고 한다. 그러다가 이번에 중국의 대만을 향한 심한 군사 훈련을 보고 나자 미국의 전쟁 수행 능력을 제고하도록 해야 하겠다는 필요를 절감하게 되었고, 이어 실리콘 밸리가 국방부에 협조하면서 관련 용역도 수주하고 IT 기술을 무기에 첨가하는 등 변화가 있었다는 것이다. 그로써 전쟁 마당에서 센서나 전투 부대로부터의 데이터를 기존 알고리즘 개발을 위해 쓰던 데이터에 추가하여 사용하기도 하면서 AI를 이런 데이터에 적용하려는 시도가 여럿 생겨났고, IT 전문가들의 국방부와의 관계도 깊어지게 되었다고 한다. 그리하여 고사양 칩을 구할 수 있는 가능성과 그것으로 무기의 하드웨어 및 운용 소프트웨어를 고급화해 우월한 성능을 지니게 할 가능성이 커지게 되었으며, 대만 사태를 계기로 가졌던 낙담을 극복할 수 있게 될 수 있을 것이라 여기게 되었다고 한다. 특히 신경망을 모사하는 CNN을 이용하는 AI가 생성 AI로 진화하게 되자 그것의 역동성, 창발성, 학습 능력 등을 활용하려는 여러 가지 시도가 나타나게 되었고, 이 점을 활용해 보려고 하게 되었다. 그러나 그것은 면접이나 대출 심사에서 볼 수 있듯이 설명력(explainability)을 결여하고 있어 비상식적인 넌센스를 배출해 내기도 하고 있다. AI가 빛과 더불어 그림자도 가지고 있음을 적어도 현재로서는 감안해야 하고 그것에 의한 부작용을 소화할 수 있어야 할 것이다. 그것이 지능의 측면에서는 인간을 상당한 정도 따라오게 되었으나, 인간이 어떤 판단을 할 때 지성과 더불어 감성도 감안해 전체적 판단을 한다는 점을 고려해, 감성의 측면을 미처 고려하지 못한다는 AI의 한계 내지 그림자를 잊지 말아야 하겠고, 이를 회피할 수 있게끔 하는 전체적 판단을 할 수 있어야 할 것이다. 여러 곳에서 지각 변동에 임하여 우리는 상황 파악에 더욱 철저해져야 할 것이고, 국내 정치에 좌우되어 경거망동하게 되어서는 안 될 것이다.

The Economist August 13th, 2022, 'Defence technology: Can tech reshape thr Pantagon?: Silicon Valley gets back together with the military-industrial complex'

한편에서는 갑질을 하는 미국이 있고 그 다른 편에는 그것 이상의 갑질을 하는 중국이 있다. 그런데 작금의 상황에서 이상과 같은 미국과 중국 중 한 나라와 밀착하고 다른 나라와는 단절을 하려는 것은 합당하지 않은 듯하며, 유럽 국가나 일본 등은 이러한 양자택일을 회피하고자 하고 있다. 중국이 이상한 처신을 하고 있고 미국으로부터 너무 심한 핍박을 받기에 그렇게 하는 것이라고 이해할 수 있지만 동시에 유럽이나 일본을 보면 중국이 계속 그렇게 처신할 것이라고 여기지는 않아 보다 유연한 태도를 취하려고 하는 듯하다. 이에 유럽이나 일본이 탈중국(decoupling)이 아니라 위험 완화(derisking)를 기도하고 있다는 것을 참고로 하여 우리도 비슷한 정책 방향을 지향해 나가야 할 것이다.

5장

최근 인프라

  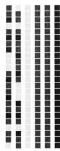

외국 정보 통신 선진 사회와 대비해 보아 우리는 기술만 부족한 것이 아니다. 미국에는 다양한 제도가 있는데 우리는 그러하지 못하다. 또 명목적으로는 미비된 제도가 있기는 하나 실질적으로는 작동하고 있지 않은 것들도 많다. 과거 WTO가 절대적 환경이었던 상황에서는 그런 환경 속에서 미국이나 EU가 하는 처신을 보고 그런 처신을 우리도 따라 하면 그렇게 하는 것이 뒤탈이 없는 대응이었다. 그러나 최근 들어서는 강대국들이 WTO 시대의 규칙 내지 정신을 어기면서 나름의 새로운 처신을 하는 경우가 여럿 생겼으며, 이에 우리로서도 우리에게 적합한 대응을 강구해 실행하지 않으면 안 되게 되었다. 미국 빅테크들이 자의적으로 인앱 결제를 강제하거나 우월한 입장에서 개인 정보를 은밀하게 수집하여 광고에 활용하고, 계속적인 망 투자를 위한 재원 마련을 위해 필요한 망의 이용료를 공평하게 부담하려는 데에서 벗어나려고 하는 등 자국에서는 감히 하지 못하거나 삼가는 일을 우리 사회에 진출해서는 사려 없이 강행하는 것에 대해서도 대응책을 마련해야 하게 되었다. 그러나 이러한 노력보다 더 시급한 것은 규제 개혁을 줄창 이야기해 오고 있으면서도 정작 개혁을 하지 못하고 있다는 것이고, 그 자체로서 명백한 규제일 뿐만 아니라 은밀히 숨어 있는 규제인 그림자 규제나 유령 규제 등 악성 규제도 많으나 이들을 이야기만 할 뿐 실제 이들에 대한 개혁을 시현해 내지 못하고 있다는 것이다. 예컨대 클라우드에 대한 유령 규제 때문에 아래의 본문에서 유추하듯이 은밀히 클라우드를 사용하는 기업들이 늘어나고 있으나 (마치 아버지를 아버지라고 부르지 못하는 홍길동처럼) 많은 기업들은 그러한 처지에 있다고 하는 것을 밖에 알리지 못하고 있고 그러다 보니 클라우드의 사용이 사실상 위축되어 있다. 그에 따라 클라우드에 대한 투자도 양지에서 활발하게 이루어지지 못하고 있다. 오늘날 정보 통신 사회에서의 클라우드 사용의 중요성을 상기해 볼 때 이러한 사정은 정말 놀라운 것이다.

우리는 미국이나 중국이 가지고 있는 정말 큰 빅테크를 하나도 가지고 있지 못하다. 우리나라에서 빅테크라고 지칭되는 네이버나 카카오는 미국이나 중국에서의 그것들 상대인 빅테크에 비해 보면 매우 작다. 그 때문에 우리를 정보 통신 강국이라고 할 때 그것의 근거로 드는 예가 메모리 반도체의 생산과 수출이 매우 많으며, 그런 것들이 우리의 경제 성장을 견인하고 있다고 하는 정도다. 그러나 관점을 바꾸어 놓고 보면 이런 것들은 정보 통신 제품이라기보다는 제조업 제품이라고도 할 수밖에 없는 것들인데, 이런 것들을 가지고 정보 통신 강국의 증거로 삼는 데에서는 무언가 허전함을 피할 도리가 없다.

이러한 상황에서는 제도의 일환으로 모든 활동의 근저가 되는 하부 구조(infrastructure) 또는 인프라가 선결되어 있어야 하겠고, 사람들의 활동은 그러한 인프라를 전제로 하여 그것의 영향을 받으면서 이루어지는 것이 되겠기에 우리도 필요한 여러 인프라를 갖출 수 있어야 할 것이다. 다시 말하면 우리는 이런 점에서 보아도 선진국에서는 훌륭히 활용하고 있는 인프라를 제대로 갖추고 있지 못하고 있으며, 그러한 사정을 정시하고 있지도 않다. 오늘날 정보화 사회에서 사람들의 활동을 중심으로 하고 보았을 때 이러한 인프라는 여러 활동의 여건이 된다. 그런데 사람들은 외적 여건의 변화가 있으면 그것을 수용해야 하고 인프라가 바뀌더라도 그것에 적응해야 한다. 사람들의 행동은 그것에 대한 외적 여건이 바뀌거나 행동에 대한 input이 되는 새로운 데이터가 생기게 되면 업데이트해서 그 이전과 달라지게 되어야 한다. 무엇보다 먼저 클라우드 등 인프라의 등장으로 인해 반드시 감안해야 할 요인이 생겼고 또 빅데이터 시대에 많은 신종 데이터가 나타나 반드시 감안해야 하는 나름의 input으로서 대두하게 되었다. 그러니 이런 것들에 대해 새로이 적응하지 않으면 안 되게 되었다. 동시에 이러한 변화에 대해 효과적이고 쉽게 적응할 수 있게 하는 탄력적 인프라를 가지려고도 하게 되었다. 과연 이상에서 관찰했던 바 구조 면에서의 변화는 이러한 탄력적 인프라를 가지려는 노력의 산물이라고도 할 수 있겠다. 다시 말하면, 종래 개별 회사가 가지고 있던 하드웨어 중심의 시설인 데이터 센터 등 이외에 클라우드를 이용해야 할 것이고, 그러한 새로운 상황에서 최선의 인프라 구도(infrastructure configuration)라고 하는 것을 우리도 구축해 사용할 수 있어야 할 것이다. 이 계제에 가장 주목해야 할 것이 네트워크의 부문에서 언급된 HCI(Hyperconverged Infrastructure)를 강구하게 되었다가, 그것을 구체화하는 과정에서 나오는 microservices, container, serverless computing structure, composable structure 등을 단계적으로 다룰 수 있어야 하리라는 것이다. 단, 이러한 것 중 그나마 상대적으로 정착되었다 할 수 있는 것은 앞의 2가지이고 뒤의 2가지는 아직도 선진국에서조차 상당한 불안정성도 지니고 있다고 할 수 있는 변수다. 아무튼 우리도 선진국은 이미 지니고 있는 최근의 인프라를 지닐 수 있게 되어야 할 것이다.

그 과거의 mainframe으로 된 대형 컴퓨터를 많은 서버를 가지고 있는 서버 룸이 대체하게 되었듯이, 종래의 기업들은 그것의 여러 과업을 서로 분리되어 있지 않은 전체 monolith 내에서 그대로 수행하였다가 그러한 과업의 성격에 따라 모노리스를 분해하여 여러 microservices로 나누고, 수행해야 하는 마이크로서비시스를 다시 결합하여 쓰는 새로운 종류의 인프라를 택하게 되었는데, 이를 흔히 microservices infrastructure라고 지칭한다. 이러한 인프라는 5개의 핵심 요소를 가지고 있다고 이해되는데, 그들을 microservices, container, service mesh, service discovery, API gateway로 정리하곤 한다. 그리고 이렇게 분할되어 있으면서 그들을 재결합하여 쓸 수 있게 하는 인프라 구조를 가지게 됨으로써 오늘날의 기업은 상당한 효율성 증진을 도모할 수 있게 되었다고 한다. 당장 최근 관심의 대상이 되는 챗 GPT를 효과적으로 활용하려고 한다고 하더라도 이러한 인프라의 구비는 필수적이다. 이에 우리도 이런 측면을 마냥 무시해서는 안 될 것이다. 이하 앞의 2가지에 초점을 두고 이들의 의미, 위상과 역할을 살펴보자.

SearchAppArchitecture.com, '5 core components of microservices

microservices 체제로 이행해 가는 것은 과업 수행에서의 융통성 (flexibility), 과업 규모 증감에 대한 유연한 대응성(scalability), 생산성 향상 등을 가져온다고 한다. 이는 물론 그것으로의 성공적인 이행이 가능할 때에만 획득할 수 있는 것이다. 이에 이러한 인프라가 정립되기 이전에 monolith로서의 조직에서 다루던 업무를 근본적으로 마이크로서비시스로 분할해 다루어도 되느냐 하는 것을 먼저 점검해 보아야 하겠고, 다음 조직의 인력이 그 방향으로 이행해 갈 준비 태세와 능력을 가지고 있느냐도 검토해 보아야 하겠다. 더 나아가서는 이행이 너무 빨라서도 안 되고, 그렇게 분할한 결과 가지게 되는 개별 서비스가 너무 작은 것으로 되어 그 자체로서 다루기 곤란해서도 안 되겠으며, 결과적으로 나타나게 될 복잡한 양상을 모니터링하는 데 실패해서도 안 되겠다.

SearchAppArchitecture.com, 'Key strategies to help migrate to microservices' 30 Jun, 2020

1.
microservices와 container

종래 monolith에서 모아 종합적으로 수행하던 앱들을 여러 개로 분할해 복수의 microsrvices의 형태로 변화시킨 다음 그런 것을 대상으로 하여 과업을 수행하려고 할 수가 있다. 예컨대 전자 상거래 업무를 수행할 때 필요한 일련의 과업들을 제품 카탈로그의 제품에 대한 데이터를 끄집어 내는 일과 그 제품에 대한 재고가 얼마나 남아 있는지를 확인하는 일과 판매가 성사된 후 운송을 하는 일 등으로 기능적으로 분할한 다음, 이들 각각을 microservices로서 지정해 과업을 수행하도록 하면서, 그렇게 하지 않고 monolith에서 통째로 수행하던 경우에 비해 값싸고 효율적으로 일을 수행하게 하는 시스템을 마련할 수가 있다. 달리 말하면 종래의 monolith를 분해하여 module 성격을 가지게끔 분할해 microservices로 만든 다음, 그렇게 분할된 것을 종합적으로 다루는 방식을 통해 종래 monolith에서 하던 일을 보다 효과적으로 수행해 보려고 할 수가 있다. 모노리스를 refactoring해서 여러 마이크로서비시스의 연합체로 만든다는 것인데, 이렇게 할 수 있게 됨으로써 책임을 분산시키어 마이크로서비시스의 집합인 pod에서의 과업을 보다 유연하게 수행할 수가 있고, 쉽게 업데이트할 수가 있으며, 관리도 쉬워지게 할 수가 있다. 큰 과업이 이렇게 여러 부분으로 나누어져 분산된 구조를 가지게 되면 그 각각의 부분은 나름의 장기를 발휘하게 될 수가 있고, 설사 최초의 분산 구조가 조금 잘못되었다 하더라도 나중에 잘못된 부분만을 고쳐 쓸 수가 있다. 이를 비교적 단시간에 배우는 짧은 학습 곡선(learning curve)을 가지게 되는 것이라고 한다. 모노리스에서 사실상 다루고 있었던 많은 앱들을 여러 개로 구분해 여러 microservices로 나눈 다음 그렇게 나누어진 것들을 가지고 전체를 다룸으로써, monolith 에서 하던 많은 과업을 사실상 microservices의 집합으로서 재구조 화된 것을 써서 대신 수행하도록 하는 것이다. 이렇게 분산된 구조에서 pod 또는 microservices가 독자적인 일을 할 수 있게 하려면 그 것들 각각은 독자적 IP 주소를 가지게 되어야 한다. 그런데 이들 분해된 요소들이 독자성을 가지게 되면 위험 관리도 달라져야 한다. DNS server나 API broker로 하여금 매 요소들의 identity를 체크하도록 해야 하고, 또 네트워크에의 접근을 통제(access control)할 수도 있어야 한다. 누가 로깅하려고 할 경우에는 그런 것이 비정상적이거나 일 상과 다른 로깅일 경우 그런 것을 여과할 수도 있어야 한다.

SearchAppArchitecture.com, 'How to build a layered approach to security in microservices' 20 Jul, 2018

이런 과업은 모노리스를 마이크로서비시스로 나누는 일, 후자를 분산 배치하는 일, 후자들 사이에서 연결이 이루어지도록 하고 소통을 유지하는 일, 전체를 모니터링하는 일, 이런 것들을 제대로 관리할 팀과 조직 문화를 배양하는 일 등을 포함한다. 이렇게 과거의

monolith 방식을 재구조화하여 가지게 되는 네트워크는 대표적인 분산 네트워크(distributed network)가 되며, 여러 편리성과 그것에 따르는 운영 관리 면에서의 효율성을 가지게 된다. 이러한 인프라의 관리는 근자 Kubernetes services로 통합되어 가는 듯한데, 그런 서비스를 제공하는 벤더의 종류로는 Amazon Elastic Kubernetes Service(EKS), Azure Kubernetes Service(AKS), Google Kubernetes Engine(GKE), IBM Cloud Kubernetes Service, Oracle Container Engine for Kubernetes 등이 있다.

SearchCloudComputing.com, 'Get to know the top managed Kubernetes services in the cloud' 22 Oct, 2019

이렇게 하려면 각각의 microservices에서 이렇게 작은 규모의 앱의 집합을 다룰 수 있어야 하는데, 아무튼 이렇게 하고 나면 많은 수의 앱의 집합인 모노리스를 대상으로 하여 그 속의 구성인자들인 앱들을 다루었던 과거의 경우보다, 각각의 앱을 신축성 있고 신속하며 효율적으로 다룰 수 있게 된다고 한다. 그로써 큰 규모고 여러 부분들 사이의 관계가 복잡한 모노리스에서 앱들을 다루던 것에 비해, 큰 모노리스를 다수의 작은 microservices로 나누어서 이들을 대상으로 하여 상대적으로 경량인 프로토콜을 써 가며 쉽게 다루어 수월한 소통을 할 수 있게 되고, 개별 부분 요소들을 다루는 데에서도 쉬울 수 있다고 한다. 이러한 전환은 하나의 커다란 코드 블럭으로 되어 있던 모노리스에서의 소프트웨어를 훨씬 작은 코드 베이스로 나누어 재구축하는 것이라고 할 수 있다. 그리고 이렇게 하고 나면 학습 및 업데이트가 쉬워지고 refactoring하는 것도 간단해지며, 결함을 발견하게 되었을 때 빨리 고칠 수 있고, 과업을 쉽게 처리할 수도 있게 된다. 작은 코드 베이스를 가진 경량 소프트웨어는 개발, 테스트, 포설 내지 배치(deployment)의 모든 운영 단계에서 간편하게 쓰일 수 있으며, 이런 때 API를 활용함으로써 이들 마이크로서비스 간의 interoperability를 확보하기도 한다. 단 이러한 운영을 할 수 있게 되려면 API gateway와 service mesh를 운영하여야 한다.

변화하는 환경에서 microservices가 나타내고 있는 모든 세분된 과업이 언제나 일률적으로 증대되어 수행되어야 할 이유는 없다. 따라서 이런 요구를 충족하는 그중 일부만을 대상으로 하여 그것들에 대한 과업 증대의 요구가 있을 때 과거 모노리스에서 보다 훨씬 유연하게 적은 비용을 들이면서 그런 요구에 대응하는 것이 가능하게 된다. 특히 Kubernetes 등을 활용할 수 있게 되면서 컨테이너의 관리가 쉬워져 이러한 장점은 더욱 주목되고 중시되게 되었다.

SearchAppArchitecture.com, 'How microservices and containers work, apart and together' 29 Jul, 2021

이런 문맥에서 API는 microservices 간의 소통을 가능하게 하고 그들을 통합하기도 하는 역할을 한다고 할 수 있다. 이것이 작동하고 있음으로써 interoperability가 작동하게 된다는 것이 microservices 의 구도를 가지고도 모노리스에서 하던 일을 다 할 수 있게 하는 것이다. API는 이런 의미에서 바뀐 구도에서도 모노리스에서 하던 기능을 제대로 수행할 수 있게 하는 부품이자 중간재가 된다. API가 있어 모노리스에서의 각종 기능을 마이크로서비스로 된 이후에도 지탱할 수 있게 된다. 이러한 API를 매개하는 API gateway가 있어 microservices와 외부의 고객 등 관계자들과의 소통을 가능하게 하면서 관계를 유지할 수 있게 하는 관리 활동을 할 수 있다. 그로써 모노리스에서의 과업을 변화에 적응하게 하고, 상호 작용을 관리하며, 개발자들로 하여금 개발을 할 수 있게 한다는 것이다. 더 나아가 안전성도 제고할 수 있다.

여러 microservices를 요소로 하는 container를 형성하게도 된다. 또 그것은 API gateway 이외에 service mesh가 작동하고 있기 때문에 가능해지는 것이기도 하다. 이런 2종의 소통 경로를 통하여 API에 대한 요구를 수용하고, 그러한 요구 사이에서 균형도 도모하며, microservices들을 이동시킬 수 있게 된다. 그로써 성능을 제고하고 과업 규모 증대의 필요에 대응해 scalable 하게 될 수가 있다. service mesh에 대해서는 open source software를 지원하는 Isto, Linkerd, Envoy 등의 벤더가 있다.

TheServerSide.com.com, 'How do micoservices API gayeways aid monolith migraions?' 08 Mar, 2021

컨테이너는 모노리스에서의 큰 컴퓨팅 체계로부터 분리 해방된 논리적 컴퓨팅 환경을 형성하는 것이다. 이런 컨테이너들은 또한 공통된 운영 체계(OS)에 의해 운영되고 있으면서 그 안의 microservices들을 쉽게 합치기도 하고 잘라 나누기도 하는 기능을 가지고 있다. 이렇게 컨테이너가 쉽게 만들어지고 쉽게 해체되며, 또 일단 만들어진 컨테이너는 오랫동안 유지 및 존속될 필요는 없다는 점을 보아 컨테이너는 일시적(ethereal)이라는 성질을 가지고 있다고 한다.

SearchAppArchitecture.com, 'The value of APIs and microservices gateway tools' 10 Apr 2019

컨테이너는 논리적 산물이고 인위적인 것이다. 컨테이너가 실제로 쓰이는 때 인지되는 컨테이너 이미지도 마찬가지로 인공적인 가공의 산물이다. 이러한 컨테이너는 반드시 필요한 것은 아니지만 micros-ervices를 배치(deployment)하는 것을 수월하게 하고 OS 및 middle-ware 등의 이용을 통하여 앱의 효율성을 제고하며, 과업의 규모를 무리 없이 증가시킬 수 있게 하는 효능을 가진다. API gateway나 service mesh가 없었더라면 그들이 하는 과업을 일일이 코딩을 하여 이루어지게 하는 체계 속에서 수행했었을 것이다. 그리고 이렇게 했더라면 과업 수행은 어려워지고 또 코딩 과정에서 오류가 개입될 수 있었으리라는 위험을 감수해야 했기에 부담이 컸을 것이다.

이러한 컨테이너를 관리하는 최초의 기술은 Docker이었으나 차후 Kubernetes로 발전하게 되었다. 즉, 근년 들어서는 컨테이너가 만들어지고 나면 대부분의 경우에는 그것을 Kubernetes가 운영한다. 여기에서 운영(operation)이란 과업을 배치(installation)하고, 반복되는 작업 과정을 업데이트(update)하며, 만약의 사고에 대비해 백업(backup)을 하고, 저장(store) 하며, 일정한 척도를 가지고 과업 규모를 측정하는 일련의 작업을 포함하는 것이다.

TheServerSide.com.com, 'Kubernetes vs.Docker: What's difference?' 23 Apr, 2021

microservices나 container는 모두 cloud computing이 나타나고 나서 발전되어 온 것으로서 사용자들로 하여금 많은 트래픽을 기민하게 다룰 수 있도록 하겠다는 것을 최종 목표로 삼고 있는 것이다. 전자는 여럿이 결합되어 비즈니스에서의 과업을 형성하면서 그들 간 상호 작용을 할 수 있게 하며, 그것들 몇 개가 합쳐져 독립된 단위(component)가 되도록 하기도 한다. 그러한 것들이 여러 개 합쳐져 앱을 형성하며 컨테이너의 요소가 된다는 점을 보아 이것은 cloud가 널리 쓰이기 이전에 쓰였던 SOA(Service-Oriented Architecture)에서의 서비스와 상응한다고 볼 수도 있다. 단, 그것은 SOA에서 앱의 구성 요소가 되는 서비스와 비교해 보다 저수준의 기능을 하는 단위면서 직접 서비스를 하기보다는 각종 이벤트를 대변하고 있다고 한다. 그것은 작고 (어떤 상황이나 이벤트에 의존하지 않는다는 의미에서) stateless 하며, 독립성을 가지고 있으나 유지 비용은 비싸다. 근자에 와서는 SOA의 서비스나 마이크로서비시스가 모두 컨테이너의 구성 요소가 되면서 컨테이너의 일부가 되어 유사하게 쓰이고 있다.

SearchAppArchitecture.com, 'Microservices vs. SOA: Choose the right

microservices 구도는 서비스 간에 소통을 해야 할 때 이들 서비스로 하여금 직접 소통을 하게 하는 것이 아니고, 그러한 소통의 대상이 되어야 하는 서비스들을 모은 service mesh라는 매개체를 통하게 하거나 컨테이너 간의 트래픽의 경로를 관리하는 대용 컨테이너(proxy container 또는 sidecar container)를 통해 소통하도록 하고 있다.

microservices 사이의 소통보다 (stateless 하고 유지 비용이 싸며 독립성을 가지는) 컨테이너를 거치는 소통을 권장하고 있다. 서비스의 발견이나 모니터링을 위한 서비스 메시(service mesh)를 위해 쓸 수 있는 옵션으로는 Isto와 Linkerd가 유명하다. 이러한 컨테이너 내부에서의 microservices 사이의 소통은 microservices와 외부의 고객이나 파트너와의 소통과 구별되는 것으로서, 이때 후자에서는 service mesh가 아닌 API gateway가 사용된다.

SearchAppArchitecture.com, 'Service mesh vs. API gateway: Where, why and how to use them' 15 Sep, 2021

microservices와 container는 실제에서는 데이터 센터나 colocation 시설이나 공공 클라우드에 배치되어 관리된다. 앞으로 여러 번 반복되겠지만, 이러한 구도는 매 microservices의 독립성을 허여하면서 과업 규모의 증가에 쉽게 대응할 수 있게 하고, CD/CI 파이프라인을 이용하여 개발 과정을 유연하게 만드는 기반이 된다. 그러나 이러한 구도로 이행해 간다는 것이 언제나 타당하지는 않은데, 예컨대 네트워크에 정체가 있을 경우에는 모노리스의 과업을 microservices 및 컨테이너로 대신하는 것은 적합하지 못하다.

SearchAppArchitecture.com, 'An A-to-Z guide to a microservices architecture transition' 05 Aug, 2021

이렇게 microservices의 구도를 취함으로써 과업 수행이 쉬워져 더 많은 과업을 할 수 있게 되고, 과업을 배분하는 것도 수월해진다. 그로써 한정된 시간 내에 많은 규모의 트래픽을 다룰 수 있게 되어,

더 나은 성과를 올릴 수 있게 된다. 앱 이용의 효율을 높이고 수요에 맞추어 과업을 배치함으로써 불균형된 과업 수행을 피하고, 과업 수행을 위한 시간을 줄일 수 있게 한다. 뒤에 적시하는 바 공통으로 쓰는 운영 체계(OS)를 이용할 수 있게 되어, 하나의 서버를 가지고도 microservices의 다기한 집합을 모두 다룰 수 있게 하는 것도 이것에서의 핵심 인자가 되고 있다. 결과적으로 모노리스에서의 과업이 늘어나게 되더라도 모노리스 상태에 있을 때보다 더 융통성 있게 과업에 대응할 수 있어, 이른바 신축성(flexibility)을 가지게도 된다. 그러나 이렇게 재구조화하기 이전의 모노리스의 성격에 따라서는, 그것을 이렇게 마이크로서비시스로 분할해 다루는 것이 복잡성을 증대시키는 요인이 될 수도 있다. 이런 과정에서는 API가 동원되어 microservices 내의 각종 앱을 연결시키도록 해야 했으며, 그로써 microservices-container가 기민하게 작동할 수 있게 하거나, 충분한 기민성(resilience)를 가지고 과업 수행을 신속하고 효율적으로 할 수 있게 만들기도 했다. 그러나 이렇게 하는 것을 단숨에 이루기는 어렵다. 그것은 이른바 corelation ID를 이용하고 각종 서비스를 추적하는 과정을 정비하는 시행착오의 과정을 거쳐 이루어진다고 하며, 그런 도중에 circuit breaker도 도입하게 되었다고 한다.

SearchAppArchitecture.com, '3 microservices resiliency patterns for better reliability' 28 Feb, 2020

이런 때 하나의 microservices는 하나 또는 간단한 과업 몇 개만을 담당하도록 설계되어야 하고, 다른 microservices와는 연계를 가지지 않으면서 서로 의존하지도 않는다는 의미에서 서로 독립적이 되도록 설계되어야 한다. 특히 microservices 간에 소통은 없도록 함으로써 소프트웨어 차원에서 하나의 microservices의 오류가 다른 microservices의 오류를 불러오지 않도록 설계되어야 한다. 그러면서 그들을 연결시키고 소통할 수 있도록 해야 하고 이를 위해서 그런 마이크로서비시스를 등록(service registry)하게 한 다음 전체적 시각에서 자동화 방식으로 총괄적 관리(orchestration)를 해야 한다. 이런 때 총괄적 관리를 위해서는 주로 Kubernetes 등의 소프트웨어를 활용하며, 이들이 등록된 마이크로서비시스를 컨테이너에 배치해 관리한다. 그런 때에는 그 방도로서 API를 이용하기도 한다. 마이크로서비시스 사이의 연결을 유지 및 관리하는 것은 일반적으로 보아 분할 이전의 모노리스를 관리하는 것보다 어렵다. 여기에는 후자에 숨어 있는 그들 모두의 연결을 용이하게 하는 일체의 코드 내지 소프트웨어가 없기 때문이다. 이에 마이크로서비시스의 등록이 어떤 마이크로서비시스가 어디에 있는지를 알기 쉽게 하고 그것들을 효과적으로 쓸 수 있게 만들도록 해야 한다는 점을 강조하기도 한다. 나아가 이렇게 효과적으로 쓸 수 있게 하기 위해서는 이러한 마이크로서비시스는 그것들이 집적되는 컨테이너 사이에서의 이동(portability)이 쉬워야 한다.

이런 때 총괄 관리 한다는 것은 앱들 사이는 물론 마이크로서비시스나 컨테이너 외부의 이용자들과 앱의 사용을 조율하고 과업을 통제하는 것을 포함한다. 이에 그들 사이의 관계는 fault-tolerent 해야 한다고 하는데, 앱이나 마이크로서비시스가 단순하게 설계되어 있기 때문에 독립성의 유지가 용이하고, 유연성을 지닐 수 있어 이것이 가능하게 된다고 한다. 다른 측면에서 보면 어떤 microservices로 어떤 작은 규모의 작업을 하려고 하는 경우에 그것이 너무 작게 설계되어 있어서 독자적으로 과업을 수행하지 못하게 되고, 그로써 다른 microservices가 동원되어 같이 작업해야 비로소 작업을 완료할 수 있는 경우도 있을 수 있는데, 이런 경우에는 이들 사이에서 가교 역할을 하면서 그 둘의 관계를 유지 관리하는 API가 동원되어야 한다. 그런데 이렇게 하는 것은 독자적으로 과업을 수행하도록 하는 경우보다 번잡스럽고 비용과 시간이 더 들 수도 있다. 이러한 비용을 부담하는 것은 분산된 구조를 가지려고 하는 한 불가피하다 하겠으나, 사정에 따라 그러한 부담을 회피할 수 있도록 하고 그것을 피하거나 최소한으로 되도록 하려는 것이 당연히 필요하다. 때문에 어떠한 경우든 불문하고 무조건적으로 (예컨대 너무 작은) microservices를 만들어 이용하려고 하는 것은 부적절하다고 할 수 있다. 앱 내지 서비스 그리고 데이터를 쉽게 교환할 수 있게 하는 API를 이용해 체인처럼 연결된 마이크로서비스들을 가지고 전체 과업의 흐름을 규율하는 등 microservices 간의 내부적(inwardly)인 소통을 꾀하기도 해야하고, 안전성 제고나 API 성능 제고 등을 위해 밖(outward)으로부터소식을 전하거나 정제하는 필터(filter) 등을 통해서도 소통을 강화해야 한다. 이러한 방도를 통해 microservices를 구체적으로 활용(implemetation)하여 다음 단계의 과업으로 연결시킬 수 있어야 한다. 현재 이러한 구체적 활용을 위한 방법으로서 마이크로서비스를 container에 모아 관리하는 방법이 선호되고 있으나, 그 이외에도 VM, serverless function, kernel 등의 방법도 있다. 이렇게 보아 microservices-container의 조합은 현재 가장 합리적이라고 여겨져 채택된 방법이기는 하나 유일한 방법은 아니라고 할 수 있다. load balancing 등의 과업이 없는 상황에서도 구태여 그것만을 고집할 필요는 없을 것이라고 할 수 있다. 이런 때 마이크로서비시스 간에 필요한 메시지를 전하는 message broker이자 일종의 구제자라고도 할 수 있는 API gateway에 의해 API는 중개되고 공급된다. 그리고 이러한 API의 종류는 한번 결정되고 나면 고정되는 것이 아니고 상황 변화나 시간의 변화에 따라 다양화되고 보강되어야 하는 것이며, 그것이 대상으로 하는 microservices도 변하기 때문에 이들 변화에 상응하게끔 API gateway도 업데이트되어야 한다.

SearchAppArchitecture.com, 'Microservices vs. APIs: How they differ and work together' 29 Jul, 2021

SearchAppArchitecture.com, 'An A-to-Z guide to microservices architecture transition' 05 Aug, 2021

API가 제대로 작용할 수 있기 위해서는 각개 microservices는 차별화되면서 특정될 수 있는 독자적 ID를 가져야 한다. 이러한 ID는 인지하기가 쉬워 차후 자동화하는 때 널리 활용될 수 있는 것이어야 한다. 이런 ID는 서비스 이름, 사용자 이름, IP 주소, 메시지를 수신한 시간 및 수신하는 데 소요된 시간, 보관한 스토리지 등에 대한 정보를 담고 있어야 하며, 그러한 ID들 여럿과 관계를 쉽게 인지할 수 있게 하는 corelation ID로 쓰이기도 한다. 이러한 ID는 중앙의 특정 장소에 보관되고 있다가 필요한 때 불러 쓸 수 있어야 하며, 로그에서 쓰이면서 차후 탐색이 필요할 때 중요하게 쓰이기도 한다. 로그된 것들의 전체를 볼 수 있게 하는 가시화의 툴로는 Sclyr, Graylog, Kibana, Semantext 등이 열거된다.

SearchAppArchitecture.com, 'Microservices logging best practices every team should know' 06 Nov, 2020

microservices의 장점을 표준화, 통합화, 자동화의 3가지로 요약해 표현하기도 한다. 그 이전의 monolith 구조와 비교해 보았을 때 코드, 이미지, 견본 틀 등을 저장해 두었다가 재사용할 수 있게 한 것이 표준화를 가능하게 했다. 소프트웨어의 개발로부터 테스트와 시험적 사용 후의 자원의 배치(deployment; 또는 포설)와 실제 생산까지의 일련의 과정을 함께 다룰 수 있게 했다는 것이 통합화했다는 것이고, 클라우드를 비롯한 여러 곳에서 이처럼 표준화되고 통합화된 데이터베이스나 앱 등의 여러 요소들을 동원해 쓸 수 있게 한 다음 파이프라인을 통해 일괄해 처리할 수 있게 했다는 것이 자동화했다는 것이다. 이것은 DevOps의 실체를 바꾸는 의미를 갖는 것이다.

SearchITOperations.com, 'Building an infrastructure-as-code pipeline in the cloud' 25 Nov, 2020

클라우드를 사용하게 됨으로써 앱의 관리가 그 이전보다는 복잡해졌는데, 컨테이너를 이용한 것은 이런 어려움을 중화시키는 작용을 하기도 했다. microservices의 이용으로 monolith에서의 물리적 인프라로부터의 독립을 가능해지면서 특정 클라우드에 매이지 않고 이동성을 가지게 하였다. 그로써 클라우드의 위치에 매이지 않고 서비스를 찾아내 자동적으로 업데이트하거나 미비한 부분을 보완하는 패치를 추가할 수 있게 하여, 동태적 연계성(dynamic link)을 유지하게 함으로써 컨테이너 구조의 용도를 확대하였다.

SearchCloudComputing.com, 'How microservices and cloud application performance fit together' 20 Jan, 2017

SearchAppArchitecture.com, 'Manage containerized microservices with a service registry' 30 Sep, 2020

한편 microservices는 외부의 클라이언트와도 소통을 해야 할 경우가 있는데, 이를 위해서는 API gateway를 활용한다. Service Mesh의 이용으로 서비스 간 소통이 원활해지고, 앱의 신속한 개발 및 테스트 등을 보다 쉽게 할 수 있게 되었으며, 암호화 및 검증 기능을 수행하게 하여 컨테이너 클러스터의 단계에서 네트워크 관리를 용이하게 할 수 있게 하였다. 이것이 microservices를 이용하는 구조가 가볍게 활용될 수 있도록 하는 또 하나의 요인이 되었다. 서비스 메시를 지원하는 것으로는 Isto와 Linkerd가 대표적이다. 이러한 microservices는 컨테이너 속에서 관리되며 이러한 과업은 최초에는 Docker에 의해 담당되었다가 이제는 대체로 Kubernetes에 의해 통일되고 있다.

SearchAppArchitecture.com, '5 core components of microservices architecture' 10 Apr, 2020

SearchITOperations.com, 'service mesh' 15 Jun, 2019

container에 들어 있는 microservices는 질서 없이 마구 널려 있을 수 있어 이른바 container sprawl이 나타나기도 한다. 그런데 이렇게 될 경우 과업 수행 과정에서 성능이 떨어지게 되고 안전성이나 거버넌스가 산만해질 수가 있다. 이런 현상은 분명히 안전성을 해하는 것이다. 그리고 이를 극복하고자 하여 service mesh integration 을 위한 특별한 툴을 사용하거나 Kubernetes를 이용하게 되는 것이다. 그로써 load balancing, service discovery, storage orchestration, configuration management를 할 수 있게 된다. 이때 service discovery란 여러 microservices로 된 복잡한 구조에서 그들이 각각 어디에 배치되어 있고 현재 어떤 관계를 가지고 있는지를 파악하는 기능으로서, 위치를 바꾸고 업데이트되며 삭제되기도 하는 등 변동이 심한 상황에 처한 microservices들 사이에서의 현상을 즉각 파악하여 제대로 쓸 수 있도록 하는 데 절대적으로 필요시 되는 것이다.

SearchITOperations.com, 'Container security tools pitch service mesh integrations' 14 Feb, 2019

2010년 이래 돈이 많이 드는 하드웨어 설비를 마련해 그것을 배타적으로 사용하려고 하기보다는 하드웨어를 마련하는 일을 가능한 한 줄이고 이미 지니고 있어 가용한 하드웨어의 역할을 증대시키는 소프트웨어를 사용하며 그 활용도를 높임으로써 하드웨어를 최대한 활용하려고 하는 방식으로의 태도 변화가 현저해졌다. 그에 따라 나타난 논리적 서버인 VM은 물리적 서버의 존재를 전제로 하여 일종의 운영 소프트웨어인 hypervisor를 가지게 되었다. 물리적 서버로 대표되는 하드웨어를 전제로 하여 이것이 소프트웨어 기능을 활용하여 가상의 서버 등 VM을 만들 수 있게 하였으며, 그것을 물리적 하드웨어로부터 분리 독립될 수 있게 하였다. 이러한 과정에서 컴퓨팅을 위해 필요한 library, configuration, 기타 소프트웨어를 작동시키는 데 필요한 자원들을 하드웨어로부터 분리 독립시킬 수 있게 함으로써, 그것들을 지원하는 하드웨어 마련 등 시설 장만을 위한 비용을 줄일 수 있었고 그것의 관리 비용도 줄일 수 있었다. 그 후, 보다 효과적인 소프트웨어의 활용을 통하여 애플리케이션에서의 성과를 높일 수 있게 하였다. 그런데 VM의 단계에서는 개개 VM이 독자적 OS(Operating System)를 가지고 있었고 또 I/O, storage, 네트워크 등 자원도 독자적으로 지니고 있었다. OS가 있으면 그것을 따르는 앱도 있게 마련이기 때문에 이들도 독자적으로 관리해야 했다. 이러한 OS는 작동시킬 애플리케이션을 결정하고, 메모리 및 I/O를 관리해야 하며, 병렬 컴퓨팅을 할 때 쓰는 프로그램을 관리해야 했다. 그런데 이런 OS는 VM마다 다를 수 있다. 그로써 이런 때에는 여러 VM에 상응하는 여러 종류의 OS를 마련하는 것이 필요했으며, 이것이 비용을 늘리는 중요한 요인이 되는 한편 'OS 사이에서 정합성(compatibility)을 어떻게 보장하느냐 하는 문제'를 야기하였다. hypervisor로써 운영할 수 있는 VM의 개수는 물리적 서버의 CPU의 크기(공급 측 사정)와 여러 VM을 써서 수행해야 하는 과업의 크기(수요 측 사정)에 의존하는데, 많은 경우 하나의 물리적 서버는 10여 개 정도의 VM을 수용한다고 한다.

SearchServerVirtualization.com, 'Learn to integrate VMs and containers in your data center' 05 Dec, 2019

단, 이 단계까지는 뒤에 논의되는 바 메모리에서 프로세싱도 할 수 있게 하는 고주파수 메모리 칩(HBM; High-Bandwidth Memory)을 미처 가지지 못한 상태였기 때문에 메모리에서 프로세싱(processor-in-memory)을 하는 단계까지는 미처 이르지 못하였다.

SearchEnrerpriseAI.com, 'Samsung adds AI processor in memory to high-bandwidth memory' 05 Mar, 2021

KT 경영경제연구소는 '2020 빅 체인지'라는 책을 통해 빅 체인지를 가져올 요인으로서 기반 기술, 비즈테크, 미래 기술(future tech), 테크 이슈 등 20개의 항목을 제시하였다. 그중 1위 및 2위의 순위를 점하고 있는 것이 5G와 AI였다. 대저 네트워크란 유선 네트워크와 무선 네트워크가 어울리며 그것들의 장단을 고려하여 업무 분담을 할 수 있어야 하는데, 이미 충분한 유선 네트워크를 갖추고 있기 때문인지 우리 사회에서는 무선 네트워크에 대한 관심이 너무 크고 그것도 5G와 WiFi에 대한 쏠림이 심하다. 그런데 5G는 많은 나라에서 아직도 실제로 투자가 대거 이루어지지는 않은, 연구실을 겨우 빠져나온 과제에 불과하다. WiFi의 이용에 대한 여러 보조에 따라 그것의 이용은 많으나 그런 이용을 수반하는 해킹 등의 위험성은 명시적으로 인식되는 일이 없다. 이용자들에게 무료로 이용하게 하는 경쟁 속에서 통신사들은 물론 무선 네트워크 운영 능력에 있어 통신사들에 도저히 못 미치는 일부 지방 자치 단체들까지 공짜 WiFi를 제공하는 데 열을 올리고 있다. 공짜 점심은 없다는 진리를 망각한 이런 무료 WiFi 제공의 이면에서 다른 통신 서비스의 요금에 그런 WiFi의 (숨어 있는) 이용 요금이 전가되고 있다거나 지방 행정의 다른 곳에서 쓰였어야 할 세금이 공짜 WiFi 제공에 전용되어 쓰이고 있으면서 왜곡을 초래하고 있을 것이라는 점은 전혀 문제시되고 있지 않다.

데이터 사용에 대한 무심하고 불분명한 태도는 클라우드를 사용하는 데에서 극명하게 나타난다. 국내에서 출발한 클라우드인 케이티, 네이버, 카카오 등이 사실상 활발하지 못한 상황에서, 우리 기업들은 밑에서 보듯이, 남에게 알리기를 꺼리면서 미국의 클라우드 서비스 기업의 한국 지사들이 제공하는 상품을 미국의 빅테크가 제공하는 클라우드를 이용하면서 사용하고 있으며, 그들에게 데이터 사용 권한을 사실상 위임 방치하고 있다. 또 그들이 수집해 이용하는 데이터가 어떠한 것인지를 알고 그것을 어떻게 공유해 다른 데이터와 더불어 보다 건설적으로 사용할지를 강구하는 데에도 별 적극성을 보이고 있지 않다. 영국도 미국의 빅테크와 같은 것을 가지고 있지 못하다는 점에서는 우리와 다를 바 없다. 그러나 미국 빅테크들이 클라우드를 제공하는 부문에서 서로 경쟁하고 있다는 점을 이용하여 영국은 클라우드 서비스 수요자의 입장에서 그러한 경쟁 상황을 어떻게 활용해야 할지를 고심하고 있는데, 우리나라에서는 그런 시도가 별로 보여지고 있지 않다. mydata 사업에서도 은행과 한국판 빅테크라고 할 수 있는 네이버, 카카오 등과의 제휴가 논의되고는 있으나 구체적으로 어떠한 데이터를 종합하여 과거에는 불가능했던 새로운 맞춤형 서비스를 만들어 내려고 하는지에 대해서는 분명한 언급이 없다. 그것을 위해 데이터로서 어떤 것들을 포괄해야 할 것이고 그런 것을 합당하게 사용하기 위해 빅테크와 어떻게 협상해야 할 것인지에 대해서도 의식이 희미할 뿐이다. 통신 데이터는 여타 데이터와 유리되어 홀로 존재하고 있으며, 미국의 FCC(Federal Communication Commission)가 일찍이 2017년에 통신사들에게 통신 데이터를 적극 활용할 수 있게 길을 열어 주었다는 점은 별로 주목받지 못하고 있다. 결과적으로 우리는 통신 데이터의 과소 운영을 방치하고 있다. 사정이 이러하다 보니 통신 데이터의 일종이라고 할 수 있으면서 우리나라에서 가장 많은 데이터 양을 차지하는 걸로 보이는 WiFi 이용에 관한 데이터에 대해서도 그것을 어떻게 수집해 활용할 것인지에 대해 관심이 없고, 그런 무관심이 당연시되고 있음은 앞에서 본 바와 같다.

위와 같이 인프라가 마련되고 나면 매 과업은 그런 것들을 위해 구축해 사용하는 작업(build, release, run)의 사이클에 따라 이루어질 것이며, 변하는 상황에서도 불변하는 절차(stateless process)를 기본으로 하고 이러한 절차를 동시에 여럿 진행되도록(concurrently) 함으로써 과업 규모의 증가에 구애받을 필요 없이 대응하도록 하되(scalability), 상황 변화를 반영할 필요가 나타날 때에는 그것을 stateful 하게 만드는 백업 서비스를 도입해 기민하게 반영할 수 있게 함으로써 새로 대두한 요망에 대응하도록 해야 할 것이다. 이러한 점은 microservices와 container를 활용하는 계제에서도 쉽게 이해할 수 있는 것이다. 이런 때 대부분의 과업은 일시적인(ephemeral)이고, 따로 저장해 놓고 있던 데이터를 사용하지 않는 것들이기 때문에 항시 데이터를 저장해 두고 대비해야 할 필요가 없으며, 특히 어떤 계속성을 유지하도록 하는 데이터를 장기간 보관하다가 쓰려고 할 이유도 없다. 그 대신 예외적으로 상황 변화를 반영해 수행해야 하는 과업에 대해서만 임시 변통 식으로 데이터를 외부에서 동원해 활용하면 되고 실제로 그렇게 하고 있는 것이다. 이런 점을 다른 시각에서 보면, 그것은 과업의 증감에 대해 기민하게 대응하는 것이면서 인프라의 가변성을 수용하고 동시에 운영 경비도 줄일 수 있게 하는 방법이라 할 수 있겠으며, 그로써 이른바 disposability의 성격도 가지게 되는 것이다. 이러한 점은 클라우드를 쓰는 것이 자연스러운 cloud-native의 여건하에서는 상당수의 일이 자동화되고 인프라가 코드로 관리될 것이어서 더욱 그리 할 것이다.

SearchCloudComputing.com, 'A biginner's guide to cloud-native application development' 07 Jul, 2021

ComputerWeekly.com.com, 'What are 'mature' stateful applications?' 18 Jul, 2018

2.
Serverless Computing

　이런 때 당면하는 주요 사안은 종래의 데이터 센터를 이용하는 on-premises 체제를 그냥 지속해 쓸 것인지 아니면 클라우드를 이용하기로 할 것인지를 결정하는 것이다. 후자를 선택하게 되면 클라우드가 제공하는 많은 데이터 및 그것이 제공하는 앱이나 저장 장치를 활용할 수 있게 되고 (이런 의미에서 데이터 센터 대비 클라우드는 packaged platform이라고 할 수 있다), 자동화의 기능을 가진 SaaS의 방식이나 serverless computing 방식으로 그러한 자원을 이용할 수 있게 된다. 특히 serverless는 자체 서버를 갖출 필요 없이 과업 규모의 증감에 아무런 어려움 없이 대응할 수 있게 하면서, 실제로 클라우드의 자원을 이용한 정도에 따라 이용 요금을 내면 되게 함으로써, 코스트를 절감할 수 있게 하고 개발의 부담을 크게 줄여 주는 것이다. (이러한 서버리스 서비스는 AWS Lamda, Microsoft Azure Functions, Google Cloud Function 등이 제공하고 있다.) 이런 것의 이용 예는 service bot이나 batch processing, AWS 플랫폼에서 이미지를 올리면 그것에 대한 메타데이터를 보여 주는 것, stateless microservices의 이용 등에서 볼 수 있다. 반면 이것은 장기간 많은 자원을 소요하는 과업에 대해서는 부적합하다. 이러한 경우에는 차라리 VM을 이용하는 것이 낫다고 한다.

SearchCloudComputing.com, 'Choose the right workloads for serverless platforms in cloud' 26 Oct, 2018

SearchCloudComputing.com, 'Recent trends in cloud computing fuel the need for DevOps methods' 21 Sep, 2017

monolithic 구조 속에 있다가 그것을 microservices의 구조로 변환시키면서 중시하는 문제에 역점을 두는 이른바 lift-and-shift를 이루어 내고, 그로써 먼저 등장한 microservices에서의 모든 자원을 스스로 마련하여 배타적으로 사용하는 자족적인 이용 방식으로부터 변화되는 serverless computing은 '자원을 이용하는 방식을 클라우드의 다른 이용자와 공유하는 방식'으로 바뀌게 한다. 물론 후자에서는 비록 클라우드의 풍부한 자원이지만 그런 자원을 다른 이용자들과 함께 사용해야 하는 형태가 되기 때문에 사용하려고 하는 때 사용하지 못하게 될 수도 있다는 제약이 있을 수 있다. 이런 때에는 코스트, 안전성에 대한 고려 등을 감안해 클라우드의 이용을 결정해야 한다. 이런 결정은 on-premises를 전적으로 벗어나 클라우드로 모두를 이동해 가는 것이 아니고, 기존의 데이터 센터를 유지하면서 부분적으로 클라우드를 쓰는 혼합형 형태를 선택하는 것이 될 수도 있다.

SearchCloudComputing.com, 'Should you migrate your on-premises app or go cloud-native?' 16 Jul, 2021

SearchITOperations.com, 'Essential serverless concepts to master before deployment' 14 Jul, 2020

상황에 따라서는 클라우드를 이용하고 그중 serverless를 이용하는 것은 아주 편리한 방식이라 할 수 있다. 그러나 다른 상황에서는 이러한 방식으로의 전환이 어렵거나 부적합할 수도 있다. 이러한 때에는 종래의 개발 방식을 고수할 수밖에 없다. 예컨대 기업이 수행해야 하는 과업이 microservices나 serverless 체제로 이행해 가거나 edge computing을 새로이 해야 하게끔 그 이전의 것과 크게 달라졌다고 하자. 그러면 이러한 새로운 상황에서는 그것에 대응하는 데 필요한 새로운 요구 사항을 포함하여 적응해야 할 테고, 이어 그러한 새 요구 사항을 수용하는 각종 앱을 가질 수 있게끔 기존의 앱들을 업데이트 해야 할 필요성을 느끼게 될 것이다. 이런 때 취할 수 있는 옵션은 클라우드를 채용하고 그곳의 자원을 이용하는 것과 종래의 방식을 따라 개발을 하는 것 2종류 및 이들의 혼합이 있겠다. 한편 개발을 위해서는 필요시 되는 앱을 상정하여 그런 앱을 마련하는 코딩을 해야 하는데, 이러한 코딩 작업을 가능하면 자동화 방법도 이용하면서 신속히 하려고 하다 보니 API를 많이 쓰게 된다. 그리하여 필요시 되는 앱이 갖추어야 하는 요망 사항의 체크리스트를 작성한 다음, 현재의 앱 중 부적합한 것은 업데이트하거나 코드를 바꾸고, 새로운 고려 사항에 대해서는 신설 compliance 요구를 준수하도록 하는 새로운 코드를 마련해 추가하는 등 이른바 API-first 전략을 취하게 된다. 이를 위해서는 실적, 오류의 양상, 자원의 가용 정도 등을 고려해 종래 써 오던 개발 전략을 조정해야 할 수 있으며, 이는 비즈니스의 요구에 맞춰 적합한 API를 충분히 활용하는 양태를 취하게 된다. 이러한 API-frst 전략을 지원해 주는 벤더로서 SwaggerHub, FastAPI, API Manager, Postman, Ready API 등이 있다. 단, 이러한 벤더에 크게 의존했다가는 vender-lockin에 빠질 수 있음을 경계해야 한다.

SearchAppArchitecture.com, 'Should you adopt an API-first approach to development?' 02 Sep, 2021

SearchCloudComputing.com, 'Choose the right APIs and apps for serverless infrastructure' 21 Dec, 2017

단순한 과업을 하는 앱을 서버리스 방식으로 처리하는 것은 어디까지나 효율을 도모하자는 것이므로 그 자체로 반드시 단순하다고 할 수는 없다. 종래의 과업들 중에는 이렇게 API-first 전략으로 다루는 것이 부적합한 것들이 있을 수 있는데, 이런 때에는 전통적 코딩 방식을 따를 수밖에 없다.

DevOps은 보다 효과적인 소통을 할 수 있게 됨에 따라 분산된 (distributed) DevOps이 될 수 있다. 그로써 원격 근무나 재택근무의 여건 속에서 채팅이나 비디오 컨퍼런스의 기법을 활용하며 한곳에 모이지 않고도 의도한 바 업무를 완수할 수도 있다. 이러한 때 시차가 있어 근무 시간대가 다른 여러 지역 사이에서는 같이 소통할 수 있는 시간대를 선정하여 회의를 하고 협력 관계를 다진다면 채팅이나 이메일로 소통하는 것보다는 실제 사무실에 모여 회의하는 것에 근사하게 될 수 있어 결과적으로 상당한 성과를 낼 수도 있게 될 것이다.

코로나19 이후 종래처럼 사무실에 모여 함께 일하지 못하게 됨에 따라 종래 코로나19 이전에 하던 모임이나 이벤트도 가상의 이벤트 (virtual events) 형태로 바꾸어 하게 되었다. 그에 따라 예컨대 비디오 미팅이 있었고, 비디오 웨비나(webinar)도 활발하게 되었으며, 이러한 것들을 한두 번 단발적으로 하는 것이 아니라 그런 것들 여러 개를 연속적으로 하고 그런 것들에 대한 의미도 부여해 가며 며칠에 걸쳐 여러 회기(session)을 통해 연속적으로 다룸으로써, 마치 event platform을 집행하는 것처럼 보이게 할 수도 있었다. 물론 이들 모두는 실제 모여서 하는 행사가 아니고 가상의 행사다. 나아가 가상의 행사를 자주 하면서 그것에 대해 익숙해지자 가상의 행사를 실제 행사와 섞어 함께 하는 경우도 생겨났다. 이런 때 소통의 수단으로서 채팅, 비디오 컨퍼런스, 각종 앱 등을 이용하게 되었고, 그런 때 사용하는 콘텐트로서는 차후 메타버스에서 사용되게 될 AR, VR 콘텐트도 동원하게 되었다. 이런 때에는 가상의 화이트보드(virtual whiteboard)를 활용하거나 최신 하드웨어(예컨대 그 이전에 비해 고성능인 카메라나 스피커 폰을 장착한 huddle room 등 특수 장소)를 이용하여 보다 적극적으로 브레인스토밍(brainstorming)을 하는 등 효과적인 협업을 하려고도 하게 되었다. 이로써 잘 준비되어 있는 사무실에서 일하는 사람과 변방에서 원격 근무를 하는 사람들 사이에서도 협업하는 데 별 격차를 느끼지 않을 수 있도록 하는, 이른바 collaboration equity를 도모할 수 있게 되었다. 그러나 이러한 화이트보드의 이용에도 불구하고 hybrid 작업 환경에서 과업을 관념화(ideation)하여 모두가 더 추구할 수 있는 대상으로 추상화시키는 데에는 이렇게 하는 것이 (hybrid 환경이 아닌 경우에 비해 보아) 역부족이라고 한다.

SearchUnifiedCommunications.com, 'Virtual event platforms for conferences race to bolster features' 18 Mar, 2022

SearchUnifiedCommunications.com, 'Zoom to blur video, phone

meetings' 30 Nov, 2021

SearchUnifiedCommunications.com, 'Enterprise Connect 2022: Solving hybrid work challenges' 18 Mar, 2022

SearchUnifiedCommunications.com, 'Hybrid meetings, virtual whiteboards clash with outdated rooms' 16 Sep, 2021

SearchUnifiedCommunications.com, '5 hybrid video conferencing tips for collaboration equity' 02 Aug, 2021

이러한 hybrid work은 참가자들이 소외되지 않고 협업에 적극 참여할 수 있도록 하는 협업의 여건이 조성되어 있어야 마찰 없이 유지될 수 있을 것이다. 회의를 위한 양질의 오디오, 비디오 시설을 갖추고 virtual whiteboard를 적극 사용하며, 원격 근무 하는 사람을 비롯한 모든 참여자가 AI의 도움을 받아 최량의 회의를 진행할 수 있게 해야 한다. 이런 환경에서는 synchronous 소통뿐만 아니라 사회 미디어에서의 asynchronous 소통의 수단인 Snapchat이나 TikTok 등도 포용하면서 unified communication을 더 강화할 수 있어야 한다. 그로써 참여자들이 소통의 최신 기술을 활용하여 제약 없이 소통할 수 있게 되어야 한다. 단, 틱톡은 이용자의 정보를 중국으로 보낸다는 의심을 사고 있어 미국을 비롯한 몇 개의 나라에서 사용에 대한 제한을 받고 있다.

매일경제 2023년 3월 1일, "캐나다, 일본 이어 유럽도---줄줄이 '틱톡' 사용 금지령, 왜?"

SearchUnifiedCommunications.com, 'Hybrid work strategies fuel Enterprise Connect 2021 topics' 15 Sep, 2021

SearchUnifiedCommunications.com, 'Hybrid workplace model starts with meeting rooms, video' 17 May, 2021

6장

클라우드의 떳떳한 사용

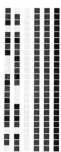

미국에서는 누구에게나 공개되어야 하는 정보를 의미하는 public information이란 것이 있다. 그런데 우리 사회에서는 공공 정보라는 것이 정식으로 정의되어 있지 않아 과연 그것이 무엇인지를 누구도 확실하게 알지 못한다. 이러한 상태에서 무슨 사유에서인지 그것은 public cloud에서만 다루어야 한다고 여겨지게 되었던 한편 공공 클라우드라는 것이 어떤 것인지도 확실하게 알려지지 않아, 공공 데이터의 활용이 극도로 위축되어 왔다. 전후좌우 사정이 불분명하여 이러한 사정의 당부를 다투려 할 때 그 대상이 누구인지를 알 수도 없었고(다행스럽게도 시민 단체는 이점에 대해서는 개입하지 않은 듯 보이나), 그에 따라 이러한 이상한 양상을 명백히 해소할 기회도 없었던 듯하다.

근자에 클라우드의 사용은 어느 나라에서도 일상적이게 바뀌고 있다. 그러면서 대부분의 나라에서는 자국으로부터 기원한 클라우드 제공 사업자도 있고, 외국으로부터 진출한 클라우드 사업자도 있어, 이들이 서로 경쟁하며 클라우드 서비스를 제공하고 있다. 다른 사회와 마찬가지로 우리 사회도 클라우드의 사용에 대해 정책적 규제를 하려고 하고 있으며, 이들이 제공하는 서비스를 선별해 가며 사용하도록 하려고 하고 있다. KISDI의 2022년 디지털 혁신 정책 방향 토론회에서 밝혀진 바 현재 우리나라에서의 클라우드별 시장 점유율을 보면, 미국의 클라우드 사업자인 AWS가 30%, Microsoft가 9.9%인 데 비해 KT가 3.4%인 양상을 보이고 있다고 하는데, 20여 년 전 클라우드가 처음 우리나라에 소개될 때 KT와 SKT가 선두 주자로서 경쟁했으며 외국의 클라우드는 미처 진출하지 않았었다는 점을 상기해 보면 이렇게 달라진 결과는 놀랄 만한 변화다. 물론 클라우드 사업자는 수익성을 고려하여 클라우드 서비스를 제공할 것이고, 클라우드의 공급에 대한 코스트 등의 고려 및 그것의 수요에 대한 전망 등에 의거해 클라우드를 이용하도록 하는 다양한 서비스를 제공할 것이다. 그리고 이러한 수요와 공급 관련 여러 요인들을 자세히 알지 못하는 현재의 상황에서는 어떤 요인이 KT 등 국내 사업자의 위상을 위와 같이 위축되게 하였는지를 제대로 대답할 길은 없다. 그러나 사계에서의 풍문은 위에서 짐작해 본 바 '공공 데이터는 공공 클라우드를 통해 이용해야 한다고 한' 사실상 행정 지침이 있다는 것이고, 그것이 의외로 KT 등 토종 클라우드를 위축되게 작용한 한편 여러 기업들로 하여금 클라우드를 공식적으로 떳떳하게 사용하고 있다고 이야기할 수 없게 한 주요 원인일 거라고 한다. 그러나 이러한 행정 지침은 어디에서도 공식적으로 찾아보기 어려워 아래의 '규제 개혁'을 다루는 데서 적시되는 바 '유령 규제'의 하나라고 할 수 있겠고, 그러한 유령 규제 때문에 우리 기업들은 상당한 기간 클라우드를 사용한다는 사실을 떳떳하게 밝히면서 사용하지 못하고 숨어서 사용하지 않았을까 한다. 단, 이런 때 공공 데이터가 무엇을 의미하고 공공 클라우드가 무엇을 의미하는지는 명백히 규정되어 있지는 않았다는 위에서 적시한 점을 다시 강조해야 하겠다. 상식적으로는 공공 클라우드란 어떤 조직이 타인과 함께 쓰지 않고, 자사만이 독립적이고 배타적으로 쓰는 private cloud와 대립되는 것을 의미하고, 우리 사회에서 공공 데이터란 정부와 직간접적으로 관련을 가지는 데이터를 의미하지 않겠느냐고 하고 짐작해 볼 수도 있다. 이렇게 볼 때 그것에 대한 수요는 결코 적지 않았을 것이고 그런 수요는 응당 KT의 클라우드를 써야 한다고 생각했을 것이다. 그러니 20여 년 전 KT가 우리나라 클라우드의 선두 주자였던 점을 상기하고 보면 위에서 알려진 바와 같이 KT의 위상 내지 시장 점유율이 위축되어 있다는 것은 이해하기 어렵다.

일설은 공공 데이터는 유럽의 public sector information을 따르는 개념으로서 open data라는 것을 지칭한다고 하고, 정부 부처 및 그 산하 공공 기관이 수집해 관리하고 있는 데이터를 뜻한다고 한다. 그런데 이는 이해하기 힘든 모순되는 이야기다. 공공 데이터 중에는 개인 정보나 영업 비밀과 같은 것도 포함되어 있는데 이런 것들을 open data라고 하기는 부적합할 듯하고, 때문에 그렇게 볼 때 공공 데이터 모두를 open data로 보고 개방의 대상으로 삼는 것은 부적절하다. 그중에는 비공개로 관리해야 할 데이터도 있을 것이기 때문에 이들을 가명화하거나 비식별화하여 데이터에 대한 안전 조치를 취한 다음 공개하거나 공개 사용하도록 해야 한다거나, 이들의 이용을 무료로 해야 한다는 주장도 있다. 그러나 mydata의 기치에 따라 이들의 이용도 공개 시장을 통해서 이루어지도록 해야 할 가능성을 고려하면 이들의 이용에서도 생산에 소요된 한계 비용은 부담하도록 해야 한다는 주장이 유력하게 다가온다. 또 납세 데이터나 센서스 데이터나 여타 등도 공공 데이터에 속한다고 본다면 이런 것들을 공개하라는 것은 개인 정보 보호나 비밀인 데이터 보호의 취지에 비추어 적합하지 않다는 의견도 있다. 적어도 그중 어떤 것에 대해서는 공개에 대한 제한이 필요할 것이라고 하기 때문이다. 나아가 정부 부처의 산하 기관인 공기업 등이 생산하고 다루는 데이터도 일률적으로 공개되어서는 안 될 성격을 가진다고 보아 이들 모두를 공공 데이터라고 하거나 공공데이터 영역 밖에 두어서는 안 된다고도 한다.

이러한 혼동 가운데 우리나라에서는 클라우드를 사용하고 있다는 것을 널리 공개하지 못한 채 위축된 상황에서 숨어서 그것을 사용해 왔다고 여겨진다. 잠재의식 속에서는 공공 데이터를 KT와 같은 토종 클라우드에서 사용해야 마땅하리라 생각하였으나 미국으로부터 진출한 클라우드와 경쟁력이나 유용성을 비교해 보면 그렇게 하는 것이 반드시 합리적이라고 할 수도 없어, 내놓고 떳떳하게 그런 클라우드를 사용한다고 공표하지 못한 걸로 보인다. 그러다가 뒤에서 소개하는 SaaS를 대표 상품으로 삼아 2022년에 비로소 클라우드 사용에 전기를 맞게 되었고, 그 이후 AWS, Microsoft, Google 등 미국의 유수 클라우드들이 거의 모두 우리나라에 진출해 있고 여러 기업들이 이들을 이용하고 있다는 작금의 상황을 누구도 부인할 수 없게 된 듯하다. 이들 해외 발원 클라우드들은 하드웨어나 소프트웨어의 어느 면을 보더라도 우리나라 발원의 클라우드 보다 우월한 클라우드 서비스를 제공하고 있다고 할 수 있기 때문이었다. 그러면서 외국으로부터의 클라우드를 이용해 공공 데이터를 취급하고 있다는 사정을 함부로 공개했다가는 숨어 있는 '유령 규제'에 의해 어려움을 당하게 될 수도 있기에 그런 사태를 가능한 한 피하려고 했을 것이고, 그 이면에서 외국으로부터 진입한 클라우드를 사용하고 있다는 것을 숨기려고 했을 것이라고 추측된다. 한편으로 공공 데이터는 공공 클라우드를 통해서만 사용되어야 한다는 제약을 의식하다 보니 (앞에서 보았듯이 공공 데이터가 무엇이고 공공 클라우드가 어떤 것인지가 명백히 정의되지 않은 상태에서) 공공 데이터를 함부로 해외에서 진출한 클라우드에서 썼다가 규제받을 위험성을 걱정하지 않을 수 없었다. 예컨대 국민의 생활의 안위에 관련되는 행정 서비스 이용 정보나 국민의 재산이나 건강과 관련되는 납세 정보나 건강 검진 정보 등을 무차별 개방하여 누구나 그런 것에 접근하게 해서는 안 되겠다는 점을 이해하였고, 그에 따라 여러 개인의 행태 정보나 관련 행정 행위에 관한 정보 등에 누구나 접근하는 것을 제한해야 한다는 것을 많은 사람들이 충분히 이해하고 공감했다. 그리하여 관련 행정부처가 공공 데이터를 취급하는 클라우드를 심사하게 한 다음 그러한 심사를 통과하고 인증을 받은 클라우드를 공공 클라우드라고 하면서 이들만이 배타적으로 공공 데이터를 취급할 수 있도록 하는 것을 심정적으로는 이해하였다. 그렇게 하지 아니하고 이러한 공공 데이터에 대한 접근을 무차별적으로 허용했을 경우에 우리나라에 진출해 있는 AWS 등 외국의 클라우드들도 이런 정보에 접근할 수 있게 될 것이고, 그로써 미국의 Cloud Act에 의거해 미국 정부가 당연히 이런 정보를 보게 될 것인데, 우리는 상응하는 정도로 미국의 공공 데이터에 접근하기 어려울 것이기 때문에 불공평한 양상이 되어, 그렇게 방치하는 것은 부당하다고 생각하였을 것이기 때문이었다. 그리하여 공공 데이터를 행정안전부의 행정안전망이나 국방부의 국방망 등 CASP(Cloud Service Assurance Program)라고 하는 특별 경로를 통해서만 이용할 수 있도록 하는 것이 정당하고, 나아가 이러한 특별 경로는 특별히 인가된 클라우드만을 쓰게 하게끔 제한함으로써 접근을 통제하는 것도 수긍하였을 것이다. 더 나아가 이렇게 인가된 클라우드는 일반적 인터넷망과 물리적으로 분리된 독자적인 네트워크를 가지게끔 함으로써 이른바 물리망의 차원에서 분리를 시현하도록 요구하였고, 클라우드들은 이러한 물리망 분리의 요구를 이의 없이 받아들여졌을 것이다.

그런데 이렇게 클라우드를 쓰면서 다양한 방법으로 망을 사용할 수 있게 된 이후에는 망분리의 유용성은 줄어들었다고 한다. 망을 쓰는 방안이 여럿 나타났고 암호화 방법 등 자체적으로 데이터를 보호할 수 있는 방법도 생기게 되었기 때문이다. 그렇더라도 외국에서 진입한 클라우드를 이용하는 경우라면 그것이 제공하는 방법에 의존하면서 그것으로 데이터가 누출될 수 있을 가능성을 감안해야 하였기에 마냥 안심할 수는 없었다.

이론적으로 볼 때 클라우드를 활용하는 방법으로는 SaaS(Software as a Service), IaaS(Infrastructure as a Service), FaaS(Function as a Service), PaaS(Platform as a Service) 등 여러 가지가 있다. 이들 중 어느 것이 활발하게 사용되게 되더라도 클라우드의 사용은 자연스럽게 늘어나게 될 것이고 그러한 수요 증가를 뒷받침할 클라우드 시설 등도 상응하게 늘어나야 할 것이다. 그런데 2022년에 들어서서 우리나라에서는 이들 중 SaaS가 가장 많이 쓰이게 되는 변화가 있었고, 그것에 상응하여 그동안 저조했던 클라우드 사용 및 클라우드 시설에 대한 투자도 다소 늘어나게 되었다. 위에서 적시된 클라우드를 쓰는 4가지 방법 중 SaaS는 다른 것에 비해 상대적으로 간략한 것이면서 하드웨어나 스토리지(storage)의 마련이 용이하고, 소용도가 큰 플랫폼의 개발 없이 독립적으로 전개할 수도 있는 것이어서 이렇게 클라우드의 사용 증대를 주도하는 주요 인자가 되었을 것이다. 이것은 또한 우리 사회가 그동안 오래 공들여 왔던 소프트웨어의 개발과 맥을 같이 하는 것이기도 하니, 다른 클라우드 사용 방법에 비해 인력을 수월하게 확보할 수 있는 분야였을 것이다. 즉, 위의 4가지 클라우드 이용 방법 중 의외의 장애를 맞을 염려가 적다는 (하드웨어를 마련하려 할 때 최근 supply chain에 대한 이런저런 장애가 많다는 것과 비교해 보아) 면에서 보아 PaaS 등 다른 옵션보다는 유리한 옵션이었을 것이다. 이에 SaaS의 이용 활동이 활발해지면서 클라우드의 이용도 늘어나고 관련 시설 투자도 늘어나게 되었을 것이다. 그것은 우선 g-mail이나 google map 등 앱 서비스 등의 이용이 꾸준히 늘어난 것의 덕을 보았을 것이다. 또 이른바 synchronized computing을 널리 이용하게 됨에 따라 이를 지탱하는 클라우드 사용도 상응하게 늘어나게 된 것으로부터도 도움을 받았을 것이다.

과학기술정보통신부와 정보통신산업진흥원은 2021년 10월 18일부터 11월 26일까지 클라우드 서비스 공급 기업을 중심으로 하여 2021년 클라우드 산업 실태를 조사하여 그 결과 보고서를 발간하였다. 그것에 의하면 이러한 클라우드 서비스 공급 기업 중 SaaS 관련이 780개로 55.4%를 점유하고 있고, IaaS가 374개로 26.5%, PaaS가 142개로 10.1%, CMS(Cloud Management Service) 기업이 62개로 4.4%를 점유하고 있다고 했다. 여기에서 CMS란 클라우드가 제공하는 네트워크나 스토리지를 본격 이용한다고 볼 수는 없는 것으로서, 클라우드 제공자와 소비자 사이에서 기술 및 컨설팅 서비스를 제공하는 것이어서 클라우드 서비스 자체를 본격 제공하는 것은 아닌 것이다. 따라서 그 이전의 SaaS나 IaaS나 PaaS를 제공하던 기업과는 이 서비스를 제공하는 기업의 성격이 달라 클라우드를 본격 제공하는 기업이라고 하기는 어려운 대상이다. 아무튼 이러한 조사로부터 우선 알 수 있는 것은 종사자 99인 이하의 기업이 86.2%를 차지하고 있다는 것이고, 그 중에서도 10인-29인의 소기업이 36.4%를 차지하고 있다는 것이다. 나아가 SaaS 기업의 비중이 크다 보니 그곳에서 연구 개발 인력 및 서비스 운영 인력이 가장 중시되고 있었다고 했다. 클라우드의 이용 방법 중 SaaS가 가장 많이 쓰여왔다는 것이 다시 확인된 것이다.

이번 조사에서는 클라우드 산업의 발전을 위해 필요한 기술로서 보안 기술을 제1로 중요하다고 하고 있었으며, 그다음의 주요 기술로서 가상화 기술, 데이터 저장 기술, 모니터 제어 기술을 적시하였다. 나아가 더 이상의 발전을 저해하는 요인으로서 도입 비용의 부담, 보안, 성능의 불확실성, 서비스 모델에 대한 정보 부족 등을 차례로 들어서, 이들 조사 대상인 기업들이 네트워크와 저장 시설 및 그런 것을 위한 소프트웨어를 제공하는 클라우드가 아니고 클라우드를 이용하는 기업이라는 점을 간접적인 방식으로 분명히 보여 주었다.

이상을 볼 때 이번 조사는 클라우드 수요자를 대상으로 하는 클라우드의 이용의 조사였다는 것을 알 수 있고, 클라우드 공급자의 시설이나 운영 방안에 대한 것은 아니었다는 것을 알 수 있다. 즉, 외국의 클라우드와 대비된 국내 발원 클라우드를 비교 분석하고 그것들의 경쟁력 등 실상을 알아내, 국내 발원 클라우드의 경쟁력을 제고할 수 있는 방안을 찾아보려는 것은 아니었다는 것을 확실히 알 수 있다. 즉, 클라우드의 시설이나 운영 체계 등에서 볼 수 있는 공급 측 사정은 외면한 채 그러한 클라우드를 이용하는 수요자들에게만 관심을 둔 것이 이번의 실태 조사였다고 하겠는데, 이는 방향을 상실한 잘못된 조사라고 하지 않을 수 없다. 발전을 저해하는 요인이라고 적시한 도입 비용의 부담은 클라우드를 이용하는 기업의 입장에서는 절실한 문제가 될 것이 틀림없으나, 그러한 수요를 밑받침하는 공급이란 측면에서 볼 때 클라우드를 제공하려는 기업이 최고의 효율적인 방법으로 투자를 늘려 값싼 공급을 할 수 있는 능력을 갖추려 할 때 유념해야 할 주안점 등을 알려 주는 것은 아니기 때문이다. 이런 후자에 대한 조사는 전혀 없었다 할 수 있으며 이것 자체를 목적으로 하여 차후에 독립적으로 조사가 이루어져야 할 것으로 보인다. 과연 우리나라의 국내 발원 클라우드들의 실상이 어떠하고 외국으로부터 진출한 클라우드에 비해 보아 그것의 경쟁력은 어느 수준이며, 경쟁력이 뒤진다고 할 때 어떠한 방식으로 경쟁력을 제고하여 따라잡을 수 있을지는 위의 조사에서는 관심 밖에 있었다 하겠다. 이에 대비되어 **중앙일보 2022년 9월 20일 기사 "화웨이의 새 먹거리 클라우드---장난감 블록 쌓듯 데이터 센터 건설"**은 미국의 AWS, Microsoft, 알리바바 클라우드, Google에 이어 화웨이가 세계 클라우드 중 5위의 수준이고, 공급 능력을 늘리기 위해 장난감 블록에 상응하게끔 모듈형 데이터 센터를 구축해 공급 능력을 제고시켜 나가려고 하고 있다는 것을 알려 주고 있다. 반면 우리의 경우 20여 년 전 KT와 SKT가 클라우드 서비스의 제공을 시작하였고 근자에는 네이버나 카카오가 이들보다 더 크다는 소문이 났으나, 이들 각각의 크기와 경쟁력에 대한 평가는 없었다.

　사정이 이러하다는 것은 이미 하드웨어 및 소프트웨어 코스트를 자국의 클라우드를 통해 부담한 외국의 클라우드들은 우리나라에 진출할 때에 이르러서는 sunken cost에 상응하는 아주 낮은 비용을 부담하며 클라우드 서비스를 제공할 수 있으나, 우리나라의 클라우드 제공 기업은 그러하지 못하며 클라우드를 증강시키고자 하여 추가해 투자해야 하는 하드웨어 및 소프트웨어 비용을 전적으로 부담해야 할 것이기에, 외국으로부터의 클라우드와 상대가 되기 어려우리라는 것을 알려 주고(이를 달리 보면 클라우드를 이용하는 기업에게 외국으로부터의 클라우드는 아주 낮은 이용료를 징구해도 될 것이나 우리나라 발원 클라우드는 상대적으로 높은 이용료를 요구하게 될 것이라는 점을 함축한다), 다른 발전 저해 요인이라고 적시되는 성능 불안이나 서비스 모델에 대한 정보 부족 등을 보강해주는 측면에서 보아도 역시 우리나라 발원 클라우드가 외국 클라우드에 비해 상대가 되기 어려울 것이라는 걸 짐작하게 한다. 그러니 이러한 짐작을 넘어 정확한 실태를 알아야 클라우드의 공급 능력 제고와 합리적 수요에 대한 그림을 제대로 그릴 수 있게 될 것이라고 하겠다. 이러한 과정에서 공급 능력을 모듈 방식의 데이터 센터를 늘리는 방식으로 증강시키려 한다거나 그런 각각의 데이터 센터에서 AI 로봇으로 하여금 사람을 대신해 건물이나 장비를 점검하고 장애를 예방하도록 하련다는 등 주변의 다른 클라우드들의 처신 등 여러 것들도 더불어 배울 수 있어야 할 것이다.

이상을 볼 때 우리나라 발원 클라우드는 해외에서 들어온 클라우드, 특히 미국 빅테크 연관 클라우드에 비해 경쟁력이 아주 떨어질 것이라 함을 큰 확률을 가지고 추정할 수 있겠으며, 설사 기존의 국내 클라우드가 시설을 늘리고 그것의 이용을 독려하더라도 그 성과는 적어도 단기적으로는 분명 한정적일 것임을 알 수 있겠다. 이에 SaaS 등을 위해 클라우드를 이용하려는 기업에 대해서는 사회 문화적 혜택을 줄 수 있어야 할 것이고, 이들이 클라우드 사용 서비스 기업을 상대로 하여 외국 클라우드와의 경쟁을 통해 클라우드 시설의 이용을 서서히 늘리게끔 이들을 유도하고 더 성장할 수 있게 해야 할 것이다. 이쯤에서 다시 강조해야 할 것은 이런 국내 발원 클라우드가 외국 클라우드와의 경쟁에서 취해야 할 전략을 찾는 데 있어 앞에서 적시한 과기정통부 등으로부터의 실태 조사는 직접적인 도움이 되지 못했다는 것이고, 다음의 실태 조사는 수요의 실태를 파악하려고 하기보다는 공급 측의 실상을 파악하는 데 조사의 목적을 두어서 실태 조사의 방향 착오를 피할 수 있어야 하겠다는 것이 되겠다.

또 클라우드의 사용이 늘어나게 되면 아무래도 새로운 컴퓨팅 환경에서 작업을 하게 될 것이겠기에 보안의 문제가 더 심각해질 것이다. 특히 클라우드를 여럿 쓰는 multi-cloud 환경이 된다면 이는 더욱 가중될 것이다. 따라서 security 확보를 위한 노력도 가일층 제고되어야 할 것이다. 과연 이를 목적으로 하는 여러 시도가 이루어지고 있다. 과거의 불변이던 static security module 대신에 시시로 변하는 상황에 대응하여 적응하는 dynamic security module이 추구되고 있으며, 암호화를 하는데도 동형 암호화(homomorphic encryption)를 활용하려는 등 더 발전된 기법을 사용하게끔 변화하고 있다고 한다. 나아가 외부의 침입에 의한 시스템의 파탄을 방지하는 방안으로서 파탄의 원인이었던 악성 앱을 찾아내 그 명단을 blacklist로서 정리한 다음 그러한 리스트에 있는 악성 앱을 배제하려고 했던 기존의 blacklist 방식의 대책에서 더 나아가, 시장 전체에서나 볼 수 있는 바 정식으로 배포되었다거나 사용되고 있는 앱들을 보고 그런 앱의 리스트와 내 단말기나 시스템에서 발견할 수 있는 앱들을 그런 리스트와 비교해 봄으로써, 시장에서는 볼 수 있으나 내 시스템에는 없는 앱을 추가로 인지한 다음 이러한 것을 white list에 추가해 대처하는 방식도 사용해야 할 것이다.

이상의 추리에서는 공공 데이터에 대한 인식 및 그것을 합법적으로 다룰 수 있는 위상을 가지는 공공 클라우드가 어떤 것이냐가 명시적으로 알려져 있지 않은 가운데, 기업들이 경쟁력이 나은 외국으로부터 진출한 클라우드를 떳떳하게 사용하지 못하고 암암리에 사용하다 보니, 토종 클라우드의 위상이 떨어지게 되었으리라는 것을 짐작할 수 있었다.

공공 데이터의 이용을 거부당하게 되면 공공 데이터 분쟁조정위원회에 조정을 신청해 판정을 받을 수 있다고 한다. 그런데 그것에 더하여 합당한 사용 방법에 대한 불분명한 부분이 있다면, 이런 불분명한 점을 분명하게 만들 장치가 필요하다. 과연 납세 데이터나 센서스 데이터나 여타 등 모두를 공개한다는 것은 개인 정보 및 비밀 데이터 보호에 비추어 적합하지 않아 그 사용을 제한해야 하는 것이 필요할 수 있다. 또 공공 데이터를 취급하는 기관으로서 정부 부처의 산하 기관도 열거되어 있는데, 그런 기관이 출연해 만든 공기업 등의 데이터가 공개의 회피 목적으로 악용되었다고 하는 것도 명확히 점검해 보아야 할 사항이다.

법무법인 율촌 2022년 9월 30일 웨비나 중 '공공 데이터 활용과 법적 쟁점'

우리 사회에서 공공 데이터란 공공 클라우드에서만 취급해야 한다는 '명문화되어 있지 않은 지침'에 따라 그것을 public cloud에서만 다루어야 한다고 여기게 된 듯하고, 그에 따라 암묵리에 공공 데이터를 공공 클라우드에서만 사용해야 한다고 여겨지게 되었다고 보인다. 그 결과, 그것의 활용은 사실상 극도로 위축되는 반사적 손실을 보게 되었다고 할 수 있다. 전후좌우 사정이 불분명하여 다행스럽게도 시민 단체는 이 문제에 개입하지는 않은 듯 보이나, 이러한 지침의 당부를 다툴 대상이 누구인지를 알 수 없어서 이러한 이상한 양상을 명백히 해소할 가능성이 없었기 때문에 그렇게 되지 않았나 여겨진다.

공공 데이터를 의식하던 사람들은 국민의 생활 안위에 관련되는 행정 서비스 이용 정보나 국민의 재산이나 건강과 관련되는 납세 정보, 건강 검진 정보 등을 무차별 개방하여 누구나 그런 것에 접근하게 해서는 안 되겠다는 점을 동의하고 인지하였다고 하겠다. 이어 여러 개인과 그의 행태에 대한 정보나 관련된 행정 행위에 관한 정보를 누구나 접근할 수 없게 제한하는 것을 충분히 이해하고 수긍하였다 하겠다. 그리하여 관련 행정부처가 공공 데이터를 취급하고자 하는 클라우드를 심사한 다음 그러한 심사를 통과하고 인증을 받은 클라우드를 공공 클라우드라고 말로 한정하면서 이들만이 공공 데이터를 취급할 수 있도록 하는 결과적 양태를 심정적으로 이해했다. 그렇게 하지 아니하고 이러한 공공 데이터에 대한 접근을 무차별적으로 허용했을 때, 우리나라에 진출해 있는 AWS 등 외국의 클라우드가 이런 정보에 접근할 수 있게 될 것이고, 그렇게 하고 난 이후에는 미국의 Cloud Act에 의거해 미국 정부가 이런 정보를 보게 될 것이 불평등을 초래할 것임을 부당하다고 인지하였다. 우리는 상응하는 정도로 그러지 못하는 상황에 있으니 그렇게 방치하는 것은 부당하다고 생각하였기 때문이었을 것이다.

그럼에도 불구하고 공공 데이터를 공공 클라우드에서 사용하게 하는 데에는 상당히 불분명한 면이 있다. 그러면서 최소한으로나마 어떤 것이든 클라우드를 쓰지 않을 수는 없었다. 이런 때 특히 cloud-native한 성격을 가지는 앱의 활용을 위해서 이점을 분명하나, 그럼에도 불구하고 우리나라에서는 그런 것의 규제와 관련되어 일말의 불안이 없지 않다. 과연 이런 불안을 피할 수 있게 하려는 성격의 서비스가 여럿 개발되어 있다. 기존의 안전성 확보의 방도들을 클라우드의 상황에 접목시켜 API의 활용과 자동화를 함께 이루어 보려고 하는 것들도 있다. 이를 위한 현재까지의 성과는 CASB, CSPM CNAPP 등을 통해 적시되나, 아직 충분히 성숙된 것이라고 주장되지는 않는다.

SearchCloudSecurity.com, 'All about cloud-native application protection platforms' 13 Sep, 2021

그러다가 공공 데이터를 공공 클라우드에서만 취급해야 한다는 이러한 미신은 백신 접종의 문제를 다루는 화급한 과제에 맞닥치게 되면서 깨지게 되었다. 우리는 2020년 마스크를 배분하는 문제 및 그 이후 백신 접종을 예약하는 문제와 관련해 참담한 실패를 경험한 바 있다. 이러한 실패는 우리 사회가 배분을 실행할 앱을 위한 소프트웨어를 코딩할 수 있는 능력을 지니지 못해 초래된 것이 아니고, 간단한 앱을 만들어 사용하려는 현장의 행정 담당자들이 식견과 실행 능력을 결여하고 있었기 때문에 초래된 것이었다. 구체적으로, 알고리즘을 마련하는 일을 하는 사람들이나 그러한 알고리즘으로 무엇을 해결해야 하는지를 이해하는 사람들로부터 이 과업은 유리되어 있었고 이들 사이에서 하등의 소통이 없었기에 그리된 것이었다고 여겨진다.

2021년 백신 예약에서는 이른바 먹통 시스템이라는 부끄러운 양상을 다시 한번 보여 주었다. 예약하는 데 분통을 경험하게 한 방역 본부의 접종 예약 시스템은 그 이전 마스크 배분에서의 무능 행정에 이어 다시 무능 행정을 보여 주었다. 접속 후 예약을 완료하고 나면 다음 대기하던 예약자가 예약을 할 수 있게 했어야 하는 예약 시스템을 엉뚱한 것으로 만들어, "한 번 접속에 성공하면 '무한 대리 예약'이 가능하게 하였다는 것이다". (조선일보 2021년 7월 22일 보도) 이런 시스템 운영은 그야말로 '정보 통신 강국'이라는 말을 무색하게 하였고, 2020년 봄 마스크 배급제에서의 무능을 다시 상기하게 했다.

그러다가 **조선경제 2021년 8월 18일 자에 "꽉 막힌 백신 예약 고속도를 2주 만에 클라우드로 뚫었죠"**라는 보도가 나왔다. 이것은 먹통 시스템의 원인을 본인 인증, 대기, 백신 예약 과정을 나누지 않고 하나로 모아 놓은 설계의 비효율성에 기인한다고 하였다. 나아가 이들 과정을 분리하여 배급 과업을 질병청의 서버에서 외부의 클라우드에 옮기는 한편 간편 인증 제도를 도입하여 로그인을 원활하게 함으로써, 그 이전에 해결 방안이라고 여겼던 (상당한 시간을 요하는 방도인) 질병총 서버의 확충 없이, 먹통 문제를 해결하였다고 했다. 자칭 정보 통신 강국이 백신 예약이라는 중차대한 과제를 수행하는 데 있어 한정된 능력밖에 가지고 있지 못한 질병총의 서버에만 매달렸고, 그러면서 오늘날 IT 인프라의 근간인 클라우드의 활용을 기피해 왔던 데서 겪게 되었던 못난 모습을 보여 주었다가 외국 발원 클라우드를 사용할 수 있게 됨으로써 해결할 수 있었다는 것이다. 클라우드의 소유자가 국내외 불문 누구인지를 따지지 않고 클라우드를 이용하게 함으로써 이 먹통 문제를 해결했다는 것이다.

이런 과정에서 기존에 갖고 있던 2가지 금기 사항을 깰 수 있었다. 그 하나는 한정된 능력밖에 가지고 있지 못한 질병청의 서버라는 공공 클라우드를 반드시 이용하도록 해야 하리라는 종래의 고식적 사고방식을 벗어나 특정 기관의 서버의 확충 없이 외부의 클라우드를 사용할 수 있게끔 생각을 바꿈으로써 서버 불충분의 상태를 우회하여 먹통 문제를 해결했다는 것이고, 그 둘은 백신 배급이라는 의료 부문에서의 문제를 무의식 속에서 공공 클라우드는 아니라고 여겨 왔던 미국의 클라우드를 써서 해결함으로써 백신과 관련된 공공 데이터는 반드시 안개 속의 공공 클라우드를 통해서만 처리해야 한다고 여겼던 잠재하던 속박이자, 뒤에서 이야기하는 바 '유령 규제'를 우회하거나 깨는 아주 어려운 처신을 했다는 것이다. 이를 계기로 하여 해외로부터의 클라우드와 토종 클라우드 사이의 차별적 이용이라는 그 이전의 관행이 차후 어떻게 바뀔지는 물론 두고 보아야 할 것이다. 어떻든 클라우드를 비용과 효과 등을 따져 가며 떳떳이 사용할 수 없게 하던 종래의 어두운 장막을 앞으로는 벗어날 수 있어야 할 것이다.

같은 맥락에서 기능정보사회진흥원 클라우드 기술지원단장은 이태원 참사를 보고 디지털 구술을 꿰지 못해 그리 커진 것이라고 하였으며, "IT 강국 무색한 '디지털 재난 대응 시스템'을 자탄했다고 한다. (중앙일보 2022년 11월 29일) 이상한 선입관 또는 편견에 지배되어 자승자박하다가 사태를 악화시키고, 어떤 것은 반드시 공공 클라우드를 써야 한다느니 하며 외국 기업이 제공하는 클라우드는 써서는 안 된다고 생각하다가 (반드시 근거가 있다고 하기 어려워) 그렇게 근거가 약한, 자가 속박으로부터 벗어나게 된 예가 생기게 됨으로써 그러한 자승자박을 벗어날 수 있게 되었다는 것이다. 이것을 계기로 하여 우리 사회의 유령 규제에 대한 태도가 근본적으로 바뀌게 되기를 기대해 본다.

교육 문제와 관련되어서도 클라우드를 제대로 사용할 수 있었으면 좋았겠으나 그러하지 못한 예를 볼 수 있다. 맞춤형 교육을 하겠다고 하며 교육해야 할 내용을 수요의 차원에서 보아 세분하여 그 세분된 각각에 대해서 학생이나 학부모의 선택에 따라 부분 수요의 규모를 파악하고, 그러한 부분 수요에 대응하는 부분 공급의 내용을 공여할 공급 차원에서의 실상을 파악해 부분 공급의 내용을 안 다음, 그 둘을 짝짓기 할 수 있게 하는 사전 준비가 있어야 정식의 맞춤형 교육을 할 수 있을 것이다. 그런데 종래에는 이러한 준비 없이 그저 구호만으로 맞춤형 교육을 하겠다고 하는 공허한 주장만 하고 있었다. 이미 파악해 놓은 세분된 수요에 상응하는 세분된 공급을 짝짓기 할 수 있도록 하는 사전 준비는 없는 상태, 즉 실제적으로 어떤 방식의 맞춤형 교육 내용을 어떻게 집행하겠다는 밑그림은 없는 가운데서, 그저 말로만 AI를 써서 맞춤형 교육을 하겠다고 하는 공허한 이야기만을 되풀이했다. 그 이면에서 가장 근접한 실제 방안이면서 학부모의 수요를 반영하는 방법이라고 제시된 방법은 겨우 교육 바우처 제도 정도였는데, 이것으로는 세분된 학업 내용의 세부 수요와 세부 공급을 대응시키기에는 역부족이었고, 그저 학부모들에 의한 학교 간의 선택을 할 수 있게 하는 방도 정도에 불과했다.

위에서 본 대로 종래 우리나라에서는 클라우드를 사용하고 있다는 것을 널리 공개하지 못한 채 위축된 상황에서 미미하게 그것을 사용하고 있었다고 여겨진다. 클라우드의 사용이 없지는 않았으나, 그런 사용에 대해 떳떳하지 못하여 숨기려는 데 급급하였던 듯하다. 그러다가 앞에서 언급한 SaaS를 대표 상품으로 삼아 클라우드 사용의 전기를 맞게 되었다고 여겨진다. AWS, Microsoft, Google 등 미국의 유수 클라우드들이 거의 모두 우리나라에 진출해 있는 상황에서 하드웨어나 소프트웨어의 어느 면을 보더라도 이들보다 우월한 클라우드 서비스를 제공하고 있다고 하기 어려운 우리나라 발원 클라우드를 써야 뒤탈이 없을 것이라고 여기는 잠재의식을 피하기 어려웠고 (그로써 뒤에서 말하는 유령 규제의 하나라고 할 수 있는 사실상의 규제를 확실히 의식하게 하여), 그 이면에서 사실상은 미국 기업의 클라우드를 사용하되 그것을 대놓고 밝히지는 못하는 상황이 벌어지지 않았나 한다. 과연 이러한 분위기 속에서 클라우드 서비스를 이용하려는 일은 결코 쉽지 않았으리라고 할 수 있겠다. 공공 데이터는 공공 클라우드를 통해서만 사용되어야 한다는 제약을 의식하다 보니 (위에서 보았듯이 공공 데이터가 무엇이고 공공 클라우드가 어떤 것인지가 명백히 정의되지 않은 상태에서 이른바 유령 규제를 의식하면서) 공공 데이터나 공공 클라우드가 어떤 것인지를 확실히 모르는 상태에서 맞춤형 교육과 같은 중차대한 문제와 관련된 기초 데이터를 함부로 수집해 썼다가 규제받게 될 위험성을 걱정하지 않을 수 없었을 것이다.

밑의 '10. 규제 개혁' 부분에서는 우리나라에서 공공 데이터를 공공 클라우드에서 사용하도록 하는 사실상의 속박을 '유령 규제'라고 지칭하고, 그것이 어떠한 사실상의 속박을 하고 있으며 그것을 회피 내지 극복할 수 있게 하는 방도에는 어떤 것이 있는지에 대해 논의한다. 요컨대 오늘날 클라우드의 중차대함을 인식해 어차피 우리나라 기업들이 우리 토종 클라우드와 외국의 클라우드를 모두 사용하고 있다는 현실을 받아들여야 할 것이고, 클라우드를 숨기고 몰래 사용할 게 아니라 떳떳하게 사용할 수 있게 해야 합당할 것이다. 클라우드의 사용은 토종이냐 여부에 매달릴 것이 아니라 일정한 사용의 가이드라인 하에서 이용자에게 최선이 되는 방안을 찾아 사용할 수 있게 하겠는지에 대한 최선의 지혜를 찾는 데 모아져야 할 것이다.

7장

네트워크: 과거와 현재

(네트워크의 발전과
새로운 인프라의 탄생)

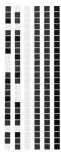

1.
물리적 네트워크와 SDN

    과거에 네트워크를 논의할 때의 중심은 그야말로 물리적 네트워크였다. 유선과 무선으로 된 여러 종류의 물리적 네트워크 계층(physical layer)이 깔려 있다는 것을 전제로 하여, 다기한 운용 체제를 쓰고 다양한 주파수를 활용하면서 여러 물리적 네트워크 계층 사이에서 존재하는 요소들의 상호 작용(interface)을 원활하게 유지하는 것이 네트워크 운영에서의 초점이었다. 각종 계층의 이용에 대한 순위나 이용의 정도를 통제하는 프로토콜을 최선으로 관장하는 것도 중요했다. 이런 때에는 네트워크 엔지니어의 역할은 절대적이었다. 예컨대 레이어 2번을 언제 어떻게 스위치하고 레이어 3번의 라우팅은 어떻게 연결되게끔 조직하느냐 등 스위치와 라우터를 소재로 하는 물리적 네트워크의 각종 요소의 구성과 배치를 설계하고, 그렇게 마련된 네트워크의 연결성을 유지 및 관리하는 것이 네트워크 엔지니어의 핵심 과업이었다. 이러한 내용을 가지는 과업만으로도 전문적 지식과 경험을 가진 엔지니어는 반드시 필요하다고 인정되었다.

    종래 라우터는 패킷의 위치를 추출하여 그것이 이동해 가는 최적의 경로를 결정해 이동하도록 하는 것을 초미의 관심사로 가졌다. 이 것은 전기 회로의 개방과 단락을 통해 동작시키는 스위치와 구별되는 것이었다. 이런 라우터는 패킷 통신이 시현된 인터넷 상황에서 태어나게 된 것으로서 통상 물리적인 기계였다. 그러다가 소프트웨어를 통해 라우팅을 하는 것이 가능하게 되었고, 이런 소프트웨어가 몇 개의 스타트업에 의해 개발되었다가 그런 스타트업들을 빅테크들이 합병하게 되는 과정을 거쳐 종래 Cisco나 Juniper 등이 공급하던 물리적 라우터를 소프트웨어 공급을 주축으로 하는 이런 빅테크의 네트워크가 대체하게 되었다. 이러한 변화는 5G 등을 쓰는 무선 네트워크의 중요성이 커지게 됨에 따라 더 가속되었다. 후자를 많이 포괄하는 것이 종래의 물리적 라우터보다 더 중요하고 효율적이었기 때문이었다. 나아가 이러한 것 중에서 라우팅에서 쓰는 소프트웨어 및 하드웨어를 분리하여 운영할 수 있게 함으로써 엣지에서의 물리적 라우터와 데이터 센터의 virtual router를 통합해 관리하는 신종 구도를 만들어 그 이상의 효율화를 도모하는 것도 생겼다.

SearchNetworking.com, '5 networking startups helping enterprises adapt and prepare' December, 2020

SearchNetworking.com, '3 networking startups rearchitect routing' 04 Dec, 2019

물리적 네트워크 기반의 설계, 유지, 관리에 쏠렸던 네트워크 엔지니어링의 중심 과업은 Software-Defined Networking(SDN)이 나타나고 각종 응용 예가 개발되어, 그런 것들이 이른바 DevOps의 일환으로서 활발하게 전개되었다는 것을 전기로 하여 달라지게 되었다. 여기에서

DevOps란 개발과 운영을 함께 하는 것을 지칭하는 것으로서, 새로운 업무 방법 등을 개발한 다음 그런 것을 실제로 써서 운영해 나가되 리스크도 최소화해야 한다는 목표를 지향하는 노력이다. 이것은 통상 여러 단계를 거치면서 수행되었다. 1차적으로 지향하는 목표를 확실히 한 다음 그것에 도달할 수 있게 하는 계획을 짜야 한다. 그 다음 그러한 계획을 몇 가지 단계로 나누어 더 자세히 짜야 한다. 이 단계에서는 계획이 업무 부서의 일상적 업무와 유리되어 너무 추상적으로 흘러가는 것을 경계해야 한다. 그 내용이 업무 부서에서 하던 일과 너무 동떨어져서도 안 된다. 이러한 세부 계획은 테스트 단계를 거쳐야 한다. 이 때 리더십이 발휘되어 전체 계획이 서로 이반되는 부분이 없고 세부 계획이 전체 계획을 파탄내는 일을 막아야 한다. 이러한 세부 계획을 시행하는 때에는 각 부분 사이에서 균형이 유지되는지에도 유의해야 한다. 이러한 일련의 과정은 통합된 시각에서 모니터링되어 각개 부분이 잘 조화된 연합체를 이루는 것으로 되게 해야 한다.

SearchITOperations.com, 'Outsourced DevOps brings benefits, and risks, to IT shops' 22 Apr, 2020

근년 네트워크 차원에서 큰 변화가 있었다. 이는 2017년 이후 더욱 현저했다. 그것의 주요 요인은 IoT 디바이스의 사용이 늘어나게 되었고 클라우드의 사용이 많아졌다는 등이다. Amazon, MS, Google 등 big tech가 제공하는 public cloud 이외에 개별 기업은 private cloud를 자체적으로 마련해 사용하기도 하였으며, 이들은 종래 써 오던 바 자체만의 독자적 네트워크(on-premise network)를 그런 것들과 섞어 쓰기도 하였다. 종래 독자적 네트워크는 유선 네트워크 및 무선 네트워크로 구성되어 있었는데, 클라우드를 그것과 함께 사용하게 되면서 이들 다기한 종류의 네트워크 사이에서 연결성(connectivity)을 확보하는 일이 새로이 중요해졌다. HW 및 SW를 이용해 이러한 연결성을 확보하려고 하였는데, 그렇게 함에 따라 compute, storage, network를 함께 구사할 수 있게 되었으며 여러 어려운 작업을 한 곳에서 할 수 있게 되었다. 종래에는 연결성의 확보를 위해 그 나름의 하드웨어가 필요하다고 여겼으나, 이렇게 변화된 후에는 클라우드를 활용하면서 나타난 HCI(Hyper-Converged Infrastructure)가 그것을 대신하기도 하게 되었다. 종래의 저장, 컴퓨트, 가상화 등의 기능을 결합하여 수행하는 이것은 클라우드와 마찬가지로 저장, 컴퓨트 등의 기능을 개별적으로 수행하던 것을 상당히 대체하게 되었다. 이렇게 하는 것이 전술된 바 신종 인프라에서의 컨테이너 등을 처리하는 데 편리하다고 여겨졌기 때문이었다. 그 결과 저장을 하는 저장고, 컴퓨팅을 하는 서버 등을 결합 이전 분산된 상태에서 개별적으로 마련하고 운영하던 종래의 방법에 비해 이렇게 HCI를 쓰거나 클라우드를 이용하는 것의 상대적 비중이 커지게 되었다. 이렇게 하는 것은 여러 분야에서 소프트웨어의 이용 및 그것으로부터의 직관의 획득을 용이하게 만들기도 하였다.

SearchConvergedInfrstructure.com, 'Hyper-converged market shifts with IT trends' 31 Aug, 2021

SearchConvergedInfrastructure.com, 'HCI market grows as storage, servers shrink' 05 Mar, 2020

뒤에 나오겠지만 IoT로부터의 데이터를 활용하게 된 변화는 edge

computing이 널리 전개될 수 있게 하였고 그것을 전술적 시각을 가지고 여러 용도에서 쓰이게 하였다. 도소매, 산업 등에서 이런 변화를 수용하는 것은 아주 자연스러운 것이라 하겠으나 특기할 것은 이것이 군사 분야에서도 쓰이게 되었다는 것이다. 군에서 활용하는 센서가 많고, 무인 장비도 적지 않으며, 수시로 바뀌어야 하는 지휘소에서 그런 센서나 장비와 무선으로 소통을 해야 하는 일이 많아졌기 때문에 군에서도 특유의 방식으로 IoT 디바이스를 사용하게 되었다.

IoT Agenda.com, 'Empowering the military and first responders with IoT' 01 Dec, 2021

API도 많이 쓰이게 되었다. API란 소프트웨어 프로그램과 서비스가 상호 작용하고 소통할 수 있게 하는 기술적 프로토콜이다. 그러면서 그것은 그 자체로서 일종의 앱이다. 그것은 상대적으로 간단한 앱이라고 할 수도 있으나, API를 제공해 주는 전문 벤더가 있다는 사실이 시사하듯이 누구나 상황에 적합한 API를 쉽게 제작해 쓸 수 있는 것은 아니다. API가 있음으로써 다른 앱에 수월하게 접근할 수 있고 자신의 앱을 가지고 외부로 진출(outsourcing development)하는 것도 가능하게 된다. 그것은 하나의 app과 다른 app이 상호 작용을 하는 방법을 규정하는 것이다. 이런 때 상호 작용의 대상이 되는 앱들이 어떻게 만들어졌는지는 초점이 아니다.

API는 각종 앱, 디바이스, 데이터, 브라우저 등 많은 요소가 존재하고 있는 상황에서 이들 요소들을 조정하고 관리하여 종국적으로 자신이 원하는 과업을 완성하도록 함으로써 이른바 tailor-made application을 만들 수 있도록 돕는 것이며, 기업의 정보가 흘러가는 순환과 구조를 결정하는 것이다. 이것을 훌륭하게 마련할 수 있으려면 앞선 기술, 다루는 문제에 대한 전문 지식, 그리고 이것을 만드는 데 관여하고 있는 여러 부처들과의 소통과 협력이라는 삼박자를 맞추어야 한다. 이로써 단절 없고 서로 잘 연결되어 있는 앱을 만들 수 있기 때문이다.

API는 최종 서비스로서 애플리케이션을 완성하는 과정에서 소용되는 접착제, 보충재 또는 반제품(intermediate good)이라고 할 수도 있다. 그것은 필요에 따라 넣었다 뺐다 할(pluggable) 수 있으며 재사용할(reusable) 수도 있다. 그로써 그것은 기존에 개발되어 있는 앱들의 연결(connection)을 가능하게 한다. 그런 앱들을 재사용할 수 있게 한다는 특성 때문에 기존에 이미 개발되어 있거나 외부에서 개발해 이용할 수 있게끔 제공되고 있는 각종 앱을 더 의미 있게 활용할 수 있게 한다. API를 사용함으로써 내가 원하는 앱을 다시 새로이 개발하거나 제작하려고 할 경우, 들여야 하는 비용과 수고를 피하면서 이미 개발되어 있는 앱을 상대적으로 값싸게 사용할 수 있게 된다. 이런 의미에서 이미 개발되어 있는 앱을 재배열하거나 재조합하여 최선의 애플리케이션을 완성할 수 있게끔 하는, 이러한 API라는 것을 이용한다는 것은 일종의 재창조(reinvention) 행위라고 할 수 있다.

SearchMicro.com, 'Software development starts with API-first approach' 10 Oct, 2014

앞서 언급한 내용은 API에 대한 경제 이론적 시각에서의 설명이었다. 이제 그 연원을 고려하며 API를 기술적 시각에서 다시 살펴보자.

오늘날의 비즈니스는 여러 가지 기능을 포괄하며 이루어지고 있으며, 그런 것들 중 가장 주목받는 것이 소프트웨어다. 비즈니스에서는 여러 가지 소프트웨어가 섞여 애플리케이션(또는 짧게 앱)이란 형태로 만들어져 이용되고 있는데, 어떤 종류의 얼마나 다양한 애플리케이션을 활용하거나 구사하고 있느냐에 따라 해당 비즈니스의 효율과 성과가 결정되게 된다. 나아가 소프트웨어는 소스 코드(source code)로 만들어져 있으며, 다양한 아이디어를 소스 코드를 써서 다기하게 만듦으로써 각각 상이한 애플리케이션(종래 PC를 전제로 하던 때에는 이것을 application이라고 지칭했으나 스마트폰의 콘텍스트에서는 이것이 app이라고 지칭되곤 한다. 이하에서는 같은 목적과 용도를 가지는 이들 두 가지를 간략히 불러 그저 앱이라고 지칭하기로 한다.)이 만들어지게 되는 것이다. 그런데 소프트웨어의 소스 코드는 당연히 공개되는 것은 아니다. 소프트웨어는 값진 것이고 오늘날의 빅테크들의 대부분은 자신들만이 지니고 있는 소프트웨어 코드로 된 유일무이한 애플리케이션을 만들어 경쟁력을 지니게 되었고 큰 사업을 이루어 내게 되었다는 사실이 이를 증명한다.

나아가 애플리케이션은 하나하나로 쓰이기보다는 다른 것들과 연동되어 함께 쓰일 때 협업을 가능하게 하는 등 큰 가치를 구현할 수 있게 한다. 달리 말하면 앱이 서로 연결되어 연동될 수 있어야 하나의 앱으로 독자적으로 쓰이는 때보다 더 큰 가치를 시현할 소지가 커진다는 것이다. 그런데 이런 때 연동은 가능하게 해야 하겠으나 그 내부에서의 소스 코드를 언제나 강제로 노출시키거나 공개하도록 강요할 수는 없기에 소스 코드의 노출을 강제하지 않으면서 앱의 연동을 가능하게 하는 방법이 필요해졌고, 그것으로써 API라는 비법이

탄생하게 된 것이다.

이러한 API를 많이 이용하는 것은 과업량이 많이 늘어나는 상황에서 아주 유용하다. 그러나 API로 연결시킨 앱들이 새로운 상황에 임해 부조화를 보이거나 특히 자동화하려는 데 제대로 작동하지 않는 등 이런 접근법에 의한 부작용이 없지도 않고, 차라리 전면적으로 새로이 코딩하는 경우보다 못한 결과를 가져왔다고 평가받는 경우도 없지 않다. 이러한 API를 다루는 툴을 제공해 주는 벤더로는 Swag-gerHub, FastAPI, APIManager, Postman, Ready API 등이 있다.

SearchAppArchitecture.com, 'Should you adopt an API-first approach to development?' 02 Sep, 2021

식당에 가서 음식을 시켜 먹을 때 접하게 되는 메뉴와 웨이터를 가지고 API의 역할을 재미있게 설명한 예가 있다. 식당에서 식사하는 손님은 식당에서의 메뉴를 보고 웨이터에게 식사(앱)를 주문한다. 그러면 웨이터는 그런 주문 내용을 주방의 조리사에게 전달하고 조리사는 주문받은 식사(앱)를 만들어 내보내 손님이 식사를 할 수 있도록 한다. 이러한 계제에 손님은 메뉴에서 음식을 선정하는 때 음식에 대한 추가적 내용을 여러 가지로 세세하게 부가할 수도 있겠으나, 대체적으로는 메뉴에서 정해진 식사를 선택한 다음 (예컨대 고기를 익히는 정도를 medium 또는 well-done으로 주문하는 등으로) 최소한의 추가 요구를 하는 정도로 주문을 마친다. 결국 메뉴와 웨이터가 있어 손님의 식사라는 앱과 조리사가 만든 식사라는 앱이 연결되게 되고, 조리사에 의해 음식이 만들어져 손님이 소비할 수 있게 되는 것이다. 이

때 손님이 소비하는 식사(앱)과 조리사가 만든 식사(앱)이 메뉴와 웨이터라는 API 격의 매개 기구가 있기에 연결될 수 있는 것이며, 그로써 그런 매개 기구가 없었을 때에 비해 각각이 의도하는 목적을 쉽게 이룰 수 있게 된다.

오늘날에는 기업이 소프트웨어 또는 앱을 많이 쓰고 다기한 앱을 연동시켜 함께 조화롭게 쓸 수 있게 하는 데 매개하는 역할을 하는 API가 많이 그리고 빈번하게 쓰이고 있음으로써, 그 이전에 비해 오늘날의 경제 시스템이 순조롭게 운영되게 하고 있다. 혹자는 여기에서의 API의 결정적 역할을 강조하고자 하여 오늘날의 경제를 API 경제라고 부르기도 한다.

오늘날 물리적 네트워크 중에서 가장 큰 각광을 받고 있는 것이 무선 네트워크다. 아직 5G가 대부분의 나라에서 본격적으로 이용되지 못하고 있음에도 불구하고 2023년 2월의 MWC(Mobile World Congress)에서는 5.5G 및 6G가 준비되고 있음을 보여 주었다. 또 5G와 관련해 각국은 자국에서 쓰는 주파수를 독자적으로 배분할 수 있으나, 5G를 실제화하기 위한 장비를 마련하는 데 있어서는 중국이 압도적으로 앞섰다는 것을 인정하고 있다. 이에 미국은 SW 방식의 vRAN(가상 기지국)으로 위에서 볼 수 있는 HW 차원에서의 약점을 극복해 보려고 한다고 한다. 앞으로 5G 및 그 이상을 추진하려는 데 있어 우리가 새겨 두어야 할 사항이라 하겠다.

중앙일보 2023년 3월 20일 "통신의 미래는---주도권 전쟁 치열했던 MWC"

2.
여러 부서 간의 협력

　기업은 몇 개 부서로 나누어져 있는데, 그런 것 중 주요한 것이 새로운 것을 개발하는 Dev와 유지 관리를 담당하는 Ops이고, 이들이 서로 유연하게 협력함으로써 만들어 내는 DevOps이 다. 나아가 안전성을 확보하는 일이 언제나 중요하고 기본이 될 수 있기에 이를 감안해 DevOps은 DevSecOps로 확대되기도 한다. 이상의 기능을 잘하려면 잘하려 할수록 그러한 조직은 보다 유연한 CI/CD(Continuous Integration/Continuous Delivery)의 파이프라인을 가져야 한다고 한다. 여기에서 CI/CD 파이프라인이란 소프트웨어를 업데이트하는 데 있어 일관성을 가지고 자동적이고 지속적으로 업데이트하는 양상을 지닐 수 있게 하는 것으로서, 그것의 반대 개념인 바 일거에 대규모로 변환을 가져오는 waterfall approach와 구별되는 것이다. CI/CD에서 작은 변화를 지속적으로 시도한다는 것은 소프트웨어의 개발 과정에서 있을 수 있는 사람이 저지르는 작은 오류를 비교적 자주 시정하고 코드를 다시 새로 쓰는 것을 의미한다. 따라서 거대한 단일 시스템으로 되어 있는 monolith에서보다는 그것이 나누어져 작은 단위인 microservices로 구분되어 있는 구도에서 이것의 이용은 쉽고 더 적합하다고 하겠다. 작은 업데이트는 큰 규모의 업데이트보다 쉽게 할 수 있으며 자주 할 수 있고, 그로써 소프트웨어 개발 과정에서 작은 규모로 잦은 코딩을 해 소프트웨어를 지속적으로 수정해 갈 수 있게 하기 때문이다. 또 이러한 과업은 계속되는 과업이기에 그것을 DevOps infinity loop 또는 CI/CD loop이라고 지칭하기도 한다. 여기에서 CD란 코드를 작성하여 테스트하는 개발 과정을 적시하고, CI란 테스트가 끝난 코드를 설치하고 그 전체를 자동화하는 과정을 지칭하는 것으로서, 경우에 따라서는 이들 둘을 나누어 개념화하기도 한다. 이러한 CI/CD를 통해 프로그램을 개선하고 포설하는 일이 쉽게 이루어지게 되고, 그로써 관련 과업은 계속적이고 정기적으로 업데이트되고 자동화된다. 따라서 이것은 반복되는 과업을 대상으로 하며, 소프트웨어를 구축하고 포설하고 테스트하는 과정을 자동화한다는 데 방점을 찍어 놓고 있는 것이다. 이것이 있음으로써 소프트웨어가 바뀌고 그다음 실제로 작동하게 되며, 그로써 개재되는 사람들이 흔히 범할 수 있는 오류나 착오를 피하기가 쉬워진다. 그러한 오류 등을 일찍 발견할 수 있게 하는 것은 나아가 그렇게 실박하게 마련된 것의 전개(내지 포설 deployment)나 테스트 등에 드는 시간도 단축할 수 있게 한다. 이에 따라 자연스럽게 CI/CD 파이프라인을 형성하게 되면 그것은 그 안에서 여러 툴을 통합해 작동하는 방식으로 발전하게 된다. 그런데 CI와 CD를 이렇게 이해하는 과정에서 CI 후 즉각 그것이 타당한지를 테스트하는 과정을 중시하고 강조하고자 하는 입장에서는 CI와 CD 사이에 CT(Continuous Test)를 넣는다. 이렇게 함으로써 CI/CD가 잘못될 여지를 최소화하려고 한다.

이렇게 CI/CD를 하는 것은 사람이 코딩을 하면서 범할 수 있는 오류의 여지를 줄어들게 (달리 말하면 단위 시간 내에 보다 양질의 코딩을 할 수 있게) 한다. 이러한 점을 보아 제대로 된 CI/CD는 코딩을 하여 그 결과를 포설하는 데 일종의 기준선 역할을 한다고도 할 수 있고, 안전판이 되기도 한다. 그러나 이것 이용의 핵심은 자동화에 있다 할 수 있으며, 그러한 작업 과정을 거치고서도 제대로 된 소프트웨어를 가지지 못하고 실패하게 되었을 때에는 그것의 근원적 원인(root cause)을 더욱 추구하여 대응하도록 촉발하는 계기가 되기도 한다.

CI/CD 파이프라인의 이용은 몇 가지 유용한 효과를 가져온다. 이 것의 이용은 파이프라인의 이용 및 교체에 있어 잦은 피드백을 할 수 있게 한다. 이러한 사정은 다른 방식의 기술에 비해 이것을 사용하면 경사도가 큰 학습 곡선(steep learning curve)을 가질 수 있게 한다는 방식으로 표현하기도 하고, 이것은 파이프라인에서 쓰이는 툴이 너무 복잡하지 않고 적절한지 및 코드 언어는 합당하며 환경 여건에 맞는 포설을 하고 있는지 등을 점검할 수 있게 하는 것이 되기도 한다. 뒤에서 볼 수 있는 바 (그것의 어떤 부분이 잘못되었다는 것을 알게 되더라도 그렇게 잘못된 부분만을 바꾸고 업데이트하기가 결코 쉽지 않은) 큰 규모의 monolith 환경에 있다가 그러한 경직적 전체에 대해 일일이 신경 쓸 필요가 없는 최근의 microservices 환경에 진입하게 됨으로써, 전체를 손볼 필요 없이 필요한 부분만을 고치면 되는 새로운 환경을 갖게 되었다. 이러한 변화에 따라 이상의 유용한 효과는 더 증폭되었다고 여겨지고 있다. 단, 이런 파이프라인을 가지면서 동시에 안전성에 대한 고려도 그 안에서 포용하려고 하다 보니 파이프라인의 내용이 너무 복잡하게 만들어지게 될 것을 우려하게도 되었다. 이에 파이프라인의 자동적 작동을 추구하는 과정에서 너무 복잡한 것이 되지 않도록 자동화의 정도를 조정해야 할 필요도 강조되게 되었다.

SearchSoftwareQuality.com, 'The pros and cons of CI/CD pipelines' 22 Apr, 2021

SearchAppArchitecture.com, 'Practical ways to automate microservices' CI/CD processes' 15 March, 2019

ComputerWeekly.com.com, 'CI/CD series- Contrast Security: pipeline tools must be robust, sharp & safe' 01 Nov, 2019

CI/CD가 GitHub에서의 serverless 구조에서 할 수 있는 여러 작업과 결합되면 애초에 CI/CD로 하려고 했던 것 이상의 과업을 할 수 있게 된다. 이러한 때에는 AWS Lamda, Google Cloud Function, Azure Function, Logic Apps 등의 지원을 받는다. 이런 때 활용할 수 있는 툴로는 Shippable, Jenkins, Bamoo, Bitami, Circle CI, Travis CI, Azure DevOps Server 등이 열거된다.

SearchSoftwareQuality,com, 'Continuous Delivery Foundation seeks smoother CI/CD paths' 29 Mar, 2019

SearchITOperations.com, 'Tips and tools to achieve a serverless DevOps workflow' 13 Sep, 2019

SearchITOperations.com, 'Harness preps enterprise AI expansion for CI/CD tools' 25 Mar, 2021

이러한 과업은 관련 부서가 서로 협력하면서 조화를 이루어야 성공할 수 있는 것이다. 그러나 단지 협력한다고 해서 모든 조직이 이 과업을 제대로 성공적으로 수행해 나가리라는 보장은 없다. 이를 위해 비즈니스적 시각과 기술적 시각의 협동 작업이 필요시 된다. 더불어 이런 단면에서의 개선을 위해서는 자동화의 필요가 공감되고 RPA 등이 거론되고 있으며, 때로는 그러한 협동을 통해 성공적으로 장착되기도 한다.

ComputerWeekly.com.com, Using CI/CD to turn ideas into software-quickly' 09 Dec, 2019

SearchITOperations.com, 'DevOps roles in 2020 zero in on Kubernetes, CI/CD and more' 31 Jan, 2020

SearchITOperations.com, 'Demystify the DevOps process, step by step' 06 Nov, 2019

3.
VPN

VPN은 네트워크 속에서 일종의 터널을 만들고, 그러한 터널을 데이터가 지나가게 되면 익명성이나 프라이버시가 유지되고 안전성이 보장되도록 하는 구도를 가지는 것이다. 그럼에도 불구하고 그것은 해킹으로부터 완전히 자유로워질 수는 없었으며, 데이터를 도난당하거나 말웨어의 침투 대상이 되고는 했다. 이러한 것으로부터의 손해는 다양하다. 중국에서는 모든 인터넷 트래픽을 감시하려는 시도(이것 때문에 중국에서는 암호화하는 것은 허용 안 된다는 설도 있음)가 있으며, 특히 Golden Shield 또는 Great Firewall이라고 지칭되는 감시망에 대해서는 미국의 빅테크들도 속수무책이라는 소문이다.

VPN의 중요성은 원격 근무 또는 재택근무를 하게 되면서 더 커지게 되었다. 이러한 여건에서는 회사에서 하던 일을 원격지 내지 집에서 해야 하게 되는데, 원격지나 집에서의 작업 환경에서 안전성은 회사에서의 그것에 못 미치기 때문에 VPN에 더 의존하려고 하게 되는 것이다. VPN이 이러한 기능을 할 수 있도록 하기 위해서 그것은 터널의 끝이라고 할 수 있는 엣지와 게이트웨이에서 Advanced

Encryption Standard 256을 운영한다. 이로써 VPN에서의 연결이 이루어지고 그곳에서의 소프트웨어의 안전성을 확보하려고 하게 된 다. VPN 서비스를 제공하는 벤더로는 CyberGhost VPN, Express VPN, IPVanishj, Nord VPN, Pango 등이 있다.

SearchNetworking.com, 'Take a look at 6 top service providers for remote work' 06 Apr, 2020

VPN은 어떤 지역이나 조직을 대상으로 하여 만들어지는 네트워크 고 어떤 특정 개인을 위한 것은 아니다. 그러나 그것이 애초에 기대했던 것만큼 안전하지 못하다는 것이 알려지게 되자 그것을 우회 내지 수정해 사용해 보려고 하는 다른 시도가 나타나게 되었다. 개인 이상 인 조직이나 지역 전체에서 사용하는 VPN을 어떤 개인에 대한 맞춤형 네트워크 이상으로 만들어 보다 안전하고 융통성 있게 쓸 수 있게 해 보려고 하게 된 것이다. 개인 특유의 안전에 대한 관념, VPN 사용에서의 우선순위, 수행해야 할 과업의 규모 등에 대한 고려를 감안하여 사실상 VPN을 개인 맞춤형으로 변형시켜 개인적 차원에서나마 그것이 가지는 약점을 보완하며 사용해 보려고 하는 노력도 나타났다. 이렇게 VPN을 수정 변질시켜 보다 개인의 선호에 충실하게 만들어 활용해 보려고 하는 것을 'network-as-a-service'라고 지칭하기도 하는데, 이것은 한편으로는 VPN의 미흡한 점을 보강하려는 것이고 다른 한편으로는 개인의 선호에 대응하는 맞춤형 네트워크를 마련해 보려는 노력의 산물이라 하겠다.

SearchNetworking.com, '4 attributes key to network-as-a-service model' 23 Apr, 2021

네트워크에다 클라우드를 통합하려는 노력을 회고해 보자. 그렇게 네트워크에다 최초로 클라우드를 접합시키려고 한 것은 private VPN 이었다. (이는 건강 의료 분야에서 이 분야 선두주자들이 그 성질상 public cloud를 이용할 수가 없어 private cloud를 이용하는 것이 불가피했다는 사정을 반영하는 것이기도 하다.) 그 후 public VPN이 나타났다. 그리고 몇 가지 edge device를 이용해 양자가 연결될 수 있게 됨으로써 그것은 지능 (intelligence)을 지니게 되었다. 그러다가 4G가 널리 쓰이게 되었고 그 이후 5G도 나타나게 됨에 따라 VPN의 이용은 점차 줄어들게 되었다. 이러한 양상은 아래 설명하는 다른 요인에 의해서도 강화되었다.

서버, 데이터 보관소, 네트워크를 공유하고자 하는 private cloud 의 핵심은 여러 이용자를 수용하는 multi-tenancy이다. 종래 기업 자체 보유의 평균적 데이터 센터에서는 서버 등 요소들의 구성에 관해 하드웨어의 영향을 받으면서 그들간에 어떤 고정된 관계를 가지고 있었던 것에 비해, private cloud에서는 가상화를 통해 훨씬 융통성을 지니는 구도를 가질 수 있었다. 그로써 load balancing, power management, maintenance, disaster recovery 등에서 훨씬 큰 융통성을 발휘할 수 있었다. 단, 이를 위해서는 VLAN(virtual LAN)이 필요했다. 그런데 1개 클라우드가 가질 수 있는 VLAN에는 한계가 있었다. 또 다양한 configuration을 지탱하기 위해서는 다양한 hypervisor를 가져야 했다. 여기에서 hypervisor라고 하는 것은 논리적으로 가상의 기계(virtual machine) 사이에서 자원을 공유할 수 있게 설계하는 코드의 부분으로서, OS와 CPU 사이에서 비정상적인 것이 나타났을 때 대처하고, 외부의 OS 사이에서 CPU의 시간 순서를 결정하며, virtual machine 사이에서 core을 배분하면서 디바이스를 관리하고, 메모리를 배분하는 기능을 한다고 되어 있다. 그런데 hypervisor가 이런 여러 가지 일을 하기 위해 필요시 되는 여러 조건을 충족시키는 것이 쉽지만은 않았다고 한다. 그리고 이러한 점도 VPN의 이용이 줄어들게 하는 요인이 되었다고 한다.

SearchNetworking.com, 'Building a private cloud as the physical network hostile? 19 Dec, 2011

ComputerWeekly.com.com, 'Everything you ever wanted to know about virtualization' 21 Jun, 2009

이러한 변화로 네트워크의 운영 방법도 달라지게 되었다. 네트워크가 감당해야 하는 역할인 switching, load balancing, firewall의 마련 등을 위해 Cisco는 ACI(Application Centric Infrastructure)를 제공하였고 VMware는 NSX를 제공하였다. 전자는 하드웨어인 스위치를 대상으로 하여 이른바 SDN 기술을 제공하여 네트워크 구성에 강하다는 성가를 누렸다. 반면 후자는 가상화된 환경 속에서 안전성을 확보하는 제도를 운영할 수 있게 한다는 장점을 가졌다. 이들은 그 자체로서 편리하였으나 상당한 비용을 수반하는 것이기도 했다. 이에 이런 것을 대체하고자 하는 오픈 소스 네트워크 제품도 나타나게 되었다. Ansible, Chef, Puppet, SaltStack 등이 그런 것들이다. 이것들은 GitLab과 같은 저장소에 데이터를 저장했다가 추후 꺼내 그대로 쓰거나 추가적으로 프로그래밍을 한 뒤 사용할 수 있게 함으로써 자동화를 꾀할 수 있게도 했다.

이러한 변화에 따라 네트워크의 운영 형태도 달라졌다. 종래 써 오던 Carrier Ethernet(이것은 라우터를 통해 IP adress로 packet을 보내는 방식을 가짐) 이외에 MPLS(Multiprotocol Label Switching)이 나타났다. 이것은 packet header에 따라 패킷을 보내던 종래 방식에서 벗어나 운송 중간에 있는 ingress router를 써서 라벨을 바꾸어 보냈다가 최종 도착지에 이르게 되면 다시 패킷 해더를 원상 회복 시키는 새로운 운송 방법이라고 한다. 이를 통해 MPLS에서는 Carrier Ethernet에서의 관행을 벗어나 스위칭 기술에 불문하고 패킷을 무리 없이 운송할 수 있게 하였다고 한다. 갖가지 환경에서 패킷 운송을 용이하게 만들었다.

이렇게 변화된 환경에서 데이터 센터에서는 SDN(Software-Defined Network)과 NFV(Network Function Virtualization)이 쓰였다. 후자는 Virtual Private Network(VPN)로서 Ethernet에서 서비스 edge로서 사용되었다. 전자는 라우터 기반의 WAN에서 작동하였으며 클라우드에서의 많은 무선 WAN에서도 이용되었다. 이것의 특성은 소프트웨어를 많이 사용한다는 것이다.

VPN은 본래 원격지에서의 네트워크의 접속을 허용하되 이용자의 IP 주소를 제3의 다른 IP 주소로 대치해 어떤 이용자의 통신 내용인지를 확실히 알지 못하게 하는 방법을 암호화에 추가하여 해킹 등 외부로부터의 침입을 더 철저히 막아보려는 것이다. 그것은 인터넷 사용 시 통상적으로 쓰던 SSL(Secure Socket Layer) 이상으로 외부에 의한 네트워크 침입을 막으려고 하는 안전성 제고의 방도이다. 그것은 본래 PC를 전제로 하던 것이었으나, 휴대폰의 등장으로 그 중요성이 더 증대되게 된 것이다. 기본적으로 인터넷에서의 공공망을 쓰되 안전한 연결을 도모하고, 말웨어를 예방하며, 물리적 소재지의 노출을 피하고, 프라이버시도 지키고자 하여 특별한 인증 장치를 도입하고 그것을 중앙에서 관리하도록 함으로써, 공공망이 제공하는 것 이상의 안전성을 도모하려는 것이다. 인증 시 지문이나 얼굴 이미지 등 생체 인식의 방법을 동원하여 해킹 등을 방지하고자 하였고, 텍스트 메시지를 거기에 부가하여 context를 참조하면서 인증을 하도록 하는 강화된 인증 방식을 추가했다. 더불어 계속적으로 로그인을 하거나 먼 지역으로부터 로그인을 하거나 블랙리스트에 있는 사람이 로그인하는 것을 경계하는 시스템도 운영하였다. 회사 업무를 위해 로그인하는 경우와 개인적인 용무로 접속하는 것을 차별화하기도 하였다. 이를 위한 특수 망을 만들어 VPN tunneling을 특별하게 하기도 하였고, 다양한 암호화 정책을 동원하였으며, 최근에는 가장 멀리 떨어져 있는 마지막 디바이스를 특별히 유의하기도 했다. 원격지에서 접근하려는 것 중 정당한 경우와 그러하다고 보기 어려운 것을 차별화하여 후자를 배제해 보고자 하였다. 이러한 때에는 SSL 이외에 one time password를 운영하기도 했다. 그것은 종국적으로는 UEM(United Endpoint Management)의 틀 속에서 운영하려고 하는 것이다.

SearchNetworking.com, 'How has VPN evolution changed remote access?' 09 May, 2017

SearchMobileComputing, 'Go beyond UEM security to prevent mobile attack' 02 Jul, 2019

제3자에 의존하는 VPN은 우회 접속을 이용하기에 IP 주소의 변조가 가능하다는 약점을 가지고 있다. 그런데 이러한 변조는 접속을 통하여 의견을 표현하고 그러한 의견을 수집해 여론을 알리려고 하는 노력을 왜곡시키고 무산시킬 염려가 있다. 예컨대 동의한 행위의 개수를 세는데 이런 때에는 백 명의 사람이 한 번씩 동의한 것과 한 사람이 백 번 동의한 것을 차별화하지 못한다고 한다. 이러한 약점의 악용을 통한 VPN의 이용이 여론 조사의 내용을 왜곡시키거나 희석시키게 된다고 한다. 이에 그것의 이용에 주의하여야 한다고 한다.

중앙경제 2020년 3월 3일 화요일 '코로나 여론 조작 논란…' 데이터 방역 '필요하다'

4.
SD-WAN, hypervisor, SDN, SCI, CI

　　VPN과 경쟁 관계를 형성하고 있는 것에 SD-WAN이 있다. 이것은 클라우드를 보다 쉽게 쓸 수 있게 된 상황에 들어와 클라우드가 운영하는 WAN의 일부에다 edge의 성격이면서 소프트웨어로 운영되는 SD-WAN을 부가 설치한 것으로서, 방화벽도 제공하고 암호화도 보장하여 VPN보다 더 여러 곳을 감당할 수 있으면서 더 안전하다고 평가받고 있는 것이다. 이것을 이용할 수 없었다면 독립된 사무실을 임대해 사용할 수밖에 없었을 것이라고 하는 등 이것은 비용 절감의 길이 되고 있고, UC와의 협업을 무리 없이 수용할 수 있다는 장점도 가지고 있다. 그러나 이것은 한정된 지역을 대상으로 하는 물리적 네트워크를 전제로 하는 것이어서 원격지와의 소통을 감당하지는 못하고 있다고 한다. 그래서 이것은 방화벽을 이용할 수 있게 하면서 클라우드도 안전하게 이용할 수 있게 하는 SASE(Secure Access Service Edge)에 의해 보강되게 될 수 있을 것이라 기대된다. 여기에서 SASE란 네트워크 및 보안용 툴을 통합한 체계로서 네트워크를 운영 관리하는 NetOps의 성격과 안전성을 도모하는 유지 관리의 방도인 SecOps의 성격을 동시에 가지는 것이다. 이것을 가지게 됨으로써 안전성을 제고하고, 운영 관리면에서 비용과 시간을 절약할 수 있으며, 민첩성을 지니고 각종 불평에 대응하여 결과적으로 불평을 최소화할 수 있다고 한다.

ComputerWeekly.com.com, 'Legacy vulnerabilities may be biggest enterprise cyber attack' 25 May, 2021

나아가 소프트웨어에 따라 트래픽이 클라우드를 거쳐 움직이게 하기도 하고 직접 회사의 중심에 있는 데이터 센터로 갈 수도 있도록 설계할 수도 있어, 차라리 VPN보다 큰 융통성을 가지는 것이라고도 한다. 단, UC를 하면서 어느 정도를 클라우드에 의존하고 어느 정도를 SD-WAN에 의존하도록 해야 할지는 계속 고민해야 하는 과제가 된다고 한다. 나아가 그것의 트래픽은 회사의 데이터 센터나 클라우드나 엣지 등 장소 중심으로 움직이도록 설계되어 있지는 않다고 하는데(어차피 식별 과정을 거쳐야 한다는 점을 감안하여) 이런 때 확실한 식별 절차를 거치는 사람을 중심으로 설계하면 융통성을 더 높일 수 있을 것이라고 한다.

특히 SDN은 소프트웨어를 쓰면서 네트워크의 자동화를 가져올 수 있어, API를 이용하는 프로그램을 다기하게 쓴다면 네트워크를 다기하게 발전시킬 수 있을 것이라는 기대(hype)를 불러일으키고 있다. 그러나 이 기술이 혁명적이라고 칭송받더라도 그것을 위해 새로운 고가의 장비를 구입해야 했기에, 그것의 과실이 확실하지 않은 2019년 상반기까지는 이 기술은 많이 쓰이지 않았고 그로써 제대로 성숙되었다고 평가받지 못했다고 한다. SW의 이용, API의 폭넓은 활용, 자동화 등이 강조되었으나 구체화되고 결실을 맺지는 못하였기에 결과적으로는 그것을 소개하기 이전에 비해 별로 달라진 것이 없다는 평가를 피하지 못하고 있다 한다.

SearchNetwork.com, 'Gartner Hype Cycle deems software-defined networking obsolete' 22 Aug, 2019

그 이후 추상적 기대에서 벗어나 실제로 쓸 수 있는 SDN이라는 것에 보다 집중하게 되었다. 2023년경 시현할 수 있게 될 것이라고 보는 Hybrid Multicloud인 Hyper-converged Infrastructure(HCI)에 대한 관심이 이것을 보여 준다. 이것은 종래 써 오던 네트워크 및 사적이거나 공적인 클라우드를 최선으로 섞어 사용해 가면서 기민성, 비용 절감, 개발 사이클의 지속성 및 안전성 확보 등을 지향하고 있다. 소프트웨어를 써서 (인프라에 속하는 어떤 클라우드에 소재하는 앱이나 데이터를 대상으로 하여) 데이터의 저장소 간의 이동, 작업 규모(scale)의 증감에 대한 대응, 관리의 용이성 등을 도모한다. 그러면서도 데이터의 이동보다는 앱의 활용이 더 중요하다는 것을 강조하면서 양자 사이에서 균형을 꾀한다. 최근의 발전인 data fabric 기술을 활용하면서 전체 구도(configuration)를 결정하고, 유지 관리(maintenance), 시간별 계획 (scheduling)을 염두에 두고 네트워크의 구성 요소 간의 최적 조합을 도모한다. 이러한 노력을 위한 전제인 모니터링을 위해 필요한 툴로는 Azure Monitor, AWS CloudWatch, Google Stackdriver 등이 있다.

이러한 구조 속에서는 각종 HW와 SW가 섞여 있으면서 컴퓨팅, 데이터의 처리 및 보관, 네트워킹, 가상화 등이 API의 도움을 받아 가며 하나의 구조 속에서 통합되어 이루어지게 된다. 그로써 종래 여러 다른 기관 중 하나는 컴퓨팅을 담당하고 다른 기관은 데이터를 보관하고 또 다른 기관은 네트워크의 운영을 관장하는 등 서로 독립된 기관이 독립적으로 임무를 수행하던 것과 다르게 된다. 그런 통합된 환경에서는 각종 기업들이 기존의 제도를 운영하거나 새로운 제품을 개발해 낼 때보다 유리한 입지에서 일을 할 수 있게 된다. HCI의 장점이 통합되어 있고, 마찰이 적으며, 자가 서비스가 많고, 자동화되어 융통성을 지니는, 끊김 없는 시스템을 가지게 되는 것이라고 할 수 있겠는데, 이런 성질에 의거해 그것에서 많은 혁신이 촉발되고 이루어지게 되었다 한다. 비용을 절감하는 것 이상 새로운 가치를 창출하는 기회도 많아지게 되었으며 후자는 특히 교육 부문이나 공공 부문에서 현저했다고 한다.

특기할 것은 이러한 것이 hybrid multi-cloud 구도하로 가서도 일반 소비자들로 하여금 인터넷을 이용하지 않고도 cloud service provider를 통해 서로 소통할 수 있게 하였다는 것이다. botnet을 매개 수단으로 하고 cloud data center interconnect(CDCI) technology를 이용하며 소통이 가능했기 때문이다. 이런 수단은 인터넷의 이용을 보다 안전하게 만들었다고 평가받고 있으며, 소통 중 지연 시간도 적게(low latency) 만들었다고 한다.

SearchNetworking.com, 'Cloud exchange provider deploys Blue Planet Orchestration' 30 Jul, 2019

결과적으로 HCI 기술을 쓰면서 기업들의 적응력을 제고하고 비용 절감을 꾀할 수 있게 되었으며, 기술 개발도 가속시킬 수 있다는 이점을 갖게 되었다. 반면 안정성(security) 면에서는 취약해졌다는 평가도 없지 않다. 하드웨어의 차원에서 라우터 및 그 인근의 카메라 모두가 인증받지 않고도 접근이 가능해져 그러한데, 아직은 안전성을 완벽하게 방어하지는 못하고 있다고 한다. 미국 Federal Trade Commission에 의해 벌금을 내게 된 D-Link사의 경우가 이를 예증한다고 한다. 이를 계기로 하여 동 사는 안전성 제고를 위한 계획을 세우고, 안전성이 침해받고 있는지를 계속 관찰해야 했으며, 안전성 연구 전문가의 보고를 받고, 그런 내용을 반년 주기로 10년 동안 보고해야 하며, 외부 감사인의 감사도 받아야 한다는 등의 부담을 지게 되었다 한다. 이러한 내용은 The IoT Cybersecurity Improvement Act of 2019를 통해 공식 확인되었다. 소프트웨어의 차원에서도 안전성에서의 위험이 관찰되어 정부의 대책이 따라오게 되었다. 예컨대 Cisco는 2008년 이래 판매해 오던 비디오 감시 소프트웨어에서 안전성 관련 약점이 발견되어 8.6백만 불의 벌과금을 미국국방부, 국토안전부, Federal Emergency Management Agency 등으로부터 부과받았다.

IoT Agenda.com, 'U.S. government imposes stricter IoT security measures on D-Link' 29 Jul, 2019

SearchUnitedCommunications.com, 'Cisco security flaw leads to $8.6M payout in whistle blower case' 02 Aug, 2019

HCI는 하드웨어가 양적 및 질적으로 늘어나고 그러한 변화에 대응하여 소프트웨어도 상응하게 보강되며, 클라우드를 사용할 수 있는 가능성도 커졌다는 변화에 따라 나타나게 된 것이다. 이것은 가치 있고, 다루는 문제에 적합한 데이터를 데이터 센터에 보내 잘 처리하게 하련다는 목적을 지향하는 것이다. HCI로 digital transformation을 효과적으로 이루고 특히 edge computing을 할 수 있게 되어 데이터의 분석을 신속하고 효율적으로 할 수 있게 되었으며, 그로써 이 IT 기술이 비즈니스에서 중요한 일부로서 인정받게 되었다.

애초의 HCI는 독립된 한 덩어리로서 인식되었다가 하나만으로는 부족하고 여러 개가 필요하다는 것이 알려지게 되고, 동시에 그러한 여러 개 중 어떤 것은 크고 어떤 것은 작아도 되게 만들어 이른바 edge computing을 할 정도로 융통성을 가질 수 있다는 것이 밝혀지자, 이렇게 크고 작은 것들을 통합적으로 인식할 필요가 생겨 HCI 2.0으로 진화하게 된다. 종래의 HCI에 비해 HCI 2.0은 초월 연계되는 것이었으나 분산된 부분을 가지고 있어 disaggregated HCI라고 지칭되기도 했다. 그러다가 이렇게 분산되는 추세가 더 강화되어 composable infrastucture(CI)에 이르게끔 변환되게 된다. HCI로 수행해야 하는 과업이, 어떤 길지 않은 기간 동안에는 증가하나 그 후 줄어들게 되어, 장기적으로 보면 일시적으로나 필요한 (많은 작업량을 소화할) 과업 수행용 하드웨어 등을 구태여 자체적으로 마련해 두어야 할 필요가 없는 등의 동태적 환경(dynamic environment)에 임해서, 정식으로 하드웨어를 마련해 놓고 지속적으로 그것에 따르는 고정비를 부담하기보다는 software-defined HW를 이용하며 필요 하드웨어를 외부에서 차용해 쓰면서 소프트웨어를 써서 이용의 정도를 조정하는 것이 차라리 효율적으로 된다는 것을 알게 됨으로써 채택되게 된 것이다. 이러한 하드웨어를 차용해 쓸 수 있는 여지는 최근 (거래 데이터, IoT 데이터, 사회 미디어 데이터, 웹에서의 데이터, 모니터되는 IT 시스템으로 부터의 데이터 등) 여기저기에서 큰 분량을 가지고 있는 데이터를 처리해야 하는 일이 많아졌고, 그에 따라 하드웨어를 증량시키면서 외부에 대여할 여유도 생겼다는 변화에 기인하는 것으로서, 이러한 상황에서 하드웨어의 여유를 활용해 보고자 하는 것이기도 하다. 그에 따라 HCI의 전체 기능을 몇 개 부분으로 나누고 과업을 그렇게 나누어진 것에다 분담시키는 Composable Infrastructure(CI)가 나타나게도 된다. 이러한 CI로써 HCI에 숨어 있었던 과도한 준비 (over-provisioning)를 지양해 보려고 하게도 된다. 이러한 CI로 복잡한 사안을 분할하여 다룰 수 있게 됨으로써 이것은 HCI보다 더 적은 비용을 들이면서 과제를 수행할 수 있게 하였으며, 인프라 코스트도 줄일 수 있었다. 나아가서는 과업 수행에서 융통성을 지닐 수 있게 되었다고도 한다. 이러한 때 일체의 HW와 SW를 낮에는 소프트웨어 개발을 하는 직원들이 주로 쓰고, 직원들이 퇴근한 밤에는 큰 용량의 데이터를 처리하는 작업에 쓴다는 의미에서 동태적으로 활용한다거나, 물리적으로 한정된 몇몇 곳에서 과업을 수행하게 할 수는 없고 과업을 여러 곳에다 나누어 주고 수행하게 해야 한다는 의미로 동태적으로 활용해야 하는 경우에 처해, Composable Infrastrcture의 구조를 취하는 것이 유리하다고도 한다. 이에 HCI는 HCI 2.0을 거쳐 CI로 변화하게 되었다고도 한다. 이러한 변화가 나타남으로써 하드웨어에 대한 준비는 부차적인 것으로 되었으며, 소프트웨어를 지능적으로 활용하여 자원을 효율적으로 이용하는 것이 중심 사안으로 되었다. 계산 기능, 스토리지, 네트워크 등 전체를 합리적으로 활용한다는 의식 아래에서 최선의 운영을 추구하는 행위를 compose라고 하기도 하고 control이라 지칭하기도 한다.

CI에 괄목할 만한 벤더로는 HPE(Hewlett Packerd Enterprise), Del-lEMC, Liqid, DriveScale 등이 있다.

SearchConvergedInfrastructure.com, 'Everything you need to know about composable infrastructure' 06 Nov, 2019

SearchConvergedInfrastructure.com, 'Why is composable infrastructure important and what are its uses?' 25 Apr, 2019

SearchConvergedInfrastructure.com, 'Hyper-converged and composable architectures transform IT' 10 Feb, 2020

엣지에서 다기한 디바이스를 사용하는 때에는 넓은 네트워크를 안전하게 관리해야 한다는 문제가 더욱 현실적 과제로 되고 중요해진다. 여기에서 SD-WAN에만 의존하게 하는 것이 불안해지고 SASE를 활용해야 한다는 것이 더욱 중요해지게 된다.

SearchNetworking.com, 'With SASE, security and networking come together' 02 Dec, 2020

CI는 서버, 저장고, 네트워크를 여러 부분으로 나눈 다음 그렇게 분할된 부분들의 조합을 바꾸고 다시 조립하는 방식으로 수행된다. 이러한 작업 방식은 그것의 대상을 서버나 저장고나 네트워크 이상 가상 서버, 클라우드 계약분의 이용, 데이터베이스, 앱, 테스트의 도구 등으로 확대해 나가고 있다. 이런 방식의 채용은 작은 과업으로부터 시작하여 과업의 규모를 점차 늘려 나가는 상황에서 유용하다. 이런 때 DevOps의 팀이 아주 중요한 역할을 하게 되며, 그것을 잘 구사하기 위해서는 API를 사용하는 것이 필수적이다. 그 속의 소프트웨어로 자신이 소유하는 하드웨어뿐만 아니라 다른 제3자가 소유하는 다기한 하드웨어 자원을 통제할 수 있어야 한다. 이러한 CI를 쓸 수 있음으로써 더 큰 융통성을 지닐 수 있게 되어 변화하는 환경에 대해 적응은 하되 부담은 줄이는 길이 열리게 되었다고 한다. 단, 이 기술을 적용하는 데 있어서는 정립되어 있는 표준은 없으며, CI 기술을 쓰는 데 관련 기술을 제공해 주는 벤더에 대한 의존(lock-in)이 심할 수밖에 없다는 점이 현재 이것의 취약점이라고 한다. DevOps을 늘 상 해 나가야 한다는 것은 어느 기업에 대해서도 반드시 필요한 과제이다. 이에 이를 도와주는 기업 외부의 벤더가 나타나게 되었고, 이들 중에는 그것의 구체적인 한 형태로서 CI/CD에 전념하는 종류도 나타나게 되었다.

SearchConvergedInfrastructure.com, 'Composable infrastructure may supplant HCI and CI' 16 Nov, 2017

SearchITOperations.com, 'Weave DevOps continuous learning into a CI/CD toolchain' 19 Feb, 2020

composable infrastructure은 데이터와 앱이 계속 증가하게 되고 그것에 대응해 저장 능력(storage)도 증가해야 하는 방식으로 상황이 바뀌는 여건에 임해 그것에 대응하는 과정에서 나타나게 된 것이다. 비록 아직은 더 표준화되어야 하고 더 정비되고 발달되어야 하는 미숙의 기술이라고 평가받고 있지만, 종래의 하드웨어로서의 저장 시설 이상 신종 인프라에 대한 논의에서 나오는 VM이나 container의 방법 등을 모두 섞어 풀로 만든 다음, 그들 요소들 모두를 수용하면서 선용하지 않으면 안 되는 상황에 놓이게 되자 강구하게 된 것이다. 이런 계제에서 VM이나 container는 모두 논리적 창작물로서, 그것으로 소프트웨어를 활용해 생성(creation), 규모의 증감(scaling), 복제(cloning), 소거(make extinct) 등이 용이해지게 되고, 더 나아가서는 자동화까지 가능하게 된 것이 그것의 결실이라는 점을 다시 상기하고자 한다.

보통 이들 둘은 서로 대안으로 될 수 있다고 여겨진다. 그러나 후자는 사용자 인터페이스(UI)를 필요로 하지 않는다는 의미에서 headless 하다고도 한다. 단, 자체적 OS를 가지는 전자와 달리 후자는 서버의 OS를 공동으로 사용하고 있어 과업이 늘어나더라도 보다 쉽게 대응할 수 있다는 이점을 가지고 있다. 나아가 그곳에서 일어나는 일은 본래는 일회성이고(ephemeral by nature) 지속적(persistent)이지는 않은 것이나, Kubernetes 덕에 데이터를 저장하고 그것을 persistent 하게 활용할 수 있게 됨으로써, 변화하는 상황에 쉽게 대응할 수 있게 되었고 지속성을 지닐 수 있게 된 것이다. 그리고 이러한 성질의 도움을 받아 Kubernetes가 생성, 관리, 자동화, 과업의 균등화(load balancing) 등에서 기능할 수 있게 된 것이다. 과업의 균등화는 네트워크가 여러 요소를 가지게 되면서 복잡해졌기 때문에 필요해진 것으로, 균등화를 도모하는 수단으로 하드웨어나 소프트웨어를 모두 사용할 수 있으며, 자체 준비(on-premise)의 네트워크 이외에 클라우드를 이용하기도 하고 SaaS 등의 이용도 많아짐에 따라 점점 더 중요해지게 된 것이다. 이러한 기능은 소프트웨어를 이용하여 과거의 저

장 시설이나 방법을 최선으로 이용하는 길을 탐구해 나가는 도중에
도 활용되는 것이다. 그것은 달리 보면 storage as a service의 성격
을 가지기도 하는 것이다.

ComputerWeekly.com.com, 'Kubernetes storage 101: Container storage
basics' 21 Feb, 2020

종래 데이터 및 그것의 처리 결과를 저장하는 방법으로서 NAS,
SAN, DAS 등의 방법이 있었다. 그러나 이들은 각각 이용에 대한 요
구가 증가하는 데 기동적으로 대응하지 못해 확장성에 문제를 가진다
거나, 유지 관리가 어렵고 비싸며, 공동 이용이 어렵다는 등의 약점을
가지고 있었다. 나아가 VM이나 container와 같은 그 이후의 앱 이용
의 실제 예에서도 이런 저장 기술은 활용 가능한 것으로 되었고, CI/
CD의 파이프라인을 이용하며 AI까지 이용할 수 있게 됨에 따라 더욱
새로운 전기를 맞게 되었다. 관련 서비스를 제공하는 벤더가 여럿 나
타나게 되었다는 것도 이러한 변화를 수용하는 데 도움이 되었다.

SearchStorage.com, 'Pros and cons of composable architecture vs. tra-
ditional storage' 24 Jun, 2020

VM에 대한 container의 이점은 cloud 환경을 감안했을 때 확실해
진다. 그것은 microservices를 모듈처럼 쓸 수 있게 하여, VM 대비
과업 규모의 증감에 대해 탄력적(flexible)이고 여러 곳으로의 이동을
간편하게(mobile) 하며, 필요한 때 쓰고 필요 없으면 쓰지 않으며, 또
필요하면 다시 불러 쓸 수 있게 하여 (stop, destroy, recreate라는 의미에
서 ephemeral하기 때문에) 이용 요금을 절약할 수 있게 한다. 그로써

그것은 여러 가지 다기한 앱을 처리하는 데 적합하고 특히 단기간만 수행해야 하는 과업이거나 단기간(short-lived)에 대거 작업해야 하는 과업을 수행하는 데 유용하다. 클라우드 서비스를 이용하지 않을 때에는 이용 정도에 따라 요금을 내는 방식(pay-as-you-go basis)을 택하고 있어 요금을 절약하게 할 수도 있다. 달리 이야기하면 이용자가 그것의 실제 구도를 수정하고 보정할 수 있는 재량권을 가질 수 있게 하는 서비스 기반의 구도를 지닐 수 있게 하기 때문에 이용 규모의 자유로운 증감과 조정을 가능하게 한다는 것이다.

SearchStorage.com, 'The advantages of containers over virtual machines for storage' 07 Jul, 2020

특히 저장(storage)의 차원에서 이점이 두드러진다. Kubernetes 등 orchestration 소프트웨어를 사용하고 넉넉한 전파 대역폭과 짧은 서비스 시간과 다양한 데이터를 다루는 서비스를 동시에 관리할 수 있게 함으로써 어떤 클라우드든 불문하고 load balancing을 비롯한 모니터링과 컨트롤 기능을 (특히 보관의 차원에서) 여러 인터페이스에 걸쳐 간편하게 할 수 있게 하여 짧은 시간 내에 읽고 쓰기를 빨리 할 수 있게 하며, on-premises 하드웨어도 상당한 정도로 포용할 수 있게 한다. 이는 결국 융통성, 단순함, 용이한 유지 관리의 특성을 가지는 탄력적 보관(elastic storage)을 가능하게 한다는 것이다. 이점은 IBM Elastic Storage에서 두드러진다.

SearchStorage.com, 'IBM stretches its Elastic Storage line to speed AI, big data' 08 Jul, 2020

민감한 데이터를 모두 클라우드에 보관하도록 강제하지도 않고, 이용 요금은 앞에서 언급한 pay-as-you-go 원칙에 따라 이용한 정도만큼만 부담하게 하기 때문에 비용을 절약할 수도 있게 한다. 단, 이것에 있어서도 클라우드와의 구체적 계약에 따라 다소간 변화가 있을수 있다. 또 PaaS의 일환으로 AI를 활용할 수 있다면 프라이버시 및 안전성과 compliance 문제를 동시에 해결하게 할 수도 있다.

5.
연방 구성을 통한 인증

안전성 면에서의 취약점이 커지게 된 것에 대한 대책으로서 연합적 식별화 관리(FIM: Federated Identity Management)가 제시되었다. 안전성을 추구하는 여러 지역들로 하여금 연방을 형성하게 한 다음, 그중 어떤 한 지역(또는 영역)에서 인증을 받게 되면 그런 인증으로 연방을 구성하는 다른 지역에서도 접근이 가능하게 만들어, 다른 여러 지역에 접근하려고 하는 경우에 있어서 그런 모든 지역에서 일일이 인증을 받는 절차를 거칠 필요가 없이 그런 절차를 뛰어넘도록 간략화하자는 것이다. 이러한 연방이 이루어질 수 있으려면 각 지역이 서로를 신뢰할 수 있어야 하고 정책이나 표준이나 절차 등에 대해 합의를 할 수 있어야 한다. 좀 더 구체적으로 보면, HW나 SW에 대한 요구 사항, 합의한 내용을 구체화하고 시현하기 위한 방법과 절차, 이를 뒷받침할 표준과 양식, 연방의 시작과 만료 시간 등에 대해 합의를 할 수 있어야 한다.

실제적으로 연방의 구성원은 각각 자국에서 인증을 받고 그다음 다른 지역에 접근하기 위해 자국의 인증 서버(authentication server)를 통해 federation identity를 신청하여 인증을 받은 다음 다시 자국의 인증 서버로부터 해당 사실을 인증받아, 그것을 가지고 다른 지역에서 활동을 할 수 있게 된다. 이때 각국의 인증 서버가 접근을 구할 것에 대비해 연방의 identity provider가 준비되어 있어야 하고, 이것은 각국의 service provider들과 협의를 해서 승인을 하도록 한 다음 그런 사실을 등록할 수 있게 해야 한다. 이런 방식으로 연방 전체에서 통용되는 식별 인자를 결정하여 연방에 속하는 각국이 획득하도록 해야 하고, 그것을 획득한 이후에는 프라이버시가 제대로 지켜지는지 여부 등 문제에 대해 사후 감사도 있어야 한다고 한다. 이상과 같은 FIM은 각 지역에서 일일이 인증하는 것에 비해 인증 과정을 단순화할 수 있고, 더 나아가 다른 지역의 인증 기관과 반드시 협동을 해야 하게 함으로서 연방을 보다 공고히 만들 수 있다는 장점도 가진다. 반면 각 지역이 추구하는 표준이나 규범을 통일하여 하나로 만들어야 하기 때문에 연방을 만드는 과정에서 많은 애를 써야 한다는 부담을 가지기도 한다.

이러한 구조에서도 네트워크의 운영에서는 소프트웨어의 역할이 매우 커지게 되어 있어 이른바 software-defined network의 성격을 지니게도 된다. 이러한 때에는 처리해야 할 데이터의 양이 많고 그것을 신속히 처리해야 할 필요도 커 neuromorphic computing, in-memory computing의 방법 등이 동원되고 있으며, 또 특수 칩도 사용되고 있다고 한다. 속도 제고를 위해서는 5G 무선 네트워크가 필요하다고도 한다. 이런 시스템이 다루는 데이터에는 그 성격상 텍스트, 음성, 이미지 등 비정형 데이터가 많고 그런 것들을 입력 및 출력 과정 모두에서 동질적인 것으로 되게끔 통합하는 여러 알고리즘이 동원되어 쓰이게 된다. 입출력 모두에서 단어의 사용이나 이미지 인식에서의 오류가 개입할 수 있다는 점을 극력 경계해야 하며, on-premise apps.이나 cloud apps. 모두에서 API를 많이 쓰는 기계 학습이 이때 AI의 본체를 이루게 된다.

이렇게 조직의 IT 기술과 제도의 이용 방식이 변화하는 양상을 디지털 변환(digital transformation)이라고 표현하기도 하는데, 그 속에서는 기업 경영의 방식도 바뀌어야 한다. 이를 위해서 복잡성 및 코스트를 줄이고 IT가 기업의 다른 업무와 융합할 수 있게 하는 방법을 강구해야 하며, 기업 운영 단계에서 보아 데이터의 이용도 용이하게 할 수 있도록 해야 한다. 업무 규모(scalability)를 쉽게 늘릴 수 있는 길을 확보해야 하며, 새로운 기술을 쉽게 받아들여 신속하게 적응할 수 있게끔 새로운 기술 이용 방식과 비즈니스의 방법을 설계하여야 한다고 본다. 이러한 과업을 이루어 내기 위해서는 BMPS(Business Process Management Systems), RPA(Robotic Process Automation), AI, 등의 새로운 기술을 사용하게 될 것이다. 이러한 툴은 전체적인 시각에서 통일된 방식으로 구사(orchestration)되어야 하며, 때문에 모델의 설계가 기업의 분야 및 제반 인프라의 요소들과의 정합성을 가져야 효과적일 것이다. 더불어 실제 나타나는 실적에 대한 측정을 하도록 하고, 그런 측정치를 잘 주시하여 이를 클라우드의 이용에서도 반영할 수 있도록 해야 한다. 뒤에서 설명되듯이 AI는 디지털 전환을 가속시키는 요인이 되는데, 그것이 성과를 낸 부문으로는 augmented analytics, automation, consumer engagement and insight, AIdigitized supply chain 등을 든다. 반면 이런 디지털 전환을 지연시키는 큰 요인 중 하나로서 시민 데이터 과학자를 포함한 데이터 과학자가 부족하다는 것이 적시된다. 이들이 부족해 이를 구체적으로 추진하고 시행하는 것이 어렵게 된다는 것이다. 공급 체인의 전문가들은 훌륭한 소통 능력과 윤리 의식, 질적 제고에 대한 집념, 기술적 지식의 구비 및 시간 관리에 대한 철저한 태도를 갖추어야 한다.

SearchERP.com, '5 skills supply chain professionals need' 27 Aug, 2021

SearchEnterpriseAI.com, '4 ways AI and digital transformation enable deeper automation' 19 Aug 2020

SearchCIO.com, 'Digital transformation framework: Bridging legacy apps to new tech' 29 Mar, 2017

SearchITOperations.com, 'Cloud and containers rewrite monitorig and management rulebooks' 25 Oct, 2018

6.
새로운 인프라 시대의 기술 활용을 통한
안전 문제에의 대응

IT 기업들은 여러 가지로 변신과 적응을 해왔다. 먼저 다기한 기술을 계속적으로 개발하고 단계적으로 이용해 왔다. 앞에서 본 SDN, VAN, CD-WAN, SCI, CI 등이 그런 것의 예이다. 나아가 이러한 기술을 최신의 것으로 유지하고 또 사회 전체적으로 그러한 것을 값싸게 활용할 수 있게 하는 방도로서 그러한 기술에 대한 투자의 대표 격인 클라우드로 하여금 투자하게 하고 운영 유지하는 시스템이 생겨났다. 그리고 개별 기업으로서는 이러한 시스템을 비교적 싼 방법으로 활용하고자 하게 되어 이러한 cloud를 활용하는 것을 선호하게 되었다. 많은 개별 기업은 개별적으로 직접 투자함이 없이 클라우드를 매개로 하는 사실상의 공동 투자에 따르는 과실을 활용하고 누려 왔다. 2021년 4월 315개 기업을 상대로 한 McKinsey의 서베이는 이러한 현상을 보여 주고 있는데, 이들 기업들은 사이버 안전을 도모하려는 것을 최종 목표로 하고 그것에 대응해 갖가지 기술을 우선순위를 따져 가며 적용해 왔으며, 그 근간에서는 클라우드 기술을 활용하고 있었고, 그로써 보다 신축성 있는 인프라를 형성하고 기술 전개를 신속히 하였고, 그로써 그것의 결과물인 디지털 재화를 보다 빨리 시장에 내놓을 수 있었다고 했다.

McKinseyDigital, "Prioritizing technology transformations to win"
March, 2022

나아가 그동안 이런 기업들은 중점적으로 추구하려는 과제로서 사이버 안전 및 데이터 프라이버시를 초점으로 삼았고, 이를 위해서 클라우드는 AI를 동원하고 많은 데이터를 활용하게 하면서 인프라를 최신의 것으로 정비해 기업들로 하여금 기술 사용에서의 비용을 최적화하고 위험을 최소화하며 중요하다고 보는 운영 방법을 활용할 수 있게 하였다고 한다. 이렇게 함으로써 틀림없이 디지털화하면서 과업 규모의 증감에 관계없이 항시 대응하고 개발과 혁신에 매진할 수 있게 했으며, 또 차후 2년 동안 계속 그렇게 하겠다는 계획을 밝혔다고 하였다.

이러한 점은 망 분리의 문제와 연결될 수 있다. 우리 사회에서는 이른바 공공 데이터라고 하는 것이 잘못 사용되는 것을 방지하기 위해 망 분리를 시도해 왔다. 나아가 그러한 망 분리가 전적으로 물리망으로만 이루어지기는 어려울 것을 고려해 논리적 망 분리도 이야기해 왔다. 즉, 여기에서 논리적 망 분리를 위한 여러 방법 중 최선의 것을 선택해야 할 필요가 생겼다. 이와 관련해 네트워크의 발전을 다루는 부분에서는 그것의 후보군이 될 수 있는 여러 종류의 가상 망을 논의한다. 논리적 망 분리를 추구하는 데 있어서는 이들 후보군 사이에서의 장단점을 감안해 논리적 망 분리의 구체적 형태를 결정할 수 있어야 할 것이다.

클라우드와 인프라를 대하는 데 있어서의 이러한 단면은 뒤에서 볼 CeFi와 대비해 본 deFi의 실상을 반추해 보면 다시 확인할 수 있다. 시스템 안전성 및 금융 소비자 보호와 관련해 대두하는 문제에 대해 대응하는 데 있어, 전자에서는, 클라우드 등 현재 이용할 수 있는 기술이 없었던 때였기 때문에 그러하기도 하지만, 예금보험기구를 필두로 하는 각종 감독 기구를 동원하였고 그들의 활동을 제도화하여 대처하려고 했다. 반면 탈중앙화를 지향하면서 클라우드 등 각종 기술을 이용할 수 있는 위치에 서게 된 후자에서는 클라우드의 사용을 최우선으로 하고 전개되는 상황에 맞게 당시 주어지는 비용-효과적인 기술을 동원하여 대처하려고 했다. 그 이면에서 새로운 기구를 만들어 대처하려는 데에는 적극적이지 않았다.

대응의 규모가 크고 여러 방도로 단계적으로 대비하고 있어야 안심하고, 안정적으로 대응할 수 있으리라는 관점에서 보면, CeFi의 방식이 안전하고 신뢰할 수 있을 듯하다. 그러나 클라우드라는 놀라운 최신 기술 및 그 속에 부수된 관련 기술을 생각하고 나면 deFi에서의 대응 방법도 합리적일 수 있을 것이라고 이해할 수도 있다. 나아가 미흡한 듯 보이는 후자에서의 이러한 대응책을 가지고도 아주 큰 사고는 아직 없었다는 사실(물론 deFi의 절대 규모가 CeFi의 절대 규모에 비해 아주 작았지만)을 상기하고 나면, 이는 deFi에서는 (잠재적이나마) 사고의 규모가 작았고, 관련된 사람은 많지 않아, 클라우드를 현재 가용한 것 이상으로 동원해야 할 절실한 필요가 없었기 때문에, 현재 규모의 클라우드를 가지고도 이 정도 선방한 것이 아닐까 하고 생각하게 된다. 앞서 deFi의 규모를 가늠하는 데서 보았듯이 그것의 규모는 그것에 대한 큰 관심과 요란한 각종 언급이나 희망 사항(hype)에도 불구하고 의외로 작았으며, 때문에 현재 준비되어 있는 클라우드 및 그것으로부터 동원할 수 있는 방도로도 큰 부족함을 느끼지는 않았던 것이 아닌가 여겨진다. 적어도 이 시점까지를 회고해 보면 deFi의 심각한 부족함을 보여 주는 이벤트는 아직 없었다고 보여진다.

8장

블록체인

1.
블록체인 기술

위변조를 방지하는 기술로서의 블록체인(blockchain)에 대한 기대는 2010년대 초 이후 크게 높았다가, 2010년대 중반 이후 다른 나라에서는 주춤하는 편이지만 우리나라에서는 그렇지 않다. 이 부문에 대해서 기술 예측을 하는 기업 Gartner는, 이 기술의 활용이 이르면 2023년 혹은 2025년에 가서야 확실하게 자리 잡을 수 있을 것이라고 보았는데, 이 기술에 매료된 우리 사회에서는 이러한 예측이 별로 주목받지 못하고 있다.

ComputerWeekly.com.com, 'Putting blockchain technology to good use' 23 Sep, 2019

기술로서의 블록체인과 그 기술의 응용 예인 가상 화폐를 명백히 구별하고 있지 않은 채 비트코인에 대한 열기와 다른 여러 종류의 가상 화폐 개발에 대한 열의에 지배되어 블록체인의 적용 부문을 따지지 않고 미래의 황금 기술로서 신성시되고 있다. 그 이면에 블록체인 모델의 열성파들이 비판하는 핵심 내용인, 이 기술을 쓰면 큰 운영 비용을 들이는 중앙 통제자가 있는 중앙 관리 모델에서의 비효율을 피할 수 있다는 점이 과도하게 중시되고 강조되고 있다. 그러면서 그러한 중앙 관리 모델에서의 운영 비용과 상응하게 블록체인 모델에서도 그것의 기본적 근거로 되는 바 '분산원장 모델의 여러 주체들의 동의를 구하는 과정에서 적지 않은 코스트가 든다'는 점을 확실히 인지하지 않은 채 이 모델에서도 동의를 구하는 과정에 비용이 숨어 있다는 점은 간과하고 있다. 다양한 데이터를 모두 감안하여 합리적인 결정을 하려고 할 때에는 중앙 관리 기관을 운영하며 그런 데이터를 종합해 결정을 하려고 할 수도 있고, 분산원장 모델을 이용해 탈중앙화된 상황에서 여러 사람들의 의견을 모아 결정을 할 수도 있을 것이다. 이런 때 중앙 집중의 방식으로 의사 결정을 하려고 하더라도 인력이나 건물 등 시설 장비나 기타 인프라를 필요로 하고 그에 상응하는 코스트가 들 듯이, 블록체인 모델에서도 node 내지 peer라고 지칭되는 분산된 여러 개체들의 의견을 모아 합의를 도출하기 위해서도 상당한 코스트가 든다는 점은 망각되고 있다. 예컨대 이들의 합의를 위해서 POW의 합의 알고리즘을 쓴다면 8천 명 이상은 되어야 하는 노드가 합의 과정에 참여하여야 하며, 이들 각각이 참여 과정에서 활동하는데 많은 전기를 써야 한다는 점이나, (이렇게 많은 수의 노드가 합의 과정에 참여하게 하는 대신 8천 개 이상의 컴퓨터로서 합의를 하는 이른바 programmable blockchain, Ethereum을 쓸 수도 있는데, 이렇게 하더라도 전 세계적으로 8천 개 내지 8천만 개 컴퓨터를 동원해야 하며, 그렇게 하는 것이 간단한 문제가 아니고 또 그러한 컴퓨터들의 사양이 다양해 수만 개의 라인을 가진 프로그램을 써서 10분 이내에 동기화를 마쳐 합의를 도출해야 하기에 역시 상응하는 코스트가 든다. 또 수만 개의 라인을 가지는 프로그램에 버그가 보통 끼어 있을 수도 있다는 근본적 문제를 어떻게 헤쳐 나가느냐 하는 어려운 문제도 숨어 있다 하겠다.) 더구나 분산원장 모델에서는 이들 피어들의 원장을 지속적으로 동기화해야 하다 보니 거래 속도가 느려진다는 불가피한 한계가 있는데, 이런 동기화를 하는데 소요되는 사실상의 코스트 등도 외면되거나 망각되어서는 안 되겠다.

나아가 이러한 방식으로 DLT 방식의 합의를 하는 것이 중앙 관리 모델과 비용-효과의 차원에서 얼마나 다른지는 전혀 점검되어 있지 않다. (단, 현재 블록체인 모델을 쓰는 경우의 대부분은 POW가 아닌 POS를 쓴다고 한다. 이는 이른바 누구나 참여할 수 있는 permissionless model을 쓰는 것이 아니고 permissioned model을 쓴다는 것인 바, 논리적으로 보아서는 전자를 써야 합당하다.) 또 POW 대신 20명 내외가 합의에 참여하는 POS를 쓰는 경우에도 20명 중 한둘이 합의 과정을 전단하게 되는 것은 아닌지도 검토되어 있지 않다. 그래서 외국에서는 중앙 관리 모델을 취할 때의 비용 및 편익과 분산원장 모델을 쓸 때의 비용과 편익을 함께 고려하면서 이들을 비교하여 보아 기업들이 각자의 처지에서 둘 중 하나를 선택하게 될 것이라고 보고 있으며, 이 때문에 블록체인 모델을 채용하는 실제 사용 예(use cases)가 아주 서서히 늘어나고 있다고 평가되고 있는데, 우리나라는 블록체인 모델의 원론적 우월성에 빠져 있어 이런 부분에 대한 고려를 언급조차 안 하고 있다. 나아가 이들 두 가지 모델 중 하나를 선택하는 경우에 있어서 그들 각각이 가지는 cost/benefit을 따져 보고 결정하여야 할 것이라는 점은 받아야 마땅한 관심을 받지 못하고 있으며, 이러한 점을 이해하려는 노력은 어디에서도 보여지고 있지 않은 듯하다. 따라서 소수의 가상 화폐의 예 및 그 이후 약품이나 다이아몬드 공급체인에서의 예 몇 개 이외에는 블록체인 기술을 구체적으로 쓴 실제의 예가 지난 10여 년간 거의 없다고 하는 엄연한 사실이 외면되고 있다. 그러다 보니 이러한 예에서의 본질이 digital supply chain이고, 그로부터 발현된 cybersecurity 관련 리스크가 그러하지 않은 공급 체인에서의 다른 부분에서 보다 아주 커지게 된다는 점도 고려 대상에 포함되어 있지 않다. 이러한 공급 체인에서는 다른 경우보다 관련자 수가 많아 직접 체인에 물려 있는 기업들뿐만 아니라 그들 기업에다 소프트웨어나 부품 등을 공급하는 제3자도 포함되어 있다는 점이나, 그로써 해커가 공격할 수 있는 대상이 많아진다는 점도 별로 주목되고 있지 않다.

ComputerWeekly.com.com, 'A sobering reminder for more vigilant suply chain security' 02 Mar, 2021

SearchCIO.com, 'Blockchain for businesses: The ultimate enterprise guide' 10 Jun, 2021

블록체인 모델은 외국에서는 모든 문제에 당장 적용해도 좋은 타당한 것이거나 일거에 종래 써 왔던 중앙 관리 모델을 대체할 수 있는 것이 아니고, 어떤 구체적 문제에 대해 적용해 cost-bebenefit 등의 기준으로 볼 때 중앙 관리 모델보다 더 큰 효능을 가져올 수 있는 경우에는 채택하고, 다른 문제에 적용했을 때 그 반대의 결과가 나오면 채택하지 않고 기존의 중앙 관리 모델을 지속해 쓰는, 실상 속에서 사실상 프래그마틱(pragmatic)한 선택적 활용이 시현되고 있는데, 우리 사회에서는 이런 사정이 외면되고 있다.

또 아래에서 보게 되는 바 가상 자산 거래소로 확대 변신한 가상 화폐 거래소가 보여 주고 있듯이, 블록체인 모델을 사용한 경우도 탈중앙화(decentralization)되었다가 다시 재중앙화(recentralization)되는 변화 과정을 밟고 있다는 도도한 흐름도 별로 주목되고 있지 않다. 블록체인 모델의 논리적 매력에 매몰되어 그것이 현실 세계의 모든 경우에 대해 일거에 적용되기 어렵다거나 적용의 비용과 효익을 보아 가며 서서히 적용 예가 늘어나고 있다는 외국의 실상을 우리도 진지하게 주목해야 할 것이다.

최근 **Economist May 20th, 2023에서의 특집 "Special report Digital finance: The great retiring"**은 DLT 모델의 중심 적용 예인 cryptocurrency의 가치가 2020년 250(십억 달러)이었다가 2021년 말 3000(십억 달러)로 크게 높아졌고, 이어 1300(십억 달러)로 반 이하 떨어졌음을 알려 주고 있다. 나아가 이런 암호 화폐(가상 화폐)에 대한 선호는 나라별로 차이가 있는데, 부패한 정부를 가진 나라나 인플레이션이 심한 나라나 달러 등 상대적으로 안정된 가치를 가지는 화폐를 보유하는 것이 금지된 나라에서나 선호도가 높고 상대적으로 높은 가치를 구가한다고 하는데, 이 점도 유념해야 할 것이다.

자국이나 외국에서 발행된 암호 화폐를 거래하기 위해 암호 화폐 거래소(crypto exchange)를 이용하게 되는데, 이들 거래소는 애초에 중앙 관리 기관의 폐해를 극복하고자 하여 강구되었음에도 불구하고 결과적으로는 사실상 중앙 관리 기관의 성격을 가지게 되었다고 하고, 그 이면에서 이들과 거래하는 거래소 이용자는 반드시 합당하다고 할 수 없는 불공정한 대접을 받고 있다고 한다. 거래 시 내야 하는 수수료가 거래 금액의 1% (이것은 우리나라 제2위 코인 거래소 Coinbase 의 경우로서, 제1위 거래소인 업비트의 수수료율은 이보다 낮다고 한다.) 정도 인데, 이는 credit card에서의 0.8%나 debit card에서의 0.2%보다 높 고, 실시간 결제(real time payment)를 가능하게 하여 최근 인기가 높 은 인도의 UPI나 브라질의 Pix에서의 수수료보다 월등 높은 것이라 고 한다. 나아가 이들과 거래를 유지하기 위해 그것의 상대방인 고객 은 거래소와 공유하는 public key와 혼자만 아는 private key를 보 관해야 하는데, 후자를 잃어버리게 되면 더 이상 거래를 못 하고 모 든 가상 화폐를 잃어버리게 된다. 가상 화폐의 이용자는 전통적 은행 의 이용자에 비해 의외의 위험성을 지니고 있다.

그런데 이런 거래소 중 세계 최대의 거래소인 Binance는 2022년 싱가 포르 당국으로부터 영업을 중지하도록 종용받았고, 세계 3대 거래소였 던 FTX는 파산을 피할 수 없었다는 것 등의 기연이 있었으며, 2022년 Atlantic Council이라는 연구 기관에 의하면 45개국의 25개 거래소가 암호 화폐의 영업을 완전 또는 부분적으로 금지당했다 한다. 모든 면에 서 이런 거래소가 타당한 역할을 하고 있다고 여겨지는 것은 아니다.

이러한 거래소의 미흡함 내지 불완전성을 보고 그 대안으로 제시되 는 것이 CBDC(Central Bank Digital Currency)이다. 그런데 이것은 중 앙은행이라는 대표적 중앙 관리 기관의 관장하에 있기 때문에 중앙 관리를 회피하려던 블록체인 모델 채택에서의 애초의 의도를 정면으 로 부정하는 것이면서, 동시에 그것에서는 모든 거래의 내용을 중앙 은행이 다 읽을 수 있어 그것의 이용자들이 불안해할 것이고 이용을 기피할 소지를 가지고 있다는 그 나름의 약점을 가지고 있는 것이다.

정보 통신 기술을 생활 깊숙이 활용하려는 실제적 노력은 소프트웨어를 비롯한 여러 가지를 개발하려는 것(Dev)에서 개발과 유지 관리를 통합시키려는 것(DevOps), 그 이후 거기에 안전성을 함께 감안하도록 하는 것(DevSecOps)의 단계를 거치면서 진화되어 왔다. 그러다가 그러한 노력을 AI를 통해 보강하려고 하게 되었고 AI의 활용을 유지 관리 속에 담아 이들 둘을 일체화시켜 이런 일련의 노력을 AIOps로 변환시켜 보려고 하게 되면서, 오늘날의 실상에 이르게 되었다. 그러다 보니 미처 인식하고 있지는 못했으나, 되돌아보니 이미 과거에 이러한 통합적인 시도를 플랫폼으로 만들어 활용해 보려고 한 몇몇 노력이 없지 않았다는 것도 인식하게 되었다. 데이터를 기반으로 하여 모든 과업을 총괄해 보려는 것의 산물인 Kubernetes는 데이터를 분석하여 과업을 통합적 시각을 가지고 orchestrate 하려고 하고 있는 것으로서, 본래적으로 AIOps의 성격을 가지고 있다고 할 수 있다는 점이나 모니터링을 일반화시키려고 한 Nagios나 Zabbix와 같은 플랫폼의 Open Source Monitoring System도 데이터를 분석해 결과를 구하는 본질을 가지고 있어 마찬가지로 AIOps의 일종이라고 할 수 있다는 점을 상기할 필요가 있겠다. 또한 프로그래밍을 쉽게 일반화해 보려고 한 Py Torch나 TensorFlow 등의 Open Source programming module 등도 그러하다는 것을 외국에서는 새삼 알고 있으나, 우리 사회는 이에 대해 무심하다.

SearchITOperations.com, 'Evaluate open source vs. proprietary AIOps tools' 12 Feb, 2021

2.
블록체인 기술의 응용

    우리나라에서 ICO는 불법이라고 선언되었다. 여기에서 ICO란 (주식을 발행할 때의 IPO처럼) 가상 화폐를 발행하려는 기업이 발행에 성공할 수 있게 되고자 발행의 전후좌우의 사정과 발행 이후의 전망 등을 자세히 밝히는 백서(white paper)와 더불어 새로운 가상 화폐를 시장에 소개하고 그것을 매출하는 행위다. 이것은 주식 발행처럼 사업을 위한 자금을 마련하려는 것이고, 그것 백서의 내용과 발행자의 인격과 경력 등 면면을 보고 고객들은 그러한 가상 화폐를 구입하고 투자 자금을 제공하게 된다는 것이다.

    그런데 ICO가 불법이라고 한 이후 우리나라 내에서 ICO는 전혀 없었다고 한다. 그래서 이 방식으로 가상 화폐를 발행하려는 사람들은 스위스나 싱가포르나 듀바이에 가서 그곳에서의 높은 행정 관리 비용을 부담하면서 ICO를 했다고 한다. 또 이런 곳에서는 일단 발행한 가상 화폐를 자국에서 활용하지 않고 외국으로 가지고 나가 쓴다면 관련된 규제를 다소 이완시키어 집행한다고 했기 때문에, 우리나라에서처럼 자국에서 ICO를 하지 못해 도리없이 외국에 가서 ICO를 하려고 한 기업은 ICO를 한 다음 그것에 의한 코인을 매입해 국내로 가지고 들어와 국내 원화 가상 화폐 거래소에서 거래하는 사실상 우회적 ICO를 했다고 한다. 반면 IEO는 불법 여부가 공식적으로 선언된 바가 없었다. 그런 불분명성의 그늘 속에서 IEO는 방관되었고, 이것 및 앞에서 적시된 우회적 ICO를 통해 공급된 가상 화폐가 우리나라 5대 가상 화폐 거래소에 공급되고 원화로 매매될 수 있게 되었던 것으로 추정된다. 그 결과 우리나라의 원화 가상 화폐 거래소에서 암암리에 2023년 5월 유명해진 위믹스 등 가상 화폐도 나타나게 되었을 것이다. 증권 시장에서의 정식 자금 조달의 방법인 IPO(initial public offering)을 대신해 그것보다 사용하기 쉬운 자금 조달의 방도로서 IEO가 비공식적으로 애용되어 온 듯하다.

그로써 깜깜이 속 가상화폐의 거래가 이루어지다가 사회문제로 비화하게 되었고, 회의 도중 가상화폐를 거래한 김남국 의원의 처신이 문제로 되었다. 그리하여 국회 윤리위원회는 김남국 의원에게 거래한 가상화폐의 종류, 거래일자, 거래규모, 거래한 거래소 이름, 매매거래 규모 등을 소명할 것을 요구했었을 것이다. 그러나 김 의원은 이러한 소명의 의무가 없다고 거절하였다 한다. 그렇다면 우선 거래일자, 거래에서 쓴 가상화폐의 종류별 규모 등만이라도 요구할 수 있어야 했을 것이다. 김 의원이 거래한 가상화폐는 위믹스 등 우리나라에서 IEO를 통해 탄생하게 된 것들일 것이고, 더구나 이런 위믹스를 그것보다 더 사소한 가상화폐로 바꾸면서 손해까지 보았다는 보도가 맞다면, 이 손해 거래가 실제화된 가상화폐의 종류와 규모만을 추적하더라도 그것의 거래의 성격과 불법성 여부를 알 수 있었을 것이기 때문이다.

다시 말하면 우리나라에서는 IEO가 불법인지가 확실시 되지 않은 가운데 원화로 가상화폐를 거래할 수 있게 허가받은 5개 가상화폐 거래소에서 가상화폐를 발행하고 거래하는 일이 진행되어 왔다고 추정된다. 이렇게 깜깜이로 가상화폐를 발행하고 매매하는 일이 있다보니 이러한 거래소에서의 임직원들이 뒷돈을 받고 IEO를 하는 데 도움을 주었다는 경우가 나타나게 되었고, 이러한 불법 행위가 차후 밝혀져 불미스러운 행위를 한 임직원이 사법처리되는 일도 생기게 되었다.

그런데 가상회폐 발행 관련해 이상의 것보다 더 충격적인 사실은 가상화폐거래소가 아닌 다른 곳 5곳이 가상화폐를 발행하였으며, 이를 금융위원회가 이미 알고 있었다는 점이다. **서울경제 2023-07-12, "암호 화폐 투명성 강화…, 내부터 공시 의무"** 보도는 금융위원회가 기업회계기준서를 개정하면서 코인으로 '실적 부풀리기'를 차단하려는 목적을 가지고 재무제표의 주석 사항을 활용하여 가상화폐의 수량, 특성, 이를 활용한 사업모형, 사업이행경과까지의 제반 사항을 빠짐없이 기재해야 한다고 했다고 한다. 이로써 실적을 부풀리거나 감추는 행위를 막으며, 수익과 비용의 처리 시점도 명확히 하려고 했다는 것이다. 여기에는 암호화폐 발행사가 발행했으나 유통시키지 않고 보유하고 있는 것을 포함하게 했다는데, 이런 보유분이 254억개로서 발행량의 81.7%에 이르기도 했다는 것이다.

더 나아가 투자목적 등으로 암호화폐를 단순 보유한 상장사 역시 재무제표에 금액과 시장가치 정보를 빠짐 없이 기재하도록 했으며, 2022년 말 기준 상장회사가 보유한 제3자 발행 가상자산 규모는

2,010억 원이라고 보았다 한다. 이런 발행을 할 수 있었던 회사는 5곳으로서 카카오, 위메이드, 넷마블, 네오홀딩스, 다날이라고 하였는데, 이 가운데 카카오가 발행한 KLAY가 556억원으로 가장 많았고 위메이드는 2021년 위믹스로 얻은 수익 2,234억 원을 모두 매출로 잡았다가 외부감사인의 지적으로 수정을 하게 되어 영업이익이 3분의 1토막이 났으며, 업비트나 빗썸 등과 관련해서는 고객이 위탁한 암호화폐를 자산이나 부채로 인식할 때 법적 재산권 보호 수준 등 경제적 통제권을 고려해 결정해야 한다고 주의를 했다 한다. 이런 기업회계기준서 개정은 '가상자산 이용자 보호법'의 후속 조치로서 2024년 1월부터 적용하기로 했다고 한다.

너무나 놀랍게도 이러한 사정은 금융위가 그동안 우리나라에서 겉으로 이야기되는 ICO나 IEO 이외에 거대한 가상화폐의 발행과 공급의 루트가 있다는 것을 이미 알고 있었으면서 이를 밝히지 않아 그것의 경제적 효과를 제대로 들여다 볼 여지를 사실상 막았다는 '부작위에 의한 작위범'의 잘못을 저질러 왔다는 것을 알려주는 것이다.

이상은 금융당국이 이러한 사실을 아는 상태에서 우리나라가 IEO가 아닌 방법으로 가상화폐가 발행되었다는 이야기이고, 그러면서 ICO가 불법이어서 우리 일부 기업이 외국에 가서 ICO를 해 오는 것이나 깜깜이로 IEO를 하는 것을 묵인하고 외면하면서, 이상 가상화폐거래소가 아닌 5사가 가상화폐를 발행하는 것을 방치했다는 것이다.

그러면서 sandbox 제도를 이상하게 운영해 뒤에서 유령규제라고 비판하는 방식으로 그것이 운영되는 것도 방치하면서 가상화폐의 실상이 지극히 불분명하게 되는 것을 방관하였기에 김남국 의원이 위메이드 발행 위믹스를 그것보다도 알려져 있지 않은 다른 가상화폐로 급히 교환하고 그 과정에서 큰 손해를 보는 어처구니 없는 행태(그래서 일각에서는 이런 과정에서 돈 세탁을 하지 않았겠느냐고 의심하는 행태)를 보이게 하지 않았겠느냐 하는 것이다.

그 결과 앞에서 적시된 중앙SUNDAY 기사는 현재 우리나라에 625개의 코인이 유통되고 있고, 그렇게 유통된 코인의 전체 시가 총액은 19조 원이며, 하루 평균 유통량은 3조 원에 이른다고 하고 있다. 그러면서 mixing and tumbling(섞고 굴리는)의 과정을 거쳐 유통되었기 때문에 상장 후 거래의 자세한 내용이 흐릿하게 되어 있다고 한다.

그런데 외환 사용에 제한이 없지 않은 우리나라에서 IEO를 하려고 하면 원화를 매개 통화로 쓰는 종류로 해야 하는데, 뒤의 유령 규제와 관련해 보듯이 원화로 IEO를 할 수 있도록 인가되어 있는 가상화폐 거래소는 4개였다가 늘어나 현재 5개에 불과하기에, 우리나라에서 가상 화폐의 거래를 매개하는 거래소가 되려고 하면 어떻게든 이들 원화 거래가 허여된 거래소로 되어야 했다.

이렇게 5명이 경쟁하는 과점 시장에서 이론적으로는 과점적 경쟁이 가능할 수도 있다. 그러나 우리나라에서 실제화된 것은 이런 거래소에 대한 뜨거운 수요가 현저해 과점적 경쟁이라기보다는 IEO 관련자들 사이에서 뒷돈을 받고 불미스러운 행동을 하는 불공정 경쟁이었고, 그로써 그런 행동은 아래에서 보듯 사법적으로 불법이라고 심판을 받는 지경에까지 이르게 되었다. 이는 IEO 관련 과점적 경쟁은 일어나지 않았고, 그 반대로 그것은 독과점적 폐해를 불러왔다는 것을 알 수 있게 한다. 그것은 사행성 게임 아이템을 얻을 수 있도록 하는 P2E 코인까지 등장하게 만드는 시도한 것이 의심까지 받게 되는 것을 계기로 하여 그것의 불법성을 보다 확실하게 만들었다.

이러한 문제에 대해 경제학이 제시하는 정답은 가상 화폐의 발행 및 유통 시장을 경쟁 시장으로 만들라는 것이다. IEO를 할 수 있는 거래소의 숫자를 늘리고 그들 각각이 경쟁 시장에서의 경쟁자가 되도록 제도를 바꾸라는 것이다. 가상 화폐를 발행하는 시장을 현재의 한국거래소와 같은 경쟁 시장으로 만들고, 가상 화폐 거래소는 증권 시장에서 증권 회사에 상응하는 역할을 하게 해야 할 것이라는 것이다. 그렇게 함으로써 이들 거래소가 비대칭의 정보를 누리면서 내부자 거래를 할 수 없게 되어야 할 것이라 한다. 미국에서는 이러한 가상 화폐 거래소가 단순히 브로커로서 인식되고 있다.

앞서 언급된 대로 블록체인 기술을 냉정히 인식하지 못한 데서 유래하는 바 가상 화폐나 가상 자산에 대한 과도한 기대는 2018년에 ICO가 불법이라고 선언되기 이전에 잠시 열풍을 일으켰다가 그것이 불법이라고 선언되면서 관심의 중심으로부터 밀려났다. 그러다가 2021년에 들어서서 특금법(특정 금융 거래 정보의 보고 및 이용에 관한 법률)을 계기로 해 다시 기대를 모으게 되면서 명맥을 유지해 오고 있다. 실상 특금법은 2017년 가상 화폐 거래소를 논의하면서 일반 투자자나 고객들이 거래소를 이용할 때 보호받아야 할 필요를 충족시키는 일방, 거래소 이용 중 자금 세탁 등이 자행되는 것을 방지하기 위한 목적을 가지고 마련된 것으로서, 이상의 필요를 채우도록 하기 위해서 고객의 계좌를 은행이라는 공식적 금융 기관의 감시 밑에 두도록 해야 한다고 보아 그것을 법제화한 것이었다. 나아가 이들 거래소가 투자자나 소비자의 실명 계좌를 틀림없이 유지하게 하는 방법으로서 거래소는 실명 거래 유지의 실상을 은행으로부터 확인받도록 하였고, 그 방도로서 원화 거래소의 고객은 관련 은행에 실명으로 계좌를 연 다음 그것을 계속 유지하고 있다는 사항에 대해 인가를 받도록 하였다.

이로써 이들 거래소가 거래 내역과 잔고를 사실상 은행에 예치하도록 유도하려고 한 듯하다. 그러나 실상은 이러한 장치를 하고서도 반드시 그러한 의도를 이룰 수 있었던 것은 아니었다. 한 번 실명 계좌를 유지하고 있다는 것을 은행으로부터 인증받은 거래소는 고객이 그것과 하는 매 거래에 대한 자세한 내역을 은행에 보고하고 있었는지가 확실하지 않았기 때문이다. 또 설사 개중에 거래에 따르는 은행 잔고의 변동을 보고 은행이 거래 내역을 알 수도 있었겠기에 은행은 가상 화폐의 거래소와 고객 사이의 거래 내용을 알 수 있었다고 하더라도 이러한 점검을 한다고 하여 하등 이익을 얻을 길이 없는 은행으로서는 계좌에서의 변화를 일일이 관찰하여 단기간 동안에 어떠한 변동이 있었는지를 기동성 있게 파악하려고 했을 이유나 유인이 없었을 것이다. 실제로 그렇게 한다는 것은 은행에게는 상당한 행정적 부담이 되었을 것이기에 과연 은행이 그리 했는지가 알려진 바가 없다. 그 이면에서 실상은 브로커에 불과한 (그래서 2021년 미국 인프레법에서 이들을 브로커라고 공식적으로 인정받은) 이들 거래소가 투자자 등에게는 그들의 거래 상대를 거래소라고 (실질적으로 따져 보아 과장되게) 지칭하는 것을 사실상 묵인하면서 방관하였고, 그로써 New York Stock Exchange와 같은 정규의 증권거래소와 경쟁시장과 구별되는 이런 거래소 사이에서 혼동을 일으키게 하였다. 그 이면에서 우리는 이런 성격의 거래소가 고객과의 관계에서 사실상 내부자 거래 등을 하고 있다는 것을 방치하는 불완전한 제도를 용인하지 않을 수 없었다. 투자자 등을 보호하기 위해 이들 거래소가 자전 거래를 하지 못하게 하고 부실 거래를 배척할 수 있도록 제도화할 수 있어야 했으나, 뉴욕 증권거래소나 한국거래소와 달리 이들 가상 자산 거래소에서는 하등 이러한 것을 위한 제도화가 이루어져 있지 않았다. 이런 불완전성의 이면에서 가격이 한참 높아진 시점에 가상 자산의 보유자가 그것의 매도를 원하더라도 거래소의 시스템이 다운되는 등 거래소에 귀책되는 사유로 매도 거래를 하지 못하게 되고, 그로써 제때 매도했을 경우에 비해 손실을 보게 되더라도 고객은 거래소에게 책임을 물을 방법이 없었다. 투자자는 손실을 감수할 수밖에 없도록 방치되어 있다는 점이 외면되었다. 더욱 심각한 것은 거래소와 거래하는 여러 투자자들의 매도나 매입에 대한 모든 정보를 거래소는 모두 알고 있으면서 그러한 투자자들을 거래의 상대방으로 삼아 거래를 할 수 있었으나, 그러한 거래의 상대편인 거래소의 투자자 등은 거래소의 행태에 대해 하등 정보를 가지지 못하여 '정보 비대칭의 상황'이 전개되는 것을 감수하지 않으면 안 되게 되어 있었다는 점이다. 그리고 그것에 따르는 거래소의 내부자 거래(insider trading)를 무력하게 방치하고 수긍할 수밖에 없다는 딱한 처지에 처하게 되었다. 이런 내부자 거래를 배제하기 위해서는 (주식에 대한 증권거래소에 의해 운영되는 증권 시장에 상응하게끔) 이들 거래소가 회원이 되어 서로 경쟁자가 되는 이들 거래소보다 한 단계 높은 한국거래소 유사한 경쟁 시장을 조성한 다음 그곳에서 거래가 경쟁적으로 이루어지도록 해야 했으나, 이러한 경쟁 시장을 조성하려는 노력은 어디에서도 보여지지 않았다. 그 반대 현상으로서 현재 시스템에서는 원화 거래를 할 수 있게 허가된 거래소 (이들은 애초에는 이른바 규제 완화의 방도인 sandbox에 의해 2년 허가를 받았고 그 후 2년 연장받은 뒤 아래에서 언급되는 유령 규제에 의해 배타적으로 보호를 받는 혜택을 누리게 된 반면, 그런 거래소가 못 되는 다른 후보자들은 아무리 허가를 받기 원하더라도 받을 수 없었다는데)는 물론이고 거래소가 되고자 희망하는 다른 기업들도 하등 경쟁 시장을 조성하고 서로 협력할 의사가 보이지 않고 있다고 하며, 협회 등 자율 규제 기구를 만들 의사도 없다고 한다. 그러다가 2022년 6월 만들어진 자율 규제 기구 DAXA(5개 디지털 자산 거래소 공동 협의체)가 만들어져 가상 화폐의 상장과 상장의 폐지 등을 결정하고, 의심되는 거래(STR)의 유형을 개발하며, 의심되는 거래가 있으면 FIU에 신고하는 일을 하려고 하게 되었다. 그러나 이들이 자율 규제 기구로서의 역할을 얼마나 열심히 하고 있으며 그로써 나름의 성과를 냈는지는 최근 김아무개 국회 의원이 (사행성을 지닌다고 의심되는) P2E 코인의 인가를 위해 로비했다는 의심스러운 처신을 했다는 것을 통해 간접적으로 짐작할 수 있을 뿐이다. 그러니 이들에게 투자받은 내용을 공개하도록 하거나 손해 배상 기금을 창설하여 투자자 및 소비자의 보호 필요에 대응하라고 종용하는 것은 난망하다 보인다. 그리하여 이들 협의 과정에서는 거래소의 업무 절차에 대한 합의조차 매우 어렵다고 한다. 최소한 거래소가 실명 확인된 계좌를 유지하도록 해 거래의 실상을 알 수 있게 하는 길은 열었지만, 그것을 시행하고 확인하는 과정에 은행을 개입시켜 사실상 은행으로 하여금 주된 책임을 지도록 한 듯한 인상을 주었을 뿐, 이런 때 그런 책임의 종류와 규모를 가늠하지 못하는 은행으로서는 (별 보상을 받지 못하는 매 거래의 실시간 파악을 위해 자원을 투입할 유인을 가질 이유가 없었기에) 거래소와의 협력에서 소극적일 수밖에 없었다. 그리고 이렇게 소극적인 은행의 태도의 이면에서 미처 실명 확인 계좌를 받지 못한 거래소 희망자들은 은행으로부터 실명 확인 계좌를 받는 길을 확보하는 것이 더 어려워졌다. 그로써 새로이 가지게 된 (주식에 대한 증권거래소에 의해 운영되는 증권 시장에서의 증권거래법이나 그것에 상당하는 것에 의존해야 하나 실제로는 그러하지 못한) 특금법 아래에서는 이미 원화 거래를 인가받는 거래소 이외의 다른 거래소 희망자들은 원화 투자자 등을 유치할 길을 가질 수 없어, 대부분의 원화로 이루어지는 우리 시장에서의 가상 화폐의 거래에서 철저히 소외되게 되었다. 실명 확인 계좌에만 매달리는 특금법을 가지고는 가상 자산 시장을 경쟁 시장으로 만들 틀을 마련하는 것은 불가능하였다. 과연 원화 거래를 할 수 있게 허가받은 업비트, 빗썸, 코인원, 코빗, 고팍스의 5개 거래소 중 앞의 1위 거래소가 국내 가상 자산 거래의 80.8%와 2위 거래소가 15.6%를 점유하고 있고, 나머지 3개 거래소가 남은 3.6%를 차지하고 있다고 하는 것이 이러한 이상한 제도의 결과를 보여 주는 바라 하겠다.

중앙SUNDAY 2023년 5월 27일-28일, "'김남국 방지법' 통과, 코인 전문가 진단; 김남국, 투자 규모-빈도-방식 모두 코인업계 '큰손' 수준"

2023년 6월 30일 입법화된 가상자산 이용자 보호법은 가상자산을

이용하려는 사람을 보호하려는 목적을 가지고

1) 미공개 주요 정보를 이용해 가상자산을 거래하거나 시세를 조정하는 등 부정 거래를 하면 과징금, 벌금의 부과와 1년 이상의 유기징역을 받게 하고
2) 해킹이나 전신장애에도 책임을 지고 금융당국이 정하는 기준에 따라 보험이나 공제에 가입하고 일정 수준의 준비금을 적립해야 하며
3) 금융당국의 감독과 제재를 받고
4) 한국은행의 자료제출 요구에 응해야 하게 되어 있다.

나아가 동 법을 확장하고 보완하려고 하는 STO 가이드라인에서는 가상자산의 주요 부분이 증권이라는 점을 확실히 하여 STO에 대해 자본시장법을 연장 적용할 수 있음을 분명히 한 다음, 이를 근거로 2022년 테라-루나 사태나 불분명하고 이상하기까지 했던 김남국 의원의 코인거래도 규율할 수 있는 규칙을 정립해 보려고 하고 있다.

즉 STO(Security Token Offering)이 ICO, IEO와 같은 자금동원의 한 방도임을 확실히 하고, 그것이 적용될 영역을 부동산이나 온천, 선박, 콘도회원권뿐만 아니라 음원, 미술품, 저작권 등 종래 증권화가 어려웠던 자산에까지 영역을 확장하였으며, 그런 자산을 조각으로 나누어 지분 투자를 통해 자본 동원을 용이하게 하려고 했다.

2025년 법제화할 것을 목표로 하고 이런 토큰의 발행과 유통을 구분하여, 발행을 위해서는 블록체인 기술을 활용해 중앙집중적 발행 방식을 지양하고, 유통을 위해서는 매매를 수월하게 하기 위해 현재

의 가상화폐 거래소 제도를 이용하도록 하면서, 내부자 거래가 불가능하게 하고, 거래소는 보험을 들거나 준비자산을 마련하도록 하며, 횡령 등 불법행위의 소지를 봉쇄하려고 했다.

블록체인 기술을 이용하는 발행을 위해 Progmat 방식이라는 것을 차용한다고 하고 그로써 종래 IPO 방식 증권 발행을 위해 중앙에 소재하는 originator, dealer, broker 등의 활용을 지양하려 한다는 것이다. 나아가 거래소에 의존하는 원활한 유통을 보장하기 위해 지갑의 생성과 관리를 투명하게 하여 유통 과정에서의 부정적 측면을 지양하려고 한다는 것이다.

한경비즈니스 2023년 6월 19일, "16조 달러 시장 열어갈 '게임체인저' STO 대해부"

아무튼 특정금융거래법 이후 2023년 6월 30일 입법화된 가상자산 이용자 보호 등에 관한 법률 및 차후 결정될 STO 가이드라인이 제도화 된다면 미흡하게나마 가상화폐 시장은 보다 나은 방식으로 규율될 수 있을 것이다. STO는 자본조달의 방법을 확장하여 보다 많은 자본조달이 이루어지게 될 소지를 마련하였다. 특히 STO 방식을 채택하게 되어 관리가 효율적으로 될 수 있는 소지를 가지게 되는 데는 그것에서 DLT 기술이 쓰이게 되기 때문이다.

그런데 우리나라에서의 금반조치에 대한 예견을 DLT 기술을 쓰면서 동시에 IPO에서처럼 매거래를 증권 회사로 하여금 전자적으로 기록을 점검하게 하여, 이른바 두 가지 방법의 병행 처리의 방침을 취하려고 하고 있다는 것이다. STO와 관련된 증권 거래를 다루는 데 있어 자신이 없어서인지, 이것은 DLT의 활용을 포기하는 의미로도 되어 매우 부자연스럽다. STO를 하면서 완벽하게 DLT 기술을 써서 거래를 완결시킬 수 있었더라면 증권회사가 전자적 기록을 IPO에서 그리했던 것처럼 일일이 전자적으로 점검하는 과정이 불필요하게 될 것이고, 병행 처리를 하는 수고를 할 필요가 없었을 것이기 때문이다. 이에 STO를 하려는 것을 계기로 어서 DLT 기술을 제대로 써서 1일 24시간 언제나 거래를 할 수 있는 체제가 정비될 수 있게 되기를 기대해 본다.

위에서는 클라우드의 사용과 관련되어 우리나라에서 기업들이 떳떳하지 못하게 미국 발원의 클라우드를 사용하는 것을 숨기려고 한다는 점을 보았는데, 여기 가상 화폐의 상장과 거래에 있어서도 당당하게 밝히지 못하는 부족함과 무언가 숨기려는 낌새가 느껴진다 하겠다. 코인의 보유와 거래를 명시적으로 밝히지 않고도 처신할 수 있다고 여기는지 연전 경기도에서 쌍방울과 연계하에 이북에 아태평화(Asia Pacific peace) 재단을 통해 큰돈을 보내는 것을 시도했다는 것이 그러한 사각지대를 보여 준 것의 대표적 증거라고 할 수 있기 때문이다.

이러한 예가 발생하는 것을 예방할 수 있어야 하겠는데 STO 가이드라인으로 이런 예방을 이루어 낼 수 있을지는 두고 보아야 하겠다. STO를 통해 이런 식으로 조각투자용 증권을 발행하여 이러한 사태의 발현을 방지할 수 있어야 하겠으나 그것이 확실하지 않기 때문이다. 과연 중앙일보 2023년 7월 5일 보도 "제도권으로 들어온 STO, 진짜 시장에

호재일까?"는 STO를 발행한 후 똑같은 전자증권을 발행하게 하며, 증권회사로 하여금 중개인으로 참여해 두 장부의 내역을 일일이 대조하는 방식을 취한다고 하는 방식으로는 24시간 실시간 거래도 불가능하고 블록체인 기술을 정식으로 사용했을 때는 불필요했을 장부 대조의 비용도 들이게 하여 그 실효성을 크게 약화시키게 되었음을 걱정하고 있다. 즉 블록체인 기술이 정식으로 활용되어 발행이 이루어졌는지를 의심하고 있다.

이러한 양상의 부적합함은 미국에서 가상 화폐 거래소가 브로커로 법정화되었다는 점이나, 가상 화폐 거래소가 재중앙화의 본질을 가지고 있는 것으로 인정되고 있다는 점을 통해서도 확인할 수 있는 것이다.

그런데 우리나라에서는 내부자 거래가 가상 자산 시장에서는 물론, 증권 시장에서도 제대로 규율되지 못하고 있다. 한편 2023년 5월에 들어와 금융위원회는 정보 비대칭 아래에서 이루어지는 거래를 제재하려고 하여 자본시장법 개정을 추구하려고 하고 있다. 이것은 윤석열 정부의 국정 과제의 하나였던 것이라고 하는데, 상장사의 대주주, 임원, 주요 주주(10% 이상 소유 또는 이사 파견 등으로 영향력을 행사하는 주주), 50억 원 이상의 지분을 거래하는 경우 등은 거래의 30일 전에 가격과 매매 시점을 특정하게 하겠다는 것을 그것의 핵심 내용으로 가지고 있다고 한다. 즉, 앞서 적시된 사람들을 잠재적 내부자라고 보고 이들의 내부자 거래를 사전에 공시하게 하겠다는 것이다. 나아가 그것에 추가하여, 하겠다고 하던 거래를 안 하거나 공시한 계획과 너무 다른 거래를 하더라도 그런 예상밖의 처신이 시장에서는 상당한 영향력을 미칠 것이기에 그런 것들도 위에서 적시한 내부자 거래의 예처럼 형사 처벌 내지 과징금을 부과받도록 하겠다는 것이었다. **(2023년 5월 13일 한국경제 "여론에 휘둘리는 자본시장법 개정")**

그러나 이러한 입법안의 철저하지 못함에 대한 비판도 없지 않다. 먼저 사전에 내부자 거래를 삼가하도록 유도하는 것과 그것을 의무화하는 것은 다르다고 하겠고, 또 그렇게 하는 것이 큰 손의 투자를 억압하는 것이 될 수 있어 외국의 플랭크린 탬플턴이나 블랙록 등 거대 투자자들의 투자를 막아 코리아 디스카운트를 더 심화시킬 염려가 있다고 하고, 국내 가치 투자형 운영사의 투자 활동도 곤란하게 할 소지가 크다는 것을 걱정한다. 그리고 이러한 우려를 피하고자 하여 차후 인수 합병은 그런 사전 제한항목에서 제외하고자 한다고 하며, 차후 제외할 경우를 더 이상 추가할 것이라고도 한다. 그러나 이렇게 사전적으로 내부자 거래를 규정하기로 하면 그런 것이 이루어지는 한정적인 경우에 대해서는 식별하고 처벌하기가 쉽겠지만, 그렇게 미리 규정된 내부자 거래에는 해당되지 않으나 사후적으로 보았을 때 내부자 거래인 것이 알려지게 되더라도 그런 것을 막을 길이 없다는 맹점을 가지게 된다. 미국에서는 SEC의 고발에 의해 추동되어 내부자 거래를 사후적으로 판별한 다음 처벌하고 경계한다고 하는데, 이에 비해 볼 때 이번 우리의 입법안은 내부자 거래를 사전적으로 규정한 다음 그것에 한정해 막겠다고 하는 것이어서 내부자 거래를 방지하는 데 불완전하고 부적합하게 될 수 있기 때문이다. 경제 이론으로 보아서는 자본 시장을 경쟁 시장으로 만드는 것이 정답이 되리라는 걸 다시 상기하고 명심해야 할 것이다.

위의 입법안 등에서는 내부자 거래를 방지하려는 것 이외에 가상 자산을 예금이나 증권처럼 재산 등록에 포함시키고 또 이해 충돌을 방지하도록 하는 규정을 공직자 윤리 규정의 일환으로 포함시키려고도 하고 있다고 한다. 나아가 이러한 제한 조치로도 불공정 거래를 막지 못하게 될 것을 걱정하여 STO(Security Token Offering) 가이드 라인으로 그것을 한 보완해 보려고 했다고 한다. 동 법안에 의해 가상 자산이 증권성을 가지게 되면 그런 가상 자산이자 증권인 것에 대해 가격의 안정성을 지니도록 만들어 보려는 것이다. 단, 그간의 스테이블 코인의 가격 안정화 시도가 반드시 성공적이었다고 볼 수 없기 때문에 이러한 선언적 성격의 시도가 그 의도하는 바를 이룰 수 있을 것인지도 두고 보아야 할 것이다.

요컨대 STO에서는 자본시장에서 보다 수월하게 거액의 자본을 조달할 수 있는 수단으로 증권시장에서 널리 쓰여 온 IPO를 대신해 가상자산 시장에서는 STO를 활용할 수 있는 길을 찾으려는 것이었으나 그런 의도를 채울 수 있었는지가 확실하지 않은 듯하다. 그로써 거액의 자산을 여러개로 분할하여 조각투자를 할 수 있게 하는 방법을 기왕의 부동산 등 고가 자산이외에 가상자산에도 쓸 수 있게 함으로써 지분투자를 보다 용이하게 할 것으로 기대하며, 추구하는 STO로써 가상자산 부문에서 IPO를 대신할 수 있게 되기를 기대한다고 보인다. 그때 과거 그것의 대상이었던 부동산 및 그것을 대신하는 수익증권, 음악저작권이나 문화콘텐츠 등에 대한 투자계약증권, 리츠 상품의 지분 등을 각종 가상자산으로 확대하려고 하고, 그것을 위해 분산원장기술을 반드시 채택하고 예탁결제원의 관리를 받도록 하려고 기획하고 있다. 그러나 내부자 거래를 방지하는 대책은 자본 시장에만 한정되는 것으로 되어서는 안 될것이다. 그것은 가상 자산 시장으로 확대 적용 되어야 할 것이고 정식으로 DLT기술을 적용하게 되어야 할 것이다. 아래에서 보듯이 우리나라에서 가상 자산 시장에 대한 제도는 미흡하기 짝이 없으며, 특히 최근 김아무개 국회 의원의 가상 화폐의 이상한 거래를 보았을 때 이러한 연장은 널리 수긍받을 수 있을 것이다. 과연 그것은 속칭 '김남국 방지법'이라고 지칭되는 공직자 윤리법 개정을 통해 고위 공직자의 재산 신고-공개 대상에 공직자 자신은 물론 배우자 및 직계 존비속 등이 보유하고 있는 현금-주식-채권-금-보석류-골동품-회원권 이외에 암호화폐 등 가상 자산을 모두를 포함하도록 하겠다는 것으로 확장될 여지가 있다.

현재의 특금법 등의 문제는 이상의 제도 불비를 방치한 채 가상 자산의 거래를 용인할 때 이러한 가상 자산이 익명으로 거래될 수 있도록 하고 있다는 것과 하나의 가상 화폐를 다른 가상 화폐로 바꾸는 과정을 여러 번 거치는 교묘한 방식으로 돈 세탁 하는 것을 막지 못하고 있다는 데서 증폭될 수 있다. 특히 불법 자금의 거래에 관해서 이는 심각한 후유증을 가지게 될 것으로 보이는데, 위에서의 mix and tumble 방식에 따라 가상 자산을 어떤 하나의 거래소에 예치했다가 단기간 내에 빼내 다른 거래소에 예치하는 등 행위를 자주 하고 나면 추적이 어려워지기 때문이다. 이는 가상 자산 거래소의 총괄적 파악이 되어 있지 않아 설사 어떤 거래소가 발행한 지갑의 주소를 알고 있다고 하더라도 그것만을 가지고 그런 지갑에서 인출한 가상 자산을 다른 거래소로 옮겼을 때 (적어도 의도적으로 돈 세탁을 하려는 단기 간에는) 추적이 어려워진다는 데서 기인하는 것이다. 더구나 국제적으로 이전하는 때 송금액을 크고 작은 여러 단위로 무작위로 나누어 거래할 경우, 송금의 전모를 파악하기가 결코 쉽지 않다는 지적을 상기하고 나면 이 점의 심각성은 더욱 쉽게 이해할 수 있겠다. (**매일경제 2023년 2월 28일 "보이스피싱 '코인 돈 세탁' 해도 추적 가능해진다."**) 또 이런 때의 국제적 자금 이동은 개방망인 인터넷망을 통해 이루어지기 때문에 불법 행위의 책임 소재를 밝히는 데 까다로울 수밖에 없고, 그러한 까다로움을 극복하여 설사 불법 송금이 이루어지게 된 해외에서의 계좌를 알게 되었다 하더라도 (그런 불법 행위를 벌이기 위해서는 국제 수사 공조 체제 등을 활용해야 하기 때문에) 그것의 원상 회복이 사실상 쉽지 않다는 본래적 약점도 가지고 있다. 국제 송금을 위해서 반드시 은행 네트워크를 이용하도록 강제했더라면 비록 수수료는 많이 들겠으나 잘못 성립된 거래의 원상 회복은 훨씬 용이했을 것이다. 그러나 암호화폐의 국경을 넘는 거래에 대해서는 현재 은행 제도에서의 사후적 교정장치가 작동할 수 없기 때문에 잘못된 거래의 원상회복이 사실상 불가능하다. 게다가 우리의 가상 화폐 거래소로는 과거 서버의 다운이라는 어처구니없는 사건이 예시하듯이, 인적이고 물적인 준비도 태부족하다. 거래를 틀림없이 수행할 수 있게 하는 HW 및 SW의 준비는 물론 보안 체제도 미흡하다. 거래소에서 마땅히 활동하고 있어야 할 딜러, 브로커, 투자 자문가 등이 각각 누구인지를 알 수가 없고, 이들이 서로 견제와 균형 관계를 이루면서 일반 투자자를 제대로 보호하려고 하고 있는지도 의아스럽다. 이러한 제도의 미비는 어서 보강되어야 할 것이다.

    앞의 가상자산 이용자 보호등에 관한 법률 및 STO 가이드라인은 가상자산거래의 이용자의 보호에 너무 치중하고 있고, 그러한 보호를 위해 갖추어야 할 기본사항을 다루는 기본법은 아니라는 약점을 가지고 있다. 나아가 이러한 때 필요시 되는 기본법으로서는 EU의 MICA(a regulation Market In Crypto Assets)를 든다. 2023년 5월 31일 EU에서 암호자산시장에 대한 법률로서 마련되어 2024년 12월 30일 발효될 이것은 규율할 대상을 (crypto money는 이것에 속함) asset referenced token, electronic money token, other crypto asset으로 3분하고, 거래 투명성 제고, 가상자산의 공시의무 이행, 내부자 거래의 규제, 시장조작 중지, 발행인의 자격요건, 규제 당국의 규제 인증 및 관리, 감독의 과업 등을 그것의 과업으로 제시하고 있다. 전자적으로 이루어지는 모든 거래를 대상으로 하되 경제적 가치를 지니는 것이어야 한다는 것을 강조하고 있다. 거래기록은 15년간 보관하도록 하고 있다. DLT 기술을 활용하며, 소비자의 보호 및 사기거래의 예방을 기본적 목표로 하고 있다.

    이러한 것의 일부 내용은 우리나라의 자본시장법에서 상당히 수용된 것이다. 그러나 우리의 가상자산 이용자 보호법의 내용이 시장 행위에 초점을 맞춘 것이 아니고 이용자 보호에 역점을 둔 것이기 때문에 시장에서의 행위별 거래소의 해위에 대한 기준을 정립할 때에는 MiCA를 더 참고로 해야 할 것이라고 한다.

요약컨대 가상 화폐 또는 그것에 다른 종류의 자산까지 포함시킨 가상 자산에 대한 법제는 최근 조금씩 정비되어 가고 있는 듯 보인다. 먼저 입법화된 특정금융정보법(특금법)은 가상 화폐의 거래와 관련되어 자금 세탁이 일어나지 않게끔 ALM(반자금세탁) 및 KYC(거래 상대방의 확인)가 발생하지 않도록 하려는 것이었다. 그후 2023년 6월 30일 입법된 가상 자산 이용자 보호법은 (가상 화폐 이상으로 범위가 확대된) 이른바 가상 자산의 이용자가 여러 가지 불이익을 당면할 경우를 상정하고 그로써 가성 자산의 이용자가 가지게 될 이용자의 불이익 등 어려움을 피할 수 있게 하는 길을 마련해 보려고 한 것이다.

이러한 입법 노력의 참고로 되어 온 것이 유럽의 MiCA인데, 그것은 보다 일반적인 입지에서 가상 자산이 거래되는 형태를 구분하고 가상 자산의 넓은 활용을 도모하고자 하는 것으로서, 가상 자산 거래의 기본 형태를 규정하고 그로써 활발하게 거래될 가상 자산 거래에 대한 절차적 문제를 해결할 수 있게 하는 방도를 마련해 보려고 한 것이다. 그러나 이것도 거래의 기본 형태에 대한 내용을 완전히 확정하지 못하였고 그러한 상태에서 거래가 이루어지게 될 때 나타날 제반 법적 문제에 대해서는 시간을 거치며 사법적 절차를 통해 합당한 규칙을 정립하게 될 것을 기대하고 있다. 즉 MiCA는 거래에 대한 기본 사항과 거래를 하게 되었을 때 나타날 법적 쟁송의 제반 사항을 각각 기본법과 절차법으로 담으려고 했던 것이었으나, 아직까지는 가본법의 내용에서는 다소간의 미흡함을 가진 상태에서 절차법 성격의 내용이 중심으로 되어 있고, 가상자산의 거래를 블록체인기술 또는 종래의 증권 발행의 방법의 두 가지 중 하나를 EU 구성원인 각국이 선호하는 바에 따라 선택해 쓰도록 하고 있다. 그러면서 여기에서의 미비함을 차후 마련될 MiCA 2에 의해 보강하려고 계획하고 있다.

반면 우리나라에서는 가상 자산의 거래 중 증권이라고 할 수 있는 가상 자산을 STO 가이드라인에 따라 처리하도록 하려고 하고 있다. 여기에서는 증권의 성격을 가지는 가상 자산을 블록체인 기술을 이용하는 처리 및 종래 IPO 방식의 처리 두 가지 방법 모두를 이용하여 병행 처리의 방식으로 처리하도록 하고 있다. 나아가 2024년부터 적용되는 금융위원회의 기업 회계 기준에서는 가상 자산의 거래 실태를 파악하여 그것의 성격이 정당한지 또는 부당한지를 판별해 보려는 의욕을 보이고 있다. 그러나 정당과 부당을 어떻게 구별하며 부당하다고 판단되는 경우에 대해서 어떠한 조치를 취할 것인지에 대해서는 준비된 규정이 없다.

이러한 사정은 가상 자산에 대한 법적 준비가 아직 충분히 정비되어 있지 못하다는 사정을 알려 주는 것이다. 유럽이나 우리나라에서 모두 가상 자산의 거래를 반드시 블록체인 기술로 처리하도록 해야 한다는 점을 확정해 놓지는 않았다는 의미고, 사정이 이러하다는 것이 역시 현시점에서 블록체인 기술이 미성숙된 기술이라는 것을 다시 시사하는 것이라 하겠다.

2022년 이른바 '김치 프리미엄'을 노리는 우리나라와 외국 사이에서의 arbitrage에 의해 외국환거래법 위반 사례가 큰 규모로 나타나자, 비로소 제도 미비에 대한 점검에 들어가게 되었다는 점은 이러한 법적인 미비점을 상징적으로 보여 주는 것이라 하겠다. 김아무개 국회의원의 행태로 가상 자산의 거래를 그것을 적은 지갑(wallet)을 통해 파악할 수 있다면 전모를 알 수 있을 것이라고 낙관하는 기사가 언론에 나오기도 했으나, 인터넷이라는 개방 네트워크를 쓰는 가상 자산 거래의 실무에서 이것은 (본인이 정확하게 자복하지 않는 한) 부지하세월일 터이고 사실상 불가능할 소지가 크기 때문이다.

서울경제 2023년 3월 28일 자 보도 "상장 진입 규제 등 '핵심' 빠져---가상자산법, 반쪽 그치나"라는 기사는 가상자산법 입법 추진 현황의 일단을 알려 주고 있다. 동 법은 고객의 예치 자산을 보호할 의무를 모든 가상 자산 사업자에게 부과하고, 고객이 예치한 암호 화폐와 동일 수량, 동일 종목의 암호 화폐를 보유하게 하며 이 중 일정 비율 이상은 cold wallet에 보관해야 한다는 것을 그것의 내용으로 하고는 있으나, 사용자의 정보 제공을 금지 대상에서 제외하고 있고 상장, 발행, 진입의 모든 영역에서 부재하고 실현될 전망이 보이지 않는 자율 규제에 이를 맡기겠다고 하고 있어, 이용자 보호에서조차 매우 미흡하다.

가상 자산 거래소의 실상을 파악하기가 어렵다는 위의 이야기가 가장 심각하게 나타나는 곳이 이른바 mixer일 것이다. 이것은 각종 가상 화폐를 모아 섞어 놓은 digital pool이라고 할 수 있겠는데, 그런 자산의 출처를 불분명하게 하려는 목적을 가지고 있는 것이라 여겨진다. 예컨대 북한이 해킹해 얻은 암호 화폐를 정상적으로 쓸 수 있는 각국의 법정 화폐로 바꾸는 데 이것이 쓰인다고 한다. 그리고 이것이 무기와 마약 판매, 보험 사기, 외환 불법 거래 등과 함께 북한의 불꽃

놀이와 미사엘 생산과 발사를 위한 중요한 재원이 되었다고 한다.

The Economist February 25th, 2023, "North Korean crypto-theft"

매일경제 2023년 2월 12일 자 기사 "유령 회사 통해 '김프' 노려---홍콩 빼돌린 돈, 추적 길 열린다"라는 기사는 우리나라 특유의 김치 프리미엄을 노려 한국을 가상 자산의 차익 거래의 놀이터로 활용했던 불법 거래를 관세청 및 검찰이 수사할 것임을 전하고 있다. 한국 시장에 김치 프리미엄이 있고, 그것을 실현하기 좋은 조건인 가상 자산 거래소의 활성화 및 현금화의 용이성, 어렵지 않은 환전 등 조건도 갖추어져 있어, 그동안 상당한 정도 가상 자산의 불법 거래가 있었을 것이라는 걸 의심해 왔는데, 이를 막아 보려고 하는 것이라 여겨진다. 이에 검찰에서는 주가 조작, 선행매매, 불법 주식 리딩방 운용, 회사자금 빼돌리기 등을 대상으로 하며 운영했던 증권금융범죄 합동수사단을 다시 운용하려는 계제에, 그것으로 하여금 가상금융과 관련된 범죄도 수사할 수 있게끔 그 수사영역을 확대했다고 한다.

중앙일보 2023년 7월 26일 코인 '김치 프리미엄' 악용해 13조원 해외유출… 검찰 49명 기소 참고로 중국은 2021년 가상 자산 거래소를 폐쇄 조치했다고 한다.

신고만 하면 가능한 통신 판매업으로서의 가상 화폐 거래소가 그렇게 많은 투기성 자금의 거래를 매개하고 있다는 것을 널리 제대로 알려, 그것을 이용하는 시장의 투자자 모두가 관련 투자의 위험성을 인지하게 하도록 해야 하겠다. 브로커 역할을 해야 하는 조직이 거래소의 명칭을 사실상 도용하면서 혼동을 일으키고 있는 가운데 경쟁 시장이 되는 진정한 한국거래소와 같은 거래소 제도는 부재하고 있다는 놀라운 사정이 어서 시정되어야 하겠다. 근본이 되는 IT 기술 및 응용이 미흡하다 보니 그리된 것이라고 할 수도 있겠으나, 신종 금융인 핀테크에서는 물론 더 최근 나타난 deFi에서도 이렇게 미흡한 현상이 보이는데, 그런 것은 즉각 극복되어야 할 것이다.

2023년 4월 '가상 자산 이용자 보호 등에 관한 법률'을 매개로 하는 입법을 통해 이상의 특금법에서의 규제 공백을 메워 보려는 노력이 나타나게 되었다. 지난번 특금법에서의 주된 관심사가 돈 세탁을 방지하여 경제 사회 시스템을 보호하려는 것이었다면, 이번 가상 자산 이용자 보호 등에 관한 법률은 그것을 통해 특금법의 미흡함을 보강하려고 하고 있고, 적어도 그 명목적 선언에서는 가상 자산에 대한 투자자의 보호를 목적으로 하고 있다. 그것은 이런 목적을 위해, 위에서 적시했듯이

1) 고객의 예치금을 예치하거나 신탁하도록 하고,
2) 해킹이나 전산 장애 등에 대비해 보험이나 공제에 가입하거나 준비금을 적립하게 하며,
3) 시세 조정이나 미공개 주요 정보의 이용 등 불공정 행위에 대해 1년 이상의 유기징역이나 부당 이득의 3-5배의 벌금을 부과하고,
4) 피해자들의 집단 소송도 허용하겠다는 방도를 마련해 보려고 하고 있다.

가상 자산의 하루 거래량이 하루 평균 3조 원을 넘나들고 가상 자산 투자 피해 관련 납치 살인 사건도 생겼기에 이런 보강 노력이 이루어지게 된 것이라 보겠다.

그런데 문제는 그것이 지향하는 바 이용자 보호라는 목적을 그것에서 사용하고 있는 수단으로 과연 이루어 낼 수 있겠느냐 하는 것이다. 그것의 핵심은 불공정 행위를 식별하고 처벌하는 것이 될 것인데, 그런 목적을 달성하도록 하는 방도(즉, implementation의 방법)가 확실하지 않기 때문이다. 이를 위한 최선의 방법은 경쟁 체제를 정립하는 것이 될 것이고, 그런 체제에서의 핵심은 내부자 거래(insider trading)를 못 하게 하는 것이어야 하며 또 여러 관련 데이터를 널리 사용할 수 있도록 하는 것이어야 할 것인데, 이번에 제시된 입법 시안에서는 이런 내용을 어디에 담고 있는지가 불분명하기 때문이다. 그것에서 경쟁 시장을 확보하려는 목적의식은 불분명하고 경쟁 시장을 조성하기 위해서 현행 거래소 제도를 보강하고 그것의 구체적 수단으로서 경쟁 시장을 형성할 수 있는 시장 참여자들인 originator, dealer, broker 및 각종 투자 자문사를 도입하여 이들로 하여금 market-making을 하게 해야 했으며 그 일환으로서 pre-sale도 제한적을 허용하는 등 제도 강화의 길을 가려고 해야 했으나, 그것에서는 이러한 준비가 되어 있지 않았기 때문이다. 이런 제도는 시장에 참여하는 모든 사람들이 효율적 의사 결정을 할 수 있게끔 각종 데이터를 차별받지 않고 쓸 수 있도록 하는 것, 그로써 가용한 많은 데이터를 관련자 모두가 효과적으로 활용할 수 있게 하는 것이 되어야 할 터인데, 이 점에 있어서도 이번 입법 시안은 미흡하다 하겠다.

투자자 보호를 중심으로 하는 가상 자산법은 더욱 보강되어야 할 것이다. 미공개 주요 정보의 이용, 시세 조정 행위, 부정 거래 행위 등을 불공정 행위로 규정하고 이를 위반할 경우 1년 이상의 유기 징역, 위반 행위로 얻은 이익 또는 회피한 손실액의 3배 이상 5배 이하의 벌금을 부과할 수 있고, 또 금융위원회가 가상 자산 사업자의 감독-검사권을 가지며, 불공정정 거래로 얻은 이익의 2배 상당 또는 50억 원 이하의 과징금을 부과할 수 있도록 하려고 한다. 가상 자산 사업자는 고객 예치금의 예치 신탁을 비롯해 고객 가상 자산과 동일 종목, 동일 수량의 보관, 보험 공제의 가입 또는 준비금의 정비 등 의무를 갖게 하면서 향후 가상 자산 발행-공시 등 시장 질서 규제에 대한 내용을 보완하겠다고 하였다.

중앙일보 2023년 5월 15일 "이제야 법 테두리 들어온 코인---발행-상장 관련 입법도 추진"

아마도 이러한 입법 노력은 EU의 DMA(Digital Market Act 2020) 및 DA(Digital Act 2022)와 유사한 내용을 가지는 것으로 정착되게 될 것이다. 전자에서처럼 데이터 소유자에게 그의 소유권을 인정함으로써, 빅테크 등 게이트키퍼(gatekeeper)가 특권적 위치에서 나름의 방법으로 데이터를 재가공하거나 결합하면서 배타적으로 사용하는 것을 막고, 제3자가 데이터를 이용하는 것을 제한하는 것을 금지하며, 후자의 연장 선상에서 데이터의 소유자가 제3자에게 그것의 무료 제공을 요구할 수 있게 하고, 또 공공 목적에 쓰려고 요구하더라도 데이터 수집자는 데이터를 제공하게 해야 할 것이다.

급기야 우리나라도 EU의 DMA와 유사한 법을 만들어 플랫폼의 독과점 문제를 법을 수단으로 하여 규제하기로 하려고 하는 모양이다. **중앙일보 2023년 5월 26일 "온라인 플랫폼 '사전 규제' 가닥---네이버-카카오 포함되나"**라는 기사는 EU의 DMA와 유사하게 규제 대상 기업을 정해 놓고 이들이 지켜야 하는 의무를 부과하는 사전 규제의 방식으로 플랫폼들의 자사 우대, 끼워팔기, 멀티호밍 제한(경쟁 플랫폼 이용 방해) 등을 금지하려고 하는 법을 만들려고 하고 있다는 것을 보도하고 있다. 이로써 플랫폼 업체가 실제로 경쟁을 제한했는지를 증명해야 할 입증 책임을 플랫폼 업체에게 이전하여 이들의 독과점적 횡포를 막고, 한 번만 어겨도 전 세계 매출의 10%를 과징금으로 부과할 수 있게 하겠다는 것이다.

위의 변화는 데이터의 확보에는 부지런하지 못하면서 무언가 어려운 문제가 생기면 AI에 맡기면 되겠다고 여기는 자못 추상적인 우리의 어처구니없는 허상 속의 행정 정보에 대한 잘못된 처신을 시정해야 하겠음 요구한다. 우리가 지니는 AI에 대한 이러한 과신과 오해는 북유럽의 소국 에스토니아라는 나라가 불록체인 기술을 가지고 IT 선진국이 되었고, 유럽의 정보 통신 선진국이 되었다고 여기는 예에서도 보여지고 있다. 소련의 속국이었다가 20여 년 전에 독립한 이 나라는 모든 행정 정보를 한곳에 모은 다음 AI의 초기 작품이라고 할 수 있는 digital assistant를 이용하여 그것을 관리함으로써, 사회 전체적으로는 누구나 통일된 하나의 행정 정보를 이런 digital assistant를 통해 쉽게 주고받을 수 있게 변화시켰다. 그로써 하등 혼란을 야기하지 않은 채 유일하고 권위를 가지는 행정 정보를 빠르게 주고받을 수 있게 하였으며, 언제나 항시 업데이트되어 있는 정확한 행정 정보를 누구든지 신속하게 얻을 수 있다고 믿게 만들었다. 정부로부터의 대답에는 거짓이 없다는 것과 그런 것을 위해 정부에 접근을 꾀하더라도 하등 불이익은 없다는 것을 모든 국민이 체감하게 만들었다. 사실상 챗봇을 활용하는 것 이외의 AI의 활용은 없었음에도 불구하고 챗봇을 통한 정보는 믿을 수 있다는 것을 누구나 신뢰할 수 있게 만듦으로써 정보의 통일을 이룬 것이 핵심이었다.

20여 년 넘게 우리는 행정 정보화를 추진한다고 요란했다. 그러나 그런 행정 정보가 부처 간에 칸막이로 나뉘어져 있어서 그런 정보가 전체적으로 일관성을 가지고 있는지를 알기 어려웠으며 그런 정보를 얻기를 원하더라도 쉽게 얻기도 어려웠다. 에스토니아와는 사정이 달랐다. 결국 우리의 경우에서는 어렵사리 행정 정보를 얻을 수 있었다 하더라도 그것은 불완전했으며 모두를 믿기는 어렵다는 한계를 가지는 것이어서, 어느 부서로부터 얻은 행정 정보를 다른 곳으로부터의 데이터와 일관되게 믿고 함께 쓸 수 있다고 국민들이 믿게 하는 데 실패하였다. 이는 에스토니아와는 달랐다. 이는 결과적으로 행정 정보화라는 구호는 있었으나 실천은 없었다고 하는 우리의 사정을 이야기하는 것이다. 다른 시각에서 본다면 이러한 것은, 우리나라의 일부에서 보고 있는 바 에스토니아가 블록체인 기술을 써서 유럽의 정보 통신 선진국이 됐다고 오해하는 것과 판이하게 다른 것으로서, 에스토니아에서는 디지털 집사를 정직하게 활용했을 뿐이며 그 과정에서 블록체인 기술이나 그것의 핵심인 DLT(Distributed Ledger Technology)를 어디에서도 쓴 바가 없었다는 것을 간과한 것이었다. 이런 약점을 시정하고자 하여 2022년 8월 출범한 디지털 정부위원회는 앞으로 5년에 걸치는 디지털 플랫폼 정부를 마련하려고 하고 있다고 하며, 그것을 위해 2023년 3월까지 그것의 청사진을 마련하려고 하고 있다고 한다.

ComputerWeekly.com.com, 'How an Estonian digital nation emerged from the members of Soviet rule' 20 Mar, 2020

2022년 9월 28일 중앙일보, "'디지털 플랫폼 정부' 전환---대한민국 한 번 더 앞서 나간다."

3.
블록체인,
가상 화폐 및 deFi

　블록체인 기술(또는 탈중앙화 원장 기술 decentralized ledger technology; DLT)이란 탈중앙화된 시스템(decentralized system)에 참여하는 여러 사람들이 어떤 거래의 당부에 대해 찬성 또는 반대의 의사 표시를 개별적으로 하고 그중 과반수 이상의 찬성 등의 방법으로 합의에 이르게(consensus achieving) 되었을 때 그렇게 합의를 해 얻은 거래를 블록(또는 분산원장 decentralized ledger)이라고 지칭되는, 여러 사람이 공히 인지하고 그 내용을 볼 수 있는 장부(또는 분산된 장부인 decentralized ledger)에 기재하게 함으로써 그런 거래의 정당성을 공동 행위의 일환으로서 인증하는 기술이다. 이러한 합의 과정을 거쳐 일단 인증되어 블록에 기재되고 나면 그 내용은 어떤 경우에도 바뀔 수 없게 되어 있어, 위조나 변조가 불가능해진다. 이런 인식은 은행을 대표로 하는 전통적 금융 제도가 중앙은행을 필두로 하는 여러 중앙 통제 기관에 의해 운영되어 왔으며, 그러한 중앙 통제 기관을 가지는 시스템이 과도하게 자원을 많이 쓰는 중앙화 시스템(centralized system)으로써 운영되어 왔다고 비판하면서, 그러한 비효율적인 시스템을 대체해 보고자 하여 나타나게 된 것이다.

어떤 것이 블록체인 기술 DLT를 이용했다고 하면 누구도 그런 것의 내용을 의심하거나 위변조를 할 수 없게 된다고 믿기 쉬워, 어떤 물품을 만드는 데 DLT 기술을 썼다고 하면 그런 물품은 복제하거나 수정하는 것이 불가능한 진품임을 인정해야 한다고 한다. 블록체인 기술을 썼다고 했기에 그 대상의 진실성에 대해 더 이상의 설명이 필요 없다고 여기는 Utopian Libertarian들이 이러한 입장을 대표한다. 그러나 블록체인 기술에도 여러 종류가 있기에 이러한 주장에서는 분산 원장 기술 DLT를 썼다고 하는 것 이상으로 그런 DLT 중 어떤 것을 어떻게 썼으며 어떤 합의(consensus achieving)의 방법을 동원하여 어떠한 양상으로 합의에 이르게 되었는지에 대해 밝혀야 하는데 보통 이러한 더 이상의 설명을 하고 있지 않다. 실제 세상에서 블록체인 기술이라고 하는 것이 사실상 여러 종류인데, 그저 블록체인 기술 또는 분산 원장 기술을 썼다고 하는 주장을 할 뿐 그 기술의 핵심인 합의 알고리즘(consensus algorithm) 중 어떤 것을 썼고, 합의에 참여한 참여자(node)는 몇 명이었으며, 어떤 근거로 합의를 했다고 하는지 등에 대해서는 더 이상의 설명이 없는 경우가 대부분이다. 합의 알고리즘의 대표 격인 POW(proof of work)에서 합의가 이루어졌다고 하기 위해서는 통상 8천 명 이상이 되는 참여자가 합의 과정에 참가해야 한다고 하고 그 중 과반이 되는 4천 명 이상이 찬성을 해야 합의가 이루어졌다고 할 수 있다고 한다. 그러한 즉 이렇게 합의를 하는 것이 결코 쉽지 않을 것인데, 이 점은 별 설명 없이 망각되고 있다. 또 POW의 여러 가지 문제점을 회피하고자 하여 그것의 대안으로 제시된 POS(Proof Of Stake)나 DPOS(Delegated Proof Of Stake)와 같은 합의 알고리즘에서도 서로 경쟁적인 전문 기업 20여 개 내외가 합의에 참여하고 있어야 하나, 이들 사이에서 어떠한 경쟁의 규칙이 적용되어 어떤 조건 아래에서 합의가 이루어지게 되었기에 진정 공정한 경쟁이 이루어졌다고 할 수 있겠는지에 대한 합당한 설명이 있어야 할 터인데, 이 점도 무시되거나 소홀히 되고 있다. 이상 예거된 DLT에 의존하는 탈중앙화는 중앙화 시스템이 자원을 과다하게 쓰는 것이기 때문에 그것을 다른 것으로 대체하려고 하는 데서 기원한 것이나, 이러한 주장을 밑받침하기 위해 중앙화된 시스템을 대체하려는 탈중앙화된 시스템에서는 중앙화 시스템에서 보다 자원을 덜 쓰는지 또는 이들 각각에 대해 비용-효과 분석(cost-benefit analysis)를 해서 탈중앙화된 시스템이 더 효율적이라는 점을 증명했는지에 대한 설명이 없다.

그러면서 최초에 이 기술이 가상 화폐 bitcoin에 대해 적용된 이래 이 기술을 실제로 활용한 응용 예(use cases)가 초창기 한정적인 경우에 대해 몇 개가 생겨난 다음 더 늘어나고 있지 않다는 점도 별 관심을 끌지 못하고 있다. 그러면서 '블록체인 기술의 우산(blockchain umbrella)'이라는 개념 아래 그것의 변종이 여럿 나타났고, 블록체인 기술을 썼다고 주장하는 것의 대부분은 이러한 변종을 쓰는 실상을 가졌다는 점도 별로 중시되고 있지 않다. 이 중 대표적인 것이 DID(Digital Identification)인 바 이것은 종래 쓰여 왔던 인증 수단을 여러 개 동원해 점검(multi-factor identification)함으로써 그런 여러 곳에서 모두 증명되었으니 그런 인증을 거친 것은 진실이라고 인정할 수 있다는 논리를 동원하고 있다. 단, 이런 방법의 문제는 DID에서 복수의 방도로 사실인지를 점검한다고 하면서 그런 복수의 방도라는 것이 실제에서는 서너 개의 인증을 거치면 공식적으로 인증을 마친 것으로 보는 편법을 활용하고 있는 경우가 많다는 것인데 이 점을 하 등 문제시하고 있지 않다.

탈중앙화 시스템은 비트코인의 선례 이래 가상 화폐를 창제하는 데 에서는 활발하였다. 이어 이것들은 비트코인에 상응하는 다른 종류 의 가상 화폐를 발행하여 통용시키려고 하였다. 2009년 비트코인의 선례 이래 이러한 신규 가상 화폐는 600종-2,000종 이상이 생겨났다 고 하고 그중 상당 부분이 생겨난 지 얼마 지나지 않아 퇴출되었다는 데, 이들 신규 가상 화폐를 발행하는 메커니즘은 사실상 ICO(Initial Coin Offering) 또는 IEO(Initial Exchange Offering)라고 하는 방도이었 다. 돈 세탁 방지(Anti-Money Laundering; AML) 및 거래 상대방의 인지 (Know Your Customer; KYC)라는 의무를 이행해야 한다고 생각했으나, 그런 것에 대한 감독이 철저하지 않아 그런 것이 이런 ICO나 IEO에 서 얼마나 철저하게 이행되었는지도 알기 어려웠다. 다시 말하면 비트 코인과 관련되어 탈중앙화 모델의 근간이 되었던 분산장부기술(DLT) 을 이용하는 합의과정이 ICO나 IEO에서는 전혀 이용되지 않았다.

이런 때 ICO나 IEO를 하는 사람들은 이런 것에서 성공하면 그런 발 행인은 정부가 아닌 개인임에도 불구하고 중앙화된 화폐 금융 제도에 서는 중앙은행만이 차지하던 화폐 발행 차익(seigniorage gain)을 개인 으로서 차지할 수 있었다. 중앙은행이 화폐 발행 차익을 차지하는 것 은 그것이 정부의 일부라고 여겨졌기에 정당화되었고, 그러한 중앙은 행이 화폐 발행 차익을 차지한다면 그만큼 세금을 덜 걷으면 될 것이라고 하는 것이 그런 정당화의 근거가 되었다. 그러나 ICO나 IEO를 통해 사인이 화폐 발행 차익을 차지하는 것은 이렇게 정당화되기 어려운 것인데도 불구하고, 이 점도 별로 문제시되지 않고 묻혀 버렸다. 나아가 이렇게 발행된 가상 화폐는 그것 발행 이후 생겨난 가상 화폐 거래소에서 거래되거나 그런 곳에 예치될 수 있었고, 그러한 곳으로부터 그곳에 예치된 것을 근거로 하여 대출을 받을 수도 있었다. 단, 이러한 가상 화폐의 발행의 방법은 지구상 어느 나라에서도 법적으로 정식 공인된 바는 없었고 일부 국가에서만 불법인지가 확실시되지 않은 상태에서 묵인되고 있었을 뿐이었다. 이런 와중에 ICO나 IEO를 통해 가상 화폐를 발행하는 때 비트코인 발행 등에서는 필수적인 POW나 POS 등도 증발되어 버렸다. 그러다가 널리 알려진 비트코인과 같은 가상 화폐를 자국의 법정 화폐로 택하는 이상한 나라도 생겨났다. 법정 화폐 발행에 의한 화폐 발행 차익을 자발적으로 포기하고 통화 관리의 책임도 방기하면서 나라의 운명을 그 가격이 크게 변하는 투기성 짙은 가상 화폐에 맡기려는 이상한 처사가 자행되기도 했다.

우리나라에서는 이런 혼란을 정리해 보고자 하여 앞에서 본대로 특금법에 이어 2023년 5월에 들어서는 가상자산 이용자 보호 등에 관한 법률 제정 및 STD 가이드라인의 준비 움직임이 있었다. 이러한 방향으로의 입법을 통해 혼란으로부터 벗어날 수 있기를 희망하고 있다. 그러나 그런 시도가 여러 문제점을 가지고 있다 함은 앞에서 본 바와 같다. 그러한 입법 시도로 그것이 IEO를 할 수 있는 주체의 수를 늘리는 것으로 되어 버리고 그들 간에 경쟁이 이루어지는 경쟁 시장을 정립할 수 있을 것인지 아니면 기존의 증권 회사들에게 일감이나 늘려 주는 것에 그치는 것은 아닐는지에 대해 사람들의 의견이 다르기 때문이다.

또 우리나라에서는 이러한 사정이 인식되기 이전에 5개 가상 화폐 거래소를 전제로 하여, IEO와 관련되어서 여러 거래소 중 하나의 거래소에만 상장하는 이른바 '단독 상장'이 문제시되었다. 여기서 단독 상장이란 IEO를 통해 어떤 가상 화폐를 상장하려 할 때 기계적으로 꼭 하나의 거래소에서만 상장해야 할 필요는 없고 국내의 다른 거래소나 외국의 거래소 여러 곳에 상장하는 것이 원칙인데도 불구하고, 그러한 원칙을 따르지 않고 하나의 거래소 또는 사실상 하나의 거래소에만 상장하는 경우를 의미하는 것이다. 후자에서는 복수의 거래소에 상장한다고 하더라도 하나 이외의 다른 거래소에서 상장한 것의 규모가 아주 작아 사실상 애초의 거래소 하나에 상장한 것과 실질적으로 다르지 않는 경우를 포함한다. 그리고 이렇게 단독 상장을 경계하는 이유는 이런 상황에서는 관련 거래소에서 시세 조정이 가능하기 때문일 것이고, 반드시 법적으로 불법이라고 할 수는 없는 이른바 상장 전 market-making을 하면서도 사실상 비경쟁적 상황에서 시세 조작을 할 수도 있기 때문이다. 어떤 가상 화폐와 관련되어 시세 조작 등을 인지하게 되면 거래소는 마땅히 그런 가상화폐를 상장 폐지해야 하나 거래소가 그런 불공정 행위를 하는 사람과 같은 이해관계를 가지거나 제재할 능력을 지니고 있지 못한 경우라면, 거래소는 하등 개입하려고 하지 않을 것이기에 건전한 IEO가 지속되기 어려울 것을 우려하지 않을 수 없을 것이기 때문에 그러하지 못할 가능성이 크다.

과연 2023년 4월에는 코인원이라는 거래소에서 상장된 코인의 시세 조작에 대한 관련자들의 다툼이 있었던 듯하고 그것과 관련되어 살인을 하는 범죄 사건까지 있었다.

그 얼마 전에도 동 거래소는 불법 행위에 휘말리기도 했다. 과연 **중앙일보 2023년 2월 21일 보도 "검찰, 미술품 연계 암호 화폐 사기 포착---걸그룹 멤버도 조사"**는 2020년 '코인원'이라는 거래소의 직원이 상장 요청자가 암호 화폐를 상장해 달라는 청탁과 더불어 준 뒷돈을 받아 배임수증죄로 구속되었다는 점과, 다른 암호 화폐 거래소 '업비트'에 상장되었던 P코인이 2021년 6월 유의 종목으로 지정된 뒤 이상 거래 등을 이유로 상장 폐지(거래 지원 종료)가 되었음을 밝히고 있는데, 이는 우리나라에서 가상 화폐 거래소에서 가상 화폐의 상장의 길인 IEO가 사실상 시현되어 왔다는 점과 그것도 비정상적으로 활용되어 왔다는 점을 보여 주는 실제 예라고 하겠다.

IEO는 ICO와 달리 공식적으로 불법이라고 인정되지 않아 온존되어 왔으며 혹간 진행되어 온 듯하다. **(중앙일보 2023년 4월 20일 "뒷문 상장-시세 조작 판치는 코인---법은 '세월아 내월아'")** IEO가 ICO와 다르려면 가상 화폐 거래소가 상장 시 해당 가상 화폐가 적격인지를 판별하는 과정을 제대로 이행할 수 있어야 하는데, 이점이 하등 확실시되지 않은 상태에서 IEO가 진행되어 왔기에 그러한 불확실성이 있었다 하겠다. 2021년 특금법 시행을 계기로 하여 가상 자산 사업자 심사를 앞두고 '잡코인'을 무더기로 상장 폐지 시킨 것을 전기로 삼아, 상장을 할 때 거래소가 상장 피(fee)를 당연히 받아왔던 관행(일 예로 빗썸)을 자숙하게 되었다는 이벤트가 있기는 했으나, 2023년에는 거래소(일 예로 코인원)의 상장 담당 간부가 코인을 상장해 주는 대가로 브로커로부터 거액을 받고 구속되기에 이르게까지 되었다는 등 부실한 상장은 암암리에 계속되었다. 그동안 밀실 심사나 뒷문 상장의 의혹이 있다가 자전 거래(거래량을 부풀리기 위해 동일한 세력이 매수와 매도를 목표 가격을 정한 다음 반복적으로 거래하는 행위)까지 하고 있다는 것도 밝혀졌다. 그럼에도 이러한 시세 조작 행위는 자본시장법의 적용 대상이 아니라 하여 문제시되지 않았고, 단지 거래소 업무 방해로만 문제시되어 왔다. 요컨대 IEO는 ICO와 달리 공식적으로 불법이라고 선언되지 않았다는 사소한 이유에 의거해 그것에서의 여러 탈법이 방치되어 왔다. 그런 가운데 원화 거래를 할 수 있었던 (그리하여 뒤에서 유령 규제와 관련되어 볼 수 있는 바 특권적 지위를 구가할 수 있었던) 일부 거래소는 이러한 IEO 관련 회색 지대를 이용하여 큰 특혜를 누릴 수 있었다. 이러한 제도적 미비점이 앞으로 정비되어야 할 STO 가이드라인이나 그것 이상의 입법화 과정에서 모두 채워져야 할 것이다.

본래적으로 기존의 법정 화폐 대비 이러한 가상 화폐는 그 규모가 커지기 어려운 것이다. 그것을 화폐의 일종이라고 인식하기는 했으나 정식으로 보면 그것은 화폐의 기능을 제대로 수행하는 것도 아니었다. 교환의 매개물, 가치의 척도, 가격의 표준이라는 화폐의 3대 기능을 상기할 때 그것이 나타난 지 10여 년 이상이 지난 아직까지도 그것은 교환의 매개물로 쓰이고 있지 않으며, 기존의 법정 화폐를 기준으로 하여 측정된 그것의 가치가 아주 가변적이어서 가치의 척도로서의 역할도 못 하고 있고, 그것으로 측정되는 재화나 서비스가 없어 사실상 가격의 표준으로서의 역할도 못 하고 있다. 단지 법정 화폐로 본 그것의 가격 변동이 심하다는 점에 기인하여 그것은 주로 투기의 수단으로 쓰여 왔다고는 할 수 있겠다. 그리하여 정부가 불안하거나 인플레이션이 심하다는 등의 특성을 가지는 나라에서나 그것의 투기성에 주목해 그것이 선호되고는 했다.

그런 가운데 가상 화폐 일반의 가격은 그것 자체의 수요와 공급이라기보다는 법정 화폐의 공급 및 그런 법정 화폐 공급이 아닌 재화나 부동산 등 실물 자산이나 주식이나 채권 등 금융 자산 등의 수급 사정과의 차이를 반영하며 이들 가격과 상응하게 상당히 등락해 왔다. 2009년 글로벌 금융 위기 이후 이른바 양적 완화(quantitative easing)에 따라 미국, 일본, 영국, 유럽 등 주요 경제에서 이들 나라의 법정 화폐의 공급이 크게 늘어나게 되자, 부동산이나 주식 등 다른 자산의 가격들이 그러했던 것처럼 가상 화폐의 가격도 올라가게 되었고, 그 후 양적 완화의 정도 감축을 거쳐 이들 주요국들이 기준 금리를 높이게 되면서 법정 화폐의 공급을 사실상 줄이는 수순을 취하게 되자 그것의 가격은 떨어지게 되었다. 이른바 가상 화폐도 그것의 겨울을 맞게 되었다. 단 가상화폐로 국제적 송금을 할 때 수수료를 절약할 수 있다는 점은 의미있는 차이로 되었다.

가상 화폐 측에서는 이러한 가격 등락에 따르는 가상 화폐의 기피 현상을 피해 보고자 하여 가상 화폐 가격의 안정화를 꾀해 보려고 하였고, 이런 움직임에 따라 이른바 스테이블 코인(stable coin)이 대두하게 되었다. 스테이블 코인을 추구하는 방도로서는 스테이블 코인을 발행하는 때에 미국의 달러나 금 등의 자산을 그것의 준비 자산으로 마련한 다음, 그런 준비 자산을 전통적 금융 기관인 은행 등에 예치하여 스테이블 코인의 가치의 안정을 믿게 하는 길을 취했다. 스테이블 코인을 향한 움직임은 Lunar-Terra나 FTT(파산 이전 세계 제3대 가상 화폐 거래소 FTX가 발행한 가상 화폐)-Alameda(FTX를 위한 헤지펀드) 등의 예에서 볼 수 있듯이, 준비 자산을 준비하는 것 이상으로 차익 거래(arbitrage)를 운영하는 것을 그것에 추가해, 가상 화폐의 가격 안정화를 더 강화하려는 양상도 포함하게끔 발전하기도 했다. 그러나 과거 free bank 시절에 많은 free bank가 그러했듯이 이들 스테이블 코인을 운영하는 주체는 사실상 준비 자산을 충분히 준비하지 않았거나 차익 거래에 충실하지 않았으면서, 고객의 예탁금을 횡령하는 등 고객의 예치금을 달리 쓰기도 함으로써 가상 화폐의 가격을 안정화시키겠다는 애초의 의도 내지 약속을 배반하였다.

이하 가상 화폐 거래소의 업무에 대해 더 살펴보자. 이것은 가상 화폐를 예탁받고 예탁받은 것을 대부하기도 하는 등 자금 운영을 하는 사실상 금융 기관이어서, 일정한 이자를 주고 가상 화폐를 예치받기로 하고, 가상 화폐를 거래소에 예탁한 개인들에게 전자 지갑(digital wallet)을 발행하는 부수적 비즈니스도 한 다음, 이런 지갑에 의거해 예치도 받고 대출도 해주는 은행과 비슷한 곳이다. 그런데 이런 거래소를 대상으로 하여 고객이 가상 화폐를 거래하는 것에 대해서는, 앞에서 시사했듯이 다른 계제에 가상 화폐를 거래하는 경우에 비해 요구되고 있는 것들이 대폭 생략되어 있다. 우선 거래 성사를 위해 준수해야 하는 POW나 POS 등이 요구되지 않았다. 커피 한잔을 사고 비트코인으로 결제하려고 할 때 POW 때문에 30분 이상을 기다려야 한다는 등 다른 용도가 보여 주듯이 가상 화폐를 쓰는 것이 아주 까다롭거나 번거로운 것에 비해, 거래소와의 가상 화폐 거래에서는 거래를 하는 참여자들의 합의 과정(consensus building)이 필수적으로 요구되지도 않았고 거래의 동기화가 강제되지도 않아서, 신속하게 거래를 마칠 수 있었다. 그러면서 이런 거래소는 앞에서 insider trading과 관련해 적시했던 특이한 위상 내지 특권을 가지고 있었다.

첫째, 그것은 적어도 미국에서는 broker라고 규정되고 있다. 브로커는 자기 계산으로 고객과 직접 거래를 할 수 없고, 고객에게 거래에 도움이 되는 정보와 자문을 제공하고 수수료를 받을 수 있을 뿐이다. 그런데 우리나라에서는 이러한 사정이 명시적으로 되어 있지 않아 거래소가 고객을 상대로 하여 자기 계산으로 거래를 하는 것이 금지되어 있지 않았다. 전술된 대로 거래소는 고객에 대한 내부자 정보를 가지고 있으면서, 사실상 내부자 거래(insider trading)를 할 수 있었다. 거기에다 일정한 이자를 주기로 하고 가상 화폐를 예탁받고 예탁받은 것을 재원으로 하여 대출을 하는 등 은행 비슷하게 자금을 운영하기도 했다. 또 예탁한 개인들에게 전자 지갑(digital wallet)을 발행한 다음 지갑의 매출을 따르는 비즈니스도 했다. 그런데 이런 때 통상적 가상 화폐의 거래와 달리 앞에서 언급된 대로 거래에 대해 POW나 POS 등이 요구되지 않았고 동기화도 강제되지 않았기 때문에 다른 곳에서의 가상 화폐의 거래에 비해 신속하게 거래를 마칠 수 있었다.

둘째, 가상 화폐 거래소의 고객은 은행의 고객에 비해 매우 불리한 처지에 처하여 있다. 가상 화폐 거래소의 고객에게 전자 지갑은 은행 통장에 상응한다고 할 수도 있겠다. 그러나 고객이 전자 지갑을 열 수 있는 개인 키(private key)를 잃게 되면 그는 모든 것을 잃게 되어 있다. 개인 키는 자신만이 보관하고 있기 때문에 누구에게든 그것을 알려 줄 수가 없고, 그에 따라 거래소에서의 기록은 (설사 완벽한 거래 기록이 거래소에 남아 있더라도) 예치했던 것을 인출할 수 있게 하는 데 아무런 도움이 되지 않는다. 그에 따라 거래소가 설사 고객과의 관계에서 자신이 가지고 있는 기록에 의거해 고객에게 지갑을 다시 발행해 주더라도 고객이 개인 키를 지니고 있지 못하는 한 재발급받은 지갑은 하등 소용이 없다. 은행과 달리 통장을 재발급받는 것이 의미가 없다.

또 가상 화폐의 가격이 크게 올라 고객이 그것을 매출하려고 하는 경우에 고객이 인출해 매출한다면 큰 이익을 볼 기회를 가질 수가 있는데, 거래소의 시스템이 다운되는 등 거래소의 귀책 사유로 인해 고객이 그런 이익을 볼 기회를 놓치게 된다고 하더라도 고객은 그러한 기회의 상실에 대해 손해 배상을 청구할 수도 없고 달리 호소할 길도 없다. 또 거래소는 고객과 직접 거래를 할 수 있다. 이런 때 거래소는 고객의 정보에 대해 모든 것을 알고 있으나 고객은 거래소의 사정을 알지 못하여, 이런 때 고객과 거래소의 관계는 정보 비대칭 관계에 처하게 된다. 이에 따라 거래소는 그의 고객을 대상으로 하여 사실상 내부자 거래(insider trading)를 할 수 있다는 점은 앞에서 누차 적시한 바와 같다. 주식이나 채권 거래를 하는 증권 시장에서 거래의 매개를 하는 증권 회사가 이런 내부자 거래를 하는 것은 명백히 불법이다. 그러나 가상 화폐 거래소에서의 거래에서 거래소나 그것 직원의 고객 상대 거래행위는 불법이라고 인지되어 있지 않다. 단, 이것은 차후 개정될 자본시장법에 따라 가상 화폐 거래소가 브로커로서 명시되게 된다면 달라지게 될 것이다.

셋째, 김치 프리미엄이라는 말이 시사하는 바 우리나라 가상 화폐 거래소에서는 의외로 차익 거래(arbitrage trading)가 많이 일어나고 있다. 우리의 경우 그러한 차익이 항시 premium이고 discount는 아니라고 하는 것이 시사하듯이 이 거래는 한 방향이다. 그러나 거래소는 이런 이상한 성격의 차익 거래에 대해 개선안을 내놓고 있지 않다.

넷째, 가상 화폐 거래소는 해킹을 방조하기도 한다. 미국의 예이기는 하나 해커가 ransomware를 심어 놓고 변상금을 받아 가는 경우에 거래소는 이러한 불법 행위를 알 수 있는 위치에 있다. 그러나 거래소는 그런 불법 행위를 수사 기관에 알리기도 하고 그러하지 않기도 한다. 후자일 경우 거래소는 불법 행위를 방조하는 것이 된다. 우리의 경우 북한의 해커가 가상 화폐를 모은 다음 이를 거래소를 통해 현금화했다고 했는데, 최근에 들어와서나 이를 차단할 수 있게 되었다는 것은 그 이전에는 거래소의 적극적 협조가 없었다는 것을 간접적으로 알려 주는 바라 하겠다.

조선일보 2023년 2월 13일 "한미, 북 해커 암호 화폐 현금화 차단---공조 첫 성과"

다섯째, 거래소의 개수가 많지 않고 그것들의 행동에 대한 규범이 정립된 것이 없기 때문에 이들 상호 간에 경쟁 메커니즘이 작동하지 않는다. 보기에 따라서 거래소는 계속 음지에 있으면서 미비한 제도로부터의 혜택을 누리고 있는 알짜배기 비즈니스라고 할 수 있다.

가상 화폐 거래소가 예금이나 대출 등 금융 행위를 하게 되자 가상 화폐로 된 예금이나 대출로 이루어지는 가상 자산(정확히는 가상 금융 자산)이라는 것들이 나타나게 되었고 이러한 가상 자산을 매개하는 곳으로서 가상 자산 거래소라는 금융 기관이 새로이 생겨났다. 이러한 때 가상 자산은 가상 화폐, 가상 예금, 가상 대출 등을 포괄하나 그 이상 메타버스에서 많이 거래되었던 NFT(Non-Fungable Token)도 포함하게까지 되었다. 그러나 가상 자산 거래소는 그것이 가상 화폐 거래소보다 늦게 태어났기 때문인지, 그것의 절대 규모는 가상 화폐 거래소의 그것보다 작다. 그곳에서의 거래의 절대 규모로 보아 여러 가상 자산 중 가상 화폐의 규모가 압도적이기도 하다. 따라서 가상 자산 거래소는 기존의 가상 화폐 거래소에 자신의 자산을 예치하는 방법으로 그것의 신용도를 제고해 보고자 하기도 한다. 그 이후 NFT 거래를 전문으로 하는 NFT 거래소도 생겨났으나, 이것도 가상 화폐의 겨울의 영향을 받았다. 또 유일무이성을 가진다고 여겨지던 NFT 가 위조 및 변조될 수 있다는 것이 2022년 미국 NFT 거래소를 통해 알려지게 된 것도 NFT의 거래를 위축되게 하였다. 그로써 NFT 거래소의 위상은 가상 자산 거래소보다도 낮다고 인지되게 되었다.

가상 자산 등의 거래소의 위상은 2022년 11월 미국 3대 거래소인 FTX가 파산하게 된 것을 계기로 하여 그 이전과 달라지게 되었다. 마치 2009년 Lehman Brothers의 파산을 Lehman moment라고 하면서 금융의 역사에서 한 획으로 삼듯이, 이때를 Dodd-Frank moment이라고 하면서 이때부터 미국의 각종 감독 기관이 가상 자산 거래소에 대한 간여를 확대하려고 하게 되었다. 이러한 간여는 거래소들이 미국 기업이나 미국민과의 거래를 차단하거나 완화시키려고 하는 성격의 것이었고, 그로써 금융 소비자를 보호해 보려고 하는 것이었다. 이러한 움직임이 아주 최근의 동향이라는 것 및 우리나라 안에서는 별로 주목받고 있지 못한다는 것이 우리나라에서는 가상 자산 거래소에 대한 제도가 아직 잘 정비되어 있지 않다는 것을 시사한다. 이하 그런 양상을 몇 개 살펴보자.

미국의 증권거래위원회는 거래소 Kraken이 이자를 주고 고객의 자금을 예치 받아 대출 등으로 운영하는 것을 금지하였고, 뉴욕주 금융 규제 부서는 주 내 stable coin 거래소 Paxos가 미국에서 활동하고 있으며 중국과 관련이 있다고 의심받는 세계 최대 거래소 Binance를 위해 지갑을 사용하면서 스테이블 코인을 발행하는 일을 어렵게 하였다. SEC는 coinbase의 거래를 검사하여 그것이 증권인지 여부를 점검하면서 가상 자산의 거래에 대한 표준을 정립해 보려고 하였고, 또 북한 해커의 돈 세탁에 도움을 주었을 것이라고 의심되는 거래에서 소유자를 추적하기 어렵게 한 Toronto Cash라는 이더리움 소프트웨어의 사용을 제재하려고 했다.

The Economist February 18ᵗʰ, 2023, "Cryptocurrencies: The after FTX"

우리나라에서도 이상과 같은 특권적 지위를 가지는 가상 화폐 거래소가 해킹을 당해 수백억 원을 털리는 사건이 발생하였다. **한국경제 2023년 4월 10일 "해킹에 수백억 암호 화폐 털렸다---국내 코인 거래소 '발칵'"** 이라는 기사를 통해 이를 확인할 수 있다. 블록체인 기술 회사 파이테크는 자체 거래소인 GDAC(Global Digital Asset and Currency)에서

핫월렛(hot wallet)에다 보관하고 있던 자산 비트코인 60개, 이더리움 350개, 위믹스 1,000만 개 등 원화 가치로는 180억 원에 달하는 (당시 보관 자산의 23%에 달하는) 자산을 해킹당한 다음 FIU(금융정보분석원)에 보고하였고, 경찰에 사이버 수사를 요청했으며, 한국인터넷진흥원에 신고하고 기술 지원을 요청했다고 한다.

매일경제 2023년 3월 29일 자 보도 "미국 바이낸스의 제소와 홍콩 코인 계좌 지원, 그리고 비트코인[엠브록레티]"는 세계 1위 가상 자산 거래소인 바이낸스를 사기, 시장 조작, 자금 세탁 방지 미비, 불법 파생 상품 거래 중개 등을 근거로 하여 미국 금융 당국이 수익 추징, 벌금, 영구적 거래 및 등록 금지를 요청하면서 제소하였다고 보도하였다. 또 코인과 미국 달러의 교환을 중단시키자 위의 거래소가 (홍콩의 친 코인 정책에 편승해) 홍콩을 통해 유동성을 공급하려고 하는 것을 막으려고 하기도 했다는 것이다. 이 거래소의 미국에서의 가상 자산의 거래를 제한하려고 한 것이다.

이러한 가상 자산의 거래에 대한 규제 움직임에 대해 반작용 격으로 나타나게 된 것이 토큰 증권을 제도화하려고 하는 것이다. 가상 자산의 거래가 겨울을 맞아 위축되게 된 것에 대항하여 부동산이나 미술품 등 고가의 자산을 쉽게 매매할 수 있게하고자 전체를 쪼개 이른바 조각 투자를 할 수 있게 함으로써 위축된 수요에 대응하려고 한 것과 상응하게, NFT에 대해서도 조각 투자를 할 수 있게 하여 수요의 증대를 도모해 보려고 한 것이다. 이를 위해서는 NFT 조각을 토큰 증권이라고 함으로써 그것이 증권이라는 점을 받아들여야 했고 그에 따르는 증권 규제의 부담을 감수하기도 해야 했기에 사실상 가상 자산 거래소가 누려 왔던 특권을 포기한 것이라고도 할 수 있다. 그로써 가상 화폐 거래소나 NFT 거래소 중에는 혼란에 빠지는 경우도 생겨났다. 이들은 이렇게 바뀌는 새로운 제도에서는 새로이 증권 거래의 라이선스를 따야 했고, 기존에 이런 거래를 익숙하게 해 온 증권 회사와 경쟁해야 하리라고 보았다.

동아일보 2023년 2월 16일 "'토큰 증권' 제도화 움직임---증권사들 선점 경쟁, 가상 화폐는 '불안'"

조선일보 2023년 2월 16일 "토큰 증권 선점하라" 증권사들 벌써부터 경쟁

위조와 변조를 배제하는 속성은 어떤 블록체인 기술을 쓰는지를 불문하고 도매금으로 모두에게 인정되고 통용되는 것이 아니다. DLT를 활용하고 있다는 주장만으로 자동적으로 위변조가 불가능하다고 무조건적으로 판정해서도 안 되며, 실제 쓰이고 있는 기술을 구체적으로 보고 차별적으로 판단해야 할 것이다. POW가 널리 쓰이고 있지 않고 있다는 실상이나 POS로 POW를 사실상 대체하려는 움직임이 있다고 하는 사정은 블록체인 기술을 운운하면서 사실은 큰 우산 속의 여러 기술 중 필요 조건을 충족시키기 용이하다는 의미에서 그중 비교적 약한 종류의 기술을 선호해 쓰려고 하는 종류라 해야 하겠는데, 이 점을 다시 생각해 볼 때 단지 블록체인 기술을 썼다는 주장만을 보고 위조와 변조가 불가능하게 되었다고 성급히 여기는 것은 확실히 보장되지는 않은 사항이자 하나의 희망 사항일 수도 있겠다. 냉엄한 실제를 가볍게 보아서는 안 되겠다. 우선 NFT 거래소는 코인에서 파생된 minor coin 내지 subcoin인 토큰을 주로 취급하고 있다는 점에서 major coin을 주로 거래하는 통상의 가상 화폐 거래소보다는 그 위상이 더 취약하다 하겠다. 가상 화폐 거래소가 그것의 신뢰성을 제고하고자 하여 (우리나라는 특금법에 의해 요구되는 것이기도 하나) 은행 등 전통적 금융 기관에 실명 계좌를 유지하는 방도를 통해 높은 신뢰도를 유지해 보려고 하고 있다는 것이나 사실상 자신보다 신용도가 더 높은 상위의 금융 기관에 자금을 예치하고 관련 업무에 대한 감시를 받으려고 하는 실질을 가지는 것은 자신보다 신용도가 높은 다른 금융 기관의 신용도를 차용하려는 것이라고도 하겠는데, 이것과 상응하게 NFT 거래소도 (비록 은행보다는 하위의 위상을 가지는 것이기는 하나) NFT 거래소보다는 상위의 위상을 가진다고 여겨지는 가상 화폐 거래소에다 자금을 예치하는 등의 방법으로 그 신뢰성을 제고해 보려고 하고 있는 것이라고 할 수 있다. 그러면서 많은 NFT 거래소는 위조나 변조를 배제하는 데 기본적으로 필요하다고 하는 POW 기술을 쓰고 있지 않으며, 그것의 변종이라 할 수도 있는 POS 기술이나 유사 POS 기술을 쓰고 있다고 하는 것은 NFT 거래소 등의 위상을 높여 보려는 노력을 약화시키는 것이라고 해야 할 것이다. 또 NFT 거래소는 외부의 해커는 물론 거래소 내부의 불순 분자들의 공격을 받을 여지가 크다고 하는데, 이를 어떻게 배제할 것이냐에 대해서도 아직 만족할 만한 대답을 내놓지 못하고 있다. 또 거래소 외부에서도 이런 점을 새삼 인지하고 있어 차후 NFT 거래소가 신뢰를 의심받게 되었을 때 어떻게 대응하여야 할 것인지에 대한 대비에 문제가 있다고 여기고 있다.

이쯤에서 분명히 해야 할 중요한 사항은 가상 화폐 거래소나 NFT

거래소는 모두 겉으로는 그 출발점에서 탈중앙화 금융 내지 분산 관리를 지향하는 deFi 금융 기관이라고 할 수 있겠지만, 외부에 의존해 자신의 신뢰를 높여 보려는 행태에서 보면 이들은 한편으로는 재중앙화(recentralization)를 꾀하고 있으며, 다른 편으로는 그것의 거래 및 운영 과정에서 DLT 기술을 반드시 쓰고 있지 않다는 사실상의 중앙 집중적 기업이라는 점을 사실상 보여주고 있다는 것이다.

위에서 우리나라 특금법에 대한 논의를 통해 암호 화폐 거래소가 나름의 한계를 가지고 있다는 점을 살펴보았는데, 이러한 점의 연장 선상에서 이렇게 한계를 가지는 암호 화폐 거래소에 의존하여 그 신용도를 제고해 보려고 하는 NFT 거래소의 신뢰성은 암호 화폐 거래소의 그것보다 더 취약할 수밖에 없다는 것도 인지해야 하겠다.

위에서 deFi(decentralized Finance)라는 가상 자산에 대한 금융의 영역이 생겨났음을 알았다. 종래의 금융을 CeFi(Centralized Finance)라고 부르고 그것과 대립되어 가상 화폐나 가상 자산을 거래하는 이러한 금융의 새로운 영역을 deFi라고 하여 차별화하려고 하고 있음도 알았다. 그리고 이것은 종래 전통 금융에서의 증권 시장을 CEX(Centralized Exchange)라고 부르고, 새로 생겨난 조각 투자(security token offering) 등도 거래하는 시장 DEX(Decentralized Exchange)를 창안해 CEX와 대립시키는 것과 상응하는 것으로서, 여기에서는 NFT나 P2P lending을 주된 거래 상품으로 하면서 주로 swap 방식으로 거래를 한다고 한다. 나아가 여기에서 이루어진 거래를 모두 스마트 계약과 자동 거래 시스템에 의존하게 해 일체 자동으로 이루어지게 한다고 하나, 아직은 그 성과를 제대로 점검하기에는 이른 단계라고 할 수 있다고 한다.

가상 화폐 포함 가상 자산에 대한 이러한 사정은 과거 누구나 은행을 개설할 수 있었던 free banking 시대를 연상하게 한다. free banking 시절 free bank를 개설하려는 개인은 정부의 공식적 승인을 받을 필요가 없었다. 누구나 길거리에 나가 은행이라는 것을 차리고 개인의 신용에 근거해 돈을 예치받고 그런 돈을 대출해 줄 수 있었다. 이런 때 예치받은 돈을 내주지 못해 이른바 bank run이 자주 발생하기도 했다. 그러다가 이러한 사유로 free banking이 불안하다는 것을 점차 알려지게 되어 정부에 의한 은행업 영위에 대한 인가제도가 생기게 되었고, 그것을 계기로 하여 free banking 시대는 끝나게 되었다. 현재 영국의 중앙은행인 Bank of England는 이 시절의 free bank의 후신이라고 한다.

이쯤하여 CeFi에 비해 deFi에서는 금융 소비자 보호 제도가 전혀 준비되어 있지 않은 상황에 처해 있다는 것을 새삼 주목해야 하겠다. 전자는 오랫동안 시행착오를 거치며 발달되어 왔기에 소비자 보호를 위한 여러 제도를 갖출 수 있었다. CeFi에서 은행은 비록 고객에게는 통제 기관인 폭이나 그 자체로서는 내부 통제와 외부 감사 제도를 운영해야 하고, 각종 금융 감독 기관이 있어 CeFi의 각 기관을 나름대로 감독하고 있다. bank run이 발생하고 예금자에게 예금을 되돌려주지 못하게 될 경우에 대비하여 예금 보험 제도가 1930년대 이래 정립되어 지금까지 시현되어 왔고, 또한 중앙은행에 의한 최후의 대여자(te lender of the last resort) 기능도 준비되어 있다. 나아가 2009년 글로벌 금융 위기 이후에는 금융 기관의 대차 대조표와 손익 계산서의 여러 항목들 사이에서 이루어지는 관계에서의 규칙성을 보고 그것에 의거해 의미 있는 몇가지 표준적인 비율을 찾아내 실제 금융 기관의 감독에서 그런 비율을 표준적 범위 이내에 유지하도록 강제하는 이른바 대차 대조표 규제도 생겨났다. 이렇게 각종 비율을 이용해 규제하는 것은 더욱 확대되어 CVR(Credit Value Ratio) 등 다른 기준도 도입하게 했다. 다른 종류의 업종에 비해 금융업에 종사하는 기업은 상대적으로 낮은 자기 자본을 가지고 영업을 하고 있다는 것을 주목하여 이러한 각종 비율을 써서 금융 기관이 과도한 위험을 지지 않도록 촘촘한 제약을 해왔다.

그러나 최근 등장한 deFi에서는 이러한 규제가 생겨날 시간과 그런 규제를 강요할 큰 계기가 없었다. 예컨대 deFi run은 아직 없었다. 때문에 CeFi에 비해 deFi에서는 소비자 보호를 위한 장치가 거의 발달되어 있지 않았다고 할 수 있고, 그로써 위에서 본바 deFi 금융에서는 그것의 기관에 비해 그것의 이용자 내지 그것 서비스 소비자가 제대로 대우받지 못하고 있는 한편, deFi 기관은 횡포를 부리는 것처럼 보이는 양태가 보여지게 된 것이다.

그런데 2023년 3월 발현된 Silicon Valley Bank(SVB)의 파산은 이상과 같은 CeFi와 deFi의 2분법을 다시 생각하게 하는 계기가 되었다. SVB는 분명 deFi에 속한다고는 할 수 없는 전통적 CeFi 금융 기관의 하나다. 그것은 실리콘 밸리의 여러 스타트업 등의 예금을 받아 영업을 했고 스마트폰을 쓰는 은행 거래 방식에 크게 의존하였던 듯하다. 나아가 예입 받은 예금을 운용하는 데 있어서 종래의 기준으로 보아서는 가장 안정적인 투자라고 할 수 있었던 미국 장기 국채에 많이 투자했던 듯하다. 그런데 공교롭게도 미국 연방제도이사회에 의한 인플레이션 수습을 위한 기준 금리의 연속적 인상이 국채의 가격을 낮추게 되었고, 그 여파로 SVB와 같은 은행은 투자 자산의 큰 감가를 경험하게 되었다. 동시에 이렇게 자산의 감가를 속히 인지하게 된 것은 (은행이 달리 투자했을 수도 있는 부동산 부문에서의 자산의 가격을 속히 알기 어렵다는 것과 달리) 미국 국채시장이 잘 발달되어 있어서 그것의 가격 변화를 쉽고 신속하게 알 수 있었던 때문이었다. 그리고 이런 상황에서 스마트폰을 쓰는 빠른 예금 인출이 현재화되게 된 것이 이러한 국채 투자에서의 불운과 겹쳐 SVB로 하여금 bank run을 견딜 수 없게 만들었고 종국적으로 파산에 이르게 한 것이다. 나아가 대형 은행이 못 되는 유사한 다른 은행들도 비슷한 처지에 놓이게 되었으니, 뉴욕에서도 가상 화폐를 전문으로 하는 Signature Bank가 파산을 피하지 못했고 조금 늦게 연방보험공사의 검사를 받던 캘리포니아의 First Republic 은행도 그 운명이 다르지 않았다. 유럽에서는 대형 은행 Credit Suisse 및 Deutsche Bank가 위험하다고 했고, 전자는 결국 스위스의 더 큰 은행인 UBS에 인수되었다. 형태적으로 보면 미국 통화 당국의 급속한 이자율 인상 정책과 (전신, 전화를 금융 거래에서 이용한 digital banking의 최첨단에 서서) 새로운 방식의 IT 기술의 활용을 상징하는 phone banking이 관행화된 것이 2대 원인으로 되어, 이런 은행들이 자산을 처분할 수 있는 속도 이상으로 빠르게 이러한 은행들 자산의 감가가 이루어지도록 만들었다. 또한, 예금 인출에 따르는 자금

부족이 거기에 겹치게 되어 이들 은행들이 파국으로 내몰리거나 그것에 근사하게 된 것이다. 오늘날 대부분의 은행은 정도의 차이는 있겠으나 스마트폰을 쓰는 거래 방법을 사용하고 있을 것이기 때문에 이러한 성격의 소형 은행을 필두로 하여 다른 은행들도 대동소이한 처지에서 벗어날 수는 없을 것이다. 자산의 감가와 급속한 예금 인출 사태 앞에서 이들이 당면하는 사정은 서로 획기적으로 다를 이유가 없기 때문에 이들 모두는 공통적으로 은행의 자산 투자의 실패에 따르는 유동성 위험(liquidity risk)을 가지고 있다고 보아야 할 것이다.

그러나 국채 투자에서의 이변과 digital banking의 여파가 미국의 SVB에게처럼 모든 은행에 일률적으로 작용하지는 않았다. 예컨대 유럽의 중소 은행들도 국채 투자를 했고 다소 차이는 있겠으나 SNS 등을 통해 digital banking의 영향을 받았으나 그곳에서 미국은행들에서처럼 급격한 예금 인출이 나타나지 않았고 뱅크런을 경험하게까지 되지도 않았다. 그리고 이러한 차이를 보이게 된 이유로는 유럽에서는 인출한 예금을 더 잘 운영할 수 있는 (미국의 MMF와 같은) 대안이 없었다거나 뒤에서 나오는바 부동산 대출에 있어서의 (국채 투자에서와 상응하는) 사실상의 감가가 있었음에도 불구하고 그것을 재빨리 인지하지 못했고 폰 뱅킹이 덜 발달되어 있어서 빠른 예금인출도 없었으며 인출한 예금을 활용할 수 있는 유력한 대안을 가지지 못하여 적극적으로 예금을 인출하려는 움직임이 보여지지 않았다는 데에서 기인하는 것이다. 발달된 금융시장을 가진 나라와 그러하지 못한 나라 사이에서 적응행위에서의 차이가 있었다는 점이 적시되었다. 설사 모두 빠르게 전파되는 정보를 접하는 21세기의 환경에서 산다고 하더라도, 미국과 유럽 사이에서 제도적인 경직성에 있어 차이가 있어 미국에서는 민감한 반응으로 bank run이 실제화될 수 있었던 반면 유럽에서는 그러하지 않았다는 것이다.

다시 말하면 정보가 신속히 전파되는 여건 속의 이상과 같은 공통적 은행 자산과 부채 항목의 위기 상황에서 적절한 보완 조치나 올바른 대응에 있어 차이가 있다 보니, 국별로 경직성 차원에서 차이가 있는 미국과 유럽 사이에서 전자의 예금주들은 위험성을 더 크게 인식해 더 빨리 예금 등을 인출하려고 하게 되었고 그로써 중소 은행들로부터 뱅크런이 시현되었으나, 그러하지 않은 유럽에서는 비슷한 정보를 접하고 있었음에고 불구하고 달리 처신할 각종 옵션을 가지고 있지 못했다는 제도적 경직성에서의 차이에 기인하여 뱅크 런이 실제화되지 않았다는 해석이다.

나아가 뱅크런이 사그러지고 있다고 여겨지던 시점인 2023년 5월 4일에 들어서서도 미국 캘리포니아주의 지역 은행인 팩웨스트뱅코프, 애리조나주 지역 은행 웨스턴얼라이언스뱅코프, 트레이크시티의 자이언즈뱅코프 등에서는 상업용 부동산에 대출을 증대시킨 것과 예금자들이 더 높은 수익을 추구하게끔 기존의 투자 패턴을 바꾸었다는 것이 이유가 되어, 뱅크런의 전조가 다시 보여지게 되었다 한다. 과연 제도적 차이가 가져오는 영향은 의외로 끈질길 수 있다. 발달된 금융시장을 가진 미국에서 그 동안 경직성을 지니고 있어 잠잠했던 부동산 부문에 대한 대출에서도 덜 발달된 금융시장에서 보다 차별화가 신속히 진행된 것이 그 원인이라 진단된다. 나아가 이들처럼 현저한 문제를 가지지는 않았으나 연금, 대학 endowment fund, limited partners 등의 운영에서도 은행과 대동소이한 투자 패턴과 그에 따르는 어려움을 가지게 되었을 것이라고 추측되었다.

중앙SUNDAY 2023년 5월 6일-7일 "'매각설' 팩웨스트 주가 반토막---미국 지방 은행 '도미노 파산' 위기"

요컨대 미국과 유럽의 중소 은행들은 모두 높은 부채 비율(high leverage ratio)을 가지는 은행이었기에 본래적으로 자본 충실화의 테세를 갖추고 있지 못했거나 충실화의 정도가 불충분하였고, 때문에 2023년 4월의 이런 위기에 처하게 되었다고 하겠으나 그런 위기로 실제로 뱅크런을 경험하게 되었느냐에 있어서는 차이가 있었다 하겠다.

또 앞에서 보았듯이 과거 뱅크런을 경험해 본 적이 있는 미국 CeFi에서는 이에 대비하느라 예금 보험 제도 등과 금융 기관의 대차 대조표와 손익 계산서의 각종 항목 사이에서 찾아진 표준이 되는 비율을 구해 개별 금융 기관을 관리하는 대차 대조표 관리 등 각종 안전장치를 추가적으로 개발해 왔다. 그러나 그럼에도 불구하고 이상 2개 원인이라고 적시된 상황 변화의 영향을 받아 그 정도의 안전장치로는 불충분하였기에 이들이 CeFi 기관인데도 불구하고 앞에서 본 것과 같이 어려움을 피하기 어려웠다. 반면 같은 미국에 있는 금융기관인데도 불구하고 은행보다 훨씬 후에 생긴 미국 deFi 금융 기관들은 자본 충실화를 보장하는 이러한 각종 규제를 미처 갖출 계제가 없었다. 그러나 동시에 그들은 은행의 예금 인출 등 그들이 가지고 있던 자산의 소유자들 내지 그것들의 고객이 자산을 속히 처분할 수 있게 하는 방도를 미처 마련해 놓지 못하였기에 그것 고객이 거래하는 데 불편이 있었고, 특히 빠른 인출을 할 수 있게 하는 방도가 없었기 때문에 폰 뱅킹에서처럼 예탁한 돈을 신속히 인출하는 사태가 나타날 수가 없었다. 이들은 비록 미국의 금융 기관이지만 유럽 금융 기관과 유사한 제도적 경직성을 가지고 있었다. 따라서 예금 보험 제도나 중앙은행의 지원과 같은 안전장치를 가지고 있지 못했음에도 불구하고 미국 deFi 기관은 유럽 CeFi 기관 대비 상대적으로 작은 곤란을 맞았고, 만약 생겼더라면 'deFi run'이라고 했었을 난관을 모면할 수 있었다. deFi에서 자금 예치자들이 인출을 시도했더라면 CeFi에서 그리 했었을 경우에 비해 더 곤란했을 것이었기에 CeFi에서보다는 deFi에서 deFi run이 생겼을 소지가 컸으리라 하겠으나, 신속한 인출의 방도 등 그것과 관련된 제도가 미비했기 때문에 그런 사태가 실제화되는 것을 회피할 수 있었다 할 것이다.

아주 근본적인 시각을 가지고 보면 비금융인 다른 업종에서의 사업에서는 자기 자본(밑천)과 비슷한 정도의 타인 자본을 빌려 밑천의 2배 정도의 규모로 사업을 하고 있다. 그런데 이것과 달리 금융 사업에서는 자기 자본의 9-10배에 상응하는 아주 큰 타인 자본을 조달해 사업을 하고 있다. 금융 비즈니스는 본래적으로 높은 부채비율을 가지는 비즈니스이다. 아직은 관련된 예가 없어 단정짓기는 어렵겠으나 높은 부채비율을 가지는 사업이 본질적으로 위험할 수 있다는 이런 점은 CeFi에서처럼 deFi에서도 대동소이할 것이다. 금융이란 아주 크고 잠재적인 위험성을 본래적으로 지니는 특이한 업종이라는 특성은 deFi라고 해서 크게 다르지 않을 것이기 때문이다. 모두 이른바 높은 부채 비율(high leverage ratio)을 가지는 업종이라는 점에서 같다.

이에 전통적 금융에서는 규제와 감독이 심하고 이를 자산의 종류나 부채의 규모를 자기 자본의 규모와 비교하는 비율 등을 통해 기계적으로 규제해 오기도 했다. 반면 deFi 금융 기관은 높은 부채 비율을 가질 수 있을 정도로 신뢰성을 구축하지 못했거나 신뢰를 쌓을 수 있게 하는 규제 제도가 미처 개발되어 있지 않았기 때문에, 한편으로는 시장 내부로부터 상대적으로 낮은 부채비율을 가지려고 하면서 본래적으로 그것의 성장을 제한하는 자기 보호 내지 자가 구제 현상이 나타났고, 다른 편으로는 이런 자기 보호 노력에도 불구하고 전통적 금융 기관에 비해 이런 deFi 금융 기관들이 산발적으로 자주 망하는 양상이 나타나게 되었다. 단, 이들이 망하는 사태는 요란하게 널리 알려지지 않았다. 그러면서 전통적 금융에서 중앙은행에 의한 최종 대여자 제도나 예금 보호 제도가 있는 것을 모방하고자 하여, 핀테크 기업이나 신종 deFi 금융 기관 등은 자신들보다 큰 규모를 가지고 있는 전통적 금융 기관에다 자본을 예치하는 등의 자가 보호 방법을 통해 불충분한 신용도를 보강해 보려고 하는 자가 구제의 노력을 하게 되었다. 단, 이러한 노력은 충분할 수 없는 것이겠기에 deFi 금융 기관도 CeFi 기관과 비슷한 자금 인출 사태를 겪게 되면 다르지 않거나 더 심하게 파산의 소용돌이에 빠져들게 될 수도 있을 것이다.

한편 (미국에서와 달리) 우리 사회에서는 은행의 국채 투자는 현저하지 않았으나 부동산 project financing을 필두로 하는 (직접 내지 간접적인) 부동산에 대한 투자는 많았던 듯하며, 또 예금 보험의 한도가 상대적으로 작은데도 불구하고 예금자들이 은행에 아주 최소한만을 예치해서인지 예금 인출의 영향도 크지는 않아서 뱅크런 현상은 나타나지 않았던 듯하다. 그러나 은행의 대출에 대한 사정이 자세히 알려지고, 은행의 부동산 관련 대출이 미국의 국채 못지않게 불안하다는 평가를 받게 되고 이것이 알려지게 된다면, 이러한 평온은 더 이상 지속되기 어려울 것이다. 나아가 신종 금융의 실상에 대한 이해가 충분하지 못해 deFi 등과 관련된 움직임이 잠잠하나, 테라-루나의 경우는 물론 위믹스 등의 사태가 우리나라에서 시작된 것이라는 점을 상기할 때, 이를 deFi 이용자들이 보다 확실하게 실감하게 된다면 사정이 달라지게 될 수도 있을 것이다.

이상 SVB에 의해 유발된 bank run에 대한 첫 번째 대증 요법으로 미국 금융 당국이 취한 조치는 모든 예금을 보증한다고 한 것이었다. 그러나 이것은 얼마 지나지 않아 재무장관 옐렌에 의해 거부되었다. 제시된 또 다른 방법은 예금 보험 제도를 소환하고 보험 혜택을 받는 예금의 규모를 늘려 보자는 것이었다. 그러나 과연 예금보험기구가 그렇게 늘어난 보험금을 지급할 능력을 보유하고 있느냐가 문제가 될 터이고, 또 보험 혜택을 받는 예금에 대한 혜택을 늘인다는 것은 사후 입법을 해야 한다는 난점도 가지고 있다. 어떻게 보면 이번 사태는 중앙은행이 인플레이션에 대응하는 과정에서 발생한 것이기에 중앙은행이 책임져야 한다고 할 수 있겠으며, 그것이 동원할 수 있는 최후의 대부자(the lender of the last resort) 기능을 써야 하리라고도 할 수 있겠다. 그러나 그렇게 했다가는 그것이 추구하고 있는 반인플레이션 정책을 포기해야 한다는 난점을 표출해야 한다.

여기에서 2008년 글로벌 금융 위기 극복의 전력 및 그 이전의 역사를 회고해 그때 강구되었던 바 추가의 방책을 쓰자고 하는 의견이 대두했다. 1984년 미국 7대 은행이었던 컨티넨털 일리노이은행(당시 활황이었던 석유 산업에 크게 대출했다가 유가 하락으로 투자자산의 위험성이 현저화하자 예금 보호 대상이 아닌 거액 예금자들이 예금을 인출하면서 뱅크런의 위험을 가졌었고 금융 당국이 구제 금융으로 이 은행의 예금자를 보호했던)의 예 및 1988년 텍사스 부동산 투기 붐에 돈을 댔다가 파산했던 전체의 11%에 이르는 저축대부조합 357개를 대상으로 하여 1989년 사후 입법한 '금융 기관 개혁 구제 및 규제 강화법(FIRREA)'에 의거해 구제한 예 등을 상기하면서, 이런 구제 조치와 그 후 2009년 이후 개발된 수법인 각종 규제 방책을 그런 것에 추가할 것을 그것은 제시하고 있다. (2023년 4월 1일-2일 중앙SUNDAY) 그런데 이런 방책도 사후 입법이라는 약점을 여전히 지니고 있으며, 또 아무리 CeFi에서라고 하더라도 모든 예금을 보증한다는 것은 실제로 시행하기 어려운 것이어서, 그러한 언급이 확실한 신뢰성을 지니게 되기는 힘들 것이라는 문제점도 가지고 있다. 과연 전술한 대로 미국 재무장관 옐런은 모든 예금을 보증한다고 했던 그 이전의 조치를 유보하였던 바 있다.

그러나 전통적 금융 기관들 사이에서도 큰 파산 위험성을 가지는 것들과 그러하지 않은 것들 사이에서 차별화가 일어나게 될 것이다. 전자를 포함해 이들 모두를 보증한다는 것은 합당하고 공평하다고 하기 어려울 뿐만 아니라 파산 위험성을 가지는 은행을 일일이 보증한다는 것도 하등 법적 근거를 가지기 어려운 (사후 입법으로나 정당화하는) 초법적인 것이고, 지속 가능하지도 않아(unsustainable) 불가능한 일일 것이기 때문이다. 과연 **중앙일보 2023년 3월 15일 기사 "'투자 귀재' 버핏은 지난해 은행주 대거 팔았다"**에서는 워런 버핏의 예를 적시하면서 민간 부문 내지 시장을 좀 더 활용했더라면 이러한 미묘한 금융 부문에서 구조적 변화를 좀 더 잘 예견했을 수도 있었을 것을 시사했고, 보다 잘 대처했을 것이라고 추측하게 하고 있다. 더 생각해 보면 금융 부문에서 자구 행위로 정책 당국에 의한 초법적 땜질 방식이 아닌 더 합당한 방식을 강구해 시행할 수 있어야 좋았을 것이다. 뒤에서 보듯이 민간 부문이 bank run에 대해 정통적으로 써 오던 무리하지 않은 방책을 자율적으로 시행할 수 있게 유도할 수 있어야 좋았을 것이다. 이러한 발상 전환의 필요성에 대한 인식은 미봉책으로 bank run을 막자 자본 시장에서 이어 stock run이 나타나 새로운 파국의 전조를 보였다는 점을 보더라도 절실하다 할 것이다. **(한국경제 2023년 3월 29일 "잘나가던 9,000조 제국도 파산 위기, 스톡 런 공포 확산")** 이런 현상은 Charles Schwab이라는 증권사가 SVB와 마찬가지로 예치금을 미국 장기 국채에 투자한 데 기인하는 것으로 진단되었고 스테이트 스트리트나 M&T에서도 마찬가지로 예치금 인출이 있었다고 한다.

이번 사태를 기술하는 가장 인상적인 표현이 '폰 뱅크런'이라는 표현이었다. 이는 그 이전의 뱅크런의 경우와 비교해 이번 사태를 가져온 핵심 요인으로서 휴대폰을 쓰면서 신속하게 은행 거래를 할 수 있도록 바뀌었다는 점을 강조하고 있는 것이다. 그런데 오늘날 이러한 폰 뱅킹은 금융 거래에 대한 다른 제도적 제약이 없는 한 궁극적으로 deFi나 CeFi를 가리지 않을 것이다. 휴대폰을 쓴다는 것이 너무 일반적으로 되어 있어 폰 뱅킹이 상징하는바 IT 기술의 채용으로 CeFi는 물론 deFi도 분명 영향을 받게 되어 있다. 이 점에서 이들 양자 사이에서 존재하던 차이는 불분명해졌다 하겠다. 그 대신 deFi에서 예치금의 인출에서의 불편함이 deFi run의 부재에 대한 중요한 요인이었다 하겠다. 이에 IT 기술에 이미 의존하고 있던 전통 금융 기관 사이에서도 유동성 문제에 대해 대비한 것들과 그러하지 못한 것들 사이에서 차별화가 더 발현되게 될 것이고, 후자 중에서 파산하는 것들이 더 나타나게 될 것이다. 상대적으로 취약하다고 예금자에게 인지되고 잘못된 국채 투자를 한 전통 기관 CeFi라고 할 수 있는 것들은 IT 기술의 영향을 피하지 못하여 deFi가 아닌데도 불구하고 자금 인출 시 (예금 보험 제도 등 제도적 대비가 없는) deFi 유사한 운명을 갖게 되는 새로운 양상이 나타나게 될 것이다. 그리고 이러한 위험 양상에 대해 일시적이고 한정적으로는 AT1(additional tier one) 등 기존에 준비된 coco bond(contingent convertible bond) 등을 써서 대응할 수 있을 것이나, 결국은 이러한 새로운 양상에 대한 대비를 못한 금융 기관의 경영진과 주주가 책임을 지는 방식으로 대응하게끔 귀결될 수밖에 없을 것이다. 이러한 책임을 국민 일반에 돌린다는 것은 전혀 합당하지 않다고 하겠다.

그러나 이번 사태를 유발한 요인으로서 '폰뱅킹'만을 유일한 것이라고 하거나 가장 큰 요인이거나 근본적 원인이라고 하기는 어렵다. 또 아무리 폰뱅킹으로 돈을 신속히 인출했다 하더라도 그것을 침대 밑에 영구적으로 보관할 수는 없을 것이고 조만간 어디엔가 맡겨야 할 터이기 때문이다. 이번 사태에서는 MMF(money market fund)가 SVB 등 중소 은행에서 인출한 돈을 맡아 주는 역할을 했다고 했다. 나아가 애플이 애플카드를 통해 상대적으로 높은 이자를 주는 저축 계좌를 제시하였고 결제 금액의 최대 3%까지를 보상하는 daily reward 제도를 도입해 이러한 돈을 빨아들이는 역할을 했다고 했다. (중앙일보 2023년 4월 19일 "금융 뛰어든 IT 공룡—애플, 연 4%대 저축 계좌 내놔") 그러나 MMF나 카드 업체가 흡수할 수 있는 총액에는 분명한 한계가 있다. MMF에다 돈을 장기간 맡기는 것은 자연스럽지 않다. 또 인터넷망이라는 개방망이 아니라 폐쇄망 VAN에 의존하는 카드업을 통해서는 흡수할 수 있는 자금의 규모도 충당금과 보험금에 상응하는 정도가 될 수 없다는 본래적 한계를 가지는 것이다. 때문에 본래적으로 그것이 취급할 수 있는 규모는 한정적일 수밖에 없다.

이쯤에서 이때 시장에서 JP 몰간 체이스, 웰스 파고, 시티 등 대형 은행이 이런 돈을 맡아 주는 큰 저수지 역할을 하였다고 한 것을 주목해야 하겠다. 위의 중앙일보 기사는 이 시점에 이런 대형 은행의 예금이 늘었다는 것을 보도하고 있다. 그리고 이러한 점은 'bank run'에 대한 올바른 대책을 마련하는 데 주목해야 할 주요 시사점을 제시한다고 하겠다. 신뢰를 잃은 은행으로부터 대거 인출된 돈을 크게 받아 줄 수 있는 곳은 다른 어느 곳보다 더 신뢰할 수 있는 대형 은행일 수밖에 없겠기에, 이런 인출된 돈을 받아들이는 은행에 의존하는 것이 은행권 전체의 입지에서 보면 bank run에 대응하는 최선의 자구 행위로 될 것이기 때문이다.

근본적으로는 은행이란 것이 과도한 부채를 가지는 기관임을 다시 확인해야 하겠고, 그것의 본질적 취약점을 모두 감안해 대책을 세울 수 있어야 한다는 것을 알아야 할 것이다. 은행의 주요 자산 중 국채 이상으로 중요한 것이 대출 채권인데, 이들을 시장 가격으로 빠르게 평가할 방법이 없어 도리 없이 이들을 장부 가격으로 평가하는 과거의 타성이 받아들여지고 있다. 그로써 이들 대출 채권의 가치변동은 일시적으로는 주목되지 않기도 한다. 그러나 각종 부동산 대출을 비롯해 이들의 다른 자산도 사실상 상당한 감가를 겪었다고 보아야 할 것이기 때문에 이들 자산은 궁극적으로 시장 가격 평가를 받도록 요구될 수도 있을 것이고, 이에 대한 대비도 필요하다고 할 것이다.

그러한 가운데 deFi 금융 기관은 CeFi 금융 기관과 업무 제휴를 통해 그 위상을 제고해 보려 하고 있다는 것도 감안해야 할 것이다. 미국의 가상 화폐 거래소인 코인 베이스는 송금 서비스를 시작한다고 하고 있고, 뉴욕 증권거래소는 NFT 거래 플랫폼을 설치할 것을 고려한다고 하여 전통 금융과 deFi가 서로 접근하려는 낌새를 보여 주고 있다고 한다. (헤럴드경제 2022년 2월 16일, '남의 영토' 넘보는 증권, 코인 거래소) 이와 대조적으로 미국의 SEC는 스테이블 코인은 물론 사람의 간여가 없이 프로그램에 의해 거래가 이루어지도록 설계된 DEX(Decentralizd Exchange)에 대해서도 의심을 하고 있다는 전언이다.

이쯤에서 확실히 해야 할 것은 이번 사태의 시작은 bank run이었으나 CeFi에서의 각종 금융 위기에 대해 제시된 어떤 대비책도 bank run을 직접 상대로 하고 있는 것은 아니었다는 점이다. 예금 보험 제도를 통한 일정 한도 내에서의 예금 지급 보장이나 보장 한도를 높이고, 중앙은행에 의한 최후의 대여자(the lender of the last resort) 역할을 상기하고 동원해 보고자 할 수는 있겠지만, 그 어느 것도 bank run처럼 예외적이고 극심한 사태를 직접적 대상으로 하여 마련된 방책은 아니라는 점을 주목해야 하겠다. 이에 bank run에 대한 최선의 대응은 여러 은행이 공조하여 공동 대응하는 것이라 추리된다. 앞에서 본 대로 설사 이런 여러 은행 중 일부에서 예금 인출 사태가 나타나 그것에서 bank run이 나타나게 되더라도 그렇게 인출된 자금은 (비록 일시적으로는 MMF 등 유사 예금 상품으로 이동해 갈 수 있겠고 이른바 CDS premium도 위험도의 상승에 대응해 높아지겠지만) 결국은 다른 은행에 예치될 수밖에는 없을 것이라는 점을 상기해 볼 때, 이런 점은 쉽게 이해될 수 있을 것이다. 여러 은행들의 집합으로 이루어진 협력 체제가 잘 작동하게 개량된 은행 시스템에서는 bank run은 나타날 수 없거나 설사 나타나더라도 아주 일시적으로 될 것이다. 이는 bank run에 대한 대응책은 여러 은행들의 협력 체제를 구성하면 된다는 이야기가 되겠다. 나아가 이러한 협력 체제를 단기간에 구축할 수 없는 경우에는 급한 대로 bank run을 당한 은행을 그런 은행보다 본래 규모가 크거나 그런 사태 후 예금이 늘어나게 된 은행으로 하여금 인수하게 하면 된다. 스위스에서 Credit Suisse를 그것보다 대형 은행인 UBS가 인수한 예나 미국의 퍼스트 리퍼블릭 은행을 JP모건이 인수한 예가 보여 주듯이 파산했거나 파산의 위험성을 가지고 있는 은행을 다른 대형 은행이 인수 합병하여 해결하는 것은 비록 부분적인 해결책이기는 하나, 신속한 대응책으로서 이러한 은행 시스템에 의한 대응의 가장 좋은 예가 된다고 하겠다. 과연 조선일보 2023년 3월 29일 자 차현진의 돈의 세상에서는 미국에서 1907년 멀쩡한 은행까지 예금 인출 사태에 휘말렸을 때 JP 모건이 '긴급 유동성' 기금을 모아

연쇄 부도 사태를 막았던 빛나는 선례와 이번 미국 맨해튼의 퍼스트 리퍼블릭 은행의 예금 인출 사태에 임해 JP 모건 체이스 은행이 전국의 11개 동업자를 불러 300억 달러를 거둬 예금 인출 사태를 막은 정통적 예를 제시해 이 방안을 은근히 지지하고 있다.

위에서는 deFi 대비 CeFi가 오랫동안 마련해 온 안전장치를 가지고 있어 상대적으로 안전하다는 점을 살펴보았다. 그럼에도 불구하고 SVB 사태를 계기로 하여 볼 수 있었듯이 이런 CeFi도 아직은 불완전하며 응급조치 이상의 제도 개선의 여지가 있음을 살펴보았다. 그리고 이러한 점은 결국 금융이라는 것이 위험한 비즈니스라는 점을 다시 상기시켜 주는 것이라 하겠다. 자기 자본 대비 사업 규모를 한껏 크게 키운 것이 금융 비즈니스의 본원적 취약점이라 하겠는데, 그 이상의 기술적 안전장치를 마련하든지 또는 자기 자본을 본원적으로 충실화하여야 하겠음을 유추하게 한다. 이번 사태는 보다 안전한 금융 비즈니스가 되게끔 탈바꿈해 주는 출발점이 되어야 할 것이다.

보다 근본적인 시각에서 보아 개별 은행에 대한 bank run은 해당 은행의 asset-liability mismatch에서 기인하는 것이라 할 수 있다. 모든 은행이 각각 자신들의 부채(SVB의 경우 벤처 기업 및 관련 벤처 사업자의 휘발성 높은 고액 예금)와 자산(SVB의 경우 여러 벤처 기업에 대한 대출) 사이에서 만기 불일치(maturity mismatch)를 피할 수 있었더라면 뱅크런은 일어나지 않았을 것이기 때문이다. 그런데 이번 사태의 경우 미국 FRB의 급격한 기준 금리 인상과 그에 따르는 장기 국채 가격의 하락 및 높은 속도를 가지는 phone banking 때문에 촉발된 것이기는 하지만, 자산과 부채의 만기 불일치를 가져올 수 있는 요인으로는 그런 것 이외에도 다른 여러 가지가 있다 할 것이다. 우리나라를 비롯해 모든 나라에 해당되는 것이 은행들이 부동산 부문에 많은 대출을 했고 또 각종 가상 자산에 대해서도 투자를 해 이들이 그 가치가 크게 가변적인 자산을 가지고 있다는 것이고, 이것은 은행들이 미국 국채에 대한 투자에 못지않은 위험 자산을 가지게 되었다는 점을 시사하고 있다는 점이다. 이런 것들도 SVB의 미국 장기 국채에 대한 투자만큼 위험하다고 할 수 있겠는데, 아직은 터지지 않은 불안 요인으로 남아 있다 하겠다. 각국은 모든 나라에 대해 공통적인 이런 위험성에 대해 준비를 해야 할 것이다. 국제 금융 시장의 차원에서는 미국 Fed가 유럽, 영국, 일본, 캐나다, 스위스의 5개국 중앙은행을 상대로 하여 기존에 가지고 있던 dollar swap을 확인했다는 소식이 있는바, 이것은 그간 알려진 이들 나라의 SIB(Systematically Important Bank)에 대한 대책은 되겠지만 여타의 많은 은행들에게는 해당되지 않는 것이다. 그러니 여타의 모든 은행들은 각각 자산 건전성 제고를 위한 자구 행위를 하지 않으면 위험에 빠지게 된다는 것을 잊지 말아야 할 것이다. 뱅크런에 대한 대책은 대형 은행 중심의 공조체제의 결성이 최적으로 될 것임을 잊지 말아야 하겠다.

최근의 McKensey 보고서(Global Banking Practice, "Web3 beyond the hype" September 2022)는 당시의 deFi의 규모를 추정해 보았다. 그것에 의하면 비트코인 가격이 높았을 때 그것의 규모는 100억 불 정도고 가격이 떨어졌을 때에는 20억 불 정도라고 했다. 2022년 말 및 2023년 우리나라와 사우디아라비아 및 UAE 각각과 교환한 MOU에서의 투자 규모가 각각 500억 불에 상당하다는 것을 상기하면 이러한

deFi의 규모는 의외로 작아 별것 아니라고 할 수도 있겠다. 다시 말하면 현재 금융으로서 deFi의 실상은 작고 매우 미흡하다 하겠으며 그 때문에 특별히 우려해야 할 규모는 못 된다고 할 수 있겠다.

　재삼 강조하건대 블록체인 기술을 썼다는 것을 주장하려면 여러 가지 선행 조건을 그러한 기술을 쓴 예가 충족하고 있다는 것을 밝혀야 한다. 그러나 NFT에서 블록체인 기술을 썼다고 하는 주장 대부분에서는 이러한 선행 조건을 어떻게 충족시켰는지에 대한 설명은 없이, 그러한 조건이 충족되어 DLT 기술을 아무런 문제 없이 적용하였다는 것을 암묵리에 의제하고 있다. 아무런 무리 없이 NFT의 유일무이성을 확보하였고 사실상 위조나 변조의 가능성을 완전히 배제하였다고 가정하면서 논의를 전개시키고 있다. permissionless block-chain에서는 경쟁자의 수가 아주 많아야 하고, permissioned blockchain에서는 서로 경쟁하는 20명 내외의 전문 기업들이 합의에 참여하는 등 참여자(peer 또는 node)의 수가 그런 데서 요망하는 규모에 비추어 크게 적지 않아야 정당화될 수 있을 것인데, 이러한 측면에서 DLT 기술을 썼다고 하는 주장들의 예에서는 DLT 기술적용의 배경상황에 대한 설명이 없어, 그것의 정당성이 어떻게 정립되어 있는지 알 길이 없다. 다시 말하면 DLT에서는 경쟁 관계에 있는 여러 관계자가 합의(consensus achievinng)하는 과정에 명시적으로 참여하고 있다는 점과 어떤 합의 알고리즘을 써서 그것이 필요로 하는 합의의 조건을 충족시키게 되는지에 대한 설명이 있어야 할 것이고, 이러한 과정의 매 단계에서 hash 등 암호화 기법을 활용하여 블록에 기재되는 내용이 철저히 검증을 마친 것이라는 점이 포함되어 있어야 할 것인데, 대부분의 경우 이 점에 대한 명시적 언급이 없다. 나아가 이런 조건이 충족되었다고 하려면 그렇게 합의된 내용이 모든 참여자에게 보내져 그들 각각이 보관하고 있는 블록에 똑같이 기재되어 사실상 수정 불가능하게 되었다는 것을 확실히 하는 동기화 과정도 개재되어 있어야 하는데, 그런 동기화가 어떻게 이루어졌다는 것에 대한 설명도 없다. 또 밑에서 보듯이 블록체인 기술 모델에서의 합의가 해킹의 방해를 받아 합의가 어려워지기도 하고, 합의된 것이 파탄 나기도 한다는 경우도 이야기되고 있는데 이점도 간과되고 있다. 송금 과정에서 코드가 조작되어 송금이 잘못되는 예도 있다고 한다.

경우에 따라서는 스마트 계약을 부가하였기에 DLT 기술이 필요로 하는 요건을 이미 충족시킨 것이 아니냐고 생각하는 수도 있겠으나, 스마트 계약이라는 것이 정당한 합의가 이루어지고 난 이후에 통용될 수 있는 것이고, '합의의 요건이 충족되어 합의가 이루어졌다는 것'을 대신하는 것은 아니기 때문에, 설사 그것을 동원했다고 하더라도 명시적으로 합의하는 과정이 있어야 한다는 필요를 그것이 배제하거나 대신할 수 있는 것은 아니라는 점을 확실히 이해해야 한다. 스마트 계약은 이미 합의가 이루어져 DLT 기술로 동의된 사실을 단지 보강하는 요인이 될 수 있을 뿐이기 때문이다. 스마트 계약을 활용함으로써 DLT 기술을 써서 작성된 데이터는 더 신뢰할 수 있게 된다. 그러나 합의의 성립을 위한 요건을 충족시키기는 결코 쉽지 않기 때문에 그것의 선행 과정 없이 이 기술을 썼다고 주장되는 것들 중에도 실상은 그렇지 못하다고 할 수 있는 경우들도 많다는 점을 간과해서는 안 되겠다. 우선 참여자가 되려면 상당한 투자를 해야 하는 등 부담이 적지 않기에 가볍게 참여자로 되려는 사람이나 기업이 많지 않을 수가 있다. 정식으로 8,000명 이상의 참여자를 동원하는 것은 쉽지 않다. 나아가 블록체인을 쓰게 되면 그럴수록 점점 보관해야 하는 데이터가 많아져 저장 비용이 증가하게 된다는 것도 이러한 부담의 중요 요인이 된다. 흔하지는 않겠으나 51% 공격(51% attack)이라고 지칭되는 바 과반수가 의도적으로 진실에 반하는 합의를 하는 불법을 자행함으로써 합의 알고리즘을 부인하는 경우도 있다는 것도 알아야 한다.

서울경제 2022-02-19 기사 "오픈 소스 타고 '기술 유출', 미래 금융 터는 해킹 기승"은 deFi 송금 과정에서 지정된 수취자가 아닌 해커가 지갑에 송금에 관한 코드를 조작하여 잘못된 송금을 유도하고 있다고 하고, 그로써 정당한 deFi 거래자의 돈을 탈취하는 사례를 보도하고 있다. 나아가 그곳에서 쓰이고 있는 스마트 컨트렉트가 그러한 해킹이 발생하게 한 주된 원인이었을 것이라 추정하고 있는데, 그런 과정 중 이른바 탈중앙화의 기치 아래에서 소스 코드를 공개하다 보니 스마트 컨트렉트도 그러한 공개 대상에 포함되게 되었고, 그로써 해커가 이렇게 공개된 코드를 조작하여 잘못된 송금이 되도록 유도할 수 있게 하는 여지를 넓게 되었기에 그리 되었다고 한다. 그런데 deFi에서는 거래소의 도덕적 책임이 이야기되기는 하나 법적으로 하등의 소비자 보호 장치가 없다 보니 이상과 같은 잘못된 송금으로 돈을 못 받게 된 사람이 구제받을 길이 없고, 그로써 피해를 감수할 수밖에 없다는 것이다. 금융 시스템의 하나로서 deFi가 가지는 취약점을 다시 적시하는 바라 하겠다. **같은 신문의 같은 일자 보도 '단 한 번에 7,100억 탈취—해외 디파이도 해킹 기승'**은 솔라나의 cross chain 브리지 서비스가 취약해 동 서비스를 다루는 wormhole에서 사고가 발생했다는 것을 알려 주고 있다. 여러 거래소 간의 거래를 가능하게 하는 브리지 서비스에서 해킹이 발생해 이 부문 사상 최고액의 탈취 사건이 터지게 되었다는 것이다. 이것에 있어서도 솔라나에 애초에 돈을 맡긴 사람이 구제받을 길은 분명하지 않다는 것인데, 이것도 deFi에서 소비자 보호제도가 정비되어 있지 않은 탓이라고 한다.

한국경제 2022-02-12 기사 '다수 김치코인 시세 조정 의심'은 박선영 교수의 논문 〈국내 가상 자산 시장의 특징과 현황〉을 인용하여 가며 특정 거래소에 집중되는 코인일수록 이른바 자전 거래의 가능성이 높아 시세 조정이 쉬워진다는 점을 밝히고 있다. 특히 우리나라에서 발행되어 우리 원화로 거래할 수 있는 김치코인에 대해서는 더욱 그러하다는 것을 시사하고 있다. 이것은 우리나라에서의 가상 화폐의 거래자가 해외의 거래자에 비해 더 취약한 처지에 처하고 있다는 점을 알려 주는 것이다. 그런즉 암호 화폐 거래소의 사정이 이러할진데 위에서 보았듯이 그것보다 더 취약한 위상에 있는 NFT 거래소에서 더욱 금융 투자자를 제대로 보호할 수 없으리라는 것을 유추하는 것은 어렵지 않을 것이다.

인류의 오랜 역사를 거쳐 정립되어 온 바 중앙에 권위 있는 중앙 통제자를 두고 진실성을 가지는 데이터를 통제자를 통해 얻도록 함으로써 사회의 평화와 안정을 유지하려고 하는 데 써 온, 이른바 중앙화(centralization) 방식과 이런 중앙화 방식의 비효율성과 그것으로부터 취할 수 있는 데이터에 대한 신뢰 부족을 이유로 하여 탈중앙화

(decentralization)를 꾀하려는 방식 사이에서의 움직임을 작용-반작용의 큰 틀을 가지고 다시 생각해 볼 수 있겠다. 정부, 중앙은행, 금융 제도 등이 중앙화를 상징하는 제도라면 이러한 제도에 반발해 블록체인 기술을 가지고 탈중앙화를 시도한 암호 화폐의 발행 및 사용의 예는 탈중앙화의 가장 상징적인 예가 되겠다. 그리고 이러한 탈중앙화의 움직임은 가상 화폐를 민간에서 발행해 통용되도록 하려던 정도를 넘어 NFT 등 가상 자산을 가상 화폐에 추가하고 더 나아가 이런 가상 자산을 기반으로 하여 중앙화된 금융을 대신하게 하는 금융 제도 deFi가 나타나게 함으로써 더욱 부각되었다 하겠다. 이른바 종래의 중앙화된 전통 금융(centralized finance; CeFi)와 대비되는 deFi가 확실하게 나타나게 된 것이다.

단, 전통 금융이 이상과 같이 그것의 이용자인 금융 소비자를 보호하는 여러 장치를 개발시켜 왔기에 deFi보다 그 이용자에게 안심하고 이용할 수 있다고 하겠으나, 아직도 그것은 나름의 취약점을 가지고 있다. 2009년 글로벌 금융 위기 이후 성공적인 변신을 해 왔다고 평가되어 온 미국 월 스트리트의 3대 금융 기관이 여러 나라의 다국적 기업을 상대로 하여 다변화를 꾀한 Goldman Sachs, 부자들의 자산 관리를 주력하면서 다기한 사업을 전개한 JP Morgan Chase, 그리고 부자들의 자산 다변화를 강조한 Morgan Stanley라고 평가되어 왔으며, 그중 대표적인 것이 Goldman Sachs이었다. 그런데 이것이 최저 자기자본 이익률을 기록했고 아시아 몇 나라에서의 부정 스캔들 연루 및 잘못된 투자로 감독 당국 Federal Reserve의 감사를 받게 되었다. 금융이라는 사업을 잘하기는 정말 힘들다 하겠다.

그럼에도 불구하고 위에서 보았듯이 블록체인 기술이라는 것이 아직은 완전히 성숙된 기술이 아니라 여러 미흡한 측면을 가지고 있는 것이어서, 응용 예에 따라 cost와 benefit의 계산이 달라 모든 예에서 일제히 적용되지는 못하고 있다. 그로써 정부 기구로 상징되던 중앙화를 대체하고자 하여 나타난 탈중앙화의 움직임 속에서 다시 재중앙화의 움직임이 나타나게 되었다는 것이 관찰되게 되었다. 중앙화의 한계가 드러나자 탈중앙화를 시도하게 되었고, 탈중앙화가 그 나름의 한계를 보이게 되자 다시 중앙화를 꾀하는 재중앙화 현상이 나타나게 되었다는 것이다. 이러한 시각은, 각개 기업이나 개인이 인터넷에 웹 페이지를 만들어 자신의 의사를 외부에 표시하려고 하던 노력을 1차 탈중앙화의 움직임이라고 보고 있고, 그 후 현재 빅테크로 불리는 거대 기업에 의해 이런 움직임이 반전되어 모두가 그들이 제공하는 서비스를 주로 이용하게 된 상황이란 것이 재중앙화의 방향으로 다소 변질되어 온 것으로 보고 있다. Microsoft가 컴퓨터 운영 체제를 사실상 독점하였고 지금도 상당한 정도 그러한 사정 아래 있다는 것, Google이 검색 엔진을 지배하게 되어 많은 사람들로 하여금 검색을 하게 하면서 남기는 데이터를 이 회사가 마음껏 쓰는, 사실상의 독점적 처지를 차지하게 되었다는 것, Apple과 Google이 휴대전화 OS를 복점(duopoly)하여 휴대 전화의 사용과 더불어 그 이용자가 남기는 데이터를 이들 복점 기업이 관리하고 배타적으로 사용하게 되었다는 것, Facebook 등 일부 사회 미디어 서비스 제공자들이 보통 사용자들의 SNS 사용에 따르는 데이터를 과점적으로 이용하고 있다는 것, Amazon이나 Microsoft나 Google 등이 클라우드 서비스 제공을 과점하면서 그런 서비스 이용자들의 lock-in을 유도하고 데이터 사용을 지배하고 있다는 것 등등에서 탈중앙화를 꾀하던 인터넷 사용 시초에서의 시도가 이들 빅테크에 의해 재중앙화의 방향으로 변질되었다는 현상의 예를 본다. 이런 중앙화와 탈중앙화 사이의 순환 현상은 앞으로도 지속될 소지가 크다. 그리고 그렇게 보았을 때 블록체인 기술을 사용하고 있다는 것이 불가역적으로 될 수는 없을 것이고 그것의 장점이 매우 강력한 것이라고 할 수도 없어, 그것을 적용하는 예가 서서히 점진적으로 진행될 수밖에 없으리라는 점을 수긍할 수 있겠다. 그러면서 그것 주변에서 블록체인 기술 DLT를 이용했기에 진정한 소유자 이외의 누구도 그런 진품을 복제하거나 수정하는 것이 불가능하다고 주장하는 것 내지 강변의 한계도 가늠할 수 있겠다. 블록체인 기술을 썼다고 했기에 더 이상의 설명이 필요 없다고 여기는 전술된바 Utopian Libertarian들이 이러한 주장을 대표한다고 하겠으나, 이러한 주장에서도 분산 원장 기술 DLT를 썼다고 하는 것 이상으로 그것을 어떻게 쓰고 어떤 합의(consensus achieving)의 방법을 동원했는지에 대해서는 설명하고 있지 않아 스스로 약점을 내포하고 있음을 알수 있다. 때문에 여러 종류라고 할 수 있는 블록체인 기술 중 어떤 것을 어떻게 활용하고 있는지 및 어떤 블록체인 기술을 활용하였기에 그 대상인 데이터가 위조나 변조가 될 수 없게 되어 그러한 기술을 적용해 얻은 데이터가 확실한 신뢰성을 갖게 되는지에 대한 더 이상의 자세한 설명을 제시하지 않고, 단지 블록체인 기술 또는 분산 원장 기술을 썼다고 하는 주장을 할 뿐 그 기술의 핵심인 합의 알고리즘(consensus algorithm) 중 어떤 것을 썼고 합의에 참여한 참여자(node)는 몇 명이나 되는지 등에 대해서는 더 이상의 자세한 설명을 하지 않는 것은 정당화되기 어려울 것이다. 앞에서 강조했듯이 마땅히 합의 알고리즘의 대표 격인 POW에서 합의가 이루어졌다고 하기 위해서는 통상 8천 명 이상이 되는 참여자가 합의 과정에 참가해야 하고 그중 과반이 되는 4천 명 이상이 찬성을 해야 합의가 이루어진다는 점을 consensus의 조건으로 적시하는 데는 이론이 없으나, 그런 조건이 어떻게 충족되었는지에 대해서는 별 설명 없이 망각되고 있다.

'블록체인 기술을 사용하고 있다'는 일반적이고 다소 막연한 기술을 하고, 그 때문에 메타버스에서 진정한 소유자 이외의 다른 누구도 그런 진품을 복제하거나 수정하는 것이 불가능하다고 주장 내지 강변을 하는 경우에 있어서도 여러 종류라고 할 수 있는 블록체인 기술 중 어떤 것을 어떻게 활용하였기에 그 대상인 데이터가 위조나 변조가 될 수 없어 그러한 기술을 적용해 얻은 데이터가 확실한 신뢰성을 갖게 되는지에 대한 더 자세한 설명이 제시되어야 할 것이다.

블록체인 기술을 활용하는 암호 화폐 bitcoin나 ethereum 등이 나타나 탈중앙화의 기치를 들기는 했으나 느린 거래 속도나 과다한 에너지 사용 등 그것들에 내재하는 약점 때문에 이런 암호 화폐가 사실상 그런 것의 최초 생산자나 채굴자들에게 쏠리게 되었다는 (즉, 사실상 분배 불공평을 이런 차원에서 초래했다는) 점과 이미 채굴된 암호 화폐의 거래가 암호 화폐 거래소 중심으로 이루어지면서 이들이 비대칭 정보의 이용이라고 하는 특권 및 불완전한 지갑(wallet) 제도의 이용을 통해 사실상 제대로 된 이용자 보호를 하고 있지 않으며, 결과적으로 이들이 암호 화폐 시장에서의 지배자가 되었다는 점을 주시해야 할 것이고, 이런 현상도 재중앙화를 가져온 경우로 보았다. 나아가 Open Sea와 같은 NFT 거래소(이런 거래소를 시작한 몇몇이 거래소의 지배권을 30-40%나 가지고 있어 이들도 NFT 시장의 중앙 권력이라고 간주되고 있는데)가 아주 많아진 NFT 거래를 주도하면서 암호 화폐 거래소보다도 못한 이용자 보호 장치를 가지고 있을 뿐이라는 점도 NFT 거래소에 의한 재중앙화의 증상을 보여 주는 것이라고 하겠다.

그러나 전체적으로 볼 때에는 탈중앙화 및 재중앙화가 순환하는 추이는 강고하고 꾸준하여, 탈중앙화의 움직임에 따라 새로이 도입된 제도가 그 후 나타난 재중앙화의 움직임에 의해 완전히 쓸려 나가거나 완전히 대체되는 것이 아니고, 비록 미흡하고 다소 간의 비효율성을 지니고 있다고 하더라도 그런 채로 존속할 것이라고 해야 할 것이다. 그러한 사정 아래에서 위에서 본 바와 같은 탈중앙화 및 재중앙화의 변화가 이루어져 왔기에 현재의 상황은 재중앙화의 반동 속에, 그 이전에 요란하게 주장되었던 탈중앙화의 잔재가 남아 있는 양상이라고 할 수 있다는 것이다.

The Economist January 29th, 2022, The future of cyberspace: Rewebbing the net'

탈중앙화를 위한 방법으로 블록체인 모델만이 있는 것은 아니다. 그 이외에 주목해야 할 것이 표준화를 통한 탈중앙화(decentralization via standardization)의 방법이다. 앞의 에스토니아의 예에서 볼 수 있었듯이 이 나라는 모든 행정 정보를 한곳에 모으고 그러한 정보를 누구나 부담이나 제약 없이 자유롭게 이용할 수 있게 함으로써 정보를 요구하는 누구든지 동일한 정보를 얻어 자신의 용도에 활용할 수 있게 하였다 한다. 정부 기관은 올바른 정보를 수집하여 정리한 다음 제공할 뿐 하등 자의적 판단이나 개입을 하지 않는다. 그 결과 누구나 같은 정보를 접할 수 있고, 그런 정보를 믿고 쓸 수 있게 된다. 그런 정보는 충분히 표준화된 것이며 그에 따라 사회의 모든 곳에서 그런 정보를 믿고 선입견 없이 신뢰하고 쓸 수 있게 된다. 그럼에도 불구하고 우리나라에서는 에스토니아의 이 예가 블록체인 모델을 쓴 경우라고 잘못 소개되었던 바 있다.

다른 예로는 2022년 11월 발효된 유럽의 디지털 시장법(Digital Market Act; DMA)을 들 수 있겠다. 이 법은 기존의 메신저들이 신규 소규모 메신저들과 상호 소통을 보장하게끔 운용해야 함을 의무 지우는 것이다. 현재의 시장 상황에서 왓츠업, 페이스북 등 기존의 메신저들은 자체 플랫폼 안에서만 작동하고 신규 메신저와는 소통을 할 수 없게 되어 있다. 그런데 이 법 DMA는 이런 제약을 가지는 방식을 지양하여 서로 간에 메시지나 파일을 주고받을 수 있게끔 함으로써 신규 메신저와 소통이 가능해지도록 바꾸라는 것이다. 종래 이렇게 하지 않았던 이유는 기존 메신저들이 신규 업체의 진입을 막고 시장을 폐쇄적으로 운영하기 때문이었는데, 이번 DMA로 그런 폐쇄적 운영을 바꾸지 않을 수 없게 만들었다는 것이다. DMA에서는 동 요구를 받아들이지 않을 경우 해당 기업의 글로벌 매출의 10%(반복 위반 시에는 20%)를 벌과금으로 부과한다고 하였다.

트위터 등 기존의 SNS에서의 관행을 시정하고자 하여 EU에서 등장하게 된 다른 것이 독일에서 기원한 '마스터돈'이다. 이것은 미국에서 기원한 기존의 사회 서비스가 단일 기업에 의해 운영되는 '벽으로 둘러싸여진 정원(walled garden)'이라는 성격을 가지고 있다는 점을 주목하고, 그것과 대비되어 자체적으로 서버를 마련하고 특유의 프라이버시 보호 정책이나 콘텐트 모더레이션을 하는 신규 기획 사회 서비스를 '다리로 연결된 바다 위의 섬들'이라고 지칭한 다음, 그러한 섬으로 구성된 네트워크를 Fedverse(federal universe)라고 정의하며 그 안에서 일체의 소통을 할 수 있게 하려는 것이다. 이메일을 주고받는데 네이버 메일, G-mail 등 서로 다른 계정을 써도 아무런 지장 없이 소통할 수 있듯이 모든 서버들로 하여금 'activity pub'이라고 하는 표준화된 프로토콜을 사용하도록 함으로써 이런 네트워크들 속에서 소통이 가능하게 만들려고 하는 것이다. 그러면서 수집한 이용자들에 대한 데이터를 EU 내에서 처리하도록 하여 미국의 영향력으로부터 벗어나게 하려는 것이다. 단, 이러한 네트워크에서는 많은 섬들이 있어야 할 것이고 그러한 섬 하나하나는 각각 서버를 가져야 할 것이기에 서버 마련을 위해 돈이 들 것이라 한다.

중앙 SUNDAY 2022년 12월 31일-2023년 1월 1일 "EU, 탈 중앙형 새 SNS '페디버스' 통해 탈 미국 노려"

9장

메타버스

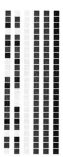

1.
아바타와 메타버스의 활용,
그리고 Digital Twin

2021년 들어와 많아진 메타버스에 대한 논의에서는 현실 세계의 일을 가상 세계에서 일어날 수 있게 할 수도 있고, 가상 세계에서 시현되는 일을 보고 그것으로부터 어떤 교훈이나 힌트를 얻어 현실 세계에서 응용할 수도 있게 한다는 가능성을 모두 고려하고 있다. 거기에다 그런 논의는 웹 3.0을 의식하여 메타버스의 마당을 가지고 플랫폼을 제공하는 빅테크들뿐만 아니라 그것의 이용자들도 이용하면서 이용자들이 기여한 것에 상응하게 보상을 받을 수 있게 하는 웹의 발전된 마당으로 될 수 있겠음도 인지하고 있다. 예컨대 가상 세계에서 나의 아바타를 마련한 다음 그것을 나이키 운동화나 구찌 명품 등으로 치장해 만족을 얻는다거나, 그곳에서 거래되는 NFT 예술품을 사서 수준 높은 문화생활을 즐기면서 현실 세계에서는 누릴 수 없는 새로운 세상을 누리게 하려고 하기도 한다. 메타버스에서 건물을 짓거나 사서 그것으로부터 편의를 누리고 그것을 임대해 새로운 형태의 수익도 얻을 수도 있으며, 그곳에서 나의 digital twin으로 하여금 나를 대신해 진료를 받고 약을 처방받거나 수술을 받도록 하여 나에게 적합한 약과 수술 방법을 찾아내게 한 다음 그런 것을 현실 세계에서 원용해,

보다 나은 건강 의료를 도모할 수도 있다. 또 그곳에서의 나의 아바타로 하여금 나를 대신해 그곳에서 정치, 경제, 사회, 문화의 어떤 영역 또는 여러 영역에서 어떤 활동을 하게 하고 또 쇼핑이나 게임을 즐길수 있게 하며, 현실 세계에서는 이룰 수 없는 환상적인 경험을 해 볼수 있게 할 수도 있다. 단, 이렇게 되기 위해서 어떤 경우에는 그곳에서의 나의 아바타는 많은 돈을 쓰는 환상적인 것이 되면서 나를 대신하는 것이 되어야 하고, (진료나 사회 문제의 토론 등) 다른 경우에는 나를 사실감 있고 정확하게 대신할 수 있는 것이 되어야 하겠는데, 이렇게 할 수 있으려면 그런 아바타는 현재 흔히 목격할 수 있는 아바타처럼 어떤 엉성한 것이 되어서는 안 되겠다. 단, 돈을 풍족하게 쓸 수 있는 환상적인 아바타를 가지고 그러한 생활을 장기간 지속하기는 어렵겠기에 지속 가능성의 차원에서 문제가 있을 수 있고, 내 digital twin이 되어 처방을 받고 수술을 대신 받는 아바타는 아직은 그것을 어떻게 구체화해야 할지가 불확실하다는 약점을 가지고 있다. 더 나아가서 여러 다른 사람들을 대변하는 다양한 아바타들과 어울리면서 메타버스 공간에서 어떤 이벤트를 만들어 내기도 하는 등 서로 협력하는 여러 아바타들도 보다 구체화되어야 한다는 과제를 안고 있다.

물론 이러한 공간이 구체화되기 위해서는 초광대역 통신 기술이 전제되어 있어야 한다. 그런데 동시에 이러한 메타버스가 오로지 개인을 위한 오락의 영역을 넓히는 정도에 그치거나 개인들의 아바타들을 게임을 하게 하는 데 그치게 하거나 파티에 머물게 하는 등 한정된 일을 하는 데 사용되는 정도로 그런 아바타의 역할이 국한되게 되어서는 안 될 것이다.

아무튼 여러 아바타로 구성되어 있는 메타버스가 존재할 수 있게 된다면 현실 세계에서 실험하려고 할 때 경비가 많이 드는 일을 그곳으로 가지고 가서 현실 세계 속에서 실현에서 쓸 수 있는 쌍둥이 격인 digital twin을 이용해 실험을 해 보고, 그런 실험으로부터의 결과 내지 그것으로부터의 교훈을 현실 세계로 가지고 와 참고하면서 그러한 실험이 없었을 경우에 비해 훨씬 나은 결정을 값싸게 할 수 있도록 하는 것으로 만들 수 있을 것이다. 예컨대 군사 분야에서 무기 체계를 질적 양적으로 고급화하고 고성능 대량화하는 일에 디지털 트윈의 기법을 활용할 수 있을 것이나, 그런 것을 밑받침하는 제조업에서의 공장, 교육 현장, 커뮤니티 활동 등에서는 현실 세계에서 하는 것보다 더 싸고 효과적인 방법을 메타버스에서 찾는 것이 중요하고 어쩌면 선행되어야 하는 것이어야 하겠으며, 그런 탐색의 결과를 현실 세계에 가져다 적용할 수 있게끔 연결해야 할 것이다. 단, 이러한 희망의 대부분은 아직은 희망 사항일 뿐이며 가까운 시일 내에 현실화될 가능성은 크지 않다고 보인다. 그럼에도 불구하고 종국적으로는 메타버스가 개인 차원의 consumer metaverse에 그치지 않고 기업들의 각종 활동에 도움을 주는 enterprise metaverse도 포함하게끔 확장되어야 할 것이고 그로써 진정한 metaverse economy를 형성할 수 있어야 할 것이다.

그러한 즉, 위의 여러 바람 중 가장 긴요하다고 여겨지는 것은 메타버스에서 아바타를 이용해 새로운 공간을 만들어 내고 그 안에서 다양하게 활동할 수 있는 영역을 창출해 내는 것보다는, 이른바 digital twin을 운영하고 그런 운영으로부터 얻게 되는 어떤 배움이나 교훈을 현실 세계에다 가져와 이용하는 것이 될 것이다. 거기에서 더 나아가 메타버스에서의 각종 아바타가 서로 협력하고 합동 작업을 할 수 있게 한다면 그러한 작업에서의 성과를 종래 생각했던 digital twin 이용의 성과 이상이 되게끔 만들 수도 있을 것이기에, 현실 세계를 더 조화롭고 생산적으로 운영할 수 있게 될 것이다. 아직은 아바타를 만드는 방안에서 헤매고 있는 형편이나 앞으로 아바타를 많이 창의적으로 만들어 낼 수 있게 되고 나면 그것들을 아주 조화롭게 쓰는 방법을 강구하는 데 힘을 기울이게 될 것이다. digital twin에서 얻은 교훈을 현실 세계에 가져다 활용할 수 있기 위해서는 그곳에서 쓰이는 장치나 시설은 현실 세계에서의 대부분의 콘텐트가 그러한 것처럼 3D 콘텐트여야 할 것이고, 이는 그곳에서 쓰이는 VR이나 AR 콘텐트가 3D 콘텐트여야 할 것이라는 점을 확실히 인식하게 하는 것이다.

그런데 우리나라에서는 그것의 핵심인 digital twin의 활용에 대해서는 아직 별 관심이 없는 듯하며, 그중 일부면서 대체로 2D 콘텐트인 NFT의 생산과 거래에 온통 관심을 빼앗기고 있고 그 연장선상에서 deFi를 고려하고 있는 정도인 듯 보인다. 단, 이러한 것들을 다른 종류의 디지털 자산과 조화롭게 쓸 수 있어야 할 터인데, 우리 사회에서는 이런 것들을 충실하게 쓸 수 있는 조건이나 근거에 대해서도 무심하고, 그런 것의 구체적 실현 방법에 대해서는 더 무관심한 채 그 응용으로부터의 희망적 결과라고 이야기하는 것에 대해서만 열을 올리고 있다. 메타버스에 대해서도 블록체인 기술에 대해 그러했던 것처럼 유행을 쫓는데 큰 신경을 쓰고 있으면서, 그 이면에서 이런 기술의 한계를 보여 주는 경우나 counter example에 대해서는 무심하다.

그러나 디지털 트윈의 핵심은 AR 콘텐트나 VR 콘텐트를 많이 활용하는 virtual event를 형성한 다음 '몰입할 수 있는 디지털 세계 (immersive digital destination)'에서 digital twin을 써서 시뮬레이션을 함으로써 실 세상에서 쓸 수 있는 유용한 교훈이나 처방을 얻은 후, 그런 교훈을 실제로 시행하는 과정을 설계해 이용하는 것에 중심을 두어야 할 것이다. 단, 아직은 다양한 상황에 대응하는 3D 콘텐트를 만드는 비법을 갖추고 있지 못해 그러한 것을 향한 노력은 별 진전을 보이고 있다고는 여겨지지 않는다. 2023년 4월 17일 에듀테크 'ASU+GSV 서밋'에서도 VR 교육 프로그램 Dreamscape Learn의 내용으로 해부 실습을 했으나 그다음 단계를 내놓지는 못하고 있다. (중앙일보 2023년 4월 19일 "AI와 교육이 만났다---알트만 〈오픈 AI 창업자〉 '어린이용 챗 GPT 구상 중'") 종래 VR 시뮬레이션에서의 단골 메뉴인 해부와 공장에서의 신종 기계 설비의 실험의 예로부터 더 이상의 진전이 없다.

이러한 노력은 앞으로 사람이 해야 하는 일이 어떤 방식으로 바뀌게 될 것인지를 감안하면서 이루어지게 될 것이다. 가까운 장래에 가상 세계에서의 핵심 과업이 원격 의료, 온라인 뱅킹 등 갖가지 금융, 그리고 흘러나오는 연예물을 즐기는 streaming entertainment 등이 되리라는 예견을 기초로 할 때; 원격 근무, AI나 로봇의 이용, 각종 자동화가 많아질 것을 예상해야 하나, 그럼에 불구하고 사람들이 협의를 하고 브레인스토밍으로 지혜를 모으려고 하며, 서로 긴밀한 피드백을 할 것이라는 점을 감지해 종래 이상으로 협력할 수 있는 길을 찾아 시현하는 것도 고려해야 할 것이다.

McKinsey&Company, "What is the future of work?" January 23, 2023

종래 VR 콘텐트나 AR 콘텐트를 마련하는 방법으로는 computer 3-D rendering의 기법을 쓰는 컴퓨터 그래픽의 방법을 써서 virtual representation인 디지털 트윈을 만드는 경우가 대부분이었으나, 그런 콘텐트를 제작하는 데 컴퓨터 그래픽을 동원하는 상상만으로 부족할 경우에는 그런 것 중 실감해야 할 중요한 부분에 대해서는 3-D printing을 해서 컴퓨터 그래픽에서의 이미지보다 실물에 더 근사하게 객체를 만든 다음, 그것을 나머지 3-D rendering의 부분과 함께 사용하기도 (실제적으로 컴퓨터 시뮬레이션) 해야 할 것이다. 이러한 가상의 기술(virtual representation)의 주안점은 데이터로부터 가장 그럴듯한 작용-반작용을 도출해 내는 것이 되겠다. 이런 의미에서 이렇게 디지털 트윈을 만드는 것을 digital reengineering이라고 기술하기도 한다. 위에서 콘텐트를 생산하는 어느 경우에 있어서도 데이터(기존에 있던 데이터 및 데이터 과학자들이 새로인 마련한 alternative data)를 준비한 다음, 그런 데이터를 바탕으로 하여 여러 가지 시나리오를 가지고 그러한 시나리오에 나오는 여러 행위자들의 행위를 AI를 이용해 조정해 가며 디지털 트윈에 상응하는 모델을 장만해야 할 것이다. 이러한 과정을 거쳐 디지털 트윈을 활용할 수 있게 되면 실제 세상에서 작업하는 방법을 더 철저하게 추구하고 수행할 수 있게 되어 메타버스에서의 교훈의 실제화 시 작업 시간을 줄이고 예방 관리(predictive management)도 할 수 있게 될 것이다. 단, 이러한 작업은 결코 쉽지 않을 것이기에 이런 것을 본격 쓸 수 있는 시점은 2026년경이 될 것이라고 한다.

McKinsey&Company November 2022 "Operational Practice/Digital Twins: Flying high, flexing fast"

나아가 이로써 마련하게 되는 디지털 트윈은 하나일 수도 있고 복수일 수도 있는데, 시뮬레이션 모델에서의 문제가 어떤 하나의 직원이 어떻게 처신해야 하는지를 탐구하는 것이라면 하나의 디지털 트윈 모델로도 족하겠으나, 그렇게 단순한 관계가 아니고 여러 직원들과 관계 회사와 고객들과의 총체적 관계를 종합적으로 탐구하는 경우라면 복수의 디지털 트윈 모델이 필요할 것이다.

McKinseyDigital "Digital twins: The foundation of the enterprise metaverse" October, 2022

2.
NFT를 통한 혁신 및 그 평가, 그리고 웹 3.0

조선일보 2022년 3월 29일 보도 "NFT, 거품 꺼지고 있다"라는 기사는 NFT의 가격이 크게 하락하고 있음을 알려 주고 있고, 그 원인으로서 가상화폐의 가격이 하락하게 되었다는 것, NFT의 희소성이 떨어졌고 그것의 완성도가 기존의 미술품보다 낮다는 것 등 요인 이외에 다른 이유도 제시하고 있다. 거품이 꺼지고 있다는 현상을 다시 보여 주는 증거로 Opensea에서의 거래량이 80%나 감소했다는 것도 제시하고 있다.

웹 2.0 상황에서는 빅테크만이 이익을 누렸고 개인적인 소득의 증가는 미미했다고 할 수 있으나 이제 새로이 전개되는 웹 3.0 상황에서는 개인적인 차원에서도 혜택의 증가를 기대할 수 있게 되었다고 하는데, 차후 웹 3.0의 환경이 본격적으로 전개되고 나면 이러한 방식으로 이해하는 것도 많이 달라질지도 모른다. 그러나 이것과 관련되어 그러한 예측을 뒷받침하는 구체적인 예는 없으며, 계속 실험 중이고 모색 중이라고 하니 작은 희망을 가지고 기다릴 수밖에 없겠다. 다시 말하면 큰 기대를 가지게 했던 웹 3.0의 프론티어가 아직 열렸다고 하기는 어려워, 암중모색 중일 뿐이라 하겠다.

2022년 벽두에서 관찰할 수 있는 바 최근 아바타에 대한 관심은 점, 주근깨, 솜털 등까지 외모를 세세하게 그려 과거 에니메이션에서의 모델을 실제 사람의 모습과 아주 가까운 모양을 갖게끔 구현하는 것에 주력하고 있는 듯하다. 광고주가 원하는 이미지를 구현하는 홍보 모델이나 쇼핑 호스트를 만드는 데 중심축을 두고 있을 뿐, 현세에서 할 수 없는 것을 디지털 트윈을 이용해 실험해 교훈을 얻으려고 하는 데까지는 이르지 못하고 있다. 음성 인식, 음성 합성, real time interaction의 기법과 그래픽 및 홀로그램 기술을 써서 현재 사람이 할 수 있는 일들을 아바타로 하여금 하게 하여, 단기적으로는 호기심을 이끌어 냄으로써 광고 효과를 높이고, 장기적으로는 말 잘 듣는 모델을 가지게 되어 인건비를 줄이는 효과를 가지게 될 것이나, 그 상상력과 창조성의 범위가 현실 세계의 주변에서 맴돌고 있는 등 한정적이어서 현실에서 시현하기 어려운 가상 세계에서의 실험이라고 하기가 어렵고, 특히 digital twin을 이용해 유용한 교훈을 얻고 있는지도 감지하기 어렵다. 최대한 진전된 것으로 대체적으로 이해되는 것들이 뒤에서 언급하는 Nvidia의 Omniverse를 이용해 만든 공장 운영에서의 효율화를 꾀할 수 있게 한 예와 우주 비행사의 우주복을 입고 우주 비행 훈련을 할 수 있게 한 것 정도라 하겠다. 그런 도중에 과거 Tay나 이루다의 실험에서 이러한 것들이 편향된 데이터로 훈련받는 것을 피하지 못하였기에 약자에 대한 편견을 마구 피력하는 못난 행동을 하다가 퇴역당하게 되었던 실패 예를 심각하게 새기게 하고 있으며, 그러한 실패를 반복하지 않고자 하여 아직은 한정된 행동밖에 못 하는 AI 행원이나 AI 아나운서 등 (VR 콘텐트라기보다는) 아무리 좋게 보더라도 AR 콘텐트라고 할 수밖에 없는, 아주 한정된 일만

하는 메타버스 속의 아바타박에 내놓지 못하고 있다. 상상력 내지 창조성의 발휘에서 아쉬움을 금하지 못하게 하고 있다. 좀 더 과감한 상상력과 창조력을 시현할 수 있는 마당이 될 수 있으리라고 여겨지는 게임의 영역에서도 이러한 사정은 다르지 않으며, 제페토나 로블록스 등 게임에서 그곳에서 등장하는 캐릭터들과 관련해 저작권 내지 상표권 침해 분쟁에도 휘말리고 있다는 것도 이러한 사정을 개선할 요인으로는 되지 못할 것임을 짐작하게 한다.

2022년 1월 1일-2일 중앙선데이, '광고 모델 넘어 앵커-쇼호스트-은행원까지--가상 인간 실제 세상에 스며들다', '실시간 홀로그램, 촉감 느끼는 장갑---메타버스 시대 가속'

앞서 언급한 한계는 보다 큰 상상력과 창조력의 발휘를 통해 극복되어야 할 것이다. 우선적으로 새로운 하드웨어 등과 함께 마련되어 공장의 효율화 이상으로 사람들 생활 주변에서 각종 시설을 바꾸고 새로이 제작해 내 삶을 변화시키고 효율화를 이루어 내는 일이 많이 시험되어야 할 것이다. 그러나 실제 상황에서 이러한 하드웨어의 창안보다 더 쉬울 수 있으나 현재 활발히 시도되고 있지 않은 것이, 게임 세계에서 그러한 것처럼, 가상 세계의 인간들이 여럿이 모여 정치사회적 제도의 개선을 위해 협의하고 최선의 제도를 강구해 내도록 하는 것이 되겠다. 일 예로 서로 생각이 다른 국회의원들이 새로운 법안을 놓고 여러 가지로 협의해 합의안을 내놓은 다음, 그것의 효과를 실험해 현실 세상에서 하는 것보다 더 합당한 제도를 보다 수월하고 값싼 방법으로 속히 결정해 내놓을 수 있을 것이다. 그곳에서 대통령과 야당 당수들이 현안에 대해 협의하여 협치를 시현한 다음 현실 세계에다 제시할 수도 있을 것이며, 개헌 문제도 논의해 서로 수용할 수 있는 합의안을 제시할 수도 있을 것이다. 마찬가지의 입지에서 부동산 정책을 비롯한 사회 정책이나 경제 정책 등을 강구하도록 하되, 정치 사회적 코스트를 지금처럼 많이 들이지 않고 메타버스에서 여러 전문가들이 다층적이고 다면적으로 논의하도록 함으로써 보다 쉽게 합의안을 마련하려고 할 수도 있을 것이다. Bank of America 에서 고객과의 다기한 상황 속에서의 대응에 대한 최선의 방도를 찾으려고 하는 직원 훈련용 프로그램을 제시하고 충실화시키려는 예는 디지털 트윈을 그나마 사회적 실험의 예로서 심층적으로 활용한 초보적 VR 콘텐트로 보여 주는 것이라고 할 수 있겠다.

위의 예들은 현실 세계에서의 구체적 운영에서의 경직성 때문에 장애를 받고 있는 사안들이나 가상 세계로 가지고 가 보다 유연한 협의를 할 수 있게 함으로써 그런 사안들에 대한 해결책을 강구할 수 있으리라는 것을 보여 주는 것들이다. 이러한 성격의 가상 세계에서의 실험은 현실 세계에서 하는 것보다 값싸고 신속하며, 더 효과적으로 합당한 제도를 배출해 낼 수 있게 하는 방도가 되어야 할 것이고, 또 그렇게 될 수 있을 것이다. 메타버스에서 이러한 virtual event 이상으로 저작권 등 분쟁 때문에 활발하지 못한 virtual game이나 virtual real estate에서의 다양한 실험이 나타나게 되면 부족한 VR 콘텐트를 채우는 요인으로써 그것이 본격 자리 잡을 수 있도록 할 수도 있을 것이다.

그런데 그곳에 이미 발을 들여놓은 기업들이 가지고 있는 비즈니스 모델이 어떤 것인지는 확실히 밝혀져 있지 않은 경우가 대부분이다.

이러한 기업들은 사업 자체로는 돈을 벌지 못하고 있으면서, 사람들의 상상력 내지 허황된 희망에 힘입어 부풀려진 미래 가치를 적시하면서 기업 공개 방식으로써 높아진 미래 가치에 근거해 돈을 벌고 있을 뿐이라는 혹평도 없지 않기 때문이다. consumer metaverse는 물론 enterprise metaverse에서도 불분명성이 적지 않다. 그러나 이러한 모든 것들에서 콘텐트를 판매하는 것 이상으로 goods를 판매하고 이용료나 가입비를 받는 체제가 정립되어야 할 것이다. 메타버스에서의 모든 활동도 궁극적으로는 그 나름의 비즈니스 모델을 갖추어야 할 것이고, 시장 경쟁을 통해 공급되기도 하고 수요되기도 하는 것이어야 할 것이다.

상황에 따라서는 나의 아바타를 귀여운 캐릭터로 만드는 것도 큰 의미를 갖는다고 할 것이다. 아바타를 나와 아주 흡사한 것으로 만들려고 할 수도 있을 것이다. 자신과 똑같은 모습으로 몸놀림과 어투와 표정을 지으면서 메타버스에서 활동하는 가상인간을 만들어 그것을 나의 아바타로 삼을 수도 있을 것이다. 실로 AI의 도움을 받으며 배경 합성용 스크린을 배경으로 하고 읽고 행동하는 모습을 촬영하여 가상 인간 2.0을 만든 다음, 그것으로 하여금 메타버스에서 나를 대신하게 하려는 시도가 진행되고 있기도 하다. (**조선일보 2021년 12월 20일, "문장 300개 말한 뒤 1주일---나랑 똑같은 가상 인간 탄생"**) 이에 어떠한 아바타를 만들어 메타버스에서 나를 대신하게 할 것인지는 아바타 제작 비용, 아바타의 용도 등을 따져 결정하게 될 것이다. 일률적으로 모든 용도에서 귀여운 캐릭터나 재치 있는 AI 가상 인간을 항시 선호하는 것으로 되지는 않을 것이다.

메타버스 플랫폼을 게임 이외에도 연예 오락, 교육, 상거래 등 비즈니스, 예술 활동, 동호회 활동 등 사회적인 사교 활동 등 여러 곳에서 활용하고 있다. 메타버스를 상거래를 위한 마당으로 쓰기도 한다. 이러한 메타버스의 모든 영역에서 AR 콘텐트나 VR 콘텐트를 이용할 수 있게 된다면 그러한 활동들은 보다 실감 나게 될 것이고, 그로써 사람들로 하여금 그것에 더욱 빠지고 몰입하게 만들 수도 있을 것이다. 단, 아직은 위에서 보았듯이 이러한 콘텐트를 자유로이 제작하여 널리 쓸 수 있는 단계에 이르지는 못한 듯 보인다.

메타버스의 다른 용도로는 social을 든다. 같은 관심을 가진 사람들이나 취미 동호인들이 메타버스에서 만나 관심 있는 일을 같이 하면서 우의를 다지고, 나름의 공동체(community)도 만들어 나갈 수 있도록 하는 것이 그것의 주요 요소가 될 것이라 한다.

같은 맥락에서 인터넷을 정보의 원천을 찾는 수단으로 보고 읽는 데 주력하다가, 검색을 하면서 읽은 것에 더해 그것을 글로 써서 보강해 그것의 내용을 확대하던 시기를 거쳐, 이제는 분산된 구조 속에서 개발자와 이용자가 콘텐트를 생산해 공유하고 조율하고 있는 것을 보고, 이런 것을 이른바 최근의 화두 웹 3.0에 진입했음을 알려 주는 것으로 이해하며 많이 말하고 있다. 그러나 이러한 이해에 상응하는 콘텐트를 생산해 퍼뜨리는 데에는 괄목할 만한 성과는 없는 듯하다. 메타버스 속의 주된 화제는 아바타를 마련해 단순한 모임을 하거나 게임을 하는 정도에 머물고 있으며, 그곳에서 해부를 하거나 수술을 하여 실제 세상에서 하는 해부나 공장에 새로운 기계 설비를 추가해 공장의 이용을 더 효과적으로 바꿈으로써 보다 값싸고 의미 있는 작업을 이루어 냈다는 것을 보여 주는 선례 이상으로 더 이상 주목되고 있는 대상은 없다.

한때 NFT artwork로 화려함을 누렸던 NFT는 그것의 복제 가능성이 한 원인이 되어 주춤하게 되면서 그 지속 가능성을 의심받게 되었다. 그러다가 메타버스와 실제 세상이라는 두 곳에서 같은 법률을 일관성 있게 적용하지 못한다는 사정이 새삼 인지되게 됨에 따라 더 큰 타격을 받게 되었다. 그러나 이러한 복제 가능성을 이겨 내거나 현세와 메타버스에서 모두 통용되는 안정적인 법제를 지니기 어려우리라는 점을 상기하고 볼 때, 설사 최근 각국에서의 기준 금리 인상이라는 전통 금융에서의 유동성 억제 조치가 그치게 되더라도 유동성 관련 조치 이상으로 앞에서 적시한 복제 가능성이나 법 적용에서 비롯되는 불안전성을 보게 될 것이고, 이를 보아 NFT의 시장 가격이 회복될 수 있을지를 낙관하기는 어려울 것이다. 개인적인 차원에서는 가장 기대되었던 것이 웹 3.0이었으나, 머리말에서 언급된 메타나 디즈니+에서의 최근 변화를 상기할 때 웹 3.0의 프론티어가 아직 실제적으로 열렸다 하기는 어렵고, 암중모색 중일 뿐이라 하겠다. 이것과 관련되어 그나마 반가운 소식 하나는 미국의 NASA에서 3D printing의 방법으로 화성에 가상 거주 공간을 마련하여 화성의 이용 방법을 강구하는 simulation에서 실험을 하고 있다는 것인데, 이것의 자세한 내용은 알려지지 않았으나 기존의 해부 실험이나 공장에 새로운 기계 설비의 도입 및 운영 등과 관련되었던 VR 콘텐트 마련에 작은 돌파구를 마련한 것이라고 할 수 있겠다.

메타버스에 대한 논의는 이제 시작이라고 할 수 있고 그곳에서 논의되고 있는 환상적인 것을 비롯한 여러 가지가 현실 세계에서 실현될 수 있게끔 구체성을 가지고 시현되기에는 아직 많은 시간을 기다려야 할 것이다. 그렇더라도 이러한 메타버스에 대한 주된 관심은 메타버스에서의 유용한 이용을 현실 세계에서 얼마나 활용할 수 있겠느냐 하는 유용성에 두어져야 할 것이다. 이렇게 볼 때 그것에서의 단순한 흥밋거리와 구별해 그것에서의 핵심 사안이라 여겨지는 디지털 쌍둥이나 AR 콘텐트 및 VR 콘텐트에 대한 관심이 중시되어야 할 것이다. 반면, 이러한 핵심보다 지엽 말단에 치우쳐 있는 논의는 가벼이 취급되어야 할 것이다. 그런 면에서 미국에서는 부정되고 중심 관심 사항에서 이미 밀려나 있는 NFT를 우리나라에서는 아직 관심의 중심에 두고 있다는 점은 점검되어야 할 것이고, 메타버스 이코노미에 대한 관심도 정식으로 정리되어야 할 것이다. 핀테크와 deFi에 대한 생각이 제대로 정리되어야 할 것이고, 단지 새로운 것이기 때문에 관심을 쏟는 것에서 벗어나 이런 것들과 전통적 금융을 함께 통합적으로 생각해야 하고, 거기에서는 우리의 구체적 경제생활 및 사회생활과 종합하여 이들을 고려해야 할 것이다.

메타버스가 구체적으로 실현되기까지는 상당한 시간이 지나야 할지 모른다. 그러한 시간 동안 우리는 현실 세계에서 유용성을 가지는 것을 구별하고 중요한 것과 단순한 흥밋거리에 그치는 것을 차별화하면서 AR이나 VR 콘텐트 제작이나 digital twin의 실제적 활용에 관심을 더 기울여야 할 것이고, 단기적 흥밋거리에 머물 블록체인의 이론적 유용성에 대한 논쟁이나 NFT에 대한 지나친 관심은 접어야 할 것이다. AR이나 VR 콘텐트를 창안해 내는 일이나 digital twin을 활용해 현실 세상에서도 쓸 수 있는 교훈을 도출해 내는 일은 진정 창의성을 필요로 하는 일이 될 것이라는 점도 삭여 두어야 할것이다. 그런데 창의성 발휘라는 것이 쉽지 않는 것이기 때문에 메타버스에서 이들에 대한 여러 언급이 있었음에도 불구하고 이에 대한 구체적인 진전은 별로 없었다고 할 수 있다. 그러나 이제 챗 GPT라는 것이 널리 이용될 수 있는 계제가 되었으니, 이것을 징검다리로 이용해 창의적인 콘텐트의 내용을 추구한다면 단연 도움을 받을 수 있을 것이다. 그것을 통해 meatverse economy에 대한 이해도를 높이고 메타버스에서의 여러 이슈에 대한 경과 과정 중의 판단을 할 수 있을 것이다.

나아가 이상에서 예시된 NFT 대상들이 앞으로도 모두 같은 정도로 가치 있는 자산 아이템으로서 그것의 소유권을 인정받고 아무런 제약이 없이 계속 거래될 수 있을 것인지가 문제가 될 것인데, 이 점에 대해서는 이 분야 전문가들 사이에서도 의견이 일치하지 않는다. 어떤 의견은 게임 아이템은 부담 없이 계속 거래될 수 있을 것이나 현재 아주 고가를 영위하기도 하는 디지털 예술품 NFT는 그러하지 못할 것이라 한다. 이들 중 정말 예술적 가치를 가지는 것과 그러하지 못한 것이 차별화될 수 있을 것이고, 소유권과 저작권 등을 지키는 법적 제도적 주변 장치의 철저한 정도에서의 나라별 차이에 따라 위변조 가능성이 조금이라도 있는 것과 그러하지 않은 것 사이에서도 차이가 나타날 것으로 본다.

3.
최근 CES에서의 동정과
NFT

2022년 CES에서는 코로나19 때문에 사람들의 참석이 저조했고, 그런 중에서 메타버스가 그것의 주인공이 되었다고 한다. **동아일보 2022년 1월 7일 'CES 채운 메타버스---건강 진단—보석 쇼핑 척척' 및 2022년 1월 7일 조선일보 '가상 현실에 빠진 CES'**라는 기사에 의할 때, 2022년 CES에서 나온 새로운 것은 AR 콘텐트라고 할 수 있는 몇 개에 그치지 않았나 하고 여겨지기 때문이다. 단지 프랑스의 '다서' 시스템의 부스에서는, 부스의 카메라로 얼굴을 인식시키니 대형 스크린에 얼굴과 가상의 뇌, 전신 형태가 차례로 떠올랐고, 이것을 virtual twin으로 인식해 360도 돌리면서 건강 상태를 점검할 수 있게 하는 선례를 보여 주었다고 한다. 그러면서 몸이 불편하거나 고령인 환자를 진료하는 데 이것을 사용할 수 있을 것이라고 했다. 그러나 현실 세계의 병원에서 여러 방법으로 진단을 하는 진료의 실상을 상기해 볼 때 위의 설명처럼 인지한 아주 간단한 virtual twin에서의 진단만을 가지고 건강 상태를 판단할 수 있으리라고 보기는 어려울 것이다. 기껏해야 예진 정도에서나 쓰이게 될 것이라 여겨진다. 현실 세계에서의 진단을 대신할 만한 메타버스에서의 진단이 되려면 현실 세계에서는 사용하기 어려울 만큼 세련되거나 비싼 장치를 메타버스에서 만들어 활용하는 과정이 있어야 할 터인데, 이번 CES에서의 virtual twin에서는 이런 시도나 과정은 없었다고 여겨지기 때문이다. 메타버스에서 나의 아바타에게 보석 쇼핑을 하게 하고 그런 보석을 착용하는 실험을 하게 하는 것도 의상실에서의 새로운 의상 체험이나 IKEA에서의 새로운 가구 체험처럼 AR 콘텐트를 실험하는 정도의 것이라 하겠으며, 그런 것 중 단지 새로운 종류를 추가한 것이라고 보아야 할 것이다. VR 콘텐트를 만들어 내기 위해서는 굉장한 상상력이 전제되어야 하는데, 바닷속 물고기를 특수 안경을 쓰고 영화관에서 보듯 보는 것이나, 먼 곳에 있는 상대방과 얼굴을 맞대면서 통화하는 것이나, 걸그룹이 눈앞에서 콘서트 하는 것을 보는 것 등은 이중 어느 것이든 현실 세계에서는 할 수 없는 것을 메타버스에서 값싸게 하는 것은 못 된다고 할 수 있겠고, 더구나 그렇게 함으로써 현실 세계에서는 얻을 수 없는 색다른 배움이나 교훈을 얻을 수 있는 것도 아니라 해야 하겠다.

AR 콘텐트나 VR 콘텐트를 실제로 만들어 활용하기가 결코 쉽지 않다는 점은 그러한 것이라고 할 수 있는 것의 예로 제시된 것이 별로 없다는 것을 통해서 간접적으로 알 수 있다. 나아가 **2023년 5월 4일 보도된 "뭘 말해야 할지 안경이 알려 준다."**라는 기사에서는 시범적 AR을 보여 준 예를 볼 수 있는 바, 상대적으로 간단하고 쉬운 AR 콘텐트임에도 불구하고 이게 겨우 나왔다는 것도 이런 정도의 AR 콘텐트의 마련조차도 그 마련이 쉽지 않다는 것을 보여 주는 것이라 하겠다. 그것에서는 1) 렌즈에 있는 마이크로 상대방의 말을 인식하고, 2) 블루투스를 통해 그것을 스마트폰으로 전송하게 한 다음, 3) 음성 인식

소프트웨어(이 경우는 위스퍼)를 써서 이것을 문자로 변환하고, 4) 그렇게 변환된 결과를 LLM인 GPT-4가 읽어 답변을 내놓게 한 뒤, 5) 이 답변을 AR 안경에 보내 렌즈 위에서 문자로 표시되게 한 다음에, 이 스마트 안경의 착용자가 이런 문자를 읽어 AR 콘텐트를 위한 소통에서 착용자로 하여금 대응을 하게 하는 일련의 절차를 밟아 나간다. 상대적으로 간단한 AR 콘텐트를 가지고 하는 소통인데도 불구하고 그 절차가 매우 복잡하다. 그러하니 이런 간단한 콘텐트를 다루는 것보다 새로이 상상해 내놓아야 하는 VR 콘텐트를 마련하고 이용하려고 하는 것은 더 어려울 것임은 달리 말할 필요가 없겠다.

GPT-4에 이르게 된 LLM을 혹자는 transformer라고 지칭하기도 한다. 나아가 이를 기점으로 하여 컴퓨팅의 부담이 크게 늘어나게 된 것을 걱정하며 그것의 개선책을 내놓고도 있다. 이른바 long learning의 기치 아래 컴퓨팅 능력을 증대시키려고 하기도 하고 또 discrete한 데이터를 continuous하게 바꾸면 더 많은 데이터를 다룰 수 있게 됨을 주목해 diffusion model에서의 이미지를 다루는 방법을 원용해 보려고 하기도 한다. 단, 모두가 이런 시도에 대해 낙관적인 것은 아니다.

2023년 CES에서는 메타버스를 명시적으로 언급하고 의식함이 없이 차리리 현실 세계에서의 연결성(connectedness)에 대해 더 큰 관심을 경주한 듯하다. 140억 개도 될 수 있는 수 많은 가전제품을 유선은 물론, 특히 스마트 기기를 쓰는 무선을 활용해 연결시키는 기술을 자랑하려고 하였고, 그러한 기술을 써서 고화질 영상을 안드로이드 auto를 비롯한 자율 자동차 등에서의 디스플레이를 매개로 하면서 신축성 있고 자유롭게 이용할 수 있도록 하려고 하였다. 달리 말하면 이번 CES에서는 메타버스와 관련해서는 작년 대비 별 진전은 없었던 것이 아닌가 한다.

많은 사람들이 메타버스의 마당을 주목하면서 무슨 일이 일어나고 있는지를 관심 깊게 관찰하고 있을 것이기 때문에, 거기에다 부동산이나 예술 작품이나 기록이 될 만한 스포츠 이벤트의 멋진 장면이 시현되는 순간에 대한 사진 또는 영상 자료 등을 넣은 다음, 이른바 collectable이라고 지칭되는 것들을 만들어 그런 결과물들을 경매 방식을 통해 내놓고 그 나름으로 희소성을 지닐 수 있도록 하면서, 분할이 허용되지 않는다는 조건 및 반품 내지 교환도 되지 않는다는 조건을 부가해 판매한 후 그 대금을 이더리움을 비롯한 몇 개 가상화폐로 받는 예를 보여 주고 있다. 이로써 위에서 소개된 이른바 NFT(Non-Fungible Token)라는 것을 상당히 번성하게 만들었는데, 다른 영역에서도 같은 성격을 지닌 콘텐트를 마련해 유통시킬 수도 있을 것이라 보았다. NFT란 fungible token(대체 가능한 토큰)과 대립되는 말로서, 어떤 digital good이 NFT가 됨으로써 그 digital good은 그것의 본질적 속성인 무한 복제 가능성으로부터 벗어나게 되어 유일무이한 것이 될 수가 있고 고유의 식별 번호도 가지게 되어, 그 소유권이 누구에게 있는지 불문하고 그것이 진품인지를 증명할 수도 있는 한 특별한 객체가 된다는 특이성을 지니게 된다고 한다. 현재 NFT의 대상이 되는 것들에는 디지털 예술품, 게임 아이템, 부동산 등이 있는데, 이들은 각각 그 나름의 플랫폼을 마련한 다음 거래를 할 수 있게 하고 있는 것이다. 앞으로 다른 분야에서도 그 분야에서의 특이한 콘텐트를 만들어 유통시킬 수 있게 되면 이런 방식을 쓰는 NFT의 선례를 따르게 될 것이기에, 이렇게 제시된 NFT의 가능성은 디지털 제품의 한계를 극복하게 하는 획기적인 것이 될 것이라고 여겨져 한때 큰 기대를 모았었다. 단, 이러한 모든 경우에서는 NFT에서 그렇다고 주장되듯이 영의 한계 비용을 가지고 무한 복제가 가능하다는 'digital good에서의 복제 가능성을 배제'하는 것이 최우선적으로 보장되어야 할 것이고, 이러한 기본적 필요를 채운 다음에서야 그런 속성을 강화하기 위하여 식별 기술 등을 쓰는 등 고유 번호를 부여하고 제품의 유일무이성을 보증하려고 하는 것이 그것에 추가될 수 있을 것이다. 그러나 어디까지나 후자는 從이고 그것이 전자인 主를 대신하거나 우선할 수는 없을 것이다. 이런 콘텍스트에서 NFT를 차별화하게 하는 한 요소로서 그것의 아우라(aura; 작품을 시공간 속에서 볼 때 느끼게 되는 그것 주변의 독특한 분위기 내지 숨결)를 이야기하기도 하는데, 이 부분은 복제 불가능하다는 것을 강조하고는 한다. 그런데 이러한 진전이 있었음에도 불구하고 미국에서는 NFT의 non-fungability가 의심받게 되었고 그 때문에 일부 NFT 거래소에서는 그것이 거래 정지 되는 조치를 당하기도 했다.

CES 및 IFA(국제가전박람회)와 더불어 세계 3대 정보 통신 기술 전시회인 이번 MWC(Mobile World Congress, 2023년 2월 27일 개막)에서는 연결에 이어 속도를 강조하고 (이것이 750개 통신 사업자 중심임을 반영하여) 빅테크들의 망 사용료를 논의하려고 하는 외에 메타버스에서 쓰는 XR 기기에 대해 큰 관심을 보이게 되었다고 한다. 그러나 메타버스에서의 VR 콘텐트(XR 콘텐트의 일종인)를 본격 다루지는 못한 듯하다. 그러면서 그 사각지대를 위변조 논란에 쌓여 있는 NFT 예술 작품으로 때우려고 한 듯하다. 또 이 시기의 화두인 챗 GPT 열풍도 볼 수 있었던 바, 마이크로소프트는 챗봇형 검색 서비스 '빙'을 체험할 수 있게 하였고, 퀄컴은 클라우드에 연결하지 않고도 스마트폰에서 이미지를 생성하는 AI인 '스테이블 디퓨전'을 곧바로 실행할 수 있는 기술을 선보였다고 한다. 우리 기업 중 삼성전자는 소프트웨어를 활용하는 가상화 네트워크에 신규 칩셋을 이용하는 고도화된 5G 기지국을 통해 데이터 처리 용량을 2배 늘리고 전력을 40% 절감하는 통신 시장의 변혁을 이루겠다고 하였고, KT는 투자한 AI 반도체팹리스(반도체 설계 회사) 스타트업 '리벨리온'의 반도체 제작 기술, AI 인프라 솔루션 전문 기업 '모레'의 반도체 설계 기술을 소개해, 우리 사회가 다루고 있는 반도체가 메모리 반도체 그 이상이 될 수 있는 길을 모색하려고 했다 한다. 오래된 정보를 기억해 이용자와의 대화에 활용하는 장기 기억의 기술과 이미지와 영상을 AI 기술로 분석하는 '비전 AI'를 소개하려고도 했다는 것이다. 이러한 여러 시도가 우리 IT 부문의 가장 큰 과제인 칩 통합이나 AI 활성화의 문제를 푸는 계기가 되기를 기대해 본다.

중앙일보 2023년 2월 20일, "올해 MWC 키워드는 '속도'---XR-메타버스 눈앞에 펼쳐진다."

중앙일보 2023년 2월 28일, "스마트폰 맞수 삼성전자-애플, 웨어러블 기기로 확전"

동아일보 2023년 2월 27일, "MWC서도 인공 지능 열풍---6G 상용화도 주목"

조선일보 2023년 2월 7일, "160국의 '통신 축제'---AI가 최대 화두, 중국도 로봇 들고 왔다"

4.
챗 GPT를 이용한 VR 콘텐트의 생산

　VR 콘텐트를 생산해 널리 쓰이게 한다는 것은 결코 용이하지 않은 일이다. 그런데 앞의 챗 GPT를 소개하는 부분에서 VR 콘텐트를 digital twin을 활용하여 마련하는 데 챗 GPT의 도움을 받을 수 있으리라는 점이 제시되었다. 챗 GPT는 무언가 원하는 것을 통상적 언어를 써서 컴퓨터와 소통하게 하는 수단으로서, 코딩 없이 원하는 바를 얻을 수 있게 하는 소지를 부여해 주는 것이다. 그것을 위해서는 second life, VR chat, Roblox 등 적합한 플랫폼을 먼저 선정하여야 하고, 그다음 Unity, Unreal Engine, Blender와 같은 VR 창작 툴을 동원할 수 있어야 하며, 상황이나 성격이나 작용 반작용 관계 등을 고려하여 어떠한 내용을 가지는 VR 콘텐트를 만들 것인가를 설계해 두어야 한다. 그다음 VR 생산을 위한 툴을 이용하여 시현해 보려는 아이디어를 실제화하고, 그곳에서 쓰일 객체들이 설계 의도에 맞는 환경에 합당하게끔 활동할 수 있게 하여야 한다. 마지막으로 이렇게 시현된 설계 시의 의도가 합당하고 간단없이 적용될 수 있는지를 두 번, 세 번 테스트하고 점검해 개선의 여지를 찾도록 하여야 한다.

VR 콘텐트를 만드는 일은 결코 간단하지 않고 당시까지 어디에서도 시현된 전례가 없어 너무 추상적이라고 여겨지기도 하겠으나, 그나마 거쳐야 하는 이상과 같은 절차 내지 방도를 통하여 관련되는 이슈들을 생각하게 함으로써 조금 구체화할 수 있을 것이다. 상상력을 발휘해야 하는 이상과 같은 절차를 조금은 조직화해 수행할 수 있게 함으로써 VR 콘텐트 생산 과정을 다소나마 기계적으로 추진한다는 감을 가지게 할 수 있는데, 그 출발은 Google 검색 엔진을 통하는 chat.openai.com/chat 등을 통한 검색의 시행일 것이다. 이렇게 하면 그것이 인간이 아직 하지 못한 상상을 대신해 주지는 못할 것이나, 적어도 최근까지 누군가가 검색하려고 한 문제에 대해 인간이 상상해 왔던 모든 것을 알려 주기는 할 것이다. 때문에 그 이상을 추가로 상상을 하는 데 좋은 출발점이 될 수 있을 것은 분명하다 하겠다.

챗 GPT 일반보다 이런 목적에 더 적합하다고 보여 범용 인공 지능(AGI)의 시작이 될 수 있을 것이라 보여지는 것이 Auto GPT이다. 이것은 GPT-4를 활용해 만든 것이라고 하는데, 이루려고 하는 목표를 제시하면 이 오토 GPT가 관련 프로그램을 검색하여 제시한 목표에 가장 합당한 앱을 만들어 제시해 준다고 한다.

동아일보 2023년 4월 19일 "챗 GPT보다 한술 더---'오토 GPT' 등장"

10장

규제 개혁

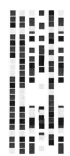

1.
규제 만능주의 옆의
각종 규제들

모든 규제는 약자를 보호하거나 정의를 실현하려는 등 정당한 목적을 가지고 시작된다. 이러한 목적을 달성할 수 있도록 하기 위해 규제는 필요하다. 그러나 그렇게 하는 것이 과도하게 되어 애초의 목적과 동기에 반하게 되는 것으로까지 되어서는 안 된다. 규제의 당위론이나 명분이 과잉될 때 규제 개혁이 필요해진다.

우리나라에서는 애초에 정당한 명분을 가진 많은 규제가 있었고, 그중에는 과도하고 의외의 부작용을 가져오는 것도 있어 그것을 지키게 하는 데 있어 마찰이 없을 수 없었다. 그로써 실제에서는 규제를 준수하는 데 있어 그것이 요구하는 수준에 비해 낮은 준수율을 보이게 되고는 했다.

농업 진흥이나 환경 보호는 당연히 필요하다. 중대 재해 처벌법이나 화학 물질 등록 제도도 그런 것의 애초의 동기에 비추어 보면 마찬가지일 것이다. 그러나 그런 과업에서 하려는 것이 과도하게 시행되다 보니 폐해가 커지게 되고 개혁의 대상이 되어 적시되게 되는 것이다.

일단 어떤 규제 과업이 생기고 나면 그것을 공무원들이 집행하는 양태를 보이게 된다. 그런데 공무원들이 어떤 (특히 중요하다고 여기는) 과업을 집행하다 보면 일손이 더 필요하다고 하면서 공무원 수를 더 늘리려고 하는 경향이 있고, 늘어난 공무원들은 열심히 일하는 모습을 보이고자 하다 보니 추가적인 규제 사항을 만들거나 규제의 실제를 까다롭게 함으로써 많은 수의 공무원이 규제하는 일에 간여하고 있는 것을 정당화하려고 하게 된다. 이러한 이상한 단면을 강조한 한 선생님은 1960년대 초반 (당시 공무원이 지금처럼 많지 않았던 시기였음에도 불구하고) 당시의 규제 개혁을 위하여 공무원 수를 반으로 줄이고, 그렇게 해서 남은 돈으로 남은 반의 공무원들의 처우를 개선하는 데 쓰도록 하는 것을 개혁의 왕도라고 강조했던 바 있다.

오늘날 규제는 행정부에서만 생산되지 않는다. 행정부 아닌 곳으로부터의 규제로서 많은 의원 입법이 있는데, 의원들은 입법을 위한 충분한 준비 시간을 가지지 못한채 많은 부실한 법률을 생산해 낸다고 한다. 그에 따라 불량 규제의 80-90%는 의원 입법에서 나온다고 하는 비판도 받는다. **(중앙일보 2022년 9월 2일 "규제는 감춰진 세금---규제 혁신하면 감세 효과")** 사법부조차도 규제 생산에서 예외는 아니다. 사법부는 판결해야 할 사안을 마냥 지연시키고 있으며 근자에 들어서는 판례를 무시하는 일도 자주 생겨나 사법 제도에 대한 불신을 초래하고 있다.

개인 정보는 보호되어야 한다는 원칙에 대해서 총론에서는 모두가 찬성한다. 그러다 실제 각론에 가서는 총론이 지켜지고 있지 않는 데 대해 무심하게 된다. 우리 법률 문화에서 positive list system을

negative list system으로 바꾸어야 하겠다는 오랜 이야기는 이제는 하등 감흥이 없다. 너무 오랫동안 CCTV나 자동차 블랙박스로부터 무차별 촬영을 당해 마구 찍히고, QR 코드의 남용에 의해 행동거지가 마구 추적되면서 개인 정보가 침해되고 있었다는 것을 필두로 하여, 마구잡이로 개인 정보를 침해하는 업무 행태, 무분별한 침해 주장 및 행정 형법 조항의 만연 등등이 많아, 우리 사회에서는 개인 정보의 침해가 별 의식 없이 자행되고 있다. 그러나 이러한 것들은 한번 이야기했으면 되는 통과의례 비슷한 것이 되었고, 그것에 대한 반성을 하더라도 수정이 되는 일이 거의 없어 결과적으로는 변화가 없었다.

우리나라에서의 무차별적인 개인 정보 보호의 2대 사각지대로서 원격 얼굴 인식 및 열 손가락 지문 날인의 2가지를 든다. 전자는 현재 법무부의 공항 출입국 관리 시스템과 경찰청의 범죄 피의자 3차원 얼굴 인식 시스템에서 사용되고 있고, 후자는 1968년 주민 등록 제도 출범 이래 계속되고 있다. 전자는 '사생활의 비밀과 자유, 집회-결사의 자유를 침해할 위험성이 있다'고 하여 관계 법률이 마련되기 전까지 사용하지 말라고 국가인권위원회가 지난번 권고한 사안이고, 후자는 헌법소원 후 헌법 재판소에서 '지문 수집으로 인한 인권 침해가 범죄 수사 등 공익 목적에 비해 크다'며 그것을 피하라고 하는 것에 대해 6대 3 합헌 결정이 난 사안이다. (**중앙일보 2023년 2월 1일 '열 손가락 지문**') 개인 정보 보호의 미흡함에 대해 하나에서는 시정 권고가 있었고, 다른 하나에서는 시정의 필요가 공식적으로 수긍되지는 않았다는 차이가 있기는 했으나, 이러한 차이에도 불구하고 개혁은 이루어지지 않아 그 이후 일어난 변화는 없다.

우리 사회에서는 경제에 대한 종합적 이해도가 낮고 진영 논리가 판을 쳐 규제 만능주의가 팽배하고 있다. 이런 점은 코로나19 사태 이후에도 여전하거나 더 심해졌다고 한다. 중앙일보 2020년 4월 8일 자 보도에서는 2016년 5월 이래 3,907건의 규제 안건이 제시되었고 7,261개의 새로운 규제가 생겨났다는 점이 적시되었다. 이상한 규제의 대표적인 예로는 중고차 거래를 중소기업 업종으로 지정하여 우리나라에서 중소기업으로 분류되는 벤츠, BMW, 아우디, 렉서스 등 외국인 대기업의 한국 지사는 이런 거래를 취급할 수 있으나, 우리나라 대형 자동차 업체는 참여할 수 없게 한 것, 2019년 금융 실명 거래 및 비밀 보장에 대한 법 개정에 따라 5,000만 원 이상을 체납한 사람에 대해서는 본인, 배우자, 6촌 이내의 혈족, 4촌 이내의 친척의 금융 거래를 국세청이 볼 수 있게 하여 개인 정보의 과도한 침해를 자초했다는 것, 2018년 산업안전보건법 개정을 통해 위험성이 높은 작업의 외주를 금지함으로써 도급을 받던 중소기업의 일거리를 없앴다는 것 등을 들었다. 더불어 계류 중인 다른 사안도 제시하였다. 과연 이러한 규제의 부작용을 감안하여 규제를 완화하겠다고 하는 희망 고문을 하다가 추상적인 가치를 들먹이며 실용을 막는 일이 많다는 것이 적시되고 있는데, 이는 어서 지양되어야 할 사항이다.

2.
그림자 규제 및 유령 규제

우리는 제4차 산업 혁명을 추구하려고 하였고 그것을 위한 첫 단추로서 규제 개혁을 도모하였다. 그러나 실제로는 도모하던 바를 이루지 못했다는 걸 잘 알고 있다. 역대 정부가 한결같이 법제 개정을 통한 규제 개혁을 요란하게 외쳤으나 의도한 바를 이루지 못하여, 그다음 정부가 이어서 여전히 규제 개혁을 주창하고 추진하는 다람쥐 쳇바퀴를 돌고 있다. 과연 역대 정부는 명문으로 된 규제 사항뿐만 아니라 스스로 규제하지 않고 산하 기관을 통해 행하는, 사실상 숨어 있는 규제인 '그림자 규제'를 해 놓고도 그런 사실을 외면하면서, 이런 것들까지 규제 혁파 노력에서 정식으로 다루는 데에는 소홀하였다. 종래의 역대 정부는 전봇대 뽑기, 손톱 밑 가시 뽑기, 붉은 깃발 제거 및 현 정부의 모래주머니 제거하기 등의 구호를 가지고 숨어 있는 사실상의 규제 사항을 대통령이 직접 적시하고, 그런 것의 개혁을 강조하는 것을 통해 이들 규제를 제거하려고 노력해 왔다. 그러나 큰 원칙으로 제시된 개혁안을 실제로 시현하는 구체적 방도에 있어서는 철저하지 못하였다. 이에 숨어 있는 그림자 규제는 점점 교묘해졌고, 한때 규제 개혁의 성과로서 인지되었던 것이 경직적 행정 집행과 결합되면서 시간의 경과와 더불어 사실상의 새로운 규제로 변질되어, 이른바 '유령 규제'로 탈바꿈 하게도 되었다. 뒤에서 보듯이 규제 개혁의 시현을 위한 수단의 첨병 격으로 여겨졌던 sandbox를 이용하여 규제 완화를 시행해 나가려고 하였으며, 이러한 애초의 개혁 의도는 좋은 것이었다. 그러나 어떤 사유로든 한번 sandbox 제도로서 허용받은 다음에는 그것을 운영하는 행정 관행에서의 경직성이 개재하게 되어, 일단 어떤 용도로 허가해 준 다음에는 sandbox 제도를 다른 방식으로 운영하는 데 있어 신축성을 보이지 않아, 이 제도에 의해 개혁된 규제하에서 영업 허가를 받은 회사에만 허가를 연장해 줄 뿐 설사 경쟁력을 가진 새로운 경쟁자가 새로운 사안에 대해 새로이 허가를 받으려고 하더라도 허가받을 수 없게 되는 경우가 많았다. 이러한 실질을 가진 제도 운영 방식과 결합되어, (명목적으로는 규제 개혁의 사안이라고 인정해 개혁 조치로서 단행된 것이 실질적으로는 공식적으로 규제라고 지칭하기 어려우나 결과적으로는 규제임에 틀림없는, 이른바 유령 규제의 형태를 지니게 된) 새로운 규제가 되곤 하였는데 이런 점은 외면되었다. 그로써 규제 개혁을 하는 것이라고 하면서 취한 조치가 결과적으로는 새로운 변종 규제가 되는 기막힌 실상의 변질에 대해 무력할 수밖에 없었다. 형식적으로는 규제 개혁의 첨병 격인 샌드박스의 시현이라 하겠으나 실질적으로는 그런 샌드박스 조치의 최초 대상자를 제외한 많은 기업들(즉, sandbox 규제 개혁의 대상밖에 위치했던 다른 모든 기업들)에게는 엄연한 규제로 되어 있었으며, 그 실체를 유령이라고 할 수밖에 없는 신종의 규제로 남게 되었다.

더 나아가서는 개별 부처가 각각 독자적 규제를 하고 있어 이들 여러 부처 중 한두 개 부처가 규제 개혁 노력의 일환으로서 개혁을 추진한다고 하더라도 다른 부처가 그것에 대해 동조하지 않는 한 규제 개혁이 하등 성과를 내지 못하는 상태를 초래하게 되는 것을 목격하고는 무력감에 빠지게 되었다. 즉, 이러한 경우에 있어서는 관련된 모든 부처가 일제히 규제 개혁에 동참하고 협력하면서 개혁 과제를 시행해 나가야 비로소 개혁이 가능한 것이기에 이러한 규제의 양상을 '덩어리 규제'라고 인지하기는 하였으나, 관련 부처가 일제히 그런 것을 혁파하려고 하지 않았거나 서로 협력하지 못하였기에 그런 것들이 악성 규제로 온존하게 되는 것을 방관할 수밖에 없었다. 다시 말하면 여러 부처가 각각 다른 시각이나 다른 의도를 가지고 규제를 하다 보니 그런 규제 세트는 모든 부처가 그런 것의 혁파에 협력하지 않는 한 개혁이 어려운 '덩어리 규제'로 되어 심각하게 다루지 않는 한 온존할 수밖에 없다는 것을 알게는 되었으나, 그것의 혁파에 대해서는 더 이상의 아무런 적극적 대처가 없어 덩어리 규제를 개혁하지는 못하였다. 더구나 근년에 들어서서는 300명이나 되는 국회 의원들이 이른바 의원 입법의 홍수 속에서 규제 사항에 대한 자세한 검토 절차도 없이 규제 사항을 담은 법률을 쏟아 내다 보니, 기존의 규제와 모순되거나 상충되는 규제도 많이 생산하게 되었다. 덩어리 규제의 생산은 국회에서 증폭되었다.

나아가 그림자 규제나 유령 규제나 덩어리 규제 등이 있는 상태에서 충분한 검토 없이 규제 개혁에 많은 에너지를 쏟다 보니, 그 이면에서 우리 사회에서는 기존에 존재하지 않았던 새로운 제도와 장치를 도입하여 산업을 진흥시켜 보려고 하는 (이른바 '진흥' 차원에서 제4차

산업 혁명을 보강하고 완성해 보려고 하는) 노력이 도매금으로 새로운 규제 사항의 신설이 아닌가 하는 의심을 받게 되었다. 그로써 진흥과 관련된 노력은 힘을 잃고 표류하게 되었다. 제4차 산업 혁명을 이루려면 과거 경제 개발 과정에서 경험하였듯이 한편으로는 새로운 공장과 생산 설비를 건설해 생산을 증강시키는 '생산 확장'의 측면이 있어야 하고, 다른 편으로는 고속도로를 건설하고 철도 등 다른 시설을 보강하고 운영을 합리화하면서 증강된 시설을 통해 늘어난 생산물을 효율적으로 배분하고 수출하기도 하는 인프라 증강과 '진흥'의 측면이 따라와서 생산 확장을 뒷받침하고 보강하여야 할 터인데, 이런 것들을 함께 기대하기는 어려웠다. 우리 사회가 실박한 정보 통신 강국을 구축하려고 할 때에 미처 가지고 있지 못했던 새로운 진흥의 요소를 새로이 정비하는 측면을 활발히 배려하고 추진하지는 못하였기에, 규제 개혁의 요란한 주장 및 그림자 규제나 유령 규제나 덩어리 규제 속에서 온존하는 무력감 속에서 이러한 진흥의 단면은 증발되어 버렸고, 개혁의 전반적 노력이 실효성을 잃게 되는 사정 속에서 개혁 노력은 소홀히 되고 외면받게 되었다. 나아가 진흥의 차원에서 전체 시스템을 확충하려는 이러한 노력은 동시에 시스템을 보다 복잡하게 만들기도 하였기에 결과적으로는 사실상 그림자 규제나 유령 규제나 덩어리 규제들을 더 많이 늘리는 부작용을 가져오기도 했다. 진흥의 노력으로 나타난 시스템의 복잡화는 규제 개혁의 과업을 더욱 어렵고 까다롭게 만드는 일면도 가지고 있었다. 이에 따라 정보 통신 강국을 위한 인프라로서 자랑할 수 있는 것이 30여 년 전에 구축했던 광화이버 유선 통신망뿐이라는 기막힌 사정을 그 30년 후에도 여전히 당면하게 되었다.

3.
규제하려는 동기,
양상 및 대응 방안

규제 개혁을 위한 최선의 방법은 시장이 제대로 기능하도록 그 기능을 확충하는 것이다. 단, 이렇게 할 경우에는 시장이 공정하게 작동할 수 있도록 내부에서의 자율 규제도 활발히 작동할 수 있게 하여 공정한 경쟁이 이루어지도록 해야 하고, 그곳에서의 기득권 세력이 이익을 고수하는 것을 지양할 수 있어야 한다. 이를 확보하려고 하는 과정에서 정부에 의한 간여가 생기기 쉽고, 여기에서 몇몇 공무원들의 개인적 이익 추구 행위가 개재될 소지가 있기 때문에 이를 예방하게끔 하는 공무원의 인사와 보상이 공평하게 이루어지게 되어야 한다. 이는 공무원 모두에 대해 적용되어야 하는 일반 원칙으로 되어야 하기에 공무원 인사 보상 제도를 공평하게 정립하는 것을 필요로 하게 된다.

이를 위해서는 기업 간의 경쟁 못지않게 기업 소유자인 사용자와 기업에서 일하는 근로자들 사이에서의 세력 균형 및 공평한 관계가 요구된다. 전자와 관련해서는 공시 강화 등 주주 보호 제도가 정립되어야 한다. 공시 제도가 정립되어 있어야 하고 상장 심사가 제대로 이루어져야 하며, 주식 매수 청구권 제도 등이 있어 대주주가 소액주주의 이익을 해하는 일이 없도록 해야 한다. 기업에 대한 법인세 및 자본 이득세나 배당에 대한 제도나, 회계 처리에 대한 규정이 기업인에게 부당하게 운영되어서도 안 된다. 이른바 대기업을 악마화하는 반기업 정책이 시행되어서는 안 된다. 기업인에 대한 상속세가 과다해 기업 쪼개기나 문어발식으로 자회사를 만들게끔 유도해서도 안 된다. 창업자 등에 대한 황금주(golden share)를 인정할 것인지도 정리해 두어야 한다.

기업인의 상대가 노동자들이고, 현재는 노동조합의 간부가 이들을 대표하고 있다. 그러나 우리나라의 노조 가입자는 총노동자의 10% 내외에 불과하다고 하고, 이들 노조 간부들은 노동 귀족처럼 처신하면서 조직된 정규직 노동자를 간혹 대변할 뿐 조직되지는 않았으나 정규직보다 더 많은 비정규직을 대표하지는 못하고 있다고 여겨진다. 특히 이들 노조 대표는 사회주의적 성향이 강하면서 노동 시장에 신규로 진입한 젊은 비정규직 노동자들을 충실히 대변하지 못하고 있다고 여겨진다. 대기업 노동과 중소기업 노동을 비교하면서 생각해 보면 이러한 사정은 더 심각해진다. 노조 간부들은 정규직의 혜택을 확보하는 데 주력하면서 그 이면에서 비정규직의 처지는 미처 감안하고 있지 않는 듯하다. 기업계 전체에 대한 고려나 국제 시장과 관련된 기업의 입지에 대해 별 주의를 기울이고 있지 않다. (선진국에서는 진보 정부가 노동 개혁을 한다는데 우리나라에서는 진보를 자처하는 노조가 노동의 대표성을 독점하면서 과도한 최저 임금제 요구, 탄력 근로제 및 파견 근로제 등에 반대하는 수구 세력으로 되어 있다는 관찰도 있다.) 이에 따라 이들은 주

52시간 근무제를 유연하게 적용하는 것이나 기타 노동 유연성을 제고하려는 방안을 강구하고 제도화하는 데 대해 큰 관심이 없다. 젊은 비정규직 중소기업 노동자들이 해외 시장이나 기술의 변화를 예의 주시하면서 대기업과 중소기업 사이의 상생 관계를 도모하려고 하는 것에 대해서도 노조 대표는 무심하다. 그러한 상생 관계를 유지하기 위해 평생직장을 고집하지 말고 해고와 유연성을 받아들여야 할 것이라는 것에 대해 진정으로 이해하고 동조하고 있는 것 같지 않다.

이러한 노동 시장 속에서의 사정이 연금 개혁이나 교육 개혁에도 영향을 미치고 있다. 노조를 비롯한 기존의 기득권 세력은 아직 태어나지 않은 세대의 이해관계를 감안하지 못하고 있으며, 전교조라는 교육 부문에서의 노조는 그 초심을 잊은 듯 공교육 정상화에 전력하고 있지 않으면서 신규 가입자의 사회주의적 교육에 열심이다.

사정이 이러하다 보니 (새로운 규제를 하나 도입하려면 기존의 규제 하나를 없애야 하는) 규제 총량제, (규제 도입 후 일정 시간이 지난 후에는 그 규제를 자동적으로 실효하도록 하는) 규제 일몰제 등은 헛돌고 있고, 규제를 허가제에서 신고제로 바꿔 보자는 제안도 마찬가지다.

수도권 과밀을 우려해 생긴 용적률과 그린벨트 등에 대한 규제 때문에 사람들이 제일 선호하는 지역이 선호되지 않는 지역에 비해 집약적으로 활용되지 못하게 되어 있고, 사람들은 그것을 불가피하다고 여겨 감수 및 체념하고 있다. 그것 때문에 수도권의 생산 시설이 확충되지 못하여 경쟁력 제고 등에서 제약을 받고 있다. 수도권 대학에서는 소프트웨어 인력 등 긴급히 늘려야 할 인력을 증원하지 못하고 있는 것 등도 감수해야 한다.

4.
플랫폼법?

 IT 및 AI가 강조되면서 digital transformation을 이루어 내야 하고, 이를 위해 규제 차원에서도 새로이 적응해야 하게 되었다. 그런 것 중 가장 중요한 것이 플랫폼에 대한 융통성 있는 정책을 정립하는 것이 되겠다. 주지하는 바와 같이 플랫폼이란 정거장이고 열린 마당으로서, 누구든지 그곳에 와서 다른 사람들과 화합하며 각자가 원하는 바 할 수 있는 일을 하도록 하는 기회를 제공하는 광장이다. 그러면서 플랫폼의 운영 방식은 가변적이어서 아직 그것의 형태가 어떤 것으로 확정되어 있다고 하기 어려운 대상이다. 그러나 우리나라에서는 이런 플랫폼이 플랫폼 노동자와 연계되어서 좁게 생각되어 왔다. 그 결과, 이것이 경직적으로 해석되었고 그것이 가지는 다양한 융통성을 잃은 채 재대로 활용되고 있지 못하다는 감이 있다.

 원래 플랫폼 안에 플랫폼이 있기도 하고 플랫폼 옆에 플랫폼이 있기도 하다. 플랫폼이 아닌 일반 기업 등이 플랫폼을 이용하기도 하고 어떤 플랫폼 A가 다른 플랫폼 B의 안에 들어가거나 옆에 존재하고 있으면서 서로 이용하기도 한다. 현재 유용한 플랫폼은 big tech 등에 의해 제공되고 있다. 그 가장 현저한 예가 구글에 의해 제공되고 있는 Youtube라 하겠다. 그런데 특히 새로운 기술이나 서비스와 관련해서는 이용 요금만을 내고 누구나 사용할 수 있는 플랫폼뿐만이 아니라 회원제 모임(club)으로 운영되고 있는 플랫폼도 있다. 후자의 경우에서는 회원이 되지 못하게 되면 해당 서비스의 이용으로부터 원천적으로 배제된다. 이런 점을 새삼 인지하여 회원제 모임에 가입하려고 노력하는 한편 이른바 'open data' 운동 같은 것에도 적극적으로 참여하도록 해야 할 것이다.

공정거래위원회는 플랫폼 시장은 양면 시장(two-sided market)의 성격 이라함을 천명했다. 이에 동 위원회가 가지고 있는 기존의 경쟁 시장 육성의 틀을 가지고는 제대로 대응할 수 없다고 보고, 새로운 대응 방법을 담는 법적 틀을 만들어 보고자 하고 있다. 플랫폼에 공급자로서 참여하는 주체도 있고 수요자로서 참여하고 있는 주체도 있는데, 이들 두 가지를 모두 보지 못하고 한편만을 본다면 문제의 이해나 대책의 마련에서 잘못될 수 있음을 주목하고 이를 지양해 보려고 하고 있는 것이다. 2020년 Seoul Financial Forum에서 발표한 당시의 조성욱 공정거래위원회 위원장은 (특히 우리나라를 배경으로 하여) 플랫폼이 가지는 문제로서 아래의 6가지를 강조했다.

1) killer acquisition: 경쟁자가 될 수 있는 후보자를 인수 합병함으로써 경쟁의 싹을 자른다.

2) 정보의 집중: 플랫폼에서 생기는 정보를 그것의 운영자와 참여자가 공평하게 가지거나 이용하지 못하게 한다.

3) 불공정 행위: 운영자가 자사와 타사를 공평하게 다루지 않고 자사를 우대하는 경향이 있다.

4) multi-homing 기피: 어떤 회사는 여러 플랫폼을 활용하나 보통 이용자는 그러하지 못하고, 하나의 플랫폼만을 이용하는 경향을 가진다. 이러한 현상은 플랫폼의 플랫폼 이용자에 대한 부당한 영향력의 근거가 되고, 플랫폼인 이용자보다는 일반 이용자에 대해 심한 차별을 가져올 여지가 있다.

5) 최혜국 대우 요구: 예컨대 기존의 여행사가 서비스 제공에 대한 최저가 보장을 요구하여 그 이하의 가격으로 시장에 진입하려는 신규 여행사의 진입을 불가능하게 하듯이, 기존 참여자가 신규 참여자를 제도적으로 배제하려고 한다.

6) 소비자 문제: 플랫폼 경제에서도 소비자 후생이 소홀히 될 수 있는 바 이를 규율해야 한다.

이런 계제에서는 플랫폼의 새로운 이용 방법이 어떻게 창안되고 있는지를 유념하고 주목해야 한다. 그것의 역할이 점점 증대되어 가고 있는, 전에는 겪어 보지 못했던 상황에 임하게 되는데, 이런 때 대응 방법은 어떻게 달라져야 하고 그런 것 중 어떤 것이 최선이 될지를 강구하는 데 대해 중지를 모을 수 있어야 할 것이다. 무엇보다 현재 가장 강력한 영향력을 가지고 있는 애플 스토어 및 구글 플레이 스토어 등이 다른 기업이나 개인이 이들 플랫폼을 이용할 때 인앱 결제를 강제하면서 그런 강제의 결과 인앱으로 결제하는 모든 거래에 대해 매출액의 30%를 플랫폼 이용료로 징구하는 경우, 이 플랫폼 생태계가 차차 어떻게 변화하게 될 것인지 검토해 보아야 할 것이다. 또 30%가 타당한 수준인지도 가릴 수 있어야 할 것이다. 관련 플랫폼은 플랫폼을 운영 및 유지를 위해서 운영 유지 비용이 소요될 것이기에 이를 여럿이 분담해야 한다고 생각할 것이다. 애플스토어 등은 인앱 결제의 강제에 의한 수입은 이런 유지비용을 조달하는 것이라고 여길 수 있다. 반면 그것에 대한 비판론은 인앱 결제의 강제를 하면서 플랫폼은 모든 정보를 독점하게 됨으로써 모든 플랫폼 이용자가 결국은 플랫폼에 종속될 것을 우려하고 있다.

중앙경제 2021년 8월 24일 "'운명의 날' 될까---인앱 결제 둘러싼 구글 vs 반구글"

공정위에서는 균형 잡힌 접근을 강조하고 있는 바 경쟁 촉진의 방법을 이용하여 스토어 대 스토어 이용자 사이에서 이용료로 징구하는 요율로서 30%가 타당한지 또는 외국에서는 사정이 어떠한지를 검토해 보고, 이를 바꿀 수는 있는지를 강구해야 할 것이다. 그런데 미국의 상원이 구글-애플 횡포 방지법을 발의해 이들이 자사의 앱에서 자사의 결제 시스템을 강제하지 못하게 하려고 한다는 보도(**동아일보 2021년 8월 13일, 미국 상원에선 '구글-애플 횡포 방지법' 발의**)가 있었다. 자사 앱 결제 시스템을 강제하지 못하게 하는 이러한 법이 작동되면 플랫폼 간의 경쟁이 심해질 것이고, 30%라는 수수료의 수준이 지나치다고 판명된다면 그것은 지탱되기 어려워질 것이다. 나아가 이런 방향으로 대책을 강구하는 것은 우리나라에서 태생한 플랫폼 네이버등에 대해서도 연장 적용되어야 할 것이다. **2020년 8월 24일 자 중앙경제 "쇼핑 공룡' 네이버, 온라인 장보기도 집어삼키나**'는 네이버가 '로켓프레시', '마켓컬리', 'SSG.COM' 등 기존의 장보기 서비스의 경쟁자 이상이 될 수 있음을 암시하고 있다. 한편 이러한 스토어 플랫폼에서의 문제보다는 사소하고 부차적이라 할 수 있고 국내에서의 사용도가 훨씬 한정적이기도 한 부동산 정보 서비스 사업 관련 문제에 대해서도 (마찬가지로 네이버와 카카오의 다툼의 형태를 띠고 있기는 하나) 초점을 맞추어, 그것이 분화하고 차별화해 보려는 움직임을 보이고 있음도 주목해야 할 것이다.

큰 방향에서 보아서는 이런 개별적인 것들에 대해서 과다한 노력을 경주하기보다는 시장 경쟁을 활용할 필요가 있을 것이다. 카카오로 하여금 시장에 이미 진입해 있는 네이버와 경쟁을 하도록 하기 위해서는 이들 간의 경쟁을 막지 않는 것이 필요할 것이나, 그렇게 하는 것이 시장 선점자가 그간 들인 노력에 의해 가지게 된 우위를 부인하는 것으로까지 되어서는 안 될 것이다. **중앙경제 2020년 9월 7일 "'카카오 부동산 사업 방해" 네이버, 과징금 10억 맞았다'**라는 기사에서는 부동산 매물을 대상으로 하여 경쟁하는 포털들이 이들 양사 이외에도 여럿이 있다는 사실을 보여 주고 있다.

동시에 반경쟁 정책을 과잉되거나 과소되게 집행해서도 안 되고, 규정을 제정하고 가이드라인을 만드는 사전 규제와 불공정 행위가 일어나고 난 다음 집행하는 과정에서 이루어지는 사후 규제의 어느 것도 정도가 지나쳐서는 안 될 것이다. 스타트업의 혁신을 질식시키는 정도까지 되어서는 안 될 것이다. 종래 시장 경쟁을 유지하기 위해 당연한 이러한 원칙이 IT 경제에서의 플랫폼에 대해서도 적용되어야 할 것이라 하겠는 바, 이는 너무나 당연하다 할 것이다. 그러나 문제는 이러한 원칙을 갖가지 구체적인 사안에 대해 어떻게 적용할 것이냐 하는 집행(implementation)의 문제에 달려 있다. 그다음 그러한 대응 내지 집행을 하는 데 있어 우리 기업과 해외로부터의 기업이 동일하고 공평하게 취급받을 수 있도록 함으로써 외국 기업 대비 내국 기업을 역차별화하는 결과가 나오지 않도록 하는 데 극히 유념해야 할 것이다.

이러한 시각을 가지고 볼 때 '플랫폼법'이 입법 예고되었다는 것은 놀라운 일이라 하지 않을 수 없다. **중앙경제 2020년 9월 29일 화요일 보도 "네이버 쿠팡, 갑질하면 과징금 10억… '플랫폼법' 등장"**에서는 공정거래위원회가 이번에 네이버나 구글, 각종 오픈 마켓 배달 앱 등은 물론 가격 비교 사이트와 숙박 앱, 승차 중개업, 앱 마켓 등(더불어민주당 을지로위원회는 패션, 안경을 여기에 추가하였음)을 총망라하여 그것의 대상으로 하고 있으며, 부동산이나 중고차 정보 제공 서비스와 검색 광고 서비스로 예시한 일부의 플랫폼을 이른바 '온라인 플랫폼의 대표로 삼아 입점 업체와 소비자 사이의 상품 서비스 거래를 알선하는 기업들을 플랫폼법의 대상이 되는 기업'으로 여기면서, 동 법을 준비하였음을 알려 주고 있다. 입점 업체가 고객이 살 의사가 없는 제품을 사도록 강제하는 것, 이익을 제공하도록 입점 업체에 강요하는 것, 거래 과정에서 발생한 손해를 부당하게 전가하는 것, 입점 업체에게 불이익이 되도록 거래 조건을 바꾸는 것 등을 모두 이들 플랫폼이 거래상 우월적 지위를 이용해 할 수 있는 불공정 행위(이른바 갑질)의 예라고 여긴 다음, 이러한 불공정한 갑질에 의한 피해의 빠른 구제를 위해 동의의결제(거래 상대방의 피해를 구제할 시정 방안을 사업자가 스스로 제안하고 실행하는 제도)를 도입하려고 했다고 한다. 이를 위한 기초 작업으로서 플랫폼 기업이 입점 업체에게 거래 조건을 투명하게 명시한 계약서를 교부할 의무도 부여하였다고 한다. 갑질을 걱정해야 하는 것이 플랫폼 시장이라는 기본 인식을 가지고, 갑인 플랫폼 제공자로 하여금 계약서를 일방적으로 작성하게 하는 한편 계약 내용을 바꾸거나 해지하려면 각각 15일 또는 30일 전에 그 내용과 이유를 알리면 되게 하는 방도를 마련하였다는 것이다.

그러나 계약서란 계약의 쌍방이 협의한 다음 합의한 내용에 따라 작성하는 것이 원칙이다. 그러하니 당사자들이 어떻게 합의를 하는지에 대한 절차나 과정에 대해서는 설명을 일체 생략한 채, 매출액이나 중개 거래 금액이 일정 규모 이상인 플랫폼으로 하여금 그의 입점 업체들의 노출 순서를 결정하는 기준, 계약 해지 사유, 손해 분담 기준 등 13가지 필수 기재 항목을 담은 계약서를 일방적으로 작성해 입점 업체에 교부하도록 하는 것이 과연 타당하다고 할 수 있겠느냐 하는 의구심을 피할 수 없다. 그렇게 함으로써 계약서 작성을 위한 단계에서 쌍방의 협의 과정을 증발시켜 버렸기 때문이다. 더구나 **2020년 9월 29일 조선경제 '온라인 플랫폼 갑질하면 2배 과징금'**이 보도하는 것처럼 이러한 입법은 플랫폼이 우월한 지위를 활용해 입점 업체에게 부당하게 손해를 전가하거나 경영에 간섭하는 행위 등을 막으려는 의도를 가지고 있는 듯한데, 과연 이렇게 일방적으로 계약 내용의 결정을 용인하는 것이 갑질 방지라는 애초의 입법 취지에 맞는 것인지도 의심스럽다.

더욱 심각한 것은 노출 순서를 결정하는 기준이란 것이 고정된 것이 아니고 최선의 알고리즘을 찾아가는 과정에서 새로운 상황의 전개에 따라 새로이 나타나게 되는 데이터를 반영하면서 계속적으로 수정돼 나가야 하는 것이어야 한다는 점을 이해해야 한다는 것이다. 또, 어떤 시점에서 최선이라고 여겨 결정한 기준이라고 하더라도 차후 새로운 상황에 가서는 바뀌어 나아가야 하는 성질의 것인데, 상황 변화에 따라 계약 내용이 달라져야 한다는 이러한 요망을 갑의 일방적 계약 내용의 결정을 제도화한 것에서 어떻게 수용할 수 있는지도 불분명하다는 점이다. (데이터가 달라지고 보강되면서 알고리즘도 달라진다. 흑인 남성을 고릴라로 식별했다거나 백인보다는 아시아인이나 흑인의 식별에 오류가 많았던 빅테크의 얼굴 인식 알고리즘의 한계는 이미 잘 알려져 있는 사정이다. 그런데 그러한 오류를 범했다고 하여 그런 알고리즘을 개발한 회사를 벌주거나 알고리즘을 쓰는 일을 그만두게 하는 일은 생기지 않았다. 오류를 범한 알고리즘을 새로운 데이터와 오류 수정으로 보강 및 수정해야 하고 그다음 계속 써야 할 수도 있다.)

동 법에서는 이러한 알고리즘의 수정 필요성을 갑인 플랫폼 제공자로 하여금 계약서를 일방적으로 작성하게 하고, 계약 내용을 바꾸거나 해지하려면 각각 15일 또는 30일 전에 그 내용과 이유를 알리게 하는 한정적인 조건 아래에서 수용하도록 한 것 속에서 수용하려고 한 듯 보인다. 그러나 이렇게 하는 것이 계약이란 양 당사자의 합의에 의해 이루어져야 하는 것이어야 하며, 알고리즘이란 계속 개선해 가며 쓰는 것이란 관행과 합치한다고 할 수 있을지는 불분명하다 하겠다. 노출 순서를 결정하는 기준을 바꾸어 나갈 때 플랫폼으로 하여금 새로운 상황에 대응하여 일방적이고 계속적으로 계약서를 수정해 가도록 하는 것이 최선인지, 입점 업체는 이러한 계약서의 변경에 대해 하등 이의를 제기할 수 없도록 하는 것이 최선인지, 이때 AI를 활용할 여지는 없는지 등이 불분명하다 하겠다. 계약 내용의 결정에 의견을 낼 수 없는 입점 업체가 자주 거부하기만 한다면 노출 기준을 고정시키려는 애초의 의도를 크게 저감시키거나 무산시키는 것이 될 수도 있다. 결국 이번의 입법은 신속한 결말을 얻으려는 데 급급하여 빅 데이터 시대를 제대로 살아가기 위해서 갖추어야 하는 바 '당시 상황을 보여 주는 데이터의 올바른 반영에 의한 맞춤형 결정'을 어렵게 하게 될 위험성이 적지 않고, 충분히 정당화될 수 있으면서 신축성을 가지는 계약 내용을 결정하도록 해야 한다는 자유 계약의 관행을 구체적인 입법 과정에서 무산시키는 것으로 될 위험성을 가지게 된다는 것을 우려하지 않을 수 없다.

이러한 입법이 야기할 문제점으로서 업계에서는 '플랫폼에 대한 정의와 구분이 모호하고 적용 범위가 넓다'는 점을 적시한다. 그러나 이러한 적시 이상의 더 심각한 문제는 일단 법으로 그 내용이 고정되고 나면 그것이 그 이후에 나타나는 상황의 변화를 융통성 있게 반영하지 못할 수도 있다는 것이고, 그러한 법을 가지고는 아직 그 내용이 고정되지 않았고 차후에도 더 다양하게 달라지고 발달하게 될 것으로 보이는 플랫폼에서의 영업활동을 규제하는 데 부적합하리라는 것이다. 그로써 그러한 법을 시행하려고 할 경우 나타나게 될 문제는 다른 사안보다 더 미묘하고 유동적인 특성을 가지는 플랫폼의 추후 발전에 대해 장애 요소가 될 수가 있겠으며, 또 그것으로써 자국 플랫폼과 외국 플랫폼 사이에서의 여러 격차를 무시하지 않고 다양하게 반영하면서 갑질 방지법의 의도에 따라 내외 차별 없이 규제할 수 있겠느냐 하는 점도 불명확하다는 것 등이 되겠다. 이제까지의 다른 사안에서와 마찬가지로 동 법으로 국내 발원의 기업만을 옥죄어 내외 차별을 심화시키지는 않을 것이냐에 대한 대책도 없는 듯하니, 이

역시 보완되어야 하겠다.

우리는 미국 상원과 같은 취지에서 인앱 결제법을 만들어 플랫폼 제공자가 일방적으로 30% 수수료를 강제하려는 것을 막아 보려고 하고 있다. 그러다가 위에서 보았듯이 상당한 정도의 쟁점에 대해 불완전한 답을 가진 대답을 제시해 놓았다고 하겠다. 그런데 앞서 언급된 어려운 문제를 더욱 꼬이게 하는 것은 방통위와 공정위가 플랫폼 규제를 놓고 영역 다툼을 하고 있다는 것이다. 공정위는 '구글 인앱 결제 방지법(전기통신사업법 일부 개정안)'에서 조사와 시정 권한을 방통위에 부여한 것을 두고 '중복 규제'라고 반대하고 있다고 하는데, 방통위 측은 앱 마켓 사업자는 부가 통신 사업자이기 때문에 IT 전문성을 가지는 방통위가 규제해야 한다고 맞서고 있다는 것이다. 새로운 유령 규제를 예고하고 있는 듯 보인다. 이러한 입법을 통한 변화 시도에도 불구하고 구글은 외부 결제 페이지로 연결되는 아웃 링크를 삭제하라는 요구를 하고 있어 이런 일련의 입법 시도를 무산시키려고 하고 있다. 이런 사태는 다른 사업자에게도 영향을 미쳐 OTT나 음원서비스 요금이 줄줄이 인상될 것을 예견하게 하고 있다.

동아일보 2022년 5월 4일 "구글 인앱 결제로 국내 소비자 연 2,300억 추가 부담"

비슷한 입지에 서 있는 문제가 유튜브나 넷플릭스 등 트래픽을 크게 차지하고 있는 망 이용 기업이 통신사에 망 사용료를 내야 하느냐의 문제다. 우리나라에서는 이들 둘이 각각 트래픽의 27.1% 및 7.2%를 차지하여 트래픽 사용자의 1위 및 2위를 차지하고 있다고 하고, 글로벌 트래픽에서는 이들이 각각 20.9%, 9.4%를 차지하여 1위 및 3위를 차지하고 있다고 한다. 이들의 트래픽 증가를 지탱하기 위해 통신업계는 매년 막대한 망에 대한 투자를 해야 하나, 이들은 통신사들이 소비자들로부터 이용 대가를 받고 있기 때문에 자신들도 통신사에 망 이용료를 내게 되면 통신사는 소비자 및 가맹점으로부터 이중으로 이용료를 받는다는 점, 자신들도 해저케이블 같은 네트워크에 투자하고 있다는 점, 가맹점에게 망 이용료를 받게 되면 소비자에게 그것의 상당 부분이 전가될 것이라는 점 등을 들어 반대하고 있다. 그러나 세계 750개 이동 통신 사업자 모임인 GSMA를 필두로 EU도 우리나라 통신업계와 같은 입장이며 우리 국회에서는 '망 이용료 의무화법'을 발의하였다고 한다.

조선일보 2022년 12월 2일 "한국서 점화된 망 이용료 의무화 논쟁---빅테크 vs 세계 통신 업계 대결로"

망을 위한 투자 재원을 마련하려는 망 이용료 문제는 이제 어떻게든 정리되어야 할 것이다. 그런데 **조선일보 2023년 3월 2일 보도 'EU "망 투자 공정한 부담을"과 넷플릭스 "콘텐트 부실로 소비자 피해"'**라는 기사를 통해 우리는 막대한 트래픽을 유발하는 빅테크들에게 무임승차 말라고 하며 법적으로 대응하려고 하는 데 비해 금반 스페인에서의 MWC에서 EU는 의무를 부과하기보다는 투자에 동참하라고 유도하고 권유하는 차이를 보여 주었다고 한다. 그리고 우리의 방법에 대해 유튜브 크리에이터들의 반대를 유발하였다고 하였다. 망 확충을 위한 투자 재원의 추가가 필요한 것은 확실하고 그것을 위한 방법론이 문제가 된다 하겠는데, 이런 것은 논의를 거쳐 합당한 방법이 도출할 수 있을 것이다.

조선일보 2023년 7월 20일자 보도 "각국, '넷플릭스와의 전투' … 법 만들고 몸집 키우고" 는 캐나다를 비롯한 여러 나라가 OTT를 상대로 '자국내 콘텐츠 투다 의무화' 촉구에 돌입했음을 알려주고 있다.

우리 사회의 입지에서 플랫폼 문제와 관련해 우선 확실히 해야 할 점은 택배 근로자나 라이더 등의 위상을 분명히 하는 것이 되겠다. 이들은 임금을 받는 통상적 노동자가 아니다. 이들에의 보상은 이들을 고용하고 있는 상대가 있으면서 이들이 상대에게 일정한 기간 고용되는 방식으로 결정되는 것이 아니고 이들은 노무 관리의 대상도 아니다. 예컨대 이들의 보상은 2022-2023 코스트 푸쉬 인플레이션이 진행되는 때 임금 노동자의 임금보다 훨씬 유연하게 조정된 바 있다. 또 이들은 공급하는 서비스에 관해 경쟁자가 많지 않아 자신의 서비스 가격을 스스로 결정할 수 있는 freelancer도 아니다. 이들은 임금 노동자와 프리랜서의 중간에 위치하고 있다. 이에 이들을 임금 노동자로 혼동하는 잘못을 범하지 말아야 할 것이다.

새로이 등장하는 상황에 대해 과거의 틀을 적용하려고 하다가 어려움을 갖게 되는 다른 문제는 우리나라의 인터넷 속도와 관련되는 것이다. 과거 우리는 인터넷 속도가 세계 1, 2위를 다투는 고속 인터넷 강국이라고 자부해 왔으나 최근의 보도는 세계 34위라고 한다. 과거에는 우리가 수도권의 좁은 지역에서 주로 인터넷을 활용하였고 주거 형태도 (쉽게 LAN을 구성할 수 있는) 아파트 방식으로 집단 주거의 양상을 띠었기 때문에 일부 광화이버와 그것을 보조하는 전화망을 사용하는 ADSL(Asymmetric Digital Subsriber Line)로서 VOD(video on demand)를 수용하면서 빠른 인터넷을 즐길 수 있었다. 그러나 이제는 보다 많은 영상을 이용해야 하고, OTT(Over-The-Top)를 이용하게 되었으며 앞으로 user-generated video가 점점 많아지고 AR 콘텐트 및 VR 콘텐트의 생산과 소비가 활발해질 것이기 때문에 그러한 가까운 미래를 생각해야 할 것이고, 이러한 때 현재의 FTTH(Fibre-To-The Home)으로 보강된 일부 광통신망과 ADSL을 가지고는 인터넷 트래픽을 감당하지 못하게 될 것이라는 사실은 명약관화하다. 개인 등 인터넷 사용자 모두에게 콘텐트의 download와 마찬가지로 upload도 자유롭게 할 수 있도록 하는 통신 인프라를 구축할 수 있도록 망 투자를 늘려야 할 필요가 절실하며, 이를 소홀히 할 경우 외국의 클라우드 및 플랫폼에 종속될 것이 뻔히 보인다. 투자 재원의 마련에 대해 소홀해서는 안 될 것이다.

특히 이른바 웹 3.0 상황에 부응하면서 앞으로 챗 GPT의 도움을 받아 가며 늘어날 개인에 의한 AR 콘텐트나 VR 콘텐트의 공급을 예상해야 하고, 이를 지원하기 위해서는 종래의 통신 인프라로는 크게 부족할 것임을 외면해서는 안 될 것이다. 챗 GPT의 이용 등은 큰 데이터의 용량과 상당한 크기의 화면을 가지는 PC 등을 필요로 할 것이고, 스마트폰으로는 불충분하기 쉬울 것이다. 원격 의료나 원격 근무가 일상화되고 smart home까지 시현된다고 할 경우 이러한 점은 더욱 분명해질 것이다. WiFi의 무료 사용의 문제를 해결하고 5G를 조기에 쓸 수 있게 하는 것 등이 광화이버 기반 인터넷 통신망을 대신하지는 못할 것임을 간과하지 말아야 할 것이다.

1. Data Analytics의 중요성

2. 데이터의 마련과 활용

3. 앱 마련 및 알고리즘 구사 능력

4. 사후적 종합적 관찰